U0552922

辛亥革命资料选编

第二卷

刘萍 李学通／主编

武昌起义

刘萍 张会芳／编

国家出版基金项目
NATIONAL PUBLICATION FOUNDATION

社会科学文献出版社
SOCIAL SCIENCES ACADEMIC PRESS (CHINA)

辛亥武昌革命工程第八营首义始末记

吴兆麟

编者按： 这份资料是吴兆麟的手稿，今发表其中两部分：一、辛亥武昌革命工程第八营首义始末记；二、首先发难同人姓名。原件由吴兆麟家属保存。

吴兆麟，字畏三，湖北鄂城人。武昌首义时任起义军总指挥，其手稿为研究辛亥革命史的重要参考资料。其子吴景明撰有《吴兆麟行述》（原名《先父行述》），为 1947 年铅印本，选为本文附录，以供参考。

一　辛亥武昌革命工程第八营首义始末记

湖北自张之洞督鄂，创练新军，最早在全国先首成立工程队、马队及前后营。继改为常备军。将工程队扩充为六大队，后改为陆军第八镇及二十一混成协。当时惟工程营程度最高，操法技术亦最优。所有步马炮各营之军官，由工程营遴选充当者甚多。厥后，各省大员来鄂参观，要求挑选军官赴各省开风气者而亦众，以故称湖北新军为飞虎军，威震全国，固一时之雄也。戊戌政变，废科举，兴学校，一般士子或考学校，或投笔从戎。风气既开，中外交通新知识贯输人民脑筋内，于是忧国之士咸发愤图强，挽救中国。庚子之役，义和团以顺清灭洋主义，清廷竟以国家为儿戏，藉义和团之妖术，轻与各国宣战，擅杀大臣，乞和赔款，大丧国家元气。其时一般忧国之士群谓：满清总揽国政，毫无常识，满汉界限太深，以汉人为家奴，而且卖官鬻爵，内政不修，欲求富强，诚难矣哉！惟鄂省于庚子年唐才常等由日回鄂，秘谋起事，事败，一般军学界同人俱钦佩唐之学问，甚为慨叹。旋陈天华所著《警世钟》、《猛回头》等书秘运到鄂，梁起〔启〕超之饮冰室及《新民丛报》，孙文、章太炎、汪精卫等之《民报》，渐次输入国内，军学界同人阅之极为心服，民智大开。佥谓中国之所以不能图强，实由于满汉界限所致。种族之思油然以兴，排满之风日盛一日。于是军学界同人秘谋组合，利用武昌高家巷圣公会设立日知会，藉以集合同志，宣传种族思想，而谋改造国家，以达富强之基。兹将当时日知会之组织，各界发起人之姓名，抄录于后：

一、军　界：分步、马、炮、工、宪兵

步　队：宰天保、季雨霖、安永年、蔡济民、李亚东、方柏年

马　队：刘家运、范腾霄

炮　队：卢应龙、陈子龙、熊新亚、陈国贞、杨洪胜

工程营：吴兆麟、罗子清、朱元成、胡　瑛、张难先、冯大树

宪兵营：彭楚藩

一、学　界：分两湖、文普通、文华、科学补习所、南路高等小学

两湖书院：黄兴、曹亚伯

文普通：宋教仁

文　华：余日章、张纯一、董　杰

科学补习所：刘复基、石〔时〕功玖、冯特民、
吴贡三、潘善伯

南路高等小学：范尚立

一、报　界：

徐祝平、张汉杰、陆【费】伯鸿、何海鸣

一、教　会：

胡兰亭、黄吉亭、殷子衡

以上为组织日知会之发起人。公推刘家运为会长，其余为干事，各担任运动入会责任。后来陆续入会者达三千余人。但军界中由吴兆麟、卢应龙等每月各担任会费洋贰元，并乐捐洋共计四百元，专印刷《猛回头》、《警世钟》各书，秘散各营目兵及各学校学生阅看。复规定革命宗旨及章程并革命战略。每星期日开会一次。先由教会胡兰亭等请文华主教及各外国人讲演科学，然后则由同志中演说满清种种罪恶，及革命进行事宜。演说毕，大家痛哭流涕。是时，革命排满之风甚行，全省势力颇为雄厚。后来开会时，由卢应龙、吴兆麟等邀请第八镇镇参谋蓝天蔚到会。大家以为，陆军镇参谋以下各部队中下级军官多半加入日知会，湖北军队又为全国之冠，兼之武汉军资极为充足，一旦起事，将武汉占领，然后北进以扼黄河桥，电知各省响应，推倒满清，想汉人居多，必表同情，成功不难也。

旋黄兴、宋教仁、曹亚伯等赴日组织同盟会，公推孙中山为会长。秘与武昌日知会函商进行，并将在日本讨论革命战略寄武昌日知会开会讨论。当时孙中山之革命战略，是由各省同志分途在各省运动，首先联络军学界，一俟时机成熟，则命令同时起义。黄兴则主张：先以广东为根据地，然后经广西、湖南、四川，出河南、峡〔陕〕西，以北京为作战目标。宋教仁则主张：先以文字宣传在北京运动，效葡萄牙革命，在中央起义，成功迅速。以上三人革命战略之主张到武昌日知会时，刘家运遂召集军

界同志研究。是时，吴兆麟谓：湖北军界表同情于革命者占十之六七，军队训练程度较优，而且武汉供给军队需用之军资亦甚多，但军队最要紧者弹药、粮秣、被服耳。汉阳有兵工厂，弹药不可胜用也；汉口之大商埠，粮秣不可胜用也；武昌有各大工厂，被服不可胜用也。且按兵要地理之关系，以中国形势，占领扬子江则可左右南北。况湖北居扬子江中心，即孙子所谓“衢地”是也。第衢地则交【合】，我日知会所计划革命战略，要以湖北为根据地，竭力联络扬子江上下游各省同志，待时机一至，则由湖北首义；然后向北进展，以北京为作战目标。但孙、黄、宋三人之主张皆有胜算，宜分途进行，总以合力推倒满清，达到革命目的为主。其时日知会同志都表赞同，即秘函日本同盟会合力进行。

清光绪三十三年，湖南浏阳起事，日知会刘家运等秘谋响应。日知会同人公推刘家运为运筹长，卢应龙为接应长。其一切布置为时仓卒，不甚完满，加以兵士等尚未联络完善。其中有汉奸郭尧阶秘报巡警道冯启钧，于是冯转秘报张之洞，将保安门内之机关破获，并围武昌圣公会，将刘家运、朱元成、胡瑛、殷子衡、吴贡三、张难先等拿获下狱。卢应龙在逃。其余张之洞下令一概从宽免究。

然表面日知会失败，内容精神仍在军学界同志秘谋进行不已。后来吴樾谋炸五大臣，陈天华在日投海，徐锡麟杀旗人抚台恩铭，熊成基在安徽发难，均于革命进行有极大之功。盖清季一般人民心理最醉心高官，徐锡麟以现任巡警道为革命牺牲，其重于爱国思想实为人所不及。陈天华乃一大文豪，吴樾系一学者，如无爱国思想，即凭两公之学识在清廷做官，清廷最器重留学生，其邀优待可知也。宁牺牲性命以唤醒同胞，诚令人钦仰。至于熊成基以一军官而首先发难，其一种爱国热忱，勇往直前，置生死于度外，此非常人所能及者。以上徐、陈、吴、熊四公乃革命烈士，只知有国不知有己，所谓富贵不能移，威武不能屈，真大丈夫也。后来满清之所以倒，武昌革命之所以迅速成功者，皆徐、陈、吴、熊以及唐才常、刘家运等诸国士之力也。吁，亦奇矣！清宣统二年，湖北之陆军特别学堂学生毕业回营见习，共计有学生约一千余人。入学之时，皆由各营目兵挑考，卒业后仍回营充当目兵。虽有将校额出，亦不能尽量容纳。该学生等以为，国家用去许多金钱培养人才，卒业后仍无用途，犹充当目兵，所学非所用，遂怨恨政府办理不良，群表同情于革命。其时革命之风，复勃然以兴。于是革命党人利用机会联络各营目兵。先是，孙中山嘱刘公、刘英二人出资办理机关，命刘公为湖北都督，刘英为副都督。该二人回鄂与孙武、邓玉麟、潘美伯、蔡济民、李作栋、杨裕〔玉〕如、丁笏堂、吴醒汉、徐达民等组织“共进会”，蒋翊武、刘复基、王文锦、陈磊、杨王鹏等组织“文学社”，牟鸿勋、周鹏程、陈耀之、吴兆鲤、苏成章等组织“学生会”，分途进行联络各营目兵及各学堂学生。但军队中各营组织完密，运动之法亦颇便捷，凡加入革命党者均以暗号表示，党外之人绝未明了。兹将工程第八营当时运动革命秘密组织及各代表姓名抄录于左。

原来工程营编制系分前左右后四队，革命之组织亦分为四支队。每支队推举正、副代表各二人，营代表正、副各二人。工程第八营正代表熊秉坤（系后队正目）、方兴，副代表张维（学兵）、徐兆斌（陆军特别学堂□兵）。前队（为第一支队）正代表杨兆全（正目）、郑廷军（正兵），副代表杨德发（正兵）、李志祥（正目）。左队（为第二支队）正代表任正亮（正兵）、马荣（正兵），副代表罗炳顺（正目）、袁凤山（正兵）。右队（为第三支队）正代表金树林、杨金龙（正目），副代表金再胜、吕中秋（副兵）。后队（为第四支队）正代表程正瀛、金兆龙（副目），副代表林振国、程连魁（正兵）。以上各代表推定后，

严厉处分，遂设法秘谕各营长官善为维持，不可张扬，亦不要报告营内有革命党，免受瑞澂责备。各营长官即知统制隐衷，都设法暗中维持，明知有革命嫌疑亦不敢报告。大家只隐瞒瑞澂、铁忠二人。对于革命既不敢彰明较著开导，又不便呈报办理，又各怀五日京兆之心。于是都抱一敷衍主义，装聋作瞶，听其自然。孰之〔知〕部下兵士因在上者都因循不管，遂明目彰〔张〕胆，愈演愈烈，发出十六字誓言，逢人宣传。兹将十六字誓言抄录如下："驱逐鞑虏，恢复中华；推翻专制，建立民国。"

自八月初二以后，革命风潮极大，汉上报纸宣言革命党联络营兵共图起事。惟军队内张统制恐受责备，设法隐瞒，对于瑞澂力言军队内无革命党，报纸宣言全是空语。瑞澂本是一胆小昏庸之人，既闻张统制之言谓军队内无革命党，反发其大怒，当与张统制言：尔在湖北练兵二十余年，现在是一统兵大员，食我朝的禄，应该报我朝的恩。我再责成尔，倘尔军队内查出有革命党，当唯尔是问。但瑞澂之意，只欲乘此机会，拿张彪维持不善之过错，好更换私人，万料不到革命起事能成其功。各怀意见，上下隔阂。每闻军队暗潮，不敢明白开导，总欲阴消以敷衍其事。殊不知军队之事，愈欲阴消而愈坏。军队中之维系全在纪律严明，国家愈文明，军队愈专制，断不能有丝毫敷衍，亦不可有丝毫隔阂。倘上下隔阂，因循敷衍，而兵士之知识有限，反因宽而生玩，久之感染弊习，胶固难除。孙子云：爱而不能令，令而不能使，譬如骄子不可用也。张彪此时对于湖北之军队，因瑞澂之隔阂，而对于军队部下之隐瞒形同骄子，碍难整顿，亦只有听其自然变化耳。革命之所以成功，满清之所以速亡，其最大近因瑞澂、铁忠等为厉之阶也。

同年八月间，外面谣言谓革命党准于八月十五日夜起事。张彪传知各营务须好为维持。迨八月十五夜间，并无丝毫不良消息，各营兵士都欢欣鼓舞过节，毫无可疑形迹。至翌日，大家军官佥谓外面均是谣言，断无革命之实。是十五已过，军队中维持精神较前松懈。

同月十八日，孙武等在汉口俄租界长清里秘藏炸弹，突然有一炸弹爆烈，将孙武满脸烧伤，当时抬至医院诊治。旋被俄巡捕查觉，到长清里检查有炸弹及革命宣传品等件，即报告俄领事。复由俄领事通告江海关监督齐耀珊。是时耀珊亲到俄领事馆晤领事，并查看革命宣传品等件，即据情呈报总督瑞澂。瑞澂得报，大为惊恐，当召集文武大员及军警长官会议。瑞澂云：果然有革命党，真是不得了。幸我朝洪福，革命党自己被炸弹烘〔轰〕坏，泄漏情形。但是革命党一个人尚未捉获，危险万分，望大家迅急捉拿革命党，无令漏网，是为紧要等语。当时铁忠、陈得龙呈报瑞澂即云：请大帅望〔万〕安，决不要紧。跳梁小丑焉能为害，沐恩等下去，即派人严密搜索，定将革命党拿来请大帅严办。陈得龙又云：革命党是无知识的人，万不能成大气候。譬如从前徐锡麟、熊成基等，哪能成大事呢？瑞澂云：徐锡麟小子甚为可怕，恩抚台不是他刺坏了的吗？不管他，我们还是要严防，一面设法捉拿，总以捉拿干净，勿令漏网为妙。并嘱统制张彪、统领黎元洪等协同防范，严密查拿。大家面奉瑞澂之命，即唯唯而退，遵照办理。

同日孙武被炸，机关已泄，不得已遂与同志等商议，与其令瑞澂派人捉拿受死，不如先发制人举动起来。于是约定本夜十二点钟以炮为号，各营同志同时发难，以救祖国。各同志即分途秘赴各营，传知以十二点钟炮声为号。各营同志闻信之后，都沽酒发誓：勿论如何，炮声一响，都要齐心努力，奋勇杀贼。倘有畏惧不前，暗通消息，或有官长阻拦，我们即认为汉奸，杀勿赦。大家同志一致赞同。

是晚八时，革命同志中有一正目即潜到第八镇司令部，要面见统制张彪，谓有最紧要事报告。张彪一见，该正目即跪下叩三个头，先乞统制恕罪，然后报告云：早已伪入革命党，在其内探听消息。目下革命党是若何组织，各营目兵俱有加入者，但系少数。今日孙武在汉口长清里储存炸弹，已经爆烈，孙武炸伤，革命党人乘机传知各营起事，以今晚十二时炮声为号。又武昌小朝街有一机关，十五协营房外面有一机关，黄土坡有一机关，此时如将以上三机关破获，令各营严为防范，则可免患云云。张彪闻此消息，一面召集李襄邻、齐宝堂及各亲信人员，分途往各协标营送信，务要各长官好为维持，倘有疏忽，即以军法从事。一面派弁目邓矮子等协同来报告革命党情形之正目，带马弁数人、卫兵一排，携带手枪利器，先到小朝街张廷辅家，前后堵塞，然后从大门而入。革命党彭楚藩、刘尧澂、毛〔牟〕鸿勋等计十余人，见邓矮子带人来，知事已泄。彭楚藩当抛炸弹两枚，邓矮子即开手枪进前，将彭楚藩捉获。其余各马弁协同卫兵，即将所有人员一齐拿获，用绳将手捆绑，先押至第八镇司令部。旋到中和门街十五协营房侧边，将杨洪胜所开之杂货店查抄，内有炸弹数十枚。当将杨洪胜拿交第八镇司令部。当时张彪将破案情形及拿获革命党人一并报告瑞澂。瑞澂即召集铁忠、陈得龙并藩、臬以下官员开一会议。然后派执法官审讯所拿革命党。先审问彭楚藩。彭系一宪兵正目，鄂城人，先投入工程第八营左队吴兆麟名下充当兵士，旋拔充宪兵正目。该宪兵管带果清阿系一旗人，平时颇器重彭楚藩，意欲成全彭之生命，遂秘与铁忠及执法官等说情。谁知一问彭楚藩，彭即大骂满清，谓满奴无道，入主中华二百余年，现当外患紧迫之际，不诚意修明内政，召开国会，改为立宪国家以救中国危亡，反儿戏国政，压迫我黄帝子孙、文明汉胄；并谓宁以国家亡于异族，不愿失于家奴。自入主我国二百余年，食毛践土，犹不感激我汉族，反客为主，时以奴隶待我，实属混账已极。我汉族同胞现有四万万之众，誓不与满奴两立。今日满奴同汉奸来拿我杀我，明日我之同胞就要为我报仇，来杀满奴汉奸。人在世上总不免一死，我是为救国及争人格起见，早已准备流血，要杀便杀，不成问题云云。当时执法官问：你不要胡说，我看你是一很好青年，你为什么一时糊涂，饮革命狂泉，受人之害，而送你之命，灭你之族呢？彭云：你是汉奸，你晓得什么？你只知每日赚几两银子，升官发财，替满人做奴隶罢了。中国之亡，我汉族同胞永沉海底，在世上做亡国奴，你亦不管，醉生梦死、毫无价值的东西，反来说我饮革命狂泉；殊不知我之志在救四万万同胞，欲达到救【国】之目的，必须革命。满奴是一个睡不醒的东西，亦不愿求国家进步的，割地赔款都是汉人的，不与他相干，他亦不惜的；即以汉人之钱豢养汉人替他做奴隶，他来做大皇帝享福便了。执法官云：你既承认革命谋反叛逆，国法所在，应无后悔。彭云：大丈夫作事磊落光明，为同胞流血何后悔之有。旋刘复基云：楚藩，这一般汉奸满奴，与他们有何道理可说，都是不胁〔屑〕教诲的东西。我们今日只有死而已。我现在两手被汉奸捆得要断了，实在难受，只求速死，以解痛苦。遂大骂瑞澂、铁忠及一般汉奸，谓：尔等只知升官发财，将我辈之血染尔等之大红顶子。尔等晓得现在外人要瓜分我国么？我中华文明大国，黄帝后裔，要为外人的奴隶牛马，尔等知道吗？我们革命的宗旨系救四万万同胞，期免为奴隶牛马，尔等明白吗？满奴不足论，可恨尔等一般汉奸，甘为满人奴隶，为虎作伥，反来捉拿我等，真是毫无心肝的东西。须知我们同胞有四万万之众，谅尔等也杀不完，日后自有成功之一日，到那时，我们同志要食尔等之肉，寝尔等之皮矣。说罢即云：要杀快杀，不必再问。执法官又问杨洪胜谓：你好大胆子，你开一个杂货店，内藏炸弹，你那店内当然是一个机关拉〔啦〕。杨云：我们是要革命的，我那炸弹是准备动起手来先要炸满奴汉奸的。现在机关既破，有何话说，只有死耳。可是我辈之死系为四万万同胞，欲救同胞于冤沉海底之中，是为义而死；尔等不认祖先，甘愿做满人奴隶，来杀同胞，以同胞之热血染尔等之红顶子，是尔等之良心已死，不足道也。要杀便杀，何必多说云云。

是晚问案时已夜至三时，大家拟先将彭、刘、杨三人口供呈报瑞澂，听候核办，其余拟于次日晚间再问。当押于江夏县监狱内。瑞澂一阅彭、刘、杨口供，不觉怒气冲天，谓：岂有此理，胆敢辱骂本部堂及我朝廷。当命执法官：迅速将彭、刘、杨三个混账东西绑赴本部堂外枭首示众，其余明日再按名拷问。并将尚未拿到之革命党一律严缉，勿令漏网。速传军警长官先将城门紧闭，将革命党都拿到时，明晚十二时一齐枭首，以除祸根，是为至要等语。大家奉瑞澂命令后，即将彭、刘、杨绑至总督署前东首正法。现在所立彭、刘、杨三烈士就义处石碑，即此地也。其余则准备次日严缉讯办。

先是十八日午后七时以前，汉口虽破有〔获〕机关，武昌各协标营概不知情。工程第八营左队队官吴兆麟为全营官兵所仰望，平时官兵都甚钦服。是晚吴兆麟挂号回家，其兄吴兆祺曾充第八镇参谋，亦于是晚挂号回家，相谈近日情形及外面种种谣传。吴兆麟之母亲极为慈善，闻外面谣言心中非常着急，见吴兆麟兄弟回家，则问近日情形若何，并云：房东马光启系在总督衙门充当巡捕，马云衙门内外防御极严。守外卫者系教练队，沿墙均凿有枪眼，要隘之处架设有机关枪。守内卫者系巡防一营，乃陈得龙挑选者。如革命党效广东攻击督署，颇不容易，决〔绝〕攻不进。总督瑞澂所虑者就怕放火，倘衙门周围烧起来了，即无路可走。刻间派有马队一队在衙门周围巡查，以防放火云云。又吴兆祺秘与其弟兆麟云：今日张统制因工程第八营向来程度颇好，极为放心，所以特派工程八营防守楚王〔望〕台军械库。又虑工程营有革命党，面问执法官陈云岫（陈系工程营挑选入北京法政学堂者），工程营如何？该陈云岫云：官长中只有吴兆麟、罗子清二人系从前日知会干事，平日说话很新。该二人恐有革命嫌疑，其余官长都不要紧。至于目兵现在若何，执法官已出工程营多年，不甚清楚，须待调查等语。吴兆祺谓：陈之说话幸系对张统制。盖因张统制平日极器重吴兆麟也，若对瑞澂、铁忠等如此说话，则危险不堪设想矣。吴兆麟云：现在外面革命风潮极大，各营都有不稳消息，而在上者不设法安抚，反疑惑这个疑惑那个，至令大家不安，人心惶恐。如此措置乖方，诚恐眼前就要偾事。正说话间，有人搞〔敲〕门。吴兆麟开门时有护兵陈润山来云：现在营内有紧要事，请队官即刻到营。吴问何事。该护兵云：有前二十九标李统带襄邻来营，请全营官长集合会议要事。吴即往营，全营官长均在管带室会议，李襄邻在坐。旋李云，今天汉口俄国租界有一革命党机关搬运炸弹已经爆烈。有一个孙武，听说是孙文的兄弟，已炸伤了。革命党人计划机关已泄，不如趁机起事，拟于今晚十二时以炮为号。闻各营内革命党不少，如到时闻有炮声，营内外革命党同时响应。此不过革命党之计划如是。张统制命我先到十五协，次到工程第八营，请各位官长各维持各队，不要听革命党煽惑，好为劝导，免冒昧从事而受珠〔诛〕戮。张统制很信任工程营的。如各位官长维持无事，将来即有嘉奖，否则即要全家俱戮。望大家官长格外小心谨慎，维持为要。但炮队第八标张统制已派有人到该标开导，好为维持。目下时已九点多钟了，我们不必多说话，我先回八镇司令部报告，请各位早为布置等语。

李襄邻走后，工程营督队官阮荣发即与各队官长计划如下：一、今晚各队由各队官挑选亲信目兵二十名，发给实弹，守卫兵棚出入口。二、各目兵从现时起均在各棚睡觉，不得出入。三、各目兵有要大小便者，须先报告该排长，照准后即徒手出入。四、各目兵不得擅动武器。五、各目兵不得高声说话。六、遇有要事紧急集合，必须遵从官长命令。倘有不服命令，任意集合者，即以军法治罪。以上各条规定后，各队官长传知各队目兵。

一面挑选亲信目兵二十名守卫。

是晚，革命营代表方兴携带子弹十排秘发工程各队代表，准备十二时闻有炮声即同时响应。但方兴原系工程营左队学兵，挑入测绘学堂肆〔肄〕业。是晚十时，他仍在营内左队三排兵棚待机，被人秘报督队官阮荣发。阮即通知左队官吴兆麟。吴密传方兴，嘱其迅速出营。正出营时被值日右队官黄坤荣看见，当报阮荣发。阮偕黄坤荣出营追赶，方兴抛一炸弹，声震营内，阮、黄二人回营维持。时革命代表马荣闻营外炸弹响声，以为系炮声，其势汹汹，当报告左队官吴兆麟，谓有炮声。吴云：非炮声也。我今得的消息是十二时以炮声为号，现只十时，又非炮声。你仍到兵棚休息，我自有安排。到必要时果有炮声，你们听我的命令为妙。况夜间军事动作务要肃静，指挥方能统一，若闹杂忙乱、不服从命令，则是乌合之众，万难做事。望你到棚休息可耳。原来吴兆麟系前日知会干事，素鼓吹革命，而全营革命分子对于左队官吴兆麟、后队官罗子清极为钦服，一旦发难，必须拥护吴、罗二人出来指挥维持。其时吴与马荣说的话，马甚表悦服，惟吴之命令是从。

至十二时，革命代表任正亮左膀缠一白布，枪内装有子弹，左队三排长曹飞龙查视任正亮之举动极形危险，当报告队官吴兆麟。吴即令任正亮迅将白布撤去，在棚休息，一切事必须听官长之命，亦不要慌忙，总以从容行事为好；一面嘱排长曹飞龙严守秘密，并云：刻间情形危急，凡事之来总要忍耐，不宜先自骚扰，避免偾事。我意一切事暂持镇静，待至天明再作计议。

至夜二时，仍未闻有炮声。旋得第八镇司令部传知，谓破获数处机关，严令各协标营官长仍维持各营秩序。倘有事故发生，即以该各协标营官长是问，轻则撤差惩办，重则以军法从事云云。

十九日天明又接传知，已拿革命党多人，先将为首彭楚藩、

刘尧澂、杨洪胜正法，其余按名拿问等情。（原稿止此）

满清亡国之原因略举如左：

1. 汉满种族不同，畛域之见甚深，满族以汉族为家奴，汉族颇受压迫。

2. 满族自乾隆以后，骄奢淫侈，专骛虚华，不能用贤，以致国政日非。

3. 中英、中法、中日以及庚子联军之战，皆由满廷轻动干戈，丧师辱国，割地赔款，颇伤国家元气，人心全失。

4. 满清亲贵毫无学识，只知总揽大权，而又无使权之能。常为宵小迷惑，亲小人远君子，以国家为儿戏。

5. 海禁大开，人民知识日增。满清不知顺应潮流而收人心，反倡各省三品以上大员不用汉人充当。以瑞澂之无知无识之徒，而简命为两湖封疆大吏，焉得而不败事。

6. 各省创练新军，不照规定军制诚意施行，用人亦不遴选贤员，以故酿成不平之气。训练学生亦无统计，卒业后不能安插，所以流入革命者多。

7. 湖北自张之洞督鄂，变法最早，办学校、练军队亦在各省先，但学生陆续毕业，年多一年，而军队学校无有增加，事少人多，以致人浮于事，以无所事事之人，专宣传革命，所以人心浮动，对于清廷怨恨丛生，一旦事起，无法挽救。

8. 瑞澂举动极形轻浮。一经督鄂，专施压迫。任用私人，隔阂遂生。下情不能上达，是以促成革命之事实。事既发现，又不能善事预防，擅离职守，束手无策，听革命军自由进行，声势日益浩大。满廷闻之亦胆落心惊，不速调善用兵大员到鄂招抚，仅派荫昌南下，毫无用兵方法，先头部队一至汉口，则以败仗闻。复无法救济，只知求援于袁世凯。临时仓皇失措，所用非人。此皆由于清廷无常识所致，断无再生成之理。

综合以上原因，满清之亡，非武昌少数革命军之力，实满清自亡之也。但武昌革命军不过开其端而已。孟子曰：仁者宜居上位，不仁者而居上位，是播其恶于众也。洪杨之役，满清犹能任用曾国藩、胡林翼辈，以身作则，于军事之际，同时安抚百姓，较之洪杨，彼善于此，故成满清中兴之举。辛亥之役，满清之措施，不如洪杨远甚。故曰满清之亡，自亡之也。后之掌国政者，要以满清为鉴，开诚布公，尊贤使能，则国家可期平治矣！

武昌革命成功之原因略举于后：

1. 湖北自戊戌变政以后，梁启超亡命海外，以饮冰室《新民丛报》输入国内，风气大开，人民新知识日增。庚子年唐才常欲谋举事于鄂，失败后唐遇害。大家钦服唐之学识，遂怨恨满清。

2. 孙文、章太炎等组织《民报》，陈天华著《猛回头》、《警世钟》等书输入湖北，军学界同人阅之，革命之思【想】油然以兴。于是刘静安、胡兰亭、殷子衡、吴贡三、冯特民、宋教仁、黄兴等联合军界吴兆麟、罗子清、朱元成、胡瑛、卢应龙、安永年、范腾霄、季雨霖等组织日知会，宣传联络。当时一般同志咸钦佩刘静安为人纯正，遂公举为日知会社长，密谋进行。清光绪三十三年，湖南浏阳事起，刘静安欲谋接应，大家举刘静安为运筹长、卢应龙为接应长，约期起事。因时间仓卒，军队内未组织完备。旋因汉奸郭尧阶告密，以致事泄。刘静安、胡瑛、朱子龙、殷子衡、吴贡三等下狱，卢应龙潜逃，其余张之洞下令一概免究。但此次虽然失败，而成绩犹在。不过每星期未彰明较著开会，而秘密进行未终止也。

3. 吴樾谋炸五大臣，徐锡麟牺牲道员刺杀恩铭，陈天华投海，熊成基起事安徽，汪兆铭谋刺摄政王，黄花岗七十二烈士遇害，均影响于武昌革命，有绝大关系。

4. 蒋翊武、刘尧澂等复组织文学社，孙武、刘公等组织共进会，继续日知会进行，专联络军队内目兵。辛亥年正当瑞澂督鄂，一满清大员遂成众矢之的。大家怀恨切齿，一闻革命，无不欣然加入。不数月时间，目兵加入革命者有十之六七。一般军官闻之佯作不知，听其所为。甚至军官暗中表同情者亦有之。目兵等联络既众，则胆量渐大，对于长官亦不之畏。

辛亥八月初二，炮队第八标三营因惩办兵士激成公愤，当将营长以下军官俱行驱逐，集合拉炮，预备发难。盖因炮弹无引信，旋即逃散。然而谣言日炽，瑞澂等虽有防备，卒不得其要领。即〔既〕不安慰，又无办法。八月十八，孙武等在汉口俄【租】界长清里运用炸弹失慎，瑞澂等闻之，手忙脚乱，仍施压力，到处破获机关，并派巡防营到步十五协捉拿排长张廷辅。路经工程营，又云要围剿工程营，以致八月十九日，激成工程第八营首义之举。

5. 八月十九日，工程营守楚望台军械库者系左队队官吴兆麟。吴系参谋大学堂毕业学员，为军中初级军官中最有资望者，甚得军心。工程营首义后咸往楚望台，公举吴兆麟为总指挥官。但楚望台军械库子弹充裕，又得吴兆麟处置适当，指挥灵敏，竟将瑞澂击逃出城，遂光复武昌。

6. 吴兆麟因系初级军官，恐不能号召，首先推举协统黎元洪为都督，资〔谘〕议局议长汤化龙为民政长，通电各省及清廷，以张声势而促响应。一般同志当时要举吴兆麟为都督，或为湖北全省总理，吴均力辞，只望成功，愿任军政府参谋。大家见吴有功不居都【督】，有谦让之风。后来论功行赏，吴兆麟始终谦让，当时大家咸称吴有汉时冯异大树将军之概。在军政府之人员，每人每月只给伕马洋二十元，当时军政府人员既不争权，又不贪利，上行下效，极其文明。并设招贤馆，海内之贤才咸归附焉。

7. 自来做事最忌者，但虑自相争夺权利。辛亥武昌革命非军队不能成功。而军队中自总指挥官吴兆麟有功不居，愿甘谦让，其余则无人相争。大家一心一德，专谋进行各事宜。但首义前革命党人是数小团体组合而成。八月十八日自机关破获后，彭楚潘、刘尧澂、杨洪胜被杀，孙武被炸，蒋翊武潜逃金山，刘公匿于汉口，风流云散，半月后始集合武昌。是时尚无革命党人相争之弊，而武昌当时风气极其文明，不准争夺权利，纵有位置，必须因事择人。而外面表同情于武昌者在此，而武昌能成功者亦在此。

8. 武昌首义军力虽少，得人和亦颇得地利。但军队需要者，粮食、被服、弹药三者为最紧要。汉口大商埠，其粮食不可胜用也；武昌有数大工厂，被服不可胜用也；汉阳有兵工厂，弹药不可胜用也；又有扬子江、襄河之险。当时之首义，微武汉决不能持久。武昌首义，合计军队不足一混成旅，后来虽扩充五旅，然俱系新兵。而当北洋六师精兵之众，复能持久三阅月，犹能打胜仗数次，假使有管退炮、机关枪，而无受海军侧击之害，谅不致有阳夏之败。即袁世凯南下，亦难进展矣。查民国十五年来屡次战争，不过数星期优劣即分，从未如辛亥武汉南北对峙三月之久也。无怪乎东西各国称赞而首先表同情，承认为交战团者也。

以上辛亥武昌首义成功之原因，不过略举数端，其中优点甚多，要在首先不争权利为其主因。然而后来为袁欺骗，武昌瓦解，一因大家攘夺权利，一因黎元洪贪图个人利益。十余年来军阀专横，湖北有亡省之痛，人民水深火热，其过不在武昌革命武装同志，而在黎元洪庸人误国，及一般宵小争权夺利之咎也。

又有谓辛亥武昌首义，以吴兆麟、饶汉祥、孙发绪三人之功为最。革命以军事为主，不得吴之军事规划，则一切事不能进行。又文章乃宣扬革命之义意，当时饶之文章，因气直而辞盛，辞盛则文工，颇足感动国人。又孙每次登台演说，亦能号召大众。所以袁世凯派代表议和，以及各省来武昌参观，革命之士都为所感化。

南北共和告成，湖北亡省之原因：

1. 辛亥武昌首义，人才极形缺乏。首义之后，凡在满清时代之文武官员潜逃一空。其余稍有知识者皆不敢加入，在旁观望，必须革命政府基础稳固，始托人绍介投效。当时首义最要紧者，是首先以军队维持秩序，则一切事方可按步进行。但军队中之人才首推湖北参谋大学校毕业学员。该学校学员是由武备、将弁、武高等各学校之毕业生考取五十人，四年毕业。除死亡、开除外，只余三十三人，俱在军队内充当副官及初级军官。其中能负担大事者不过十数人而已。辛亥【八月】十九工程第八营首义，公举左队官吴兆麟为总指挥官。吴为参谋大学校最优等毕业，平时又系参谋大学校领班，同学中均甚钦服。故首义后吴为参谋部长，除将同学中之何锡蕃、谢元恺、蔡德懋等派为带军队外，其余俱收为军政府，参予戎机。

2. 陆军中学堂及保定军官学堂之学生，当时皆在幼年，尚未毕业，在军政府一时不过收为帮办军事。至于一般原有军官，仅派为带兵之事。但军队既已扩充，则军官颇不敷用。其时军队内有才难之叹，亦莫可如何耳。当时吴兆麟掌管军事，拟有计划书，与黎元洪商定，分为治标治【本】两步。第一步令各师设将校讲习所，轮流训练将校。第二步俟保定军官学校暨陆军大学校毕业学生回省，派往各师，再谋军队进行各事宜。并拟定请黎元洪与中央协商，规定仿照东西各国颁行军制，规划各师管区，实行征兵制，练为国防军，专谋对外。废佣兵制，以防挟兵以自重，成为尾大不掉之患。

3. 黎元洪虽系军人，学识毫无，又只图利己，罔顾大局。南北共和后，误听小人陈宧、杜锡钧、金永炎、饶汉祥、孙发绪、胡瑞霖、夏炎甲、覃师范之媚语，弃湖北桑梓而不顾，潜往北京，困居瀛台，致令袁世凯一手遮天，欲〔为〕所欲为，后来演成洪宪复辟之祸，皆黎元洪庸人误国，为厉之阶也。

4. 辛亥武昌首义后之湖北，革命党人孙武、蒋翊武、张振武、邓玉麟、刘公等，既非军人，又非文士，又非政治家，只称为革命同志耳。对于国家一切事既不能令，又不受命，跋扈横行，肆无忌惮。与海外同盟会不相连络，彼此倾轧，又与民主党汤化龙等亦不妥协。而孙武、蒋翊武、刘公三人又彼此趋向各异。蒋翊武则与同盟会接近。孙武暗与孙发绪等商量，另组民社，继改为共和党，推黎元洪为首，以与袁世凯联合对抗孙、黄。后来仍嫌力不充足，又与民主党梁启超、汤化龙合组进步党，仍以黎为党魁，服从袁世凯，摧残孙、黄。

5. 湖北自辛亥首义后，一般军人极有道德。都是在满清专制之下严守秩序，对于长官绝对服从，不干政治，不入党籍，纯守军人天职。平日对于黎元洪所商者，俱系维持地方治安，谋国家安宁。后来见黎元洪专为政客小人利用，吴兆麟等劝其避之以免祸患，黎卒不听，反用杜锡钧等离间之计，将吴兆麟、窦秉钧等调京，军队缩小范围。则湖北政局自此愈趋愈下矣。

6. 与孙、黄接近之人蒋翊武、季雨霖等，见黎元洪倒行逆施，极端反对。黎则以谋反叛逆治罪，下令通缉，并将其党羽严拿，枪毙多人，当时有黎屠户之称。而意见亦愈演愈深矣。

7. 民党不能容忍，专与袁世凯对抗。以致袁将江西都督李烈钧撤换，旋演成湖口之变。黎元洪则请袁世凯派兵南下。袁派李纯、王占元往鄂，出兵江西，是袁之势力已到扬子江矣。民党既败，黎则成为弓狗之势矣！

8. 是时黎元洪在湖北，其兵力仍有三师、两混成旅之众，尚可有为。如不潜往北京，不听小人之言，专用贤才，伸大义于天下，袁世凯亦莫可如何，惜黎不为也。

二 首先发难同人姓名

谨将前清湖北陆军第八镇工程第八营辛亥八月十九日种族革命首先发难同人姓名列后。

计 开：

前 队：

郑廷军、张良臣、徐绍斌（阵亡）、杨正全、尹金魁、徐玉廉、贾也洪、彭正寿、张德发、王青全、孙松轩、刘丙乙、王福胜、王佩霖、贾威汉、王登榜、容生列、俞金奎、曹得银、朱正明、张万年、王协卿、朱万林、夏洪发、夏明亮、陈开榜、熊福卿、万志祥、王振东、卫少峰、王振甲、柳兆奎、陈金祥、王国保、刘兴基、朱楚斌、万〔李〕俊臣、胡洪起、吕功超、陈芝翼、郑松廷、姜可钧、万〔方〕福生、彭洪彪、冯全胜、岳占元（阵亡）

左 队：

方兴（已故）、马容（阵亡）、任正亮、袁世忠、罗炳顺（阵亡）、袁凤山、涂福田、唐金胜、熊国斌、张玉山、罗维坤、陈振鹏、孙元胜、万〔李〕志强、余金胜、熊志明、夏国胜、王金元、朱贵廷、管凤亭、刘金廷、陈洪胜、戴洪勋、江柏南、张辉煌、王正祥、张自强、岳少云、石长盛、向福生、吴保雄、吴瑞卿、曹定国、胡占奎、詹幼如、杨云开、杨云龙、黄保臣、黄荣贵、陈友耀、汪春廷、朱振鑫、陈绍峰、舒振煌、葛先幼、周彩眉、万定大、李家堤、萧道生、夏国胜（春霆）、陈松亭、吴勋元、吴贵林、周翊权、詹焕章、郑金凯，彭燮卿、张国南（阵亡）、周荣堂（阵亡）、陈闰山（病故）、罗维翰（病故）、

涂洪钧（病故）、万振汉、张金榜、贺世新（阵亡）、肖桂林

右　队：

卫占鳌、吕中秋、张靖川、杨金龙（阵亡）、金树林、陈亚平、詹洪标、姜洪胜、王锡斌、岳占魁、姜少起、万有荣、汪洪胜、马祖树、安洪举、蒋楚杰、蔡大发、周亚斌、顾国安、吕维忠、张栋臣、张东化、杨金山、邓国章、姚朝中、马福堂、沈定国、高季武、石金胜、周占魁、王瑞卿、马祖权、王丹清、凌振邦、郭楚平、夏大发、刘绍先、詹霞生、赵良翼、王春廷（阵亡于粤东江）、梁洪胜（阵亡）

后　队：

熊炳坤、容锦方、金兆龙（难故）、陈正银（故）、薛金胜、饶春棠、林振国、陈年魁、陶金龙、陶起胜、熊起发、安洪发、舒钧山、郑长胜、姚洪发、王锡林、陈金甲、萧锡臣、方正东、叶洪发、胡文魁、熊作霖、朱万林、王世才、陈功祥、黄汉臣、刘文斌、郭长胜、方家显、徐干城、郑汉章、马连陞、林振国、谌玉山、潘荣奎、严定国、吴起胜、钟士杰、李传福、徐海卿、郑得贵、薛金福、鄂功春、张相永、徐海臣、何可人、翁国复、黄金荣、吕鹏举、石定钧、徐海斌、汤起发、程有民、夏长胜、朱国栋、殷万茂、郑顶山、陈克强、杨文华（阵亡）

备　考：同人等现组临时登记以备考核。已登记者均由各队发起人标名登记，未登记者俟成立后再行登记。

发起人：郑廷军、唐金胜、涂福田、吕中秋、张玉山、薛金胜、魏占敖、陈正鹏、熊国斌、罗维坤

附录：吴兆麟行述

先父讳兆麟，字畏三，籍隶湖北鄂城，世居葛店。幼颖异，倜傥有大志，居恒以韩、岳自况。喜读孙吴兵法，学有深得。年

十七，考充湖北陆军第八镇工程营随营学堂，入将校讲习所肄业。升充工程营四队队长。次年升哨官及左队队官。是年考入工程专门学校肄业，清光绪三十二年毕业后，即考入参谋学堂，名列前茅，提充领班。前后十年比业均最优等。当应参校入学考试时，挑选全军将校录取学员五十余人，先父名列第一。逊清光绪三十二年及三十四年，先后参加河南彰德、安徽太湖秋操，手编彰德、太湖、武昌各秋操纪事暨战术实施、参谋旅行、兵术等书，当道嘉赏印发各军，阅者奉为圭臬。时值甲午、庚子两役之后，深虑时局阽危，遂不以目前利禄为怀，乃加入日知会任干事。于研究科学时暗结海内外豪杰及本省同志，密谋革命运动。时先父任工程第八营左队队官，驻防楚望台军械总库。辛亥八月十九日，革命先烈彭楚藩、刘复基、杨洪胜等被清督瑞澂捕杀，全体同志义愤异常。是夕，由共进会工程八营总代表熊公秉坤遂决议举义。于六时许首先鸣枪发难，即率领全体同志到达楚望台，请先父共商进取大计，乃一致公推先父为临时总指挥。先父即部署队伍，晓以行军作战首重纪律。咸乐受命。先父乃一面派人守楚望台，以固根本；一面派人分赴各标营召集同志速集楚望台，以厚实力。未几，同志先后麇至。先父复晓以廉洁爱民，保护外侨诸大义，并决定三路进攻督署。维时风高天黑，影响作战，先父乃亲赴前线视察，就督署后侧纵火，并派人分途送信，令炮兵向火光射击。以大无畏之精神，处军警林立之地，出死入生，一夜而逐鄂督、夺会城。黎明，全城汉帜飞扬，首义功成。遂议组军政府，公推黎公元洪为都督，任先父为都督府参谋总长兼第一旅旅长。会议进行定国大计，首先出示安民，整饬军纪，电商各省协奠国基。迨清廷大军南下，阳夏失机，此危急万难之秋，于民国元年二月，由军民全体会议，公推先父继任战时总司令兼大元帅府总参谋长。乃编北伐三军，自兼第一军总司令。所有整军安民及全局计划，先父益以热忱毅力任之。用是人心为之安定，鄂军藉以复振。逮清宫逊位，和议告成，改编军制，黎督为副总统兼海陆军大元帅，先父任大元帅府参谋总长兼五师师长。持躬勤俭，克已奉公，树民军总师干者之模范。政府笃念元勋，晋升陆军上将，特授勋二位，先后奉颁大绶嘉禾章、文虎章，【授】将军府将军。惟先父以鼎革愿遂，解甲归田。即致力社会福利事业，维持贫民生计。倡修武昌首义公园，以资纪念。且畀铁血军人之残废者，藉微资补助生活。其谋国之忠，虑事之密，固未尝一日或辍也。樊口为梁子湖出口，春夏之交，江水灌入，万顷田畴，概成泽国。人民流离槁饿，盖已百年于兹。以工巨事繁，经十三次之修堵，迄无成功。十一年四县六属滨湖士绅请于督省两署，委先父为樊口堤工总理。首召四县六属堤绅会商办法，以杜私弊，为挽回从前失败之唯一信条；次则规定工程次第，分筑坝、建闸、修港三步骤。解囊购办材料，督率工人以全力堵口，风餐露宿，不辞劳瘁。未两月，十二处之湖口完全堵塞。又设铁闸一座以积水，灾民无不额手称庆。十三年南北民信、民生两闸，及河工市场等工程次第告竣。其设计精密，营造坚实，费用简省，为全国所罕见。水害除而利兴，一劳永逸，地方永利赖焉。鄂省两署知其贤，又委王唐黄堤工督办，工程尤巨。两堤占全省六十九洲〔州〕县田地之大半，活人无算，增赋尤多，利乡利国甚巨。语曰：有猷有为有守。先父不其然乎。盖道之真以治身，其绪余自足以寿世也。上述先父行谊，谨就不孝所知，举其荦荦大者。余于首义革命史册、日知会纪录、湖北堤工水利等书，均粲然可考也。先父至性敦笃，廉介自持。尤有难能者。先父兄弟三人，序居次幼。时家道中落，先王父母耕耘纺织，勉备束修。先父就学，仰体亲心，好古敏求，执勤罔懈。事先王父母也，承欢奉养，孺慕之忱，久而弥挚。待伯父与叔父也，雁序和声，鸰原急难，相爱相亲，友恭备至。视侄犹子，教养兼筹，无丝毫之差异。与朋友交，恳款摅诚，不设城府，有过则直言劝诫，如瘿疣之在身，必抉去而后快。御部下有恩，故士乐为之用。平生节约自矢，衣取蔽体，食取充腹，显达时不改常度，而于戚族旧部之贫乏者，必尽力资助，各惬其愿。岁饥地方办理平粜，辄捐巨资，而心始安。此其徇徇古风，汪汪轨度，非究性命之真元，穷道路之玄奥者，而能若是乎？晚年皈依佛法，茹素诵经，不轻出门，其宁静淡泊如此。古人所谓隐居遂志，不求闻达者，正先父此时意境也。不孝景明毕业回国，供取洛阳第一战区。二十七年武汉沦陷，道路梗塞，先父一人处邑里间，抗战坚贞不附敌伪，目睹沦陷之惨，精神痛苦，寇氛既炽，求一通讯报者不可得。以此卧不安席，旧抱咳嗽之疾复剧，竟于三十一年十月十七日溘然长逝矣……蒙国民政府明令褒扬，并予公葬……

闵尔昌旧存有关武昌起义的函电

卞孝萱 整理

编者按： 闵尔昌（字葆之），江苏省甘泉县（1912年后并入江都县）人，袁世凯秘书。从袁世凯任直隶总督时起，一直到袁世凯死止，他始终担任着机要文牍的职务。因此，袁世凯的来往文电，有若干为闵尔昌所保存。这次所选录的，是关于武昌起义时清廷官僚的奏折和函电。

瑞澂致清内阁、军谘府、陆军部请代奏电[①]

八月十九日（10月10日）

窃瑞澂于本月初旬，即探闻有革命党匪多人，潜匿武昌、汉口地方，意图乘隙起事。当即严饬军警，密为防缉。虽时传有扑攻督署之谣，瑞澂不动声色，一意以镇定处之。所辖地方，则密派侦探，不敢一刻稍懈。昨夜七钟，据侦探报称：本夜十二钟，该匪准定在武昌为变，并探知该匪潜匿各地。正饬防拿，复据江

① 此电曾载于八月二十二日（10月13日）《经纬报》，渤海寿臣氏编《辛亥革命始末记》收入在第十五册内，《宣统政纪》卷三十九宣统八月甲寅（10月11日）上谕中亦有节录。

汉关道齐耀珊电称：于汉口俄租界宝兴里查获匪巢，并拿获要匪刘耀璋一名，起获伪印、伪示、伪照会等件，又银行支簿、伪用钞票，并查有制造炸药形迹。当派荆襄水师巡防队往提来署审讯。遂与统制张彪、军事参议官铁忠、巡警道王履康，督派弁勇、警兵，前往城内大朝街、小朝街、保安门等处，查明该匪潜匿之地。先后拿获匪目、匪党计共三十二名，并起获军火、炸弹多件。内有刘汝夔开枪拒捕、抛掷炸弹，杨宏胜私藏军械并有演试炸弹面部受伤确据。当即派员提讯。内有彭楚藩一名，语尤狂悖，直供不讳。查彭楚藩系已革宪兵，杨宏胜曾充炮队及三十标兵目，甘心从逆，与刘汝夔之狂悍，均属法无可贷。如不即加显诛，无以彰国宪而昭炯戒。当将该三犯讯供确凿，恭请王命，即行正法。其余已获在讯之匪，一俟研鞫得实，当分别重轻定罪，果情节重大，应请即行立正典刑。在逃各匪，仍饬军警及各属地方文武，一体严密查拿，务获究办。一面剀切出示晓谕，如有被胁勉从者，准其首悔，予以自新。此次革匪在鄂创乱，意图大举，将以鄂为根据，沿江各省，皆将伺隙而动，湘省尤为注意，且党羽纷布，私藏军械、炸药甚多。所幸发觉在先，得以即时扑灭。当逮捕之时，悍匪抛掷炸弹，亦幸未经触裂。张彪、铁忠、王履康、齐耀珊各员，以及员弁、警兵，无不忠诚奋发，迅赴事机，俾得弭患于初萌，定乱于俄顷。驻汉俄总领事于租界拿匪，极为协助，用得先破匪巢，以寒匪胆。此皆仰赖朝廷威德所致。瑞澂藉免陨越，惭幸交并。现在武昌、汉口地方，一律安谧，商民并无惊扰，租界、教堂均已严饬保护，堪以上慰宸廑。此案破获尚早，地方并未受害。所有失察之巡警及地方文武，均经随同协拿出力，应请宽免置议。在事异常出力员弁，容照例择尤请奖，以示鼓励。俄总领事处，已由瑞澂致函申谢。除善后情形随时续奏外，谨摘要电陈。乞代奏。瑞澂叩。十九日。

瑞澂致清内阁、军谘府、陆军部、海军部、度支部请代奏电①

八月十九日（10月10日）

鄂省十八夜革匪创乱，及瑞澂当夜防范、惩办情形，已于今晨电请代奏在案。所有拿获各匪，本日派员提讯。正核办间，不意革匪余党，勾结现驻城内三十一标工程营，又武胜门外混成协辎重营，突于本夜八点钟响应。工程营则猛扑楚望台军械局，并声言进攻督署；辎重营则就营纵火，斩关而入。其时瑞澂即督同张彪、铁忠、王履康分派军警，随地布置，并由张彪及协统黎元洪率带马、步共三队，往保军械局。乃迭据探报，我军大半意存观望，均不得手，统制、协统命令，亦几不行，嗣闻枪声愈逼近署，枪子均从屋瓦飞过。瑞澂目观此种情形，知军队均怀二心，即未尽变，亦似全信谬说，不肯相抗。瑞澂署中仅有特别警察队一百余人，亲率出外抵御，无如匪分数路来攻，其党极众，其势极猛。瑞澂责任疆土，本应死殉，惟念牺牲此身，与城存亡，坐视鄂省蹂躏，虽死不瞑。不得已忍耻蒙诟，退登楚豫兵轮，移往汉口江上，以期征调兵集，规复省城。伏查此次革匪虽经先事破获，不料勾结太广，兵与匪应，致构此变。瑞澂办理不善，万死莫辞，应请圣明严加治罪，以为辜恩溺职者戒。武昌为长江锁钥，居天下上游，若不厚集兵力，迅平匪乱，大局岌岌可危。现虽由瑞澂电调湘、豫巡防队来鄂会剿，终恐难以集事。惟有仰恳天恩饬派知兵大员，率带北洋第一镇劲旅，多带枪炮，配足子弹，刻日乘坐专车来鄂剿办，俾得迅速扑灭，大局幸甚，瑞澂幸

① 此电八月二十六日（10月17日）上海《民立报》刊载大意，《辛亥革命始末记》第十五册所载，即《民立报》之文。

甚。再匪首系何姓名，事出仓卒，无从辨悉。瑞澂因带队出外抵御，退登兵轮，省中文武员弁及仓库、监狱一切详细情形，容俟密探得实，再行电陈。所有鄂省兵匪构乱，请派北洋劲旅迅速来鄂剿办缘由，谨乞代奏。瑞澂叩。十九日。

瑞澂致清内阁、军谘府、海军部电

八月二十日（10月11日）

十九夜电奏鄂乱情形，计蒙鉴达。今日武昌、汉口电已不通，城内是何现状，屡派密探，尚未复到。汉口租界现已戒严。外国兵轮在汉者，计英、德、日、美各一艘。我国兵轮在汉，计有楚豫、建威二艘，湖隼、飞鹰两鱼雷艇。今已派建威、湖隼前往保护汉阳兵工厂，此厂得可保全，则亦大局之幸。由汉口进规武昌，非水陆并进不可，应请钧处速赐电调兵轮数艘来鄂以便策用，是所感幸。瑞澂叩。号。

钧部所发海密电码，现未携出，请勿译用。

瑞澂致清内阁请代奏电

八月二十日（10月11日）

窃照鄂省兵匪构变一案，业经电奏自请严加治罪，并请饬派知兵大员率带第一镇劲旅来鄂剿办在案。此次匪党作乱，本已破获，讵期新军应匪，构此奇变。请将始末原由缕晰陈之。查新军创自升任总督张之洞，初仅护军四营，继乃添募八营，均由张彪招练。庚子变乱之后，不惜财力练成一镇、一混协，遂派张彪为第八镇统制，黎元洪为混成协统领。连年饷械，所费不赀，鄂省巨亏，半由于此。嗣张之洞升任大学士，赵尔巽、陈夔龙接任，一切虽仍其旧，而营纪渐弛，兵或渐骄，然安庆兵变、湘省民变，鄂军派往协助，尚称得力。去年瑞澂到任，适值广东兵变之后，瑞澂即欲将鄂中新军严加清查以别良莠。嗣经张彪力保，瑞澂亦以此军为张之洞所练，张彪又系原练之人，乃仿萧规曹守，殊不料其竟与匪通也。然去冬资政院奏请全撤巡防队，曾经具奏力争；本年陆军部奏设参议官，又于用舍之权断断争辨，实寓隐相抵制之意。

昨日，革命党匪起事，自称为国民军，以排满为宗旨，逆谋甚狡，勾结甚广。本有新军通匪之谣，获匪讯供，亦有涉及军队之语。当即面属张彪切实查办。盖以陆军为统制专责，张彪治兵有年，自必确有把握。不料十九夜间，省城内外，新军数营，突起应匪，张彪命令不行，铁忠亦束手无策，仓卒布置，竭蹶万分。张彪、黎元洪亲率营队往剿，而新军或意存观望，或立即散去，且有倒戈相向者。张彪率亲军马队，死伤甚多，旅即败退。匪党分路猛扑督署，枪炮交施，其锋极锐，督署仅有特别警察一百余人，众寡悬殊，何足抵御，不得已登楚豫兵轮，当即电奏在案。

是夜张彪复飞调城外驻扎之第八镇辎重营两队，并亲军马队，复往竭力攻剿，至六时久，我军死数十人，伤者甚众，匪亦死伤相当。无如新军变者，共有三营一队，益以匪党，何止四五千人，我兵仅数百人，寡不敌众，万难支持。张彪遂亦出城。幸辎重营管带萧国安，持军严，不敢逼。适瑞澂探得匪党已占据楚望台军械所，并据谘议局房屋为司令部，在城内蛇山、凤凰山安设炮座，遂调集建威、楚豫、江元三兵轮，湖鹰、湖隼两雷艇及水师炮船，督同择要开炮进击。虽无陆队进攻，然以之堵截江面，不准匪党渡江，上可以保护汉阳兵工、钢两厂，下以保护汉口各租界。此兵匪构变，彼此攻击之实在情形也。

伏查朝廷岁糜数万巨帑，练此新军，原为保守疆圉之计。不期兵与匪通，突发此变，言之痛心。从前光绪三十四年安庆兵变、宣统元年广东兵变，均赖巡防旧队，立时扑灭。今湖北巡防队迭次裁撤，水陆仅十数营，且分防各府州县；武汉三处，共仅步队一百余人、炮船数只，即征调齐集，亦不足以供一战。瑞澂以孤身处于其上，措手无从，惟有引领援师，拯民水火。此皆瑞澂平日无智无勇、办事不能敏决所致。虽膺圣明斧钺，夫复何辞！惟有各省新军，迭次构乱，几于数见不鲜，若不奏请派员查办，并速筹善后之法，后患何堪设想！合无仰恳天恩俯准钦派大员来鄂查办。一面饬下军谘府、陆军部，迅将各省陆军应如何稽查防范，妥定章程，通饬切实遵办，以维大局。

再，该匪现据省城，津兵到汉，须由水路进规武昌，现已电商海军部，饬派兵轮数艘，来鄂应用。又汉口租界，已饬江汉关道与各国领事按约密商办法，互相保护。合并陈明，谨乞代奏。瑞澂叩。二十日。

宝棻致清内阁、军谘府、陆军部请代奏电

八月二十一日（10月12日）

鄂乱。宝棻于二十子初，接瑞澂十九亥刻万急电告：鄂军有故，速派得力防军二三营赴援。当因防军均系零星散驻，一时未易调集。豫省陆军，与鄂军素不通气，尚属可靠，派步队一营，专车赴鄂，昨晚约已到汉。二十巳刻，又接瑞澂十九晚续电云：兵与匪合，猛扑督署，其势甚锐，不得已暂避兵轮，仍乞派兵速援等语。又因豫省兵力，万难兼顾，电请军谘府、陆军部，速派得力大支军队，径行赴鄂。二十一丑初，又接瑞澂复电：张统制与匪鏖战一夜，因众寡不敌，已退出。瑞澂率兵轮进攻，亦不得手。是鄂军已难扑灭，武昌似全被匪据。客军已到者，恐只豫中新军一营，并无新式快枪。顷又准邮传部万急电告：据江汉关道

报告：匪党欲图拆毁黄河铁桥，以断南北军路，嘱派重兵保护。综核先后情形，此次革党、叛兵，互相勾结，意图大举，殊非寻常草寇可比。此时鄂中并无得力兵队，豫省处处牵制，自守不遑，万难剿办邻匪。镇江下游，适逢灾荒，鄂事既有革党在内响应堪虞。昨接张人骏复电：各埠虽尚安靖，现已戒备，恐无余力顾及上游，所恃者惟北军援应耳！万一武昌坐困日久，各处伏莽闻风附和，后患不堪设想。更可虑者，鄂省新军向来沿京汉铁道，直驻至黄河铁桥北岸，约计在豫省者，亦有一营。现虽安靖，人心难测，万一勾引暗合，毁断桥道，一时无路进兵，其祸更大。除由宝棻移缓就急，抽调大队先保黄河铁桥暨入豫铁路首站，其余尽力相机布置外，惟有仰恳天恩速饬军谘府、陆军部，酌派近畿得力大支军队，刻速专车径行赴鄂镇摄剿办，以免滋蔓。一面饬沿江一带督抚臣，一体认真严防，尽力筹备，大局幸甚，豫省幸甚。再，以上所述，均系瑞澂电奏惩办革党以后之事，大约续又溃决，以致不堪收拾。现在事更危急。又迭次查探，武昌电局已被匪占毁，应寄瑞澂之件，应由江汉关道转交，方不致为匪党所得，转有泄漏。合并陈明，伏乞代奏。宝棻谨叩。二十一日未刻。

瑞澂致清内阁请代奏电

八月二十一日（10月12日）

窃照鄂省兵匪构乱一案，业经两次电陈，计已上邀圣鉴。二十日三点钟，瑞澂亲率兵轮、雷艇进攻省城，因无陆队，迄未得手。夜间派该兵轮等上下梭巡，以防省匪偷渡。不料是夜驻防兵工厂之新军一营，乘夜复变，围踞该厂，复有派往沔阳州弹压饥民之新军一营，无故潜回，与之相应，竟将龟山占据，安设炮座，以为久守之计。又驻扎汉镇硚口之新军一营，内有两队亦叛，分窜滋扰。探闻省中另有新军二营，当时原未同叛，嗣被兵匪围逼始从。该管旗兵，全遭惨杀，实行排满主义。刻由匪党与湖北谘议局公推原派混成协统领黎元洪为首，并由议员为之主谋，安民告示，即用鄂省大都督称，并悬白旗，上书“兴汉灭满，悬赏拿官”字样。叛兵约有四五千人，益以党匪，当以万计。现在兵工厂、军械库、藩盐各库、官钱局悉被占据。综计全省新军，除去调赴川省，暨列防宜昌、郧阳、施南各处外，其未叛者，仅此辎重营一营、步队一队、马队一队而已。此皆升任总督张之洞费十数载之经营，糜数千万之库帑，辛苦选练，而不料其均为匪用也。

今日湘、豫两军均赶到。分派豫军其统带张永汉率带两队严防车站。张彪率带辎重营，会合湘军，相机进攻汉阳龟山，期复大江北岸。瑞澂亲率兵轮，由水路进攻，兼顾江面及汉口车站。匪众我寡，利钝难料，惟有竭尽血诚，继之以死，以待援军之至。近接部电，已蒙钦派荫昌率带一镇来剿。该匪闻之，自当气慑。第叛兵系久练之卒，为数甚众，兼有乱匪为之四应，若非厚集兵力，似难迅速扑灭。合无仰恳天恩加派劲旅，多带山野炮营及机关枪队，随同荫昌来鄂剿办；并饬海军部转饬萨镇冰，多带得力兵轮、雷艇会剿，庶可一举荡平。一面请饬度支部筹拨银二三百万，以备饷械、犒赏等项之用。再第八镇统制张彪于所部标兵作乱，事前既毫无防范，临时又种种畏怯，应如何严加惩处，伏候圣裁。又湖北布政使连甲、提学司王寿彭、交涉使施炳燮、巡警道王履康均已微服出城，提法司马吉樟、劝业道高松如、盐道黄祖徽尚无的耗。合并陈明，谨乞代奏。瑞澂叩。二十一日。

瑞澂、萨镇冰致清内阁请代奏电

八月二十八日（10月19日）

窃二十七日六点钟，津兵第二起坐火车到站，尚未下车，突有匪众二三千人，径扑刘家庙车站，希图掩袭津兵。张彪立率湘、豫、鄂各军迎剿，击毙悍匪二三百人，无辫者居其大半，夺获大炮六尊、枪械无算。匪众败走，我军伤亡二十余人。时镇冰督率兵舰、雷艇，防护江岸，以杜省匪接应。瑞澂在楚豫兵轮，游弋江面接应。突有匪众炮队，由武昌江岸开炮，夺击楚豫兵轮，意在制瑞澂死命。楚豫开炮还击，连中两炮，匪队始退。唯因我军兵力甚单，不能痛追，仍饬照旧严密防守。不料三点钟后，匪众大股拥至，内有快炮二三十尊，弹落如雨。北洋炮队未到，步队全军遂向滠口退去，众军因之夺气，亦各退却。镇冰兵舰，因恐误击我军，转向后湖，用炮击匪后路，共放三十余出，伤毙匪众不少。七点钟后，张彪探得刘家庙驻匪无多，复率湘、豫、鄂各军回攻，击败匪众，复将刘家庙占住。唯津兵不奉命令，不肯前进。此我军击败匪众，并刘家庙失而复得之情形也。伏查此次匪众，先乘津兵初到，径扑车站，其谋极为狡悍。幸得当时击退，津兵毫无损伤。午后，复起大股炮队来攻，势尤凶猛。津兵炮队未到，步队辄行先退，以致各军夺气。幸张彪奋不顾身，复率湘、豫、鄂诸军，乘夜回航，仍将刘家庙占住。唯本日伤亡甚众，兵力愈单，津兵折回，别无援应。瑞澂唯有督率将士，竭尽血诚，能守一日刘家庙，即尽一日之责。唯陆军既单，兵轮又乏煤米，瑞澂之船，更无米无油，势成坐困，危在旦夕。仰恳天恩迅催荫昌立即前来，或派炮队先至，救此危局，不胜迫切待命之至。谨请代奏。瑞澂、萨镇冰同叩。勘。

袁世凯致清内阁请代奏电

八月二十八日（10月19日）

此次鄂变，事虽仓猝，蓄谋已久，厂、库、局、所，悉为占踞，粮足器利，人多精练，自与寻常匪徒啸聚乌合者，迥不相侔。武汉为天下枢纽，邻省多被水灾，倘不以全力迅图，蔓延必广，牵动全局。凯衰病余生，何堪负重。然受恩高厚，利钝姑不敢计，惟有竭尽心力，以图报称。但鄂省兵叛库失，凯赤手空拳，无从筹措，必须赶募得力防军，以备驻防收复地面及弹压各属。倘大兵未能旦夕全复，亦可以此生力军协同攻剿。拟请旨俞允在直隶、山东、河南等省，招募曾经入伍壮丁一万二千五百人，照武卫左军现行营制，编集二十五营，作为湖北巡防军。此项营制，参仿湘、淮，以期易于成立。惟兵以饷项为命脉，必须裕筹，且鄂省财用已竭，地方急需，均无所出，仰恳饬下度支部速拨的款四百万两，以备拨支，如地方早能收复，当由本省续自筹用，不敢以此作为常款。是否有当，伏乞圣裁。谨请代奏。凯谨肃。勘。

袁世凯致清内阁请代奏电

八月二十九日（10 月 20 日）

昨奉朱批，蒙朝廷嘉奖优任，感激涕零，悚惶万状。钦遵迅速调治，一面赶紧筹备料理。惟事体重大，头绪纷繁，必须借策群力，方可免丛脞贻误。查有卸署江北提督、开缺副都统王士珍，公忠纯笃，久历戎行，素为将士所钦服，现在正定府养病，业渐痊可。拟请旨饬令王士珍襄办军务，所有增募新军、布置后路各事，即移委该员经理，以便凯付托得人，早日南下。又军谘府正使、副都统冯国璋，饶有识略，详明谙练，从凯治兵甚久。拟请饬令迅速来彰，筹商一切，并同凯南下，协商布置。闻该员将编集第二军，但此时匪情尚未深悉，备援不妨先定，而调发不必甚急。俟凯抵前敌察看情形，会商先布守堵，探明匪情，再妥筹大举进攻，奏明办理。如必须第二军往助，再令冯国璋迅回带往，或令该管统制带往战地近处，编合成军。官军人数，原不甚众，宜合一路进行，似不必分途纾道，调度为难。再有副都统衔、开缺奉天度支使张锡銮，文武兼资，吏治营务均极谙谏

〔练〕；已革黑龙江民政使倪嗣冲，直隶候补道段芝贵，均奋勇善战，晓畅戎机；山东军事参议官陆锦，精明谨饬，武备学优；直隶补用副将张士钰，直隶候补知府袁乃宽，久任兵备，结实可靠。拟均调偕凯驰往前敌委用差遣。俟各该员抵彰后，筹商布署，即力疾就道。闻第四镇统制吴凤岭业经销假，该员在镇最久，果敢有为，请饬下该统制迅赴前敌，以专责成。是否有当，伏候圣裁。谨请代奏。世凯谨肃。艳。

荫昌致清内阁、军谘府、陆军部请代奏电

九月十日（10月31日）

初六、初七等日，官军连战获胜，收复汉口情形，业经专电驰陈。钦逢初九日谕旨，仰邀褒奖，惭悚莫名，宣谕全军，倍形感奋。初八黎明，我军接续追击，匪在龟山发炮，击我前军。我炮队立行还击，以扑压匪炮火力，掩护军队前进。匪大队仍依傍街市，节节抵抗，因迭被猛攻，势不能支，遂纷向玉带门、襄河溃散，弃炮七尊，军械子弹无算。午后我军追至玉带门一带，并搜索街市余匪，汉口地方全行收复。是晚，第一军总统冯国璋自战地复回孝感，所有前敌军队，业经交其统率，应由该总统在汉相机布置，迅图进攻。嗣因袁世凯起程赴鄂，闻在信阳暂驻，后方筹备事项军需从速接洽。荫昌当于初十日折回信阳，已与该大臣面商妥协，分饬遵办。即日遵旨回京供职，祗聆训诲。谨先电陈，乞代奏。荫昌叩。蒸。

孙宝琦致袁世凯电

九月十二日（11月2日）

真电敬悉。战事得手，深为忭庆。初九下诏罪己，朝廷实有

息事宁人之意，不视革党为大敌。为公计，胜之不武，不胜为笑。似宜一面备战，一面迅遣干员，往见黎元洪，与开淡判，凡要求之件，许为代陈。公负全国责任，宜相机早决，免致全国扰攘，渔人得利。仗公威望，革党必降心相从，长江息战，然后专力扫荡西路，早日肃清。拙见祈采纳。琦。震。

袁世凯致清内阁请代奏电

九月十二日（11月2日）

窃据湖北布政使连甲呈称：连甲于八月初一日到任。十九日遂遭兵变，是日上午即有风闻，当以守库兵只二十余名，殊不足恃，函致军事参议铁忠添派军队，未接复音。连甲亲赴督署禀商，即闻合城新军全变，赶即回署守库。贼用大炮毁头二门，连甲督率抵御，枪毙悍匪七名，子弹告罄，相持至黎明，藩署始被攻破。复拟赴督署，为乱兵所阻。绕至统捐大臣柯逢时宅，正在悬赏募人通信，适探瑞督已登兵轮，柯大臣即嘱趋赴舟次，同谋恢复。又恐印信有失，交由柯大臣敬谨收存。连甲间道出城，奔赴兵轮，禀商一切。旋奉瑞督札委设法筹措款项，并设立粮台，以定人心。惟自省垣陷后，库储已失，连甲职守有亏，罪无可逭，惟有沥情吁恳代奏，照例治罪等情前来。世凯伏查该司连甲到任不及两旬，总督先逸登兵轮，僚属自应随往，该司督率击匪，未出鄂境，尚属可嘉。世凯入鄂境后，实缺官员除该司来迎请示外，迄无一人来谒，亦应请稍加优异。该司年力富强，才识明通，堪以随世凯襄助一切。合无仰恳天恩俯允将湖北布政使连甲革职留任，随营效力，所有地方善后事件，即委该司妥筹办理，俾世凯得专心兵事，以免顾此失彼。如荷俞允，即由世凯发给湖北布政使木质关防一颗以便启用，俟印信取出，即行毁销。是否有当，伏祈圣裁。谨请代奏。世凯谨肃。文。

袁世凯致清内阁请代奏电

九月十三日（11月3日）

文电奉旨钦悉。前在彰德，曾电询南各省军务，皆称兵单饷绌，无可调援，均嘱以务持镇静，以各保地方为要计。兵力既单，尤不宜轻调纷遣，致顾此失彼。海军水师与陆匪交战，本难得力，而音信阻隔，筹商甚难。昨夜晤萨镇冰，反复商榷，武汉夹岸，设炮不下百余尊，督船进攻，得不偿失，正在设法出奇扰击。程允和未在武汉，闻往宁、皖，去电尚未得复。自皖省有警，下游震动，曾电商张人骏调江北十协助剿，以新募各营拨赴填扎。如专以此协游击下游，必不得力。凯原意厚集兵力，克复武汉，即分胜兵，进复长沙、九江、宜昌、西安，不难克日荡平。乃第二军迄未开来，前敌万余人，伏守江岸，延绵二十余里，与匪持隔江河，进退两难，疲劳已甚。迭经多方激励，幸皆奋勇。匪据形胜，枪炮星布，非增兵不足言进攻，非露宿风日，势难持久，而对岸枪炮，不时狙击，颇难立足。昨与冯国璋筹商，用奇兵袭取汉阳，然以疲兵渡河攻坚垒，死伤必多，尚无把握，未便轻举。拟明日亲赴前敌，会合诸将领，查看地势，筹定方略，再具奏闻。接奉督、东抚来电，第五协及五镇混成协即将开拔，如府邑不再阻扰、截留，得此生力，方有把握。现就此疲兵，颇难兼顾攻守，伏祈饬催该两协迅即南下，早图规复。昨奉初九日恩旨四件，已令前敌暂停进。一面出示晓谕招抚，令鄂员作书，雇洋人往武昌向黎逆宣布圣德，劝解投顺。倘逾数日无确复，即立限时刻，猛攻汉阳。凯甫抵鄂，军务地方，事极杂沓，日不暇给，因迟电奏，莫名悚惶。谨先略陈，祈代奏。世凯肃。元。

袁世凯致清内阁请代奏电

九月十三日（11 月 3 日）

窃查本月初一日以前，汉口攻战情形，已由陆军大臣荫昌电奏在案。兹据第一军总统冯国璋报告：初八日黎明，国璋督率第四镇第三混成协及十一混成协之步队二十二二标前进。辰刻，见匪徒千余人渡襄河，占据歆生路南一带，力拒各山，炮火迭击。我军猛攻，匪受创甚剧，悉向街市溃退。我军追击，抵汉河北岸，至玉带门之线。匪炮愈烈，又值日暮，因占领歆生路及西北一带露营。初九日辰初，我与匪彼此炮战，匪炮火时为我击灭。徒步匪人众多，皆匿汉镇，多方诱击，终不显露，街市复杂，断难冒放。是日仍占领旧阵地露营。汉镇连日为炮火轰击，焚烧多处，料匪难驻足。初十日黎明，见时机已至，决心冒险攻扫汉镇，遣两部队分道冒火前进。一部队掩护我右翼，阻匪由玉带门渡江，于午初巷战剧烈，毙匪甚多，节节逼进。又沿江布置，阻匪援。未刻攻至由义门之线。匪炮向街市猛击，徒步匪人顽强抵抗，汉镇火愈猛。相持竟日，我军占领由义门东至江岸、西至铁道之线。是夜露营。十一日黎明，西北风暴作，汉镇火愈烈。我军接续攻扫，节节巷战，每攻一段，冒火蹈险，又为匪暗击，艰苦不可言状。未刻始扫尽汉镇匪徒，占领沿江河一带。惟右翼玉带门与渡口匪援抢至南岸，隔河射击甚烈；同时黑山、龟山、蛇山炮火攒击尤猛。官兵迭进迭退，时见伤亡。迄申初，甫将玉带门及渡口占领，汉口全复，沿江全施工固守，防匪反攻。约计是役，毙伤匪徒五六百人，夺获山炮六尊，枪四百余杆，子弹不计其数。现匪退守汉阳，倚恃黑山、龟山坚固炮垒，盘踞窠巢。我军连日苦战过劳，必须稍事休养，方可进攻。幸汉口门户已得，进取当易得手，应即相机计画。我军此次伤亡官长数员，目兵伤亡约六七十名等情前来。世凯查匪党渡江而北，其谋甚狡。幸得将士忠勇效命，奋不顾身，鏖战七八昼夜，得将汉口全复，阻匪北窜，其忠奋勤苦，殊可嘉尚。谨特撮举战状大略上陈，用慰宸廑，伏祈圣鉴。谨请代奏。世凯肃。元。

袁世凯致清内阁电

九月十四日（11月4日）

前日令营务处刘振〔承〕恩及张彪等致函黎元洪，招其归顺，使洋人送往。时接复书，称现开会议，一二日定局再告，语气尚恭顺。然匪心叵测，战备仍不敢懈。再探，近日有湖南叛兵来鄂五千余人；江南逃兵来鄂千余人；又有洋装华人五名，称为黄兴、牟鸿勋等，匪列队郊迎，党势复振。切盼第二军先来数人，用作分支，即可定期先取汉阳。现各镇、协兵只万余人，伏守襄河长江堤岸，枪炮互击，未敢轻调，必须分兵潜渡猛攻，方可得手。切盼。以上祈秘密，勿使军部员司知之。凯。愿。

袁世凯致清内阁电

九月十五日（11月5日）

前奉电旨，饬查水师，遵已电咨赣抚，并咨萨提督严密查办。顷据程提督允和电称：允和前闻鄂乱，乘轮上驶，途中□帅师赴援之命，即电调五标师船一百艘。而岳、汉各营，阻于武汉上游；汉标中营与洲营船只，半为匪掠；提、瓜两标，远道逆流，猝难驶至；惟率湖标师船二十号，合田、巴两营，分扎沙口一带。晤瑞督，曾同萨军门拦江截堵。其时大军未至，兵舰亦未调集，匪势日炽，黄州已为所据。田镇为全楚门户，该镇炮台为匪窥探，即经派弁将炮内机关零件亦拆下，并用强水分灌。正在筹商剿办，忽报九江应匪，湖口县炮台均失，安庆危迫，浦江浮动，吃紧异常。因思下游亟应布置，加以岳、汉八营，饷项无著，上游消息不通，遂饬应调各船，分驻要隘，转而下驶筹饷备放。并晤江督、皖抚，筹加防范。单船至浔，匪据炮台，势欲开放，冒险而过。湖口亦然。惟至马当，鸣炮以迎，尚未显叛。昨抵宁垣，正在筹饷布置，而安庆又复戒严，允和星夜上溯，督率助援。其余情形，容续禀报。查长江水师，散布五省江面，调集为难，且值进厂大修船，多未工竣，而各省又留守地方，征调尤为不易。师船既难应手，水军又非所长等语，用特先为电陈。凯。删。

张绍曾、卢永祥、蓝天蔚、伍祥祯、潘矩楹致清内阁、军谘府电

九月十六日（11月6日）

顷接据鄂省京官郑万瞻等电称：汉镇全被冯军焚毁，兼用绿气炮轰击，并恳代奏等语。窃全国精华，尽在汉埠，商民林总，皆属同胞，遭此惨祸，谁不痛心！且绿气炮本系国际战时禁制品，对内使用，尤乖人道。连日朝廷宣告实行立宪，谕旨肫切，下民怨气，渐就消弭，乱事可期平定。乃复以此激起全国人民之公愤，实于立宪前途，大有妨碍。敬恳奏呈请旨查明罪魁，从严惩办，以谢天下而安人心。绍曾、永祥、天蔚、祥祯、矩楹同叩。

刘承恩致袁世凯书

谨将十七日派侦探王洪胜前往武昌与黎送信问答情形，缮呈宪鉴。呈开：

一、到武昌，由平湖门进城，当有把城门兵丁盘查，问："系甚么人？由哪里来的？"答："汉口刘大人派过来与大都督送信的。"随有两人，一路送至黎处。

一、见黎时，当即与坐，遂问答一两点时刻。问："你系何处人？"答："湖北襄阳人。"问："你同刘大人是同乡？"答："是。"问："随刘大人几年？"答："十几年。"问："送信是甚么意见？"答："意在两下取和，以免汉人受害，保全大局。因打仗的时，坏的房子，失的银钱，全是汉人的。"他说："你们大人要是未打汉口以前来说，就好说了，可惜来晚了。"答："我们大人上月二十四日由清江才到家，宫保二十八日打电招我们大人到彰德府，才派办理招抚事宜。我们大人到汉口，业已打过几次仗了，汉口房屋已经烧坏了。"他说："现在要说和，须将皇族另置一地与他居住，管他的吃穿，不准他管我们汉人的事情。"答："现在朝廷有旨，政府各大臣旗人庆亲王、那桐等，都已开缺，派袁宫保总理内阁大臣。"他说："宫保见事差矣！这时不该出来。先前宫保做直隶总督，好好的，为甚么开缺？现在有乱事，又请宫保出来，为甚么不叫满人带第一镇来打仗？可见旗人大有奸心。"他说："这个时候，不将皇上推倒，随便和了，以后大权归他，他更比从前加一倍的狠，我们更无有法子了。"他又说："要照满人一登位的时待我们汉人的光景，现在我们汉人应分将他满人的全家杀完，这才可以报前仇。现在我们许给他一块地方，供应他的吃穿，是很对得住他的。"问："张彪常向你们大人那里去不去？"答曰："未去过，听说他去见宫保，宫保也未见他。"并说："瑞澂、盛宣怀两人，令人可恨的很，将来就是太平了，也要拿住杀他。你回去即将我的话，禀知你们大人。你们大人若是能过江来，就请他过来谈谈，要过来时，先派人送个信来，我好派人到江边去接。"

职道刘承恩谨呈

黄兴致袁世凯书

九月十九日（11 月 9 日）

中华民国军政府战时总司令黄兴，谨致书慰廷先生阁下：前由刘君转达尊意，敬悉一切。明公以胞与为怀，爱民如命，来示嘱敝军停止战争，以免生灵涂炭，仁者用心，令人铭心刻骨。惟满洲朝廷，衣冠禽兽，事事与人道背驰，二百六十年来，有加毋已，是以满奴主权所及之地，即生灵涂炭之地。如但念及汉口之生灵而即思休战，毋乃范围过狭，无以对四亿生灵。况汉口为我军所有之日，行商坐贾，百货流通；及贼军进攻不克，纵火焚烧，百余万生命，数万万财产，均成灰烬。所谓涂炭生灵者，满奴乎？抑我军乎？至于尊嘱开党禁等四条，乃枝叶问题，而非根本问题，兴等之意，原不在此。以大意言之，夷虏与中华，原无君臣之分，明公虽曾服满人之官，而十八省之举义旗、兴义师者，亦非曾服满人之官者？按之是非真理，明公当自晓然。以利害言之，鄂省兴师，四方响应，至于今日，大江南北，复我汉人之主权者，都凡十一省，寡人政治之满廷，早已瓦解，明公即奋不世之威力，将何用？以明公个人言之，三年以前，满廷之内政、外交，稍有起色者，皆明公之力。迨伪监国听政，以德为仇，明公之未遭虎口者，殆一间耳！此段痛心历史，回顾能不凄然！况明公之辞国门之际，曾有誓言耶！革命动机未发以前，明公在邺宴居，犹且视为敌国，彰德、北京之道上，无日无贼政府之间探出没其间。迨鄂事告急，始有烛之武之请，满奴之居心，不诚令人心冷乎！近日北京政界，喧传明公掌握兵权，当为朝廷之大害，是以满奴又有调明公回京组织内阁之命。夫撤万众之兵权，俾其只身而返，乃袭伪游云梦之故智，非所以扬我公，实所以抑我公；非所以纵我公，实所以缚我公也。赵孟之所贵，赵孟原能贱之，满人之自为谋，则善矣！所难解者，我公之自为计也。兴思人才原有高下之分，起义断无先后之别。明公之才能，高出兴等万万，以拿破仑、华盛顿之资格，出而建拿破仑、华盛顿之事功，直捣黄龙，灭此虏而朝食，非但湘鄂人民戴明公为拿破仑、华盛顿，即南北各省当亦无有不拱手听命者。苍生霖雨，群仰明公，千载一时，祈毋坐失。不揣固陋，唐突上言，可否有当，均乞尊裁，条件若何，亦祈赐示。九月十九日。

冯国璋致袁世凯书

九月二十日（11月10日）

宫保钧座：

敬禀者：窃查十八日炮击兵工厂情形，今早已由马拨将原报随禀抄呈，想邀钧鉴。兹复将炮协领所报炮击兵工厂无烟火药库略图一纸，附禀呈览，即乞查阅。今日前面无甚战斗，惟昨晚匪在龟山、黑山一带，用枪炮猛烈射击，自十点至三点止。又据间谍报称：武昌东之青山，有匪炮三尊，步队一营；洪山有匪之步队一营；由武昌至青山沿江长堤，有匪炮约十二三尊，步队约一营；青山下之鸡窝村，有匪约二三百人；他无异状。肃此具禀，恭请

勋安！伏乞垂鉴。

附呈略图一纸。

国璋谨禀

九月二十日

黎元洪等致袁世凯书[①]

九月二十二日（11 月 12 日）

中华民国鄂军都督黎元洪暨同志人等，谨奉书慰帅执事：

迩者蔡、刘两君来，备述德意，具见执事俯念汉族同胞，不忍自相残害，令我佩佩。前承开示四条，果能如约照办，则是满清幸福。特汉族之受专制，已二百六十余年，自戊戌政变以还，曰改革专制、曰预备立宪、曰缩短国会期限，何一非国民之铁血威逼而来！徐锡麟也，安庆兵变也，孚琦炸弹也，广州督署轰击也，满清之胆，早经破裂。然逐次之伪谕，纯系牢笼汉人之诈术，并无改革政治之真心，故内而各部长官，外而各省督抚，满汉比较，汉人之掌握政权者几何人？兵权、财权，为立国之命脉，非毫无智识之奴才，即乳臭未干之亲贵，四万万汉人之财产、生命，皆将断送于少数满贼之手。是而可忍，孰不可忍。即如执事，岂非我汉族中之最有声望、最有能力之人，何以一削兵权于北洋，再夺政柄于枢府？若非稍有忌惮汉族之心，己酉解职之候，险有生命之虞。他人或有不知，执事岂竟忘之？自鄂军倡义，四方响应，举朝震恐，无法支持，始出其咸、同故技，以汉人杀汉人之政策，执事果为此而出，可谓忍矣！嗣又奉读条件，谆谆以“立宪”为言，时至二十世纪，无论君主国、民主国、君民共主国，皆莫不有宪法，特其性质，稍有差异，然均谓之“立宪”。将来各省派员会议，视其程度如何，当采取何等政体，其结果自不外“立宪”二字。特揆诸舆情，满清恐难参与其间

① 此书曾载于张难先的《湖北革命知之录》和曹亚伯的《武昌革命真史》（正编），惟词句与本文有出入。本文所据的原件，经几位老先生按笔迹判断，认为是汤化龙所写。

耳！即论清政府叠次上谕所云，试问鄂军起义之力，彰德高卧之力乎？鄂军倘允休兵，满廷反讦执事究有何力以为后盾？今不见起义只匝月，而响应宣告独立者，有滇、黔、湘、蜀、赣、皖、苏、杭、闽、粤、桂、秦、晋，沪上归并之兵轮及鱼雷艇，共有八艘，其所以光复之速而广者，实非人力之所能为也。我军进攻，窃料满清实无抵抗之能力，其稍能抵拒者，惟有执事。然则执事一身系汉族及中国之存亡，不綦重哉！设执事真能知有汉族，真能系念汉人，则何不趁此机会，揽握兵权，反手王齐，匪异人任；即不然，亦当起中州健儿，直捣幽燕。苟执事真热心满清功名也，亦当日夜祷祝我军速指黄河以北，则我军声势日大一日，执事爵位日高一日。倘鄂军屈服于满清，恐不数月间，飞鸟尽，良弓藏，狡兔死，走狗烹矣！执事犯功高震主之嫌，虽再欲伏隐彰德，而不可得也。隆裕有生一日，戊戌之事，一日不可忘也。执事之于满清，其感情之美恶如何，执事当自知之，不必局外人为之代谋。同志人等，皆能自树汉族勋业，不愿再受满人羁绊，勿劳锦注。至疑鹬蚌一层，读各国报纸自知，鄂军举义价值，比拟似觉不伦。顷由汉口某领事处得无线电，刻北京正危急，有爱新氏去国逃走之说。果尔，则法人资格丧失，虽欲赠友邦，而已无其权矣！执事又何疑焉！窃为执事计，闻清廷有召还之说，分二策以研究之：（一）清廷之召执事回京也，恐系疑执事心怀不臣，欲借此以释兵权，则宜援“将在外君命有所不受”之例以拒之。（二）清廷果危急而召之也，庚子之役，各国联军入都，曾召合肥入定大乱，合肥逍沪不前，沉机观变，前事可师。所惜者合肥奴性太深，仅得以“文忠”结局，了其一生历史，李氏子岂能终无余憾。昔者孟子之学，全在保民，元洪本一武夫，罔识大义，惟常奉教于孟轲，其心得除保民外无第二思想，况执事之识解、经验、能力，超出元洪等万万哉！所虑者执事历世太深，观望过甚，不能自决。须知当仁不让，见义勇为，无待游移。

孟子云："虽有智慧，不如乘势；虽有镃基，不如待时。"全国同胞，仰望执事者久矣，请勿再以假面具示人，有失本来面目，是则元洪等之所忠告于执事者也。余详蔡、刘两君口述。书不尽意，临颖不禁神驰，惟希垂察不具。

元洪等再拜

九月廿二日

袁世凯致清内阁电

九月二十二日（11月12日）

顷接冯军统电称：接间谍报告：党人带炮数尊、快枪千余枝，由苋甸达新沟，绕汉川、广水，围抄后路，昨晚暗中起行。已令孝感施统带派步两队、马一哨，赴应城驻扎警戒。汉川方面倘有警报，即责成该枝队迎剿。然匪一面停歇，一面袭进，异常狡险，是无意就抚矣。凯。祃。

倪毓棻致袁世凯书

九月二十八日（11月18日）

宫太保钧座：

敬禀者：窃知府遵奉宪札，驰赴皖、豫一带，办理招募事宜，详细情形，业已禀陈钧鉴。惟现在正阳帮匪，占据寿州，进陷霍邱，逼攻颍上府城，一日数惊，朝不保夕。查颍州为东、豫两省屏蔽，颍州不守，北数省皆岌岌可危。据由乱地逃出人民传说及派出侦探报告，皆云：此派帮匪，半系无业游民，冒称革命，全无纪律，兼乏军火，仅掠淮河两岸炮划以为利器。无奈皖北一带，绝无防军，颍州驻巡防一队，不满二百人；而安庆、南京邮电不通，久有失陷之说，人心惶惶，到处不敢抵抗。霍邱失守，闻仅到匪数人。其所以未敢遽逼颍州者，因知府办理招募，到有带兵官长，声称携带快枪数十杆，彼等已闻风退缩，不敢尝试，其伎俩已可概见。据此情形，诚得器械快利之兵队数营，不惟可保全颍属，捍蔽北省，即已失寿州、霍邱等处，不难指日克复。第恐迁延日久，勾通鄂匪，胁从愈多，则养痈贻患，大局将不堪设想已。现在招募事宜，不日告竣，谨将目视地方情形，为宫太保陈之。并乞迅拨军队，保卫生灵，顾全大局，地方幸甚，全局幸甚。肃禀。恭叩

钧安！伏乞垂鉴。

知府倪毓棻谨禀

九月二十八日

冯国璋致清内阁电

九月二十八日（11月18日）

据西文报载并侦探人云，萨大臣有率各舰挂白旗驶赴九江之说。拟请速电九江、安庆、南京、上海各印署，查明确否。若该舰系一时权宜之计，即请嘱其迅速来汉援剿；如果事出意外，于我军大有关系。是否有当，伏乞鉴核。璋。二十八日。

陈光远致袁世凯书

九月二十九日（11月19日）

宫太保座前：

敬禀者：于本月中旬，叩谒钧颜，备聆棨训，下风逖听，孺慕弥殷。伏维力挽狂澜，望隆柱石，至指千军以扫荡，保四海之乂安，此犹一瓣心香所日夜祷祝者也。卑协在汉防御，与敌近隔一河，枪林炮雨之中，全赖所部官兵奉行维谨。日前迭奉温谕，

一经传知，更觉挟纩腾欢，踊跃用命。二十七日探知敌人约有两标，由卑协右翼第八协防御线后偷渡。当即会商何统领丰林，一面禀明军镇，一面抽派队伍，竭力抵抗，击毙敌匪一千余名，其余披靡而逃，大半坠诸河内。现仍督饬标营严密防御。至各级官长蒙陆军部先给两个月薪水，已与何统领等商同派员解回厂站两防，分给各该员家属具领，则前敌官长，既无内顾之忧，自益坚其杀敌致果之志也。肃具禀陈，敬请

钧安！伏乞垂鉴。

沐恩陈光远谨禀

九月二十九日

连甲致袁世凯电

九月二十九日（11 月 19 日）

内阁总理大臣袁宫太保钧鉴：联密。萨军门兵轮开往下游，数日未回。闻匪党大股，又分两三路过江，意图断我铁路，占踞武胜关，危急万分。乞速派兵援救，鄂省幸甚。连甲叩禀。艳。印。

凌绍彭致袁世凯书①

今接凌绍彭自汉口来函，谨摘抄大要，开呈钧鉴。计开：

一、廿六夜，敌党偷渡襄河上游，约三千人。次日，被我军痛击，歼约千余人，余则窜入民宅。夜间渡河，又被击，其船计回者，不过数百人。当痛击时，彼兵有跪下求降者，而我军人用枪刺戳之，倘能受降，则降者甚多，阻其降路，而坚其死心，未免稍稍失计。彼党半月来组织之敢死队，今则全军覆没，足以寒其胆矣。

① 此件乃由袁之部下摘抄大要。

一、欧阳萼前在太保前应承有米，今则一斗皆无，振抚局迟迟开办，皆欧阳所误也。此人言过其实。闻欧阳常有禀报告，张大其词，畅谈军务，殊不可靠。且欧阳非便家，办粮饷恐非所宜。

一、黄观察人太好，当此乱世，不能以太平官为之，如请其联络军队、办临时巡警、出示安民、亲近领事，为先发制人之计，悉皆摈不可多事，缓缓再说。至今领事尚未去拜，令人急急。

欧阳萼致袁世凯书

十月初一日（11月21日）

宫太保大人钧座：

敬禀者：十五日晋谒崇阶，渥蒙逾格垂青，殷殷训诲，感荷殊深。十一日曾上一禀，顷悉中途搁置，兹特补为录呈。当鄂乱未发时，萼之戚友，多系茶商，八月初八日闻俄领事接港督来电，属停茶市，因悉革党已运大批军械来鄂，勾结新军，约期倡乱。连夜密陈方伯，请其转达极峰，预为防范，不动声色，将新军分遣出城，并设法收回枪弹。至十八日俄租界宝善里发现炸弹卅箱、新式枪炮无算，萼即刻飞达层宪，立时破获，正法三人，搜出确证，统将、弁兵皆列党册。迨次日则全城兵变，先劫军械，围攻督署、藩署。瑞制军携印仓皇出城，登楚豫兵轮。方伯困在危城，廿日之夕，始由柯绅逢时令其乔装，遣人护送潜出。其眷属与方伯早已不相闻问，由萼四次冒险过江寻获，缒城而出，平安东渡。臬台以次仍在城，逆党并不加害，且有为逆所用者。追原祸始，张文襄优容新进，骄纵军人，养痈十余年，糜帑数千万，兴学练兵，设厂制造，徒资逆用，以演成今日非常之惨剧，殊堪浩叹。江汉关道及各厘局印委，均携眷运款，先逃兵轮，孤泊江干，交通断绝，无饷、无煤、无米，岌岌可危。方伯函约相见，嘱为赶紧筹画以解倒悬。萼当以本处无从购买，洋商严守中立，万分棘手，措置维艰，嗣因方伯痛哭相劝，制军两次札委，勖以勉为其难。幸遇旧识之德员延兴阿君，先借现银五万两，暂资开办，向相识之瑞记洋行定购煤一千吨、米两万包、面粉四万包、马料柴草俱全，并租小轮四艘、拖驳四只，常川转运。遴派洋员，以充侦探，倩丹国人另设电局，藉通消息，此十五日以前筹办之情形也。自宪节遥临，诸事日渐顺利，四民欢声雷动，若大旱之得云霓。廿四日，蕚奉冯军统谕，会同延兴阿商聘工程师，用洋松、油桶、机器、铁索建造行军桥梁。据工程师云：包定桥成后，军队四五千，枪炮器械，顷刻可达彼岸。蕚与姚工参领，日夜督工，赶紧修造，约二日内可以完竣。廿六夜一句钟，匪党以三千人来攻，由拖渡口渡河暗袭，经冯军统督兵猛击，蕚亦在前敌照料。是役也，匪党死伤千余人，又因逃命争渡，淹水者五百余人，投降我军者八百余人，夺获枪炮子弹无算。我军占据拖渡口，连日大胜。廿八日又毙匪千余，占据蔡甸，李统领驻兵三千守之。昨晨用大炮攻武昌，匪党惊惶无措，探悉军学两界，互相争权，内乱冲突，万难持久，每日开城放百姓逃难，匪目亦有潜逃者。萨提于昨午四钟，率兵轮、鱼雷，首悬龙旗，尾挂白旗，来攻刘家庙。西人用远镜观战，先有鱼雷，被刘家庙大炮击坏轮腰，冒险上驶，至新开河沉溺。海容后梢，亦被轰毁，逃往阳逻，冯军统派人查究，杳无踪迹，想已落水。西人极赞刘家庙炮队，准的无讹，拍照以留纪念。我军并未伤人，仅焚毁房屋数间，曷胜欣幸。惟蕚此次向瑞记洋行定购米面等物，系以商业性质，先后付过定银七万五千两，均经蕚与延兴阿同在瑞记立有议单，签字为凭。兹因关道开办平粜，该行因守中立，只允分期零交，每次以二百包为度。关道必须趸交，使蕚大为受窘，深悔任事太勇，拚命要好，反使人疑为言过其实，呕心沥血，尽瘁鞠躬，付之徒劳。迫恳宪恩准予销差，遴员接办，俾得早日交卸，释此重负，以便向瑞记理论。是非曲直，天下自有公论，定当明白宣布，以表区区忠戆之忱，是所感祷。曾奉谆谕，垂询兑款办法，顷已向德华银行商定，以后款项，即交北京德华银行，汉口随时拨用。昨奉冯军统面谕觅购新式快枪及子弹等因，现存子弹，仅足供一二月之需，不得不未雨绸缪。兹已调查各洋行，惟德商礼和存有现货（系东三省总督所定），先付价银五成，可以取用，应否预定，敬候钧裁示复，遵照办理。专肃。恭请
崇安！

欧阳萼谨禀

十月初一日

欧阳萼再致袁世凯书

十月初一日（11月21日）

九月廿八日下午八点钟起，至卅下午六点钟，经李统制纯用行军机器桥，在新沟渡河，率北军用开花子弹，加以机关枪，击毙匪党三四千人，收回四处高山。并于昨夜四句钟，又夺回黑山及拖渡口、琴断口等处，已经驻兵。又获米三千余担，民船炮船四百余号，枪炮子弹马匹无算。顷得捷报，特此奉闻。

营务处欧阳

初一日

顾鸿恩致袁世凯书

十月初四日（11月24日）

宫太保钧座：

敬禀者：窃恩查得我军于初二日早一点半钟开战，我军奋勇攻击，至午后得以占据黑山半岭。初三日早三钟，步队开战，至四钟时，炮队亦已开战，我军占领黑山、合山，在循理门地方，

设立大炮射敌。汉阳玉带门大炮射击龟山、武昌，皆有效力。下午六钟，我军又将红山占据。至初四日午间，我军力剿，又得四平山，查该山讵〔距〕煤子山不远。至下午三钟，我军又占据三义桥，该桥讵〔距〕龟山只十里。汉阳百姓闻炮声惶悚，业已纷纷逃出矣。现查我军阵亡六镇二十一标三营前、左两队队官两员，二十二标三营后队队官一员，阵亡兵三十六名，受伤者六十余名。自我军南下，未有初三、初四两日之战斗遽烈矣。再我军机关炮队司务长系敌人奸细，拟将破坏枪上利器，幸被炮兵查视。该司务长自知情虚，意欲逃去，当被炮兵拿送冯军统严办；并访拿兵站委员蒋辅臣、周委员，皆湖南人，当即交由执法处管押严询，秘密不得而知。余容再禀，虔请

钧安！伏乞垂鉴。

先锋官顾鸿恩谨禀

凌绍彭致袁世凯书[①]

十月初七日（11 月 27 日）

谨将凌绍彭来函抄呈钧览。（来函草率，抄呈较省目力，合并声明）计开：

今早得龟山。汉阳城内大火系敌人所放。昨日，我军得黑山后，前进时，恐其伏有地雷，仍绕道前进，派探探之，果伏雷五具，当即抛之水中。连夜猛攻，遂得大别山。我辈所住大观楼，直对龟山，以千里镜测之，历历可见，敌人皆向江滨去。弟至沿江一带高处瞭望，自汉阳渡江船十数支，正至江心，被我沿江军人排枪轰沉三分之二，尽剩一成，半逃至武，半至租界，真大快事。彼中军官，甚有未穿裤者，可笑可笑。是役也，我军真可谓

① 此件乃由袁之部下重新抄录。

奋勇。夫汉口在汉阳、武昌之下，龟、蛇各山，大炮林立，言守言战，皆殊不易，不得已由襄河上游偷渡；又恐彼之击我路也，先克蔡甸，然后攻美娘、四平等山。其地多湖湾，泥水曾深数尺，四平山一带，尤多石，上下尤苦，后路接济，始用骡驼，皆不能进。以至于决战时，缺子弹至三句钟之久，而犹奋臂一呼，军人奋勇。最奇者，以炮弹六枚，而得二山，尚剩二弹，军人言之凿凿，皆喜形于色。敌军敢死队，于廿七日全数覆没（在玉带门）。此次有所谓督战队者，前军退，则排击，以故亦死战，不然早得龟山矣。黄兴为总司令官，昨日闻已退至武昌，近日与黎元洪等意见不合，大起冲突，即是种族革命、政治革命之别，彼之巢穴既破，想亦乱窜矣。（此函初七自汉口发）

李纯致袁世凯书

十月十一日（12 月 1 日）

宫太保钧座：

敬禀者：窃沐恩猥以庸愚，谬承知遇。自宪驾晋京后，所有前敌战况，因在吃紧之时，未能随时禀报。上月二十七日，奉冯军统命令，任攻汉阳。自顾才轻任重，恐难达到目的，惟有竭死力以图进取，冀副列宪平日之期许。当率官兵等逐次进攻，但地势艰险，四面皆水，仅于襄河枪火之下，搭桥一座进攻；兼时值霖雨，官兵数日行卧于泥水之中，后方输送，尤为困难。匪党防御严密，死相抵抗，苦战经旬，各种战况俱备。幸赖各将士坚忍耐战，奋不顾身，卒以克复汉阳。此皆朝廷威德远播，宫太保恩信素孚，故能将士效命。沐恩藉得稍尽职任，实属万分侥幸，在始料实不及此，而事后亦不敢邀功也。此次战斗剧烈，沐恩所属，不足一镇，官兵伤亡五百零七员名，实觉过多，殊堪悯悼。是役也，击毙匪人约二千余人，其逃窜渡江自行淹毙者约千余人。计夺得仙女山、汤家山、四平山、麦家山、黑山、龟山坚要炮台六座，夺得敌炮六十三尊，枪枝子弹不计其数。现经搜索之后，匪踪已净。谨仰体朝廷不得已用兵之意，首以安民为务，严禁骚扰，各将士尚能恪守纪律。惟是攻取匪易，防守尤难。查匪党占据汉阳，有武昌联络，成负嵎之势。其所患者，仅西北两面，然西有琴断河，北有襄河，均占优势；且内多山岭，可安炮位，外系平坦，任便射击。东南则江湖，附近各地，皆为所有，无所顾虑，虽少数兵力，亦易防守。然以彼之众，仍不足恃，今沐恩兵力甚单，各面受敌，应设防御之地甚多。其足资匪党袭入者，东则长江，可以抢渡；南则龙王、黑水等湖，均与江通；西则汉川、沔阳，亦足为患。统计三面，约六十余里，门户甚多，均当防御。现在兵力，除分守各山岭外，实难多设，故仅截守自黑山至徐家湾及江岸一带。但西南各处湖岸，地势复杂，保无匪党乘间抄袭，最为可虑；兼以城厢内外，地方辽阔，各项工厂甚多，民房栉比，十室九空，均易隐匿匪人，防不胜防。思维至再，非添设防御，不足以保安全，但兵力不足，无可分布。业经禀请冯军统添派步队一标，分设要害防御，并拟调二十三标来汉，以免周折，而资联属。至旬日战斗情况，容当详细具报。先肃寸禀，恭叩

钧安！

沐恩李纯谨禀

十月十一日

顾鸿恩致袁世凯书

十月十二日（12 月 2 日）

宫太保钧座：

敬禀者：窃恩于本月初九日早，闻我江岸之军，攻打匪人，

炮声激烈，约两钟之久；闻敌匪藏匿武昌城内蛇山，约有数万人，其大队匪党，皆退聚青山一带，以鹦鹉洲为后路，以备逃跑之路；又闻敌匪黄兴被黎元红〔洪〕所杀，不知确否。又于初十日冯军统派恩赴汉阳府弹压地面。而汉阳情形，城关地方辽阔，周围约有三十余里，且无地方官弹压。恩所带卫兵队排长张绍栻兵二十名，昼夜巡逻，尚有足迹未到之区，顾此失彼，实有于此，而离穹远，并有鞭长莫及之势。且贫苦无告之人，流离失所，举目皆是，哀鸿遍野，嗷嗷待哺，令人触目酸心。且每日我龟山之炮，直射武昌，匪党蛇山之炮，击我汉阳，而城乡一带炮弹之往还，势如掷梭，以致绅商百姓，惶惶不定，市面维持甚难。刻下恩之情状，实属困难。现在汉阳之兵工厂、龟山下之枪炮厂及汉阳镇巡警各局，在在需人办理。恩特不揣冒昧，敢乞宫太保赏派所指一差，以资报效。如蒙俞允，则恩感戴鸿慈，实无既矣。肃泐寸禀，恭叩

福安！伏乞慈鉴

沐恩鸿恩谨禀

十月十二日

何佩瑢致袁世凯书

一等副官、陆军第二镇正参谋官何佩瑢，谨将接到三协统领王占元呈马统制自九月十六日起至十月初十日止前敌报告，照抄清折，恭呈宪鉴。计开：

一、奉派步五标统带，为沿江警戒司令官，带去步队两营，驻扎刘家庙。步六标统带督带三营，驻彩票局防御沿江一带。其六标第三营一营，调驻大智门车站，护卫大接济。敌人由大别山日夜枪炮乱击，官兵受伤者甚众。

二、九月二十二日，有九江已变之兵轮三只，来至刘家庙

江心一带，向我阵地炮击，经我炮队还击，坏其兵轮一只，其余二只，避藏江岔，向三导桥射击。现又派六标第二营前往防御。

三、二十七日，有匪千余名，由大黑山以船搭浮桥登岸，经四镇八协侦知，奋力抵御，毙匪数百名，余众退散。

四、十月初三日，李统制带一标队伍，攻击敌之左翼；吴统带带一标队伍，攻击敌之右翼；又由四镇挑奋勇队官兵二百员名，卑协挑奋勇队官兵三百员名，炮队第三营一营、炮三尊，于十月初五日夺占四平山。初六日占据大黑山。计二镇阵亡队官一员、排长一员，受伤之排长二员。

五、汉口民中有匪，防不胜防。十月初四、五日，大智门附近，连次起火，以期焚我枪炮子弹，均经派人救息。

六、汉口天屡降雨，动辄五六日，兵丁因而多患泄肚者，现已医治全愈。

七、十月初六日，六标第二营在刘家庙北二、三道桥之间防御，有匪千余名，由青山渡江，至杨罗上陆，向我第二营攻击，一经还击，匪即退却，逃走过江，毙匪百余名。

八、十月初七日，六镇两支队、四镇一标及卑协奋勇队，由大黑山进攻梅子山，得获大捷，于是日午刻，占据大别山，午后二点，克复汉阳。敌众溃败，纷纷乘船逃窜。经我步、炮、机关枪各队猛烈射击，毙敌数千，船沉亦多，子药库、兵工厂无损，计得炮三十余尊。

九、五标一营，乘大黑山夺占之后，向梅子山进攻时，顺势至湘河，夺获步枪二百余杆、枪子六十余箱、炮六尊、炮弹四百余枚。

十、初八日，有匪数百名，致黄陂县失守。派去五镇一标、二镇一营、机关枪一队，于初十日早克复。匪向东北方逃走。

段芝贵致袁世凯书

宫太保钧鉴：

前敌军情，随时电禀，计当均蒙垂鉴矣。芝贵骤摄高位，兢惕难名，矧值艰危，一筹莫展，正自旁皇无措之时，欣闻朝命以芝泉接署斯篆，想即可南下。芝贵获卸重寄，仍为我宫太保执殳前驱，同袍偕作，实深鼓舞之至。荆、襄两郡，地居四冲，川、楚匪徒，时虞窜扰，将军、都统及道、府以下各官，无不皇皇昕夕，盼兵盼饷，几有朝不保暮之势。襄阳道喜源，告急之牍尤多，既已电请内阁、军谘府准令招勇十营，复来请兵；业经声明就该处地方各项公款及统捐诸款内抽拨动用，复来请饷；芝贵皆无以应之。该道更欲请拨京饷，于直隶、山西、陕西暨本省设立转运局，则更不能允之矣。然该处危急情形，自可想见。兹将该道抄来连将军及荆宜道吴筠孙上宫太保电文，又恒都护致喜道电，一并抄呈钧察。此外，德安、安陆各属，亦均有匪滋扰。天门失陷，知县被戕。臼口同知及潜江县知县，均被匪将印信逼取而去。已经喜道派队往剿。其中革党无多，半系土匪纠结，武汉得手之后，要亦不足荡平也。吴道电中所陈宜昌关监督关防遗失一节，已函嘱该道将实在情形备文申报矣。专肃。恭叩

钧安！伏乞垂鉴。

段芝贵谨禀

谨将襄阳道抄寄各电，录呈钧鉴。

荆州将军等致宫太保电

袁宫保鉴：武、宜失陷，湘、赣继变，荆州襟江射湖，势成孤立，各属人心浮动，土匪四起，危急万分。旗兵四路分防，兵至匪窜，兵去复来。上游地广兵单，饷源告竭，不敷分布。沙市

为通商口岸，伏莽甚多，更宜极力保卫。最可虑者，江面千余里，无一船一兵，只有贼船往来宜、汉、长、岳间，畅行无阻，无法堵截，内河尤到处可通，随地窜结。倘川、宜、湘、岳联合而来，腹背受敌，撑持不易。倘有疏虞，上游全局糜烂，大局何堪设想。言念及此，心急如焚。且宜昌盐厘，为鄂省军饷大宗，现在大军云集，需饷浩繁，尤当先其所急，迅图恢复。敝处孤立无援，未敢轻于一试。惟有仰恳我公力顾上游，无论如何为难，总期设法迅拨兵轮一二艘、炮船数只、陆师二三营来荆援助；并会合襄阳，由远安、当阳谋取宜昌，共图恢复，大局幸甚。不胜迫切待命之至。魁、龄、鹤叩。号。

恒都统致襄阳道电

襄阳喜观察鉴：襄、荆一带，筹画布置，谅可无虞。惟宜昌匪势日炽，湘省通荆，尤近长江，上下载兵、运械，任其游行，无法堵御，非得兵轮一二艘，殊难扼要剿贼。荆防万分吃紧，纵效死以守，且虑不济，况匪党诡计百出，伏莽甚多，遑敢劳师济远，非速得劲旅救援，恐难保此危垣。昨具函咨，三途分投，商请袁宫保迅速拨兵，救荆取宜。宜昌盐课，为饷源大宗，尤应先其所急，再图恢复。能否递到，尚无把握。拟恳将荆防危急情形，代达慰帅，至要至祷。龄苫块余生，曷足任事，承贺愧甚。恒龄。号。

荆宜道吴筠孙上宫太保电禀

督宪宫太保钧鉴：洪。武昌失陷时，职道适在宜昌。旋奉军宪电促回荆，办理筹饷，回署即闻二十八日宜昌兵变，由是宜都、枝江，相继被占。前奉电饬募兵，当此饷源涸竭，即协助满饷，已属异常竭蹶，无从再筹，虽部允拨饷，更恐缓不济急，况有兵无械，与无兵同，徒殷焦急。荆、沙举办商团，添设巡警，藉以保护领事、教堂及居留人民，幸市面尚安。所虑危地孤悬，兵既单薄，饷尤缺乏，待援万分迫切。恳乞宪台迅派兵队来荆，俾免糜烂，大局幸甚。再，职道去宜时，宜昌关监督关防，留在宜关备印税票，廿八夜变起仓猝，监印委员周钟琦抱印奔逃，失足落水，捞救无获，以致关防遗失，前已电禀到京，合并陈明。荆宜道吴筠孙谨禀。马。

敬再禀者：正封发间，适喜道又寄到连将军电稿一纸，用并抄呈钧鉴。至此间为难情形，已由芝贵函告矣。再肃，敬叩崇安。芝贵又禀。

十月初四日襄阳道寄来荆州将军电稿

袁宫太保鉴：筱、号两电并函咨，先后谅邀青览。现在事机紧迫，日甚一日，武汉战事，未得确音，务恳我公力顾上游，速拨兵队、兵轮，援荆剿宜，迫切待命之至。魁、龄、鹤叩。敬。印。

鄂公随笔

谢石钦

编者按： 谢石钦（1886～1955），字鄂公，湖北随县人。辛亥革命时任共进会秘书长，武昌起义后任鄂军都督府顾问、湖北革命实录馆馆长等职。随笔所记多为其亲见亲闻，于武昌起义事迹多有他书所未载，如黎元洪与清廷官僚柯逢时的勾结，约定革命成功，由黎保护柯之身家；革命失败，由柯保护黎之身家。这种资料，对我们分析黎元洪在辛亥革命中的态度等问题，都有参考价值。

长江一带革命党人之结集，并实行革命之进展，是在黄花冈惨败之后。潜势力即在联合新军，改革会党，如洪帮、哥弟会，各省星罗棋布，乃定一统制之法，部勒使之就范。如四川则张百祥，湖南则焦达峰，江西则邓文辉，湖北则孙武，广东则孙兆民，浙江则陶成章，安徽则黎宗岳，福建则彭寿松，分任军都督。辛亥之役，本预定湖南首举义旗，举事后，湖北必调兵往援，计划以往援之师前途倒戈，内外夹击，则武汉、长、岳立时即可光复。不意湖南举事，一再延期。八月十八日，突发生汉口俄租界总部炸弹爆炸之事，孙武重伤，俄捕房将章则、旗帜、文告、印信、纸币搜去，知有政治意味，转告清督瑞澂，防范极为严密。武昌机密各部，次第被抄。警探捕彭楚藩、刘尧澂，杨洪胜以炸弹拒捕，头面受伤，被逮，越一日，即从容起义，身首异处。各军愤慨益决，死事之志，不期而同，工程营先发，炮队继之，一夕而义帜高搴于黄鹄矶上矣。瑞澂出走，公戴黎元洪为都督，一面整理军旅应敌，一面建树政府，公布约法，并照会驻汉各国总领事，说明革命旨趣。不一周，各国总领事奉其政府令，联衔以文告宣告严守中立。时清廷陆军大臣荫昌已奉旨出师矣。其先后有事实足纪者，拉杂书之。

起义前夕，军警密布，大索党人，有扬州陈氏女为邓玉麟之外室，在武昌设一旅舍，以掩护革命诸志士。警探捕陈氏女去，下之狱，其身旁携藏有党人名折一扣，恐警搜得之，乃于黑夜乘逻者不觉，将折咀嚼，吞于腹中，用心甚苦，诚可记也。惜邓终未与之偕老。知其事者，至今惜之。

结合新军之谋略，系在武昌黄土坡设一同兴酒楼，由邓玉麟主其事，徐万年任联合之责。每一兵一官入会，即填一愿书。愿书中有四句纲要："驱逐满酋，恢复中华，建立民国，平均人权。"愿书缴汉口总部，即焚之，惟在同兴酒楼帐簿上写某某该钱若干。不半载，而各营入会者竟达五千余人；青年学子约千人，故八月十九夕举事，大有不期而会之概。

先是有广东革命女士名王飞者，自沪来汉，寓长清里刘协卿（名炳，孙武姊丈）家，计划于京汉铁路埋炸弹，通电流，以炸铁良。时因铁有南来息，刘与吴肖韩夫人助其事甚力。事虽未成，其志颇壮。或云王飞者，即某某夫人之化名也。

徐万年军籍隶于炮队，其人貌陋，口又讷于言，而感化力极强，无论兵若官，听其说，无不忻然来归者，实以诚意感召，如磁针相引。新军从事革命之踊跃，徐功最多。授勋五位。黄陂任第一次大总统时，特授为将军府将军。居京师不一年，即归田里，不复出焉。

武汉革命部分林立，计十余处，有作旅舍者，有作公馆者，有作贸易者，有作学会者，不一而足，而财用极俭，无一钱浪费。经费所入，有孙武质田不过银千版，宋教仁、谭人凤、居正自沪来助八百版，刘公三千版。时李作栋司出纳，至起义之后，尚余银三百余版。犹忆有事武汉，须渡江者，支铜十版。刘尧澂有事于武胜关，支银二版。余事准此。故起义后文武官月给银二十版，兵月给十版，无异言者以是。

是年，端方以铁路大臣入川。彭寿松以处心献身革命之故，谋为端之侦缉长，事竟成，相见于汉上大营，俄界总部之炸弹壳及炸药原料，多借彭之力掩护而来。武昌有一部分门前颜曰“彭公馆”，军警望而却步。运炸弹方法则由杨洪胜化装酒保菜佣，借菜篮装于左旗、右旗及各营，自始至终，未曾败露也。

军队之部署，有队代表、营代表、标代表、协代表之阶级，视事之轻重，召集某级代表会议。议决以口头传达命令。各部有不相识者，见面有极简单之表示，譬如甲乙相见，甲以左手挈衣领，名曰提纲挈领；乙注目后，即紧握右拳应之，名曰紧守秘密。如在会场讲演，演讲者登讲台时，以手掌抚胸鞠躬，名曰抱定宗旨；下坐者即紧握右拳，名曰紧守秘密。相见于途，则挈衣领以示，名曰提纲挈领。互问讯首四句，答语必钳“中华民国”四字。询姓名先言名，再称姓，盖示名独姓同，同为炎黄胄裔也，应之即知为同仁。无论何界青年，入会写愿书后，即传此诀。迨起义前夕，行于武昌城内外，觉随处皆是同志之士。平时经营甚苦，临时期运用则裕如也。

余服役汉口总部，掌图籍文书之事，其他各有所司，不过十数人。日止一饭，约在日晡。上午果腹，恃面包或馒头，无菜，止有冷水，自来水管侧置一碗，悬巾一，沬者、渴者均就之。孙武、邓玉麟共著一羽纱长衫，谁出门者衣之，归来即脱卸，浣濯以夜。夜眠芦席铺地板上，如卧薪无异。历时半载，中秋骤寒，无被盖以御之，忍耐而已。有以画成义旗作寝衣者，以墨臭不可以息，旋置之。缔造国家之艰难，非局外人所得知者。

前清留学日本东京人士倡义革命有三团体：一同盟会，一共进会，一光复会，旨趣不异，旗帜不同。同盟旗式为青天白日，即以前之海军旗。共进旗式为内外九星相连系，星线具黑，星光缘黄底红，即以前之陆军旗。光复会旗式为井字，黄字蓝底，表示井田之意义。至于红黄蓝白黑之五色国旗，乃临时参议院取五族共和之义以规定者。

汉口俄租界总部炸弹之爆裂，余身亲其事。中秋后，微雨天凉，余重装布长衫，无夹故也。此部之屋有楼，楼板上有已作成之缺壳炸弹十余，并装置爆炸管矣。余以偶有不慎，即遭危险之感，谓尧钦（孙武字）曰，可令人将此累累者移于楼下僻静处。孙曰："书生胆怯，起事尚须手掷之，何其懦弱乃尔。"余曰："用时胆宜大，不用时宜小。"乃属刘协卿陆续移去。俄顷间，尧钦以瓷匙和炸药用力过大，瓷触火发，浓烟如雾，声出如雷。尧钦面部重伤，当以石油浣濯，即解长衫蒙其面，由丁立中、李作栋送入德租界同仁医院医治。同仁乃纷往武昌，预备军事之发动，无一逋逃而离武汉者。信心之笃、立志之坚有如此。所有部中章则、旗帜、印信、文告、纸币均为俄人搜获去，乃知为革命行为。倘先时不将已成十余弹移去，则总部之十数同仁，立化为灰烬矣。

戊申年（1908 年）夏六月，东京共进会本部推郑江灏、李介廉、王柏森、董祖椿、杨宪武回鄂，在汉口办一湖北日报社，为革命鼓吹联合机关。越一年，己酉（1909 年），被清督陈夔龙封禁，郑因而倾家。李介廉回里办团防，颇有成绩；起义后，乃如襄樊策动陆军管带（即营长）孙长林反正，为襄阳道喜源侦知，令兵之，未中，潜回枣阳。后任第六师参谋官，师长即王安澜也。

襄阳郑江灏号南溪，余少年同学友，有至性，故实行革命事业，多与之谋。其志趣慕荆轲、聂政为人，有刳刃于贼，致身不悔之概。其见解亦迥越侪辈，谓联合会党及新军有流弊，不如从地方绅士、学生、豪商、巨贾下手，期以十年五年之孕育，全国同时以罢市、罢税、罢课为革命武器，不血刃而清廷窒矣。当时同仁均迂其说，余独伟之。余有堂伯父号泉唐者，廪贡生，在乡办团练，盛有威望。南溪为草万言书上之，大意劝其扩张实力，为革命作预备。此书达，泉唐公大骇，拟告于官，意在自首自免，或劝焚之，乃已。

望江陈树屏号介庵，以翰林散馆正任罗田县知县，历宰大邑。署随州时，余方十三，就童子试，受知于此公。驯至辛亥，介师已为候补道，办理学务，振振有声。八月十八夕，捕彭、刘、杨三烈士，同时被捕者有两湖师范牟鸿勋、高等警学校周祖濂，青年学子三十余人。彭烈士三人以炸弹拒捕受伤，又慷慨自承，故就义。牟鸿勋诸子亦多自认与三烈士同仇。介师陪铁忠同审，乃呵之曰，汝某为某校生，皆吾弟子也，何妄言乃尔，岂以恐惧而患心疾耶？命皆收押于狱，不之问。越一日义起，诸子得以不死。犹忆牟出狱时，手足犹镣也。元年冬，黄陂以湖北实业厅厅长畀介师，未肯受任，卒鬻书沪滨以终老。黄陂就第一次大总统，曾电到京一游，值余在京，邀集门人，欢会数日，嗣后不复之见矣。

辛亥举义，固以联合会党、新军为骨干，而炸弹之制造，手枪之购运，亦极费心力。如总部炸弹之爆裂，已如前述。至手枪之购运，尤有一可纪者。忆辛亥夏秋之交，宋教仁、居正自上海来，购沙发椅一堂抵汉皋，即以力夫扛至总部。同仁相见，责之曰，此时正待款项济急，何置此不急之物为。居笑曰：“此中有夹带。”是以手枪数支储其中，平安运来，逻者耳目未之及也。实则平昔所备武器，临时并未恃以为用，以举事之夕，皆正式陆军，敌人并无抵抗力耳。

三烈士中，以彭楚藩性情较为激烈，故勇于负责，急于事功。忆有同志某，家颇富有，在东京曾任出巨金从事革命；归国后，其家人坚欲其捐资为候补道，不令从事革命，此公志亦微动。彭知之，并知其寓武昌北雄楚楼下，地方僻静，商诸同仁诛之，而胠其箧。孙武曰，如此办后，将来事成，仍为建立铜像。余曰，勿庸用此大力，彭为现时宪兵之下级官，率二三宪兵同志去其寓，谓某为革命党人，上峰已悉，命令逮捕，彼必倾囊矣。果如所言。后相见于总部，为说上事，相视一笑，詈曰恶作剧而已。此款补益于事业者甚大，事斯役者莫不知之。

辛亥之役，秘密联合各界，有三少年，忠实而努力，蕲水陈磊，巴东赵学诗、赵学魁弟兄。此三人尚在中学肄业，约皆十五六岁。其所负责任为调查军实，如弹药器械存储地点及数目，皆以符号别字记于册，二三日即到总部按册说明，俾举事时可以运用裕如。陈磊于首义后守卫都督府，汉阳不守，旋随黄兴赴沪，装手枪误而自杀。同仁均叹惋，并为请旌请恤。赵氏兄弟于开国后三年留学美国。

汉口总部破坏后，清督署机关枪队有同仁徐邦杰者，心机灵敏，用其地位说动其兵士，乘夜间将十余挺机关枪撞针除下。迨三烈士就义，义军纷起，瑞澂尚拟督师抵抗。炮兵占领蛇山阵地，即向督署射击，一一命中，瑞惶惧万状。时黎元洪已被部下围守，不克自由。张彪率队应战，惟旗下人部祥胜所领数百人应命，余皆投入我军旗帜之下。炮火激烈，掩护步兵攻督署。时张彪命机关枪队应战，以撞针除下，故皆无效。张疑之，躬自装射，仍无效，遂愤而自批其颊，匆匆随瑞澂遁去。

服兵役于炮队同仁有赵楚屏、汪锡玖、梅青福、王天保数人，不耐湖南举事之约一再延期，于辛亥八月朔日，聚已有联合多人为汪作饯，于夜间占领子药库，并将炮衣卸下，准备拽炮出营门，为长官所察觉，立时防范，并命令集合。赵、汪诸人乃脱军衣，分别遁去。自是军中益加戒备，武汉如大敌之将临矣。人心摇动，军心恐怖，斯役最为有力。犹忆赵楚屏善绘画，义旗内外各九星相连系，颇不易绘，赵在总部专任此事，所成百数十旗。惜总部破后，皆为俄捕抄去，至举事之日，仅余二三而已。汪锡玖后充军务部副官及盐局缉私营管带，事部长孙武极为忠实。民国成立，未见叙其勋劳，人亦不知所之。

余少时从事革命，得力于顾、黄、王、胡诸遗老之学说居多，而于时论少所许可，故与襄阳郑江灏南溪同办德育会、体育会、科学研究会以及铁道协会，网罗英俊为国效命。前清光绪丁未（1907 年），郑留学日本，始以团体名义加入共进会，共推郑为参议部部长，是为本集团与海外革命集团合并之始。南溪归国，创《湖北日报》于汉上，被清督陈夔龙封禁，后乃如湘与焦达峰商起义事宜。达峰见害于保皇党人，始返湖北，时在辛亥九月间也。

辛亥八月十九日，黎元洪犹手刃无名英雄一人，此君为吾同仁，南京人，佚其姓字，隶某部下。彭、刘、杨三烈士就义后，各营兵士气愤填膺，跃跃欲试，虽清吏命令如山岳，不能镇压同仇敌忾之心。有无名英雄者，冒死前往黎军，说以反正，请出而主持军事。黎惶恐而震怒，立手刃之，当时毙命。惜告者亦不详其里姓等，其尸亦不获。凡为军人而参加辛亥之役者，莫不知此事。呜呼惨矣！以此事推之，其舍命以殉国而名不彰于后世者，又岂止此一人也哉。

黄陂于起义时，本欲效忠清室，曾坚不肯出，并一度自杀获救。约辛亥八月下旬，有其老奴来，卫者不许进，遥谓之曰，如夫人劝主公降。即黎之妾危氏也。自是黎持两端，不坚欲殉节。带旗兵之部管带率余勇攻都督府，黎出立于平台上，令众曰抵抗，卒将部击溃。余亲闻见其指挥命令也。驯至前大清银行监督黎大钧与黄陂有联宗之谊，斡旋与前八省膏捐大臣柯逢时约计议：如革命成功，黄陂保卫柯之身家；清廷如恢复，则由柯保卫黄陂之身家；并不得残杀地方无辜人民。自是则黎之意志乃定。蔡济民躬亲为都督剪发。乃筑坛祭天，并昭告于始祖黄帝之灵，犹忆是日黎御兰呢军衣，行拜跪礼，甚为严肃也。

麻城屈开埏子厚，两湖书院高材生，读《扬州十日记》，枨触于怀，乃坚革命之志，先交唐才常、林圭、李悌生诸人，后交刘道仁、张继煦、万声扬、李步青、曾昭文诸人，皆有革命之结合。历任各学校监督，北京江汉中学得才尤多，晚任黑龙江绥化府中学校监督。辛亥春，归自江省，邑人选为县议会议长。八月十九日武昌起义，闻及麻邑，子厚集合同仁仿制旗章，告邑令张锦云劝其反正，树立汉帜。张怒不听，诬以为匪。麻人洪子镜、吴新甫、李舜卿从而构陷之。锦云密令武弁刘金堂以防兵一队围县议会议场，开枪驱散议员，手刃议长屈子厚于议席上。呜呼惨矣！其三女字龚氏，闻其父见害，愤不欲生，终日号泣，勺浆不入口，遂以身殉焉，同仁及其弟子至今哀之。

辛亥年，湖北新军为一镇一混成协，标统曾广大及邓承拔奉令率二千余人护端方入川，铁路沿线及驻防各要隘者约三千人，省城常驻之兵不过万人。尔时陆军中学及陆军特别小学泰半为吾同仁。犹忆当时各协标营代表陆续册报于总部之名字达五千七百余人。以每一标或一营之愿书、名册解到总部，总部按其人数若干，即为制袖章若干，以备举事时佩带。名册、愿书即焚毁之，不留踪迹，惟记其代表姓名服役何营而已。截至八月十八日止，袖章制就五千七百余，尚有文武学校学生不计也。如省城外之各处新军，多结合其官长，又不专注于士兵，此法不如注重下层之可恃。清统带官张永汉驻在武胜关，自承举义后担任京汉线防务，旋背叛之，致关不守，其明征也。

光复施南之计划，决定于辛亥七月。总部派施南土著向炳焜携带愿书、表册回施时，向奉委办理施南府中学，遂假学务为辞，于八月二日起行。抵恩施，已八月二十二日。驻施防军有三营，李汝魁部较强，向与康建唐、吴白云、曾楚襄诸人分别结合。继闻鄂军政府有电令汝魁迅速反正，拔队赴宜。适地方绅民受向、康之指使，亦上书汝魁请之，并公推为军部长，乃于九月初七日树立义帜，分兵据守要塞，禁止抢杀奸淫，兵不血刃，七邑底定。陈金瑞亦防营管带，嫉汝魁而又觊觎非分，更名朱扬武，诡称明代后裔，密结兵士绅商，以图汝魁取而代之。于会议时，嗾党羽刃断其臂，复击三枪杀之，伪称有军政府命令。李营兵不服，将激战，炳焜劝慰而止。宣恩人康藩楚管理民政，朱扬武亦忌视，遣兵刺杀之。复遣队官桑道连追杀炳焜于来凤之卯峒，幸未及也。迨冯仁佺任施鹤安抚使，军政府电令将朱扬武就地正法，始闻而遁去，罪人终未之得。是举端方统率入川之军，不敢疾于回戈东下，荆、宜得以次第光复，武汉得以从容筹画，实有不可磨灭之勋劳焉。

前清光绪戊申年太湖秋操，有新军队官熊成基乘机举事之举，不遂，而避地于日本。回国寓哈尔滨，为友人鬻于清廷，见杀。成基字味根，扬州甘泉人。未及冠，入南京将弁学校毕业，顾忠琛荐于安徽新军炮兵营充队官。时当徐锡麟刺皖抚恩铭之后，人心不靖，成基夙怀革命之志，见时势可乘，适逢各省新军联合在太湖秋操，乃结合同仁以图大举。事如成，长江不难定也。不意内应失机，功败垂成，捕者甚疾，乃自髠，著贫僧装走广州，沿凤、颍至汴，由汴至鲁，遂如日本，易名张建勋。有哈尔滨之臧冠三子与之友，成基不知其为匪人，数至哈尔滨，必住其家。己酉冬，清海军大臣载洵及萨镇冰道经哈埠，传熊有在车站谋刺事，悬尝〔赏〕缉捕，臧氏子利金多，乃鬻成基。系狱时，俄人以国事犯庇之，清吏力争，解于长春。起解时，警局长陈子培为购寒衣寒具多种，送者数百人。熊致谢曰："吾愿以一腔热血灌开中国自由之花。”语极悲壮，闻者感泣。庚戌正月十八日，见害于长春。临刑时，犹高声宣布革命宗旨。年止廿有二，海内哀之。

前清宣统己酉年，有一鼓励民气为革命先锋之事，即争川粤汉铁路民办一举。是时，清廷宣布铁路国有，准备大借外债。留日学生千余人在东京集会反抗，实则有革命种子播种其间，公举随州张伯烈、嘉鱼夏道南回鄂联合。一时军政绅商各界均伟其说，军界代表黎元洪、政界代表札凤池、商界代表刘谷臣、绅界代表黎大钧、京官代表张大昕、谘议局代表张国溶、新闻界代表郑江灏集议后之办法，决定在四官殿成立铁路协会，公推黎大钧为总理。一面召集股款，一面举代表入京向邮传部力争。入京代表为嘉鱼刘心源、汉阳梅昌墀及张伯烈三人。三代表由刘家庙上车时，送者各学校团体约三百余，达数万【人】，旌旗飘扬，气象热烈，昔所未有。刘、梅均出身科甲，任清官吏有年。张以一书生独叩邮传部尚书徐世昌之门，跪地乞请，勺浆不入口者七日夜。徐卒为感动，奏请撤销前令。三代表得请归汉，迎迓者较送时尤多，民气赖以大张，谓其为辛亥之序幕，亦无不可。迄至开国以后，有功于铁路协会者多采而登庸，如张伯烈、张大昕、夏道南诸人皆是。即黎黄陂被举为大都督，此役亦为其前导，均非偶然事也。

前清光绪甲辰年，宜城县有一女革命家被捕事，即陈子龙之妻王耀英也。庚子之乱，联军入京，全国震恐。子龙虽是武人，尚侠好义，宅心爱国，纠合同仁，志在袭取襄樊以立革命根基。仇家告密，事发，县令捕之急，遁入省垣，投于混成协十一标一营入伍，得免。其妻耀英被逮入官，非刑拷打，血肉横飞，坚不肯供实。且无证据，难成定谳，狱系久之始释，乃只身到鄂寻其夫。子龙家于巡司河岸，借设秘部以为结合八标炮队之计，成效甚著。辛亥八月初七日会议，定于中秋夕举事，苦乏子弹，子龙潜入三十二标打靶场火药库盗取子弹，得三百余颗，交刘尧澂备用。侦缉破小朝街秘部，株连子龙寓，遂相继被抄，王耀英及子龙友人张玉山、张得胜、陈明太、胡文卿皆系狱，并将炸弹、手枪、册表均搜去。时当三烈士殉义，耀英六人亦不容置辨，待死而已。十九日，义帜高搴，乃庆更生。子龙遁于汉口总部，以家宅被抄，妻友系狱见告。后旋与邓玉麟、李作栋回武昌，暗赴八标炮队，激动同仁，并传送总部命令及起义旗帜。首义之夕，率队入起义门，占领楚望台子药库，会合工程营共攻清督署者，斯为主干之军矣。

黄陂王润德芷香，记其犹子王伟，于辛亥八月二十三日见杀于清督瑞澂事略云：伟为军医学校毕业生，充新军四十二标二营军医。八月初十日，伟谓季父芷香曰："现在革命多人均集省垣，脱有风声，白昼无害，夜间幸无出门。"芷香诘曰："汝得毋即其俦倡乎。"伟曰："略知其梗概，请勿深问，勿声张。"至十九日义旗一举，芷香方信其言之验，知其为革命家矣。伟求学以致用，仍为军医官，八月二十三日，与同事熊某渡江赴汉口购西药，意在说本标管带陈钟麟反正，为民军增一臂助，为敌军减一党羽。讵陈阳与周旋，心怀叵测，诱至刘家庙张彪司令部，转解瑞澂处。时瑞已革职居兵舰中，游弋江面，中心愧愤，遂命将伟杀之，沉尸于江，亦云惨矣。

数学研究社亦秘部之一，设于武昌三道街，李作栋、何世昌主其事，以结合学界人士。其同学友有费姓者善治印，起义前大都督各部印信皆费所手镌。迨汉口宝善里爆炸，三烈士就义，武昌四城门皆禁闭不启，大索党人，予往社，告世昌汉口总部破坏状。言未毕，逻卒围之。有密探三人入，倒筴〔箧〕翻笼，一一盘诘。诘予及世昌，皆以伪辞治之。至费，则舌结口缄，莫知所对。先是，有同仁愿书数纸存作栋书笥中，世昌焚之。探始围社，至是费虽有恐怖之态，而无证据，遂未逮捕。探者去，予与费各散去。不一时，世昌来告曰："探又来，云费某形迹可疑，巡警道衙门唤渠往，奈何？"予曰："速反告探以费居所，请往捕之，即别遣一人告费速遁。"世昌曰："恐不及。"曰："探尚须回衙请命，逻卒必可及也。"乃如吾言往应，费竟得免，此辛亥八月十九日午后酉刻事。交戌时，城内外大事即举矣。后费某归乡里，并未自诩其功，以干升斗之禄。何世昌于李作栋司财政时，尚出一为之助，后亦不复言其功云。

辛亥起义时，有《中华民国公报》，即为军政府传布命令、鼓吹鸿业者。于八月廿五日发刊，社长为郧阳张越荫亭，旋易利川牟鸿勋猷宣，终于黄陂蔡以贞良村。张越为两湖师范高才生，经史学俱有根柢，如黎黄陂祭天文及昭告海内袍泽檄，多为其手笔。著述甚富，惜天不假年，于民国二年秋逝世。先是，越在汉口倡办《震旦日报》，颇抑袁、黎，扬孙、黄，极窘乏，志不改。常差报纸费及印刷费。余以友谊，敬爱其人，亦量予资助。死之日，棺木衣衾不能备。余与夏口李慎庵集友朋公瘗之。牟鸿勋即八月十八夜同三烈士就捕者，交卸公报社长后，曾任大都督府各部总稽察及军府参议，后被选为参议院议员，授勋五位，至民国十七年夏病殁于武昌。蔡以贞字良村，与越、鸿勋为同学友，初任省教育会会长，改选去职，即任公报社长。其与军务司长蔡济民为同族叔侄。荆襄之役，济民举兵施鹤，以贞闻之，走告余曰："事必不成，决不往参军旅之事。"逾月，有友告以良村已西上矣。余甚异之，以其平昔为胆小谨愿者流，信其不履险蹈危也。越一年，有人自施南归，云济民见害事，叹竟以身殉，以贞溺水毙命。忆其西行时，江夏钱守范友松出《长江万里图》名画一卷，质银元三千版，方成行。至是友松叹曰，书画文玩之精美者，皆不祥之物也，悔与之质而丧其躯，以至于如此。同年有《大汉报》，亦于起义后二日发刊，主之者为天门胡人杰石庵。石庵为经心书院高才生，与刘静庵、时功璧、冯特民友善。

光绪甲辰年，铁良南下检军，胡人杰与马天汉、吴伯恭、王禹田、陈伯平、徐政容密谋炸于车站，事泄，系夏口狱，旋释出。适沔人郭尧阶告密，捕日知会人刘静庵、朱子龙入武昌狱，人杰走沙市，仍播革命种子，气不稍馁。宣统庚戌，乃经营汉记印刷公司于汉口，便于翻印革命书报。至辛亥起义，遂由汉口如武昌，创刊《大汉报》，厥功甚伟。以其见解同于张越，故黄陂在鄂时，不获遂其志。

辛亥九月初七日失汉口，冯国璋用鄂城王遇甲、汉阳易乃谦策，大焚汉口屋宇，毁者泰半。

辛亥十月十一日，都督府焚毁，并非敌人炮中起火，乃楼下堆积衣箱着火所致（见奋勇军统领王安澜报告）。

夏口、汉阳失陷后，武昌岌岌可危，奋勇军统领王安澜尚留城中，未遽去。十月十一日正午，有十龄童子胡小海、十一龄童子毛小生负枪同来奋勇军司令部，愿投效往杀敌致果，言毕痛哭。安澜解二童子来军务部，余适在焉，亲见之。众均止其赴前敌，二童子益哭之痛，不能抑其志，愤往汉口，死焉。军部七协及奋勇军据以激励将士，勇气百倍，是以守武昌之志益坚。

守武昌时，有人谋用总监察刘公以代都督黎元洪者，是阴谋派之毒计，非刘志也。忆其用总监察名义张贴四句布告，文曰："都督虽则出府，业经照会本监，所有粮饷子弹，概归本监发给。"孙武及守城诸将士期期以为不可，所以有推谭人凤为武昌防御使兼北面招讨使之举。后说与刘公，知为小人所算。先是都督府未焚时，已有告阴谋派伺隙用间之谋，闻之者皆骇然。居正伏案哭，刘公拔刀自斫，以此辈皆刘戚陶德琨援引得志。余力止之曰，有救弊法。乃于德琨寓商筹，余立草修改约法。约法原文本都督府政事〔治〕部并立，部下设七局。修改晋局为部，军务、内政、财政、教育等七部，隶都督府下。即夕于抱冰堂召集会议宣布之，阴谋派人放逐、罢免、左迁以抑之，乃敛迹，亦守武昌之重要关键也。

利川苏成章裴然与同邑牟鸿勋友善，同肄业两湖师范学堂。鸿勋于辛亥八月十八日被捕入狱，二十辰出狱。约法公布后，政治与军事分治，公推成章为政治部副部长，以政部下分七局，多延揽各派人材，故寄心膂于成章，借以监视其忠实与否。阳夏告紧，遂有以阴谋异志告者。无已，修改约法，晋七局为部，隶属都督府下，改任成章为教育部部长。迨和议告成，武昌遭元年二月廿七日兵匪之变，各部人员星散，成章亦自免。是年夏，建议设湖北革命实录馆，公推余为正馆长，成章副之。翌年秋，馆裁撤，即绝意仕进，专究心易学阳明学，后归施南，民国廿一年秋见杀于盗。复有黄梅邢伯谦，亦两湖高才生，参加革命，任事于汉口宝善里总部。孙武被炸时，亦与其险。起义后，任军务部之经理局局长，勤敏任事，佥赞许之。会汉阳失陷，武昌告警，黎大都督移驻洪山，城中尚部勒军士死守，岌岌危殆。伯谦密语邓玉麟曰："万一武昌不守，将亡命他邦，宜筹款存储，以备缓急。"时正昌言死守武昌，玉麟叱曰："若非其患难之老同志，立枪毙汝。"叱时持枪作势，左右止之，遂已。迨和议定，黎公将入都，叙勋位及伯谦，玉麟追述此事，期期不可，乃已。黄梅梅宝玑镜垣，清末与詹大悲、何海鸣共组《大江报》于汉口，以鼓吹革命为职志。宝玑不得助于家人，自盗金银物输汉以倾助之。会同人有品类不齐者，利其金而不用诸事，乃使酒骂座以唤醒其迷。会孙武访友于报社，遇之，审视其人血性男子也，邀入共进会任事。宝善里总部炸弹爆时，亦濒于危。起义后，任各部总稽察、武昌电报局局长、大都督府参议、众议院议员，授勋五位。宝玑与伯谦同邑同志，所任密秘时事务亦相埒，一则晚年于武昌贯逆旅以止行客，不乐仕进，一则荆襄之役赴鄂西，持兵柄以与北军周旋，兵虽不武，亦足征其志趣。惜乎伯谦之际遇优渥，而胸襟狭隘也已。

起义前预订临时约法，在总密部时，为余所草拟，大要分为人民权利义务，以及政府之建置，立法、司法、行政三权鼎立，而外有各部总稽察权，略仿逊清台谏之制，职权加重焉。行政则军治、民治对立，都督为军事首长，政治部部长为民事首长。旋以民政用非其人，汉口失陷后，复修改约法一项，晋升政治部下之七局为部，直隶于都督府，将政治部裁撤。适桃源宋教仁遁初回鄂，商订鄂州约法，草案方脱稿，而南北和议告成，遂未公布。惟湖北临时省议会议员之选举，以及建立省议会，仍本此《鄂州约法草案》第四十条举办者。在起义时，约法颇简单，少安定，思详加厘订，故有是举。湖北为图谋统一，顾全大局，亦未独行其是。须知起义时之约法为母法，《鄂州约法》系根据此母法而加以整理者。后有考稽者，不可不知也。《鄂州约法》见于各书，此处不赘。

李国镛自述

编者按： 本文1912年铅印本题名《李国镛革命事略》，石印本题名《李国镛起义日记》。李国镛并未参加过革命，也未参加过起义，两名均不妥，故改用文末“李国镛自述”一语为题。李国镛本是立宪派，武昌起义后，集合清廷旧官僚组织保安社；后又代表黎元洪与列强联系，与袁世凯勾结。本文叙述了鄂军政府和清政府往来的一些情况，并尽力为自己吹嘘。整理时曾用铅印本（系湖北博物馆所藏）与石印本校对，两本内容相同，但均有残缺，一部分字句仍无法校对。文中一些空泛议论，略加删节。

国镛姓李氏，字钰珊，年四十有九，湖北沔阳人。幼经商，两次游历日本，考察工业及各学校办法。在鄂襄办汉郡图书纵览室，暨公立预备中学堂、公立启秀女子师范学堂、公立工业传习所、湖北铁路学堂、公立湖北法政学堂、公立第一法官养成所，前后八年。又办理湖北第一次教育展览会。复偕湖北学务管教各员暨各学堂挑选学生百余名，六月盛暑赴南洋劝业会，研究实业进步。并组织社会数起，如教育总会、铁路协会、宪政筹备会、宪政同志会，均勉尽义务，借以联合。□是光绪庚子，友人吴君禄贞、刘君道仁倡革命于海外，镛遥应于内。两君回国，镛屡劝用平和手段，不露圭角。留学同人李君熙、万君声扬、李君步青、金君华祝、黄君立猷等携来电灯影戏，镛向当道借阅马厂演武厅，布设戏场，吴、刘两君及同人等乃借以演说。王君慕陶，曾以革命系狱者也，一日偕镛同访刘君道仁，路遇武昌府梁先生鼎芬，见王君大骇异，及见镛同行，则曰不妨事。同人在鄂组织日知会及科学补习所，镛均有所捐助，先后两机关复，镛均赖梁先生护持免。

辛亥秋八月十九日夜，民军起义。次日闻已举黎君宋卿为都督，镛急欲出助，为家人所阻。

二十一日晨，陈君芝来舍。镛询出处，陈君赞成甚力。因同出访汤君化龙，不遇。至教育会，闻同人等均在时君象晋家，镛随赴该处，则汤君化龙、赵君俨葳、胡君瑞霖、吕君逵先及时君等均在座。见镛至，即问有何宗旨。镛谓："此次革命实为种族问题，铁路起点。黎公既为都督，我等与黎公同是铁路协会职员，事成我等则生，事败必俱罹党祸。不如同谒黎公，相机为之。"于是皆表同情，同赴军政府见都督。佥云，我等特来襄助都督筹进行方略。黎公甚悦，便询从何着手。镛答云，宜以外交为前提。黎公问谁负责任。镛自称愿负，但须约舍甥夏维松同办。遂历陈松由自强学堂俄文毕业后，派往俄国学习法律，回国后，历办外交，最有经验。都督曰善。又与汤君化龙等商议电稿，以湖北谘议局、教育会、武汉商会名义，电知各省谘议局，同声响应。向午，又与吕君逵先组织地方保安社，复至医馆与赵君俨葳、胡君柏年商订章程。

二十二日，镛见各军士搜杀满人。镛在军政府报告情形，都督即出示晓谕各军队，以后如遇满人，必须由执法处讯办，不准擅行枪毙。是晚，镛又集合保安社同人在南楼蒲圻庙开会，到会者千余人，公推镛为社长，内有满清旧日各司道府县及候补人员。当即布告此次办法，专以守中立、保治安为宗旨。立总社、分社，由各社绅挨次派居民夤夜梭巡。镛又单骑巡查，以防其息。

二十三日下午，维松来舍，镛即往军政府请给出入城门护照，渡江至俄领事府晤敖康夫君。敖君见面即云："贵军政府来文，要求满政府军队离租界三十里外作战地。但各国革命军起，未经战胜，各国不能承认为交战团体，并不能回答来文。两君此来，只能以私人名义接见，并不能认为贵军政府特派员。"镛骤闻此言，不胜焦灼，盖此事关系甚大，若不能办到列国认为交战团体地位，则民军此举终成泡幻。随又磋商云："汉口领事团系阁下领袖，故都督派我等同来接洽，联络感情。况此次民军举义，原为推倒不良政府起见，想贵领事必力为赞成也。"敖君又云："现满政府有战舰五艘，泊刘家庙。瑞澂在楚豫兵舰，张彪在该处扎营。又闻荫昌不日领兵南来。贵军政府尚不先发制人，还待何时，若必拘于战地之远近，是自失机宜也。"镛答云："恐攻击时有碍贵租界。"敖君谓："世界只有强权无公理。如各国为难，我必从中调停。两君转达贵军政府，总以速攻瑞澂、张彪为上策。如战胜，我必首倡承认贵军政府为交战团体。"镛等握手致谢。遂连夜渡江至军政府。都督尚未就寝。镛等报告一切，请即开军事秘密会议。都督命参谋长杨君开甲招集兵谋科各员会议。镛上策云，若在两旺至青山设炮攻击战舰，步队由汉口龙王庙登陆，绕租界背后，直捣刘家庙，横攻满军，两路夹击，必能制胜。在座诸君均以为然。参谋长杨连夜调炮队标统尚君安邦、步队标统杜君锡钧，指授方略。两标统连日挑选军队，秘密计划，以备克日出战。

二十四日，镛与赵君俨葳、张君福先、王君利用、张君知本、罗君兆鸿等组织赤十字会。

二十五日晨，至军政府。向暮，陈君芝来舍。镛告以连日规划，多为都督所采。

二十六日，都督命设坛于阅马厂，以太牢、少牢并文祭告天地。都督当命镛会同交通部部员胡君鄂公，乘新燕小火轮往刘家庙侦探敌军。见清军战舰联络成队，楚有、建威在前，楚豫居中，楚泰、楚顺在后；张彪陆军数营驻扎附近。镛等即返军政府报告。都督委镛与胡君鄂公为战时水陆指挥使，调汉阳水师出红关，督率队伍，夜至战地。镛等先至两旺侦察设炮地点，瞄准射方。徒步往返毡呢厂数次。军队半夜至毡呢厂，总办张君正基（充前清混成协炮队二营管带，军事学甚优，于炮术尤长）代为设备一切，又备军食一餐。队到战地，仅五生的七野炮四门，步队一营。参谋曹君飞龙云，无工兵挖炮位，不能施放。镛当饬护兵呼农民随带器具挖炮位四处。时都督派海军顾问郑君礼庆（系建威管带之侄，极有胆识）至战地助镛，见面，即告以海军内情。

二十七日黎明，镛命将炮门归位。即将炮安放稳妥，百端备齐。而刘家庙我军已与张彪陆军接战，枪声甚猛，当命炮队速射楚豫。楚豫即将锚链斩断，鼓轮下窜。我军趁势连击，楚豫仓皇还射，我军无恙。我军步队之攻张彪者，见楚豫败窜，勇气百倍，张彪亦不能支。适北来火车运敌军方到，助战员黄君增祥（字柏生，年三十余，四川人，以昌〔倡〕革命系江苏狱数年，胆略过人，勇于战斗，身着西服，故当时观战者，多传为日本人助战云）即将快炮瞄准，直射车头。北军之在车者，全军覆没。于是水陆两军，同时大捷。及凯旋，至军政府，即将水陆指挥使委任状缴销，都督挽留再三。季君雨霖等复举充都督府顾问官，镛不得已，从命。

二十八日，渡江，要求俄领事电知驻京公使团，转电各国承认我民军为交战团体。俄领事允诺。下午即发出确守中立布告，遍贴租界。越日，夏维松在领事团携回告示数十纸交镛，呈军政府分寄各省，俾得通知。

二十九日，交通部部员胡君鄂公介绍皖人孙君发绪入军政府，都督称其有管乐才，同人等公举孙君充顾问官。及闻满政府有起用袁项城之命，孙君云："如□〔项〕城出山，发绪□伊必与民军表同情。绪有友陈君澹然与袁公有旧，深知袁公宗旨。现在皖若派一能言者，持绪函往招，伊必来鄂。"镛荐弟国元可往。孙君即书一函呈都督，阅毕，随给国元护照赴皖。适皖省反正，孙都督挽留陈君，不克来鄂。因上书袁公，命伊弟子徐君方平偕国元来鄂。以书陈都督，内皆直陈大义，劝袁公早日反正等语，都督当命徐君以书北去。

三十日，招集保安社社员，报告战胜情形。自问不能守中立，请辞社长。当推柯先生逢时为社长。众皆赞成。

九月朔日，都督命镛等侦探海军踪迹。下至阳逻，得悉清廷海军大臣萨镇冰停泊该处，随回军政府报告都督曰："吾曾学海军于萨氏，宜修书通殷勤。"因派黎君玉山赍函诣萨氏。萨氏复书，欲以兵戎相见。都督复欲致书，苦不能达。镛因与海军顾问官朱君孝先（字进元，向充建威帮带。见民军起义，密约郑君礼庆投效军政府，都督委以顾问官）协商，改装西服，直至该舰队。

初二日，镛同朱君坐小火轮，假商会名义犒赏萨军。甫抵楚有舰旁，该舰有陆（?）多人举枪欲击，经该舰司令阻止，挥镛等速去。镛等无可为计，遂修书并犒军物品遣人送呈萨氏。萨氏收书，退还物品。连日我军陆路攻三道桥，满军据险而守，我军不能前进。

初五、六两日，镛见我军失利，退驻歆生路。晚至俄领事府见敖君，据云，满军海陆两大臣有照会来领事团，要求租界各国商人于初七日下午三点钟，全体避开战地三日，以便海陆两军进攻，夺回汉口、汉阳、武昌三处。镛问贵领事团允否。敖君云："领事团是仆为政；但值战争时，一切军事归英国海军提督主政。况满政府自愿赔偿损失，我亦无可如何。"镛当回军政府报告都督，并请严守武昌、汉阳两处。盖汉口已入敌人势力范围，汉阳有汉水之阻，武昌为根本地，尤宜严守。速设炮于青山、两旺间，敌舰上驶，即行攻击。如能支持三日，则民国可望成立。都督遂命炮队至该山严阵以待。

初七日，汉口租界欧美各国居留人仓皇上轮，内地人民扶老携幼者，亦络绎于道，而大小民船，拥挤不堪，因而覆没者甚夥。至三点钟，满军扑歆生路，我军大败。而旗人所带之海容、海筹两战舰，乘胜发炮上驶。我军青山伏炮迎头痛击，彼此交哄两小时，两舰各中数弹，回轮退去。自此满军各战舰不敢轻窥武昌。

初八日，警报依然，军政府各部人员多有逃避者。各将士及各学生军同时告奋勇赴敌效死战场者，不可胜数。适黄君兴至鄂，自愿往汉口督战，军气为一振。

初九日晨刻，汉阳报告书至。孙君发绪阅毕云，何以宋锡全"全"字写作"金"字。镛即请将送书人解往执法处严审。都督命镛与执法长程君汉卿会审，始知宋锡全卷款潜逃，汉阳府知事李亚东亦遁，全城皆空。当即禀明都督并电知岳州，不准锡全入境；再电湘都督申明锡全罪状，请速派援军守汉阳，以固湘省门户。是日汉口炮声不绝，颇形急迫。因向都督云："镛前在俄领事府称，鄂垣凤凰山要塞大炮一经施放，震惊百里，其所以迟延者，恐损租界耳。镛虽如此云云，实不知此山有炮几门。"都督即命镛往视。见有大炮二门，其一因试放药过量炸裂，其一赶修方竣。当询该队员此炮可放否。答云："此炮系城守营经管，我等不谙放法，请觅城守原人。"镛以城守原人一时难得，不如用土炮法试放，遂询队中有无能放土炮者。得队长一人、什长一人，皆自称曰能，即向镛索施放命令。镛回军政府请令。适黄君兴由汉口失利至，镛约黄君同往凤凰山，瞄准满军阵地击射。自下午一点钟开炮，至七点钟，凡数十发，汉口满军枪声始绝。是日西北风甚大，满军乘风纵烧汉口商房。夜半回军政府时，汉口军士亦回报告，要塞炮击中满军甚夥，满军已退守大智门矣。

初十日晚，与都督谈及汉口居民何罪，今被满军纵烧，连日不绝，三面皆火，一面是水，欲逃无路，奈何奈何。都督大为悲痛，命镛乘小火轮随带舢板八艘，至龙王庙救援。镛登岸，在河街一带巡视，居民迁徙一空，仅有老者四人看守产业。镛命伊等上船暂避，均不愿远离。镛亦无可如何，随坐原船缴命令。当是时，北军占据汉口，南北隔绝，船只不能往来，消息不能灵通。镛或借外国小火轮，或赤十字会火轮，或由毡呢厂小船暗渡租界，探听军情，并组织南北联合等事。外交局长夏维松亦暗设外交机关于英租界姜君心田宅，镛尝宿于其处。赤十字会者，中外□□家捐资设立，以救南北两军战伤兵弁者也，汉口、武昌均设数所。镛将该会情形详告都督。都督云，非抚恤不可。镛亦极力赞成。都督遂命三夫人危君代往，而命镛偕行。

十一日晨刻，有美国马医士并伊夫人及余君日章到军政府谒都督，旋同危君及镛至昙花林赤十字会。危君亲送恤费于战伤志士。旋邀同赤十字会职员张君福先等出武胜门，渡江至圣公会病院，见各战伤志士。再至万国红十字会内，有北军伤者数人，又有北军机关枪队长林君修自用手枪击伤，入病院，不愿与同胞自相残杀。镛察知其情，见伊睡熟，因即推醒特送恤费二十元，并在该会照有相片。又演试在战场救护战伤将士手续。复至德国赤十字会病院，该院战伤者，北军多，南军少。翌日，危君又步行至山前各病院抚恤，镛均同往。

十二日，都督委黄君兴为汉阳总司令，登台拜印，军仪隆盛。镛宣读委任状时，军民皆呼民国万岁。越日，都督命镛偕孙君发绪往汉阳战地慰劳军队。镛等先谒总司令黄君兴。是时黄总司令正与各参谋按地图作战守计划，见镛等至，命副官高君尚志导镛等至各防御地点，代都督慰劳各军，往返数十里。日暮，渡江至军政府见都督，上策云：“黄司令纸上谈兵，并不侦察设防战线地点，只守附近，恐北军由上游暗渡。拟请都督命黄司令设炮于蔡甸下游城头山，步队渡襄水而守，黑山、城头山两处伏炮掩护。如此，则汉阳可守。”都督称善。次日，黄司令派参谋官到军政府会议作战计划，都督以镛策告。伊等云：“防御线不能设防六十里，李国镛无军事学，此后不准参议军事。”

二十日，项城袁公派来代表蔡君廷幹（字耀堂）、刘君承恩（字浩春）执袁公意见书来鄂，都督命镛同孙君发绪往江岸欢迎，至军政府与都督接洽。都督命开全体大会讨论意见书，并请蔡、刘二君发表袁公政见。蔡君报告毕，经孙君发绪逐条论驳。（其辞见孙君节略）旋经会场公举孙君主稿，作书答袁公。翌日镛与孙君送蔡、刘二君渡江。

二十二日，九江派员来鄂，报告海军全体反正。都督大悦，当派李君作栋同九江派来人员赴九江，请马都督与海军人员会议，派战舰数艘来鄂，夹攻北军，以便夺回汉口。

二十三日，镛与孙君发绪致书北军，约蔡、刘二君至俄领事府接洽。复函云：蔡廷幹已往北京见袁公，刘承恩定于翌日午刻至俄领事署接洽。届期，镛奉都督命令往青山探军舰情形，不克赴约。孙君发绪会同夏维松在俄领事府与北军代表晤谈甚久，仍无要领。

二十四日，北军粮台欧阳萼君致书俄领事府，约镛与孙君发绪以私人交情接洽于德明饭馆。次日午刻至该处，北军到者为王遇甲、易甲鹇及德人延兴呵（延氏在前清瑞澂处充顾问官）三人。王言，北军连日大胜，民军无能为力，武昌指日可下，不如早日投诚，免致生灵涂炭。镛云：“民军仅以湖北一省兵士敌满清全国海陆两军，血战二十余日，何谓无能。目下汉口虽失，各省响应，不日援师大至，满军将就扑灭，何投诚之足云。况汉口之战，特湖北人与湖北人战耳，非民军之不力也。闻荫昌与满人云：此番之战，若王遇甲等反戈相向，我等死无葬地矣，惜乎二君之顽冥不灵也。”易甲鹇云：“鹇等均抱忠君之义，决不能反戈相向。”镛云：“设有富家于此，忽被强有力者杀其主人，据其妻拏及其产业，为子若孙者不知复仇，反受其豢养，供其驱使，以与复仇者为敌，尚得谓之人类乎？”王遇甲复云：“钰珊不必强辩，现在各国均欲瓜分中国，尔不信可问延君。”延云：“实有其事。”镛谓：“阁下之言，恐不能代表列强，并不能代表贵国全体。此次帮助满清又系阁下私人资格。瓜分之说恐为阁下臆造。”三人语塞而退。

二十六日，大雨。黄司令督军士由汉阳渡襄水与北军接战，冒雨渡河，衣尽湿，加以北风大作，寒威逼人，手足战慄，不能举枪。北军以逸待劳，故民军不战而败，溺死无算。

二十八日，都督电知各省军政府派员来鄂会议国都地点，组织中央政府。同时上海亦电知各省到沪会议。同人等开会讨论，会议地点多数主张湖北。镛曰：“不必争会议地点，只争国都地点可也。”众不以为然，因设会议地点于汉口租界。迨南京告克，而武昌又戒严，众议员皆迁往南京云。

二十九日午刻，镛由租界坐小火轮回武昌，忽见海容上驶，湖鹗鱼雷艇在后，北军刘家庙伏炮齐向射击。镛见该艇中炮，即呼毡呢厂总办张君正基设法救护。张君见该艇火药被轰，呼该艇驶近江岸，用水龙灌熄。海容行至鲇鱼套，了见湖鹗受伤，即回轮开炮还击，由刘家庙直攻至胜家矶，炮声震地。各国租界停泊海军，无不赞海容之勇敢云。是晚，海军司令官汤君芗铭（字巨卿，汤君化龙之胞弟）与都督谈及反正及战时情形，都督深为嘉许。

三十日，都督命镛同李君作栋（字春萱，沔阳人，年二十余，办事机警有干才，运动革命时，曾充机关所招待员）往青山慰劳海军，并颁犒赏品，至海容、海琛两战舰、慰劳管驾各员。

晚由青山登陆回城，步行三十里，昏暗无灯烛，乃沿途向马队借马，更换五次，始到军政府，天已黎明。

十月初一日，探得北军粮台总机关在法国租界二十五号房屋，满清总办连甲住内。镛禀明情节。都督命镛带敢死队二人，往租界刺杀连甲，搜索证据。一面照会法领事，一面直扑北军粮台。法领事见照会严厉，当即力阻，限二十四点钟令北军粮台退出。镛等遂依其言而返。

初三日，北军由汉水上游暗渡汉水，直攻黑山。时我军守该山要隘者为湘军协统王君隆中。该军勇敢耐斗，与北军鏖战三昼夜，死伤甚众，毫无懈志。

初五日，我军在汉阳失利。镛请都督速颁命令，至黄陵矶令刘君佐龙军队缓赴襄阳，严守黄陵矶及大军山一带，以遏敌势。

初六日，王君隆中全军退回武昌，驻扎□栈。都督命镛至该军抚恤一切，并劝再往汉阳助战。都督复命镛偕谭君人凤送银元数万犒湘军，复劝渡江接战，众仍不允。是晚，战事紧急，镛用电话致兵工厂总办萧君佐汉云，厂内机器不可焚烧，但速将零件卸下，运至青山为要。

初七日，汉阳陷。黄司令至军政府，劝都督退守九江，图恢复。镛等因请都督电各省速派援兵来鄂。复电谭都督速派湘军由岳州设防至金口，并请都督派鄂军，由金口设防至青山。两电已发，镛即归寓。此时武昌岌岌，家人皆惶恐不安，颇碍进行，是日即命族侄之桂护送回沔。

初八日，镛等与都督商议，谓汉阳失守，武昌为第一火线，恐不利于军政府，须另择地点，移驻节钺，以保根本。众议宜下守葛店。都督许可，派员至葛店筹备一切。

初九日，项城袁公派来代表朱君其瑝来鄂，并赍汪君精卫函，约南北联合，要求清帝逊位，拟举袁公为临时大总统等语。都督命开会讨论，佥谓如袁公实行南北联合，推倒满清政府，我等愿举袁公为大总统。次日南北两军战争愈烈。朱君云，南北方谋联合，非往租界先订停战约不可。都督命镛与马君伯援同往。渡江至俄领事府，约北军派员来会，不至。领事敖君愿亲同夏维松至北军驻扎地，代朱君其瑝电袁公示期停战。越数时，北军尚无停战电。朱君即往见军统冯国璋，自称为袁公派来联合南北两军代表。冯军统惧为朱君所卖，当用专车押送北京。朱君上车后，致函俄领事府转交镛云，其瑝至北京，两日即有停战电至，三日即可返鄂。同时有外交部副长王君正廷，亦请英领事葛福君要求南北两军停战。

十一日十二点钟，偕孙君发绪由汉口渡江，进武胜门，路少行人。至阅马厂。北军在汉阳东城角，用管退炮直击军政府，前层已被击烧，火正烈。随与孙君商议，须仍渡江探听停战消息。孙君云："我暂往军务部探视，公先往租界可也。"镛旋探得英领事葛君接到北京公使团停战三日电，俄领事亦然。停战公文系由万国商会会长盘尔根君到武昌与孙君武、孙君发绪妥议，条件由盘君转达北军，双方认可。是夜将半，觅船渡江，仅小船一只，索渡资二十元。探囊得十元，当交该船户，并担任决无留难情事，该船户始慨诺。至毡呢厂，总办张君正基代顾〔雇〕轿夫四名，护兵四名，送镛至洪山宝通寺鄂军司令部。镛问都督安在。杨君开甲答云，炮击军政府时，军务部副部长张君振武带领护卫，敦请都督出城至葛店驻扎，现住王家店贞武观。

十二日天将晓，镛亟欲往见都督，苦不得骑。柳君国祥者，忠直士也，以己所乘马进，愿步行以从。镛不遑辞，匆匆上马去。见沿途军队四散奔走，居民亦啼泣襁负满道路。镛在马上大声呼曰，现南北业已停战，武昌又有长江之险，尔军民人等可速回城防守，不必他往。至东湖城门（在洪山东二十里），嘱守门司令官，以后军队不准擅出此门；如遇军人私自逃走者，须将武器军装缴留，违者即以军法从事。及见都督，报告南北停战竣事，请回洪山。都督整队就道。是晚，都督宿于洪山兵站。

十四日，镛同都督骑马进城。是晚，停战期满，镛渡江与王君正廷商议续办停战一星期。复经英领事葛君电致北京，袁公亦愿续办停战，均由英领事处双方签字许可。是日，都督仍宿兵站。

十五日，镛请都督移军政府于城内昙花林第二中学堂。时军政府办事乏人，镛因向都督云，现有胡君钧由德国返鄂，寓居法租界，并偕同左君德明、张君祥麟、罗君潜峻，均在欧洲留学有年，办事素有经验，若蒙委任，必能各尽所长。都督当派胡君钧充政事参谋长，左、张、罗三君均派政事参谋官。

十六日，项城袁公来电云，已派代表唐先生绍仪来鄂，会议南北联合事宜。都督派镛在汉口探听，并招待来使。民军公举伍先生廷芳接洽。迨唐先生到汉，都督约唐先生至毡呢厂会晤。随都督出城者为孙君发绪、胡君钧、夏君维松、杨君玉如、杜君鸿钧、何君锡蕃、萧君鸿陛，齐集该厂。都督方命镛乘小火轮到汉口迎迓唐代表，而唐先生已先同英领事葛君及王君正廷渡江矣。及返至毡呢厂，都督已与唐先生江干话别。镛询同事诸君，唐先生宗旨如何，佥云极表同情。旋严先生复来厂研究一切办法，谈论极洽。伍先生因足疾不能来鄂，唐先生允至上海与伍先生面商一切。都督因湖北军火缺乏，恐和议难成，复有战争，命军务部副部长张君振武往上海采办军火，濒行，邀镛同往。

二十六日，由汉赴沪，以后湖北军事，镛未与闻。比镛返鄂时，而南北联合问题，已经解决，清帝已逊位矣。

镛杜门养疴时，友□□□□者每每闲谈往事。因追述起义后之与镛有关系者，编为一册，以代口谈焉。民国元年壬子六月，李国镛自述。

日本驻汉口总领事馆情报

刘　淙译　傅钟涛校

编者按： 武昌起义后，日本驻汉口总领事馆（总领事为松村贞雄）逐日收集有关情报，报告其本国政府，名为《湖北反乱情报》，自1911年10月18日至1912年2月13日，共发71件。所收集的情报资料，反映了列强各国在中国的一些活动情况和对辛亥革命的态度，也记载了当时革命战争的一些战况和中国政治经济等方面的事情，对研究辛亥革命史有一定参考价值。原件（内缺第八报、十一至十八报）系陈椿年先生投寄，译者翻译时，除删去一小部分谣传外，其他未动。文内圆括号中的注语，均为原注；译者和编者所加注语，则以脚注标出，以示区别。

第一报

（10月18日下午3时）

10月17日以前之两军情况

自革命军10月12日占领武昌、汉阳、汉口后，至17日止，革命军与官军之间并无任何战事。革命军正从事恢复占领地区之秩序及设防等工作。官军现以张彪部一连及已开到之豫军，计骑兵一队并步炮等兵总数约二千人为主力，集结于刘家庙车站（在日本租界下游约二千米）及北方江岸度支部造纸厂附近与革命军对峙，等待荫昌所率主力部队到来。萨镇冰所带舰队（17 日以前已到汉之舰为楚有、建威、楚同、楚泰、江利，18 日续来建安、苏亨二舰），停泊于日本租界之下游，不时派出水雷艇巡逻于武昌、汉阳间，限制武昌革命军向汉阳方面之接应。为此，革命军由武昌向汉阳间之渡航，已陷于极困难状态云。

10 月 18 日从拂晓至中午战况

18 日晨三时，革命军发动攻势，以步兵一千三百名附炮四门进攻官军之本据——江岸车站。革命军步兵由布阵于跑马场之炮兵掩护，沿德日租界后方约卅六丈之铁道线向刘家庙进攻。至上午八时殆已肉搏至车站附近，战斗约历一小时。官军主力计有骑兵一队、张彪所带步兵及一部豫军，共二千名，分为左右二队，借军舰大炮之掩护，一面应战，同时展开反攻。至上午 9 时，革命军不支退去。官军一部尾追至大智门附近，因革命军已携炮退往汉口市区后方，遂中止追击。

另一方面，上午 6 时左右，革命军由武昌派出步兵一标携炮四门至扬子江下游江岸，攻击停泊江中之军舰，军舰亦以炮还击。革命军大炮使用近由德国购买之炮弹，因火药不良，缺乏爆炸力，攻击并未奏效，复退回武昌。

战事至上午 9 时许停止。本战役中，官军方面死二三人，负伤者约八十名。革命军方面伤亡数字不详，惟大致与官军相差不多。

日租界内虽未落下炮弹，但落枪弹十余发。因此特发布命令如左：

第一命令　　10月8日上午7时[①]

一、日租界内之妇女儿童必须撤退至三菱码头附近。

第二命令　　10月8日上午11时

一、由于暂时尚无危险之虞，各人即收拾所应携带之行李暂在室内待命可也。

但现已在湘江丸船上者，可仍留该船内。

第二报

（10月18日下午9时）

革命军自18日下午3时许复开始行动，以炮数门排列于跑马场附近，步兵在此项炮火掩护下再度沿铁道线向官军驻屯之江岸刘家庙车站进攻。当进至距日租界西北约一华里许之地点时，因官军海军以频繁的舰炮由侧面阻止革命军前进，革命军终不支，为防官军追击，于附近民房（租界对面沿铁路民房）内放火后，自下午6时左右逐渐退却。退却开始时有革命军一百余名曾侵入日租界内，日本陆战队立即下令命其退出。当时幸尚无官军追击，该部得以退去，惟一时日租界内已濒于危险之境。战斗虽于下午7时停止，但起火之民房由于复受军舰炮击而燃烧益烈，火焰烛天。在此次战斗中，由于官军炮舰炮弹经日租界上空飞越并曾落弹于租界附近，一部分革命军也曾在日租界左近与官军交战，危险堪虞。因特发布命令如左：

① 第一、第二命令中的“8日”当为“18日”之误。

第三命令　　　　18 日下午 6 时

现在日租界内之侨民，如闻日本民团事务所乱敲紧急警钟，须各将撤退工作准备停当，迅速集结于三菱码头待命。

第四命令　　　　18 日下午 6 时 10 分

在日租界内之妇女儿童必须即刻撤退至湘江丸船上。

第三报

（10 月 19 日下午 6 时）

自 10 月 19 日清晨，革命军步兵约二千七八百名，配以炮、工、骑兵，合计约三千余名开始行动。首先仍如昨日将炮数门排列跑马场附近，由炮火掩护，以骑兵为前锋，步兵之右翼沿铁道线，中央及左翼以散兵分散于铁道线外村落田野间，向刘家庙车站（距日租界北方约二千五百米）进迫。其前哨每进至一村，即将民房点火焚烧，黑烟冲天，似即以黑烟作为前进之标志指示各部。10 时以后，各村火灾愈形炽烈，显示革命军着着前进。此种景况似大为鼓舞革命军之士气。反之，官军之迎战则晨七八时仅有前哨小接触，军舰（晨前，军舰均停泊于不见舰影之遥远下游）自晨十时始驶回上游，对革命军加以炮击，但也不似昨日之激烈，一二小时后即停射，驶回下游。因此革命军进攻更为得手，下午 1 时左右炮兵阵地已前进至距日租界北方约一里许之地方。下午 2 时半，革命军先头部队似已达刘家庙江岸车站，官军（豫军之一部）自正午即开始撤退，并不应战，革命军于下午 3 时左右完全占领刘家庙车站。豫军遗弃帐棚、粮食及火车头一辆、货车约十辆并山炮弹药等甚多，主力部队经沙口（刘家庙车站以北约七公里）退至滠口车站（在沙口西北约七八公里）方面。革命军以骑兵一营追击至沙口，并于刘家庙布设炮阵，射击退往滠口方面的官军主力部队。革命军以步兵之半数约一千二三百名，留驻刘家庙，支援追击官军之骑兵。另一半步兵则携战利品暂返汉口或汉阳，以便明日再行追击。革命军于车头高悬革命旗之数辆货车内满载战利品，开回汉口。至日租界附近京汉路铁桥（日租界附近之一小铁桥，日前被革命军破坏）前，指挥许多苦力将战利品运往革命军阵地内，此种情景颇有使革命军士气高涨之感。

革命军总司令官黎元洪本日仍在武昌谘议局内，今天率领革命军作战者系何统台。再者，豫军骑兵于战斗之际，被革命军夺去军马百余匹，因而失去战斗力，投降革命军者数十人。闻官军于刘家庙方面遗弃死伤者甚多，革命军伤亡则较少，惟数目不详。

瑞署理总督所乘之楚豫军舰，自昨天（18 日）以来停泊于汉口下游羊楼（汉口下游约六十华里），今天下午 5 时左右与江利舰一起驶向下游。另军舰六只，至今天下午 5 时仍停泊于革水矶（汉口下游约三十华里）。

第四报

（10 月 21 日下午 6 时）

10 月 20 日，革命军自晨即由武昌陆续增兵前往刘家庙方面，惟仅下午四时左右两军在沙口（刘家庙北方约七公里）隔铁桥小有接触。据自京汉路祁家驿逃来之机车火夫谈，闻华人密探报告，由北京开来之旗军大部队七列车，10 月 19 日已到祁家驿云。

今晨（21 日），革命军已越沙口铁桥前进。自上午 10 时隔滠口（沙口西北方约七八公里）车站前方之铁桥交战至下午三时半，终将滠口占领，官军退往万家店。目下官军大部队驻屯祁家驿与万家店之间。此次滠口附近之战斗，两军似均仅有少数之伤亡。

自19日革命军占领刘家庙以来，随革命军之逐步前进，交战地区与租界相隔日远，如清国海军并无以舰炮大举轰击革命军之计划，则汉口一带危险性即可逐日减少而日趋于平稳，故目前吾人认为已无撤退日本侨民之必要。

第五报

（10月23日午后4时）

10月22日，两军仍在对峙中。革命军恐官军迂回进攻汉阳，逐渐收缩前哨阵地，集结于江岸车站附近，以防官军之进攻。官军不但凭据丘陵阻止革命军，复因道路两旁均为湖水，革命军必须渡过惟一通路之铁路桥，故尚未能前进。

至10月23日，官军逐渐推进至二道桥（共有三个铁桥）布设炮位。革命军于江岸车站前构筑战壕，兵力五百，炮六门，由何锡霖〔蕃〕指挥，目下与官军对阵中。革命军在北面兵力约达三千以上之说似为事实云。

第六报[①]

在刘家庙车站北约一里的京汉路头道桥、二道桥之间对峙的两军，昨日下午4时革命军首先展开进攻，直至黄昏，双方炮战激烈，官军不支，又退回二道桥。此役官军兵数不明，革命军参加战斗者系步兵二千名，附机关炮三门、野炮四门。

---

① 原件无日期。

顷又接情报称，革命军自昨天以来陆续运往汉阳及汉口后方之大量步兵，业已悉数布防于自汉口市区以北通往孝感之街道一带，以防官军自孝感及祁家湾地方南下袭取汉阳之阴谋。

又革命军昨晨查封招商局汉口分店财产，并占有该局江岸码头设备及停泊之轮船快利号。预料今后招商局轮船自不外放弃汉口埠头之一途云。

第七报

（10 月 24 日）

自今晨 5 时半前后，革命军沿铁道线左侧对官军三道桥前哨开始攻击。官军在三道桥后方之滠口设炮六门邀击革命军，双方开火。惟革命军火力远远不及官军，以致步兵尚未交战即蒙相当之损失，遂仓皇搭乘火车向刘家庙车站退却。官军并未追击，战事遂止。

再，革命军今日由武昌向刘家庙方面不断增援大量援军。昨天汉口某方面所得情报称：湖南省长沙于 22 日夜 10 时被革命党占领。巡抚余诚格为革命党所迫，献出官印，仅许只身逃出长沙。陆军统领黄忠供〔浩〕被害。市区业已完全为革命党所控制云。

第九报

（10 月 26 日下午 7 时）

两军现均维持昨日之阵地，俱无进攻形势，仅时时有侦察部队或斥候之小接触而已。革命军正在刘家庙车站构筑掩体防御工事，以备敌之来攻。其兵力与昨无异。官军前沿阵地在七哩河北岸之造纸厂，其根据地似尚在滠口方面。

又清国军舰海筹及另二炮舰今晨曾出现于汉口下游，但旋即下驶。目下在阳逻（汉口下游六十华里）附近停泊之军舰计有海筹、楚泰、楚同、楚豫、楚有、江元及水雷艇湖鹏、湖鹰、湖隼，合计九艘。

第十报

（10 月 27 日）

二道桥方面由今晨 5 时展开战斗，官军方面为第四镇兵约三千人，革命军方面约二千余人。两方互相炮战，官军发射榴散弹，命中甚多，革命军军心因之颇为沮丧。加之官军复以军舰四只用缓缓的炮火助战，革命军大败，上午 11 时遂放弃江岸车站，沿租界后方败逃。官军曾派出骑兵追击，日租界、德租界北方一带迅即归入官军之手。此时革命军在江岸遗弃若干山炮，损失甚重。

下午 1 时许，第四镇统制王遇甲，派遣军使向各国租界陆地防卫司令官川岛少将送达书函一件，略称：官军现致力于尽可能的不使租界受到损失，惟在军事行动上万不得已时，倘有损害，亦属无法避免之事，希予谅解等语。川岛司令官答书云：租界居民之生命财产，必须保证其安全不受损失，本司令官希贵军务须加以保护。①

第十九报②

（11 月 1 日午后 8 时）

汉口市区昨夜大火始终未熄，由今日正午益加炽烈，市中心满春戏院附近因此化为焦土。今晚火势仍极猛烈。盖因革命军坚守市区不退，官军迫不得已而实行火攻之故也（参看第十七报）。受灾市民，扶老携幼，狼狈逃难，情形极惨。

① 因原文污损不清，此处译文意义不完全。

② 第八报、第十一至十八报原缺。

此时革命军尚未退出市区，仍据守市街房屋断墙窗口，巧妙地狙击官军，官军尚不易进入市街内。闻所谓“汉口军政分府”业于今日上午撤退云。

官军第一军司令官冯国璋今日对租界陆地防卫司令官川岛少将送致照会一件，大意谓：目下各国人时常任意出入战线，不仅妨碍前方战斗及目前正在开始的市区搜索，并且不免有被革命军枪弹误伤之虞，故希今后严加禁止。川岛少将答称：当通知领事团转致各国人民一体周知。

又革命军都督黎元洪曾对领事团首席领事发出照会称：革命军拟对布阵于大智门附近之官军炮兵阵地施以炮击，因此炮弹或不免落于租界内，特预先照会等语。首席俄国领事对此，除即刻与之交涉延期二十四小时再行攻击外，同时与冯国璋交涉，使其将炮兵阵地移往他处。交涉结果，官军炮兵阵地业已转移他处。此事业由该领事通知前来。

今日有某日人曾访问官军总指挥官冯国璋，冯称：为了驱逐顽强的敌人，除不惜将中国市区全部焚毁外，甚至或将不免要求各国租界内之外国人暂时全部退出也未可知云云。

又据今日到埠的日清轮船公司轮船大利丸船长谈称：该轮自上海出发以来，沿途各地上船之中国人共约三百人，均在汉口登陆，其中大多数不仅均进入正在混乱中的中国市区，而且在船上即将发辫完全剪掉。由此观之，彼等当系留日及上海、南京等地之学生为投入革命军而来汉者。

第二十报

（11月2日）

官军现已肃清汉口后方一带，革命军被官军压迫全部逃往武昌或汉阳，汉口市区已无革命军踪迹。官军大部队布阵于硚口以上之汉水沿岸一带，频频攻击汉阳。革命军亦与之应战，不时自汉阳赫山上之炮台发炮轰击汉水之官军。官军之炮兵阵地原在高尔夫俱乐部东侧，现已移至西方，惟未发炮。歆生路花园官军炮兵阵地不时炮击汉阳火药库。又革命军武昌炮台猛烈炮击汉口马王庙，惟炮弹多落于江中，所以损害甚少。但马王庙已为火焰包围，而该地并未驻有官军，或系炮击高尔夫俱乐部误落于此地者欤？

火灾烧至马王庙附近沿江一带，日清轮船公司仓库已被毁，趸船似尚未毁。打扣巷、龙王庙及沈家庙等处亦在猛烈延烧中。

革命军政府人员杨克谈话大意如次：

顷因革命军措置失宜，汉口终陷入满军之手，遂至有此大火灾，诚属不胜遗憾之至。汉口刻下已无革命军，所有革命军截至昨晚止均已撤退至武昌、汉阳。汉阳已有充分准备，各地也有援军陆续送到，汉阳决不致轻易陷落。目下，该方面正在火药库一带隔汉水交战中。现与长沙方面也有联系，明日将有大队援军开到。又宜昌、九江及安庆方面均已取得联系，长江方面盖可谓已全部为我所有矣。黄兴原在汉口，现已到武昌。革命党人三百余人于昨天到达（按当系乘大利丸之人）。当地聚集粮食甚多，决无缺粮之虞；且与长沙已取得联系，粮食决不至缺乏。惟天气日寒，衣服苦于单薄。现有之炮亦多为山炮，机关炮、野炮均仅有少数，尤以缺乏野炮为最大困难云。

第二十一报

（11 月 3 日）

自昨至今，两军隔长江、汉水对峙，并无显著的战斗，炮声亦时断时续，似因数日来激战已感疲劳。官军方面弹药粮食皆多少有所不足，战场上一般呈现消沉状态。独有汉口市区之火灾虽较前二日已见减弱，惟依然烈焰烛天，入夜不熄，汉口中国市区已有五分之一被毁。

本日战争自晨5时开始，在刘家庙方面之官军首先对隔岸之革命军炮垒开火，革命军应战之炮弹多落于距岸五十米之江中，始终未能达到对岸。反之，官军炮火则似取得一定之效果。炮战不久即停止。此时清国海军仍如往日停泊于遥远之下游，始终未参加炮击，虽在战时，各舰竟满悬舰饰，用表庆祝我天长节之意。

汉水方面，双方对峙，阵地与昨日无大差异，仅有缓慢的炮火对射。

外传革命军自湖南来到援军约一标之说，似为事实。反之，官军士兵逃亡甚众之谣言则日嚣尘上。据自黄陂逃来当地之某华人谈：该地逃兵甚多，其中被捕回枪杀者亦不少。又闻有一队逃兵逃向蔡甸方面，沿途大肆抢掠，当地人为避免灾害，特每名给钱二千文云。

本日又有一中国人在市内散发小传单，标题为《惊天动地的快报》，记述云：革命军政府昨天上午10点半接到湖南方面公电称，奉天有革命义军起义，现正向北京进攻中。又称开封、许州、太原亦均有革命军起义，黄河铁桥亦被炸毁。

第二十二报

（11月4日）

官军进攻汉口市区前后共历一周，终将汉市完全占领。惨烈异常之火灾亦自今晨起逐渐扑灭。市内现有官军小部队驻守，河街之日商日信洋行现为某营营部。

据今日来馆之东亚制粉公司某职员谈，汉水前线，革命军虽对汉口市区不问是苦力抑或何人，一经发见密集人群即自赫山炮垒加以炮击；然两军之间皆未互交炮火。革命军恐官军自汉水上游渡江沿陆路直冲汉阳，特于该方面备炮五门。但详情尚不明。

官军主力似集结于华商跑马场方面。至司令部所在则众说纷纭，或谓在大智门车站，亦有谓已进至汉口市区者，然总司令部似在孝感县，第一军司令部似在江岸车站，该站柱头贴有“江岸车站司令处”字样之纸条。又江岸方面现殆已不闻炮声，除此以外，仅接“七英哩外小河滨方面有炮八门”之情报。要之，今日自晨来微雨萧萧，满目间第见深秋肃杀之气而已。

数日来官军因包围汉口，其阵营接近外国租界，故官兵出入租界者亦多，各国虽均贴出布告禁止，然尚未能完全禁止，英租界湖北路一带甚至许可公然携带武器之官军来往。俄国总领事本日代表有租界之五国领事，致书官军冯司令官，大意谓：官军任意出入租界，最易与担任保护租界之警察、陆战队等发生冲突。现在各国人既已接受冯司令官之要求，不再离开租界任意出入战地；而官军则依然随意妄自进入租界，此不仅有害公安，惹起争端，并且依照租界之警察条例，凡携带武器者向例一律严禁出入租界，故希今后严禁官兵进入租界。

第二十三报

（11 月 5 日）

今日是阴历九月十五，外人虽盛传必有激战发生，但官军则到处散播今日休战之说。此言毕竟不虚，终日间，官军并未炮击汉阳，仅晨十时在汉水入长江处之马王庙附近稍有枪声而已。此外革命军自汉阳方面虽偶一炮击汉口市区，但为数极少。

第一军司令官冯国璋及张彪本日至大智门车站进行军事布置。歆生路炮兵阵地因此不知迁往何处，仅高尔夫俱乐部西方之炮兵阵地依然未动。昨日被推举为汉阳总司令官之黄兴，今日抵汉阳，亲自指挥作战。

革命军政府外交部徐慎吾氏所谈如次：

一、武昌与长沙间之连络完全良好，电报往返毫无障碍；此次由长沙增援精兵三千名（特号称五千），皆系经由电报交涉者也。

二、谷米等物现亦均可自长沙方面运来，决无缺粮之虞。武昌、汉阳方面士气均极旺盛，10月末一度虽曾有士气低沉之状，但现已完全改观。

三、外间虽谣传黎都督与旧革命党黄兴等人有不和之说，然因黎之宽宏大度，彼此间毫无反目之处，黎反因黄兴来汉以后，业已分担其一部繁重任务而感愉快。谘议局内一度曾有二三人动辄争论，略有不和，及黄兴到汉后，黄氏恳切劝导云，当此共建大业之时，切不可因私见而生不和，其结果削弱团结，将复作满奴之牛马。过去之倾轧由此涣然冰释，现万众一心，立誓团结协力。已推举黄兴为总司令官，指挥一切军事。

四、目下与各省响应起义之革命军间之联系，虽尚未能认为业已完成，但湖南、江西两省则已完全归入湖北都督府统一指挥之下。

五、武昌城内及汉阳府一带地方，防卫甚为坚固，官军虽如何攻击，亦无轻易陷落之虞。

六、官军现派遣多数间谍及刺客混入武昌，四日曾有人欲在都督府放火，当即逮捕斩首。针对此种情况，黄兴、黎元洪等均已加强身边戒备云。

又据某中国人情报员探得情报称：

一、歆生路激战，革命军大败之原因皆系未经训练之新兵，其伤亡实达二千余名，惟官军伤亡之数亦不次于革命军。

二、官军攻占汉口时，肆意抢劫，无所不至，有士兵二名因此被其长官处斩。

三、11月3日，官军工兵一队乘帆布船由黄金堂地方渡汉水时，遭受革命军炮击，击毙与被俘者各约二百名。

四、革命军之湖南援军五千名业已到达，米十六船亦到。

五、汉口火灾，计福建会馆、安徽会馆、回龙寺、花楼、打铜街、龙王庙附近以迄硚口之汉水沿岸一带，尽被烧毁。

六、官兵劫取便衣，换装潜逃者达三四百名。

七、现在汉口市内约有官军一万名。

八、武昌之商业与平时无异，惟当铺拒收金银绸缎等物，仅收棉布类。

九、武昌洪山、凤凰山、蛇山等地皆设有炮阵。

十、外传有官军一万人自天津运来，拟由陆路围攻武昌。

租界以外各地区，今日遍贴布告。自前日以来，袁世凯即以太子太保水陆都督名义用文言或白话发表告示，歌颂清朝二百六十年皇德无量，抚育黎庶，无所不至，对于湖北革命军之叛变至为痛叹漫骂。第一军司令官冯国璋，亦发出必须尊重红十字会，及对叛军愿意改过自新者一律不咎既往等意之告示。

当官军围攻汉口时，市民争先逃至租界内。市内有匪徒乘乱盗窃行抢，官军曾逮捕此项匪贼馘首示众。

在九江有一艘英国轮船，因在仓底煤炭下装载拟售与官军之武器，被革命军扣留。

又据确讯，官军某标标统李书城，本为一革命主义者。本月3日自任军使，持劝降书，渡江至武昌访黎元洪。尔后，终未返回官军阵营，目下已加入革命军，为革命军效力云。①

① 此项记载不符合事实，掘李书城先生来信说明当时详情是："日本领事馆所说我是官军某标标统，这是错误。我是由北京军谘府大臣载涛派到武昌去同黎元洪都督议和的（我在北京时住吴禄贞将军家里，吴将军介绍我到载涛大臣府中替他编辑出洋考查军事的报告，因此派我在军谘府作科员。辛亥武昌起义后，载涛因为我是湖北人，派我赴武昌议和）。我从天津乘船到上海，再乘江轮到汉口。到汉口的时候，汉口已失。我到武昌参加当日的军事会议，决议防守汉阳，推黄兴将军为总司令，推我为参谋长，我从此参加革命战争。"

第二十四报

(11 月 6 日)

今晨 6 时起，革命军由大别山上炮兵阵地炮击汉口济生堂一带，官军并未还击，至 10 时左右革命军亦停止射击。又大别山脚兵工厂方面之革命军亦与汉口方面官军以步枪交战，但旋即停止。

因官军无从获得船只，不能渡过汉水，而革命军亦乏渡河力量，故目前双方形成对峙之势。据官军工程队谈称，各项架桥器材均已运到，但尚无准备架设之模样。关于粮秣被服等，仍如昨报所言，虽有米面供食，但未携带被褥，众皆以大衣作寝具。又闻有人曾见大智门一带彻夜均有货车北开，或云官军鉴于各地骚乱蜂起，恐北方发生事变，而作退兵之计耶?

革命军外交科科员徐某今日曾来本馆。因昨日九江革命军炮台曾炮击我国军舰及商船，我方对黎都督提出抗议，要求嗣后不得再有此等行为，故徐氏来答复云，业已将此意经外交科长转达黎都督，黎督业已转令九江及长江一带革命军，今后必须予以注意。

又汉口领事团对官军放火烧毁汉口大部市区一事，特送致照会谓：如放火之结果致损及外人财产时，清政府嗣后自不能不负赔偿损失等责任，特先通知，希即知照等语。对此，第一军总司令冯国璋昨日（5 日）复函领事团首席领事俄领事称：此项火灾系革命军炮弹引起者，本司令官曾邀集当地绅商筹议善后办法，并将火灾扑灭。各国租界虽毗连中国市街之处皆不致有被烧之事，贵领事所主张之赔偿外商被毁财产问题今日尚勿庸置议云云（按本节如与 11 月 2 日公函[①]第三七〇号拙信所载冯国璋谈话相

① 参阅 11 月 1 日第十九报。

对照，可见因外间对官军火攻战术甚多非难，因而捏称系革命军所为，实为歪曲事实）。

又据汉口同仁医院院长河野丰藏谈：目下本地办理红十字会救济业务之医院共有十一所，收容伤病兵数约五百名上下。

第二十五报

（自11月6日夜至7日上午）

革命军自6日下午6时左右开始，自武昌炮兵阵地炮击对岸江岸车站一带，约达三小时，惟官军始终未还击。又该日夜间，革命军由大别山下之炮兵阵地对于乘夜运送官军及军需品之火车加以炮击。此外，汉阳与汉口市区之间，两军终夜以步枪断续乱射，但并无可记述之战斗。

高尔夫俱乐部附近之官军炮兵阵地已前进至花园外西方柳树繁茂的堤防上。新开到之臼炮阵地设于汉口歆生路外花园西北小丘上，其炮数虽号称八门，但据目击者谈实仅四门云。

革命军方面虽宣称官军战意消沉，惟官军方面则自称士气乐观，由此观之，前者之说殊不尽然也。

7日午前，革命军虽由汉阳赫山炮击汉口硚口方面之官军，汉口、汉阳间亦时有步枪互射；但一般仍继续维持昨日以来的平稳状态。今晨有清舰一艘开入七里沟，该地自先一日起即由大智门车站运入大量麻袋装的煤炭，想该舰当系为加煤而来。

再，据今晨所得确讯，昨夜之战斗系因官军侦悉革命军近日趁夜赶筑汉阳方面之防御工事，故特夜袭，以扰乱之；革命军则对之加以反击，将其击退云。

九江情报（11月8日发）

1. 江西巡抚冯汝骙企图自南昌逃走，为革命军捕获，4日晚九时送往九江军政分府扣押。此人与袁世凯有亲戚关系，又系南昌协统吴介璋之亲友，故虽在拘留中仍受宾客待遇。冯曾请求往南京总督衙门一行，以便缴还官印，惟革命军恐其泄漏军机，未许可。

2. 前九江警察局总办李敬曾亦于吴城被捕，送回南昌，本月5日被枪杀。

3. 本月2日在九江被扣英国小轮所载之煤炭已在九江卸下，惟船底并无密藏军火之形迹。

4. 南昌军政府顷决定将江西全省政治完全集中九江处理。

5. 湖北省武穴、田家镇各炮台均已归入革命军之手。九江炮台对岸有由南昌派来之炮兵一部，修筑炮垒，以备炮击清舰。又传九江军政分府参谋李烈钧近率兵一标与吴城之兵一同开往安庆云。

6. 在吉安府经商之日人三名，4日安返九江。据彼等谈：吉安、南昌二地虽均已归入革命党之手，然皆安谧如常，秩序良好。惟商业大受影响，目前交易，如非现款，不能成交云。

7. 九江革命军认为日、英、美三国态度尚属公正，惟对德人帮助官军之不友好的行动颇为不满。

第二十六报

（11月8日下午5时）

昨夜10时起，在大别山下兵工厂附近之革命军与汉口方面之清军隔汉水先以步枪互射，继而大别山上之革命军对歆生路外侧之官军炮兵阵地开始炮击，官军亦应战。一时炮声隆隆，打破秋夜月明静寂之环境，缓慢的炮战虽竟达翌晨四时，惟双方均毫无所得。11月8日上午9时，歆生路花园之官军炮阵复对兵工厂方面加以炮击，大别山上之革命军亦即应战，战事至午后1时一度中止。3时又开始炮击，但数量甚少，仅不时一闻炮声而已。

武昌方面按兵不动，故无任何可观之战果。

本馆雇员小平于大智门车站附近将校宿舍会见官军副官李士锐及张彪后，回报李之谈话大要如次：“我军前线之进攻，因敌军防备甚严，颇不易下手。更因隔有汉水而又乏舟楫，若贸然冒进，惟有徒伤人命。且袁世凯现已就任内阁总理大臣，将组织摒除满洲皇族之政府，以袁氏之深谋远虑，目前征服革命军虽甚易易，但信彼必遵循正轨，思前虑后，始终一贯，以期大成。故现正徐徐计划，尚未肯骤然一意征伐，损害人民生命财产。今日政府盖可谓已归入汉人之手，以我汉兵与汉人交战，互相残杀，诚非善策。今后我等不问袁氏如何策划，将唯袁氏之命是从。至于段祺瑞虽已自东三省来此，但尚未获悉现在何处。”

张彪谈话如下：“关于瑞澂之行踪，彼原在上海，想已于本月十四日（11 月 4 日）到北京。”

第二十七报

（11 月 9 日上午）

1. 有关湖北叛乱的英文报纸报道摘要（11 月 9 日）

一、袁世凯之幕僚，11 月 9 日对双方认可之红十字医院院长麦克维里氏送达即将开始炮击武昌之正式通知，惟并未收到萨水师提督任何通知，由此可知 9 日之炮击仅系由陆地所发。

二、闻袁世凯致黎元洪一函，大意如次：

叠寄两函，未邀示复，不识可达签典否？刻下朝廷有旨：（一）对革命军以往之敌对行为一律赦免；（二）设立立宪政府；（三）大赦政治犯；（四）重要枢机不任用皇族。政府已接受上述条件，切望讲求适当之方法，使目前骚乱局面得以和平了局，借以增进清国之福。

早息一日兵事，地方百姓早安静一日，否则势必兵连祸结，胜负未见，则不但涂毒生灵，縻费巨款，迨至日久息事，则我国已成不可收拾之国矣。况兵者汉人，受蹂躏者亦汉人，反正均我汉人吃苦也。本大臣对政局久怀不满，早已退出政府，遂有终老林下之想。然今日所以再出山者，盖以今日为调和双方之最好时机。今政府既已低头，迥非昔日可比，趁此时机增进福利，责任全在阁下双肩。本大臣对维新事业愿尽最大努力，阁下将不负吾人之期许，必无疑矣。以上为本大臣管见，至希示复，本大臣当代为上奏。必要时并可缔结协定。

至于阁下之部属，皆大才檕檕，政府不独不咎既往，保证定必重用，为实行新政之辅佐。日内朝廷将再有旨，数日内可送到麾下。事关重大，幸勿迟疑。务乞示复，即交原人携下为祷。

三、传说黎元洪曾对某外人谈，现在中国各地革命军之五个司令官，均已同意函请袁世凯担任中华共和国第一任大总统云。

四、汉口至宜昌、长沙间之水运，自事变发生后外船均暂停通航，惟日清轮船公司所属各轮自八日起恢复通航。

2. 据当地所获情报，各地叛军主将名单如下：

安徽	刘国栋	陕西	张凤翙	广东	蒋尊簋
湖北	黎元洪	湖南	谭延闿	九江	马毓宝
云南	罗佩金	南昌	吴介璋		

第二十八报

（11月9日下午10时）

1. 汉口对岸之革命军炮兵阵地（因该地俗名两望，以下简称两望炮兵阵地），曾炮击江岸车站之官军，命中甚良好，终将车站附近列车击中起火。

2. 隔汉水对峙之两军，连日交战不绝，缓慢的枪炮声断续可闻，夜间尤甚。盖官军欲阻遏盘踞汉阳之革命军修建掩护工事，不时发炮，而革命军亦辄行还击故也。至恒以夜间为甚者，则由革命军多乘夜修筑工事之故。

3. 本馆馆员今晨曾往大智门车站访第一军司令官冯国璋及交涉委员黄开文等，彼等对馆员谈话大意如次："因革命党方面要求之条件与袁世凯之意见相差悬殊，以致两军和谈终归破裂，数日内当开始对汉阳总攻击。"

4. 袁世凯之幕僚段芝贵，昨夜抵大智门，旋离去，今晨又至大智门。

5. 本馆馆员今日赴汉口俄国租界万国红十字会医院探视病人时，发现收容官军负伤将校之病房内，有一身着洋服之中国人来访，对负伤将校反复讲述必须革命的道理，并分发印有灭满兴中军歌之印刷品。该人走后，负伤将校对馆员谈称："贵国政争不过单纯主义纲领之争，此可谓为立宪所赐。然吾人今日则由于种族之争而不得不以中国人打中国人，殊觉可耻。"由此亦足窥见官军将士内心思想之一斑。

第二十九报

（11 月 10 日晨）

1. 沅江轮船长谈话

此次沅江丸下驶汉口途中，11 月 9 日上午在湘阴附近之湘江内倏闻喇叭声响，见有大队船只衔接成群，近观则有小汽船十七只，每只复拖民船数艘，船上满载军队及粮食，正顺流向汉口方面驶行。闻其兵皆系在长沙训练之新兵，人数号称三千；粮食以米为主，并有猪肉及各种菜类。

岳州亦无变异，正在招募新兵。在岳州附近曾见小汽船一只，搭载约百余人，彼等溯江而上，一方面宣传革命，一方面招兵。

2. 河南情报

据在开封之日本教员10月16日发出关于开封情况之报告称：

（1）瑞督之家属，为托靠河南巡抚宝棻，已于四五日前到汴，寓巡抚衙门内。瑞澂系宝棻之姻亲。

（2）省城内现仅少数守军及巡警驻防，原有之六营兵皆已调往湖北境内，自10月15日起，新招兵二营以为补充。

（3）经济情况，湖北钱票跌价约三成，其他无变化。

（4）一般社会业已明白此次革命党决不损害人民，且正在迅速建立新政权，经济上不会引起变化，故均对革命党表同情。

第三十报

（11月10日下午3时）

九江情报（筱本警士报告，11月9日）

1. 革命军计划封锁自九江炮台对岸至江心之江面，以缩短着弹距离，而使命中正确，此事前已报告。顷悉此项封锁江面所用木料，业自湖南常德运至九江上游十华里之木材集散地——鱼冈，正向九江运输中。目下西门外码头上已堆积封江用木材甚多。闻封江方法系重迭木筏八层，以阻遏清舰通航。又闻炮台对岸陆地，现设有野炮。

2. 汉阳革命军司令官黄兴，因袁世凯曾向黎元洪提出媾和条件一事，9日特向九江司令官马毓宝送达通告一件，指斥袁系汉奸，决不可听信其邪说，全文如次：

中华民国南军大都统黄兴谕告

自鄂军起义，不旬日间，吾同胞之响应者已六七省，足见天命已归，满贼立亡。乃虏廷不揣时势，不问民心，出其狴犴之卒，敌我仁义之师，是实妄干天诛。汉口之战，我师屡胜；继虽小挫，军家胜败，自古常然，不必介意。现鄂军大整，湘军来援，恢复之功，当在旦夕。顷据保定侦探来报，虏廷已命袁世凯为内阁总理大臣，仍统陆海军队。袁世凯甘心事虏，根据罪己伪诏，倡拥皇帝之邪说，先运动谘〔资〕政院，遍电各省谘议局，有云“政府十分退让，吾人只求政治革命”云云。现袁已派心腹多名，分道驰往各省，发布传单，演说谕众，冀离间我同胞之心，涣散我已成之势。设心之诡，用计之毒，诚堪痛恨。我同胞光复旧宇，义正词严，自不致为所动摇。故此密谕同胞诸将领，速饬探查前项游说之人，严密查拿，以期粉碎彼等之卑劣手段。

3. 曾被选任为德化县知县之福建人林子超，不欲就知县之职，日前赴南京，欲劝诱该地之巡防队投向革命军，因不易成功，拟用金钱运动彼等，为此特返九江筹款，并未筹得，遂又赴武昌。预计如每名给予三十元，则现在巡防队似有三分之一可参加革命军。又闻由南京派往安庆守卫之官军千五百名，业被配置于安庆近郊云。

4. 此地中国街各商号，自二三日前已开始悬挂革命军之旗帜，一般人均庆贺革命军光复各地。

汉口情报（11 月 10 日）

今晨 4 时，新开到之官军与第二镇兵，于江岸车站（刘家庙）北方，因误会自相冲突，结果死伤多名。

近日战事，两军一方面隔长江、一方面隔汉水略有炮战，不时闻炮声隆隆，不见其他活动。

据探报悉，袁世凯原企图以和平手段解决时局，曾以其意达致革命军，双方开始谈判，但因存满灭满之意见冲突，终归破裂。惟北军仅忙于集结兵力、输送弹药，至于今后作战计划，因须待参加大部队充实兵力，一时尚无开始总攻之意。革命军方面亦日夜致力补充弹药与构筑汉阳防御工事，近虽增新兵两万并湖南援军八千，但仍持慎重，以备迎接即将到来之大战，故数日内殆亦无开战模样。

第三十一报

（自11月11日下午至12日）

1. 革命军自11日下午3时半左右，由武昌武胜门外旧炮兵营之炮兵阵地，轰击对岸汉口市区江岸招商局仓库左近之官军，命中率颇高。同日晚8时，硚口方面官军与对岸革命军之间，曾以枪炮互射。同时，官军自花园外之炮兵阵地开始向大别山炮击，革命军亦由山上还击。武昌炮兵营之革命军阵地，亦开炮助战。赫山方面之革命军山炮，则炮击若干试图前进至对岸之官军。炮声断断续续直达黎明。

2. 革命军所发射之炮弹，过去多不爆炸，11日自午至夜所发之炮则爆炸者已见增多。

3. 闻官军将士间盛传和谈之说，官军方面似极希望和谈成功。

4. 据大冶矿石运输船田浦丸船长，向大冶驻在所所长西泽报告云：该船前于7日下午6时半经过湖口炮台欲上航时，突受该台炮击数发，为避免危险，乃于7时15分后退约半海里，幸安全无事。8时，湖口炮台革命军派出炮台参谋长率兵二名登船检查，并命令该船须候至次晨日出后始得继续航行。至9时半三人下船退去，该船随即下锚，次晨（8日）6时15分始出发。

5. 本领事前于10月19日对甘肃总督，江西、河南及陕西巡抚发出照会，以湖北之变乱即将波及各该地，要求彼等保护当地日人生命财产不受损失。顷接江西巡抚冯汝骙（该人目下已被革命军拘押）10月28日经邮寄出之复文云：除已通知地方各官厅外，并命令所有各地民团一体保护云。（11月12日收文。）

6. 上月武昌变乱初起时，日籍民船一只于武昌附近被窃走，后得悉该船在咸宁县，乃派一华人往取。此人悬太阳旗于船上，故颇得当地人民及革命军之帮助，归途中亦得各种便利，往返十余日，通过战区，安然返回。该船经过嘉鱼县时，闻该地有一中国商人，为避免危险起见，曾于门口悬挂德国国旗，革命军及该地人民以德国为汉人之敌，立将该商人杀死，并将德旗撕毁。此虽小事，要足窥地方民心倾向之一斑。

7. 据报海容、海筹、海琛三巡洋舰，12 日晨由七里沟附近停泊处起碇，下午 2 时悬白旗通过大冶下驶。楚豫、江利、江贞及水雷艇三只下午 3 时 10 分自七里沟起碇，惟均尚悬黄龙旗。

第三十二报①

九江情报（筱本警士报告，11 月 11 日报告）

1. 九江军政府都督马毓宝为激励人心，于市内各地张贴传单，大意如次：

顷接武昌湖北都督黎元洪致长沙谭都督、南京张总督、南昌吴都督、兰州总督、西安张都督、广东总督、云南蔡都督、成都总督、临安赵都统、太原军政府都督、迪化巡抚、贵阳杨都督、安庆巡抚、济南巡抚、九江分府马都督、杭州巡抚、赣州分府刘都督、福州总督电开：接据各国驻汉领事通知称：各国均由无线电接获公报，知悉清国摄政王、皇帝及满政府皆已逃往山海关外，北京业已归入民国军之手云云。如此则满清政府既倒，汉族山河已复旧观，兹以即将建立联邦政府，对外国政府开始办理交涉，故希贵地速派全权委员来鄂共商联邦政府组织方针等因。今满清既亡，北兵之在此地者已失所属政府，若不投降，本都督当

① 原件无日期。

视为土匪，必扫数剿灭之，此意并已照会各国领事矣。（注曰：事实并无根据）右驻浔军政分府都督马告示云云。

2. 传现在九江军政分府拘押中之前南昌巡抚冯汝骙，因要求送回河南未被许可，欲去南京、上海亦不果，乃于9日吞服鸦片自杀云。

3. 九江军政分府现发生内讧，因南昌都督吴介璋之弟吴某被任为参谋长，惟该人并无军事经验，以致有人反对。曾任参谋长之日本留学生李烈钧现正拢络各留学生进行活动。炮台总管徐世法欲以湘人杨光衡代吴。反李派竟欲以手枪刺杀李烈钧。经马毓宝诫谕以如此争权夺利，于双方均所不利，由此始得相安无事。又传马都督因有鸦片嗜好，颇失人心，内部暗斗殆为无疑之事实。

4. 自江西吉安撤退之松下国治、宫本吉藏二人，6日安抵九江。

5. 南昌都督吴介璋系江苏省常州人，性颇诚笃。该地民政长刘起凤为江西人，翰林院出身，曾任初级师范学堂监督，乃一人格高洁之学者。

6. 在南昌之日人刻均住陆军小学堂内，受到周到的保护，预定14日撤退来浔。

7. 10日下午3时，有士兵八百名自九江运往安庆，预定在安庆左近之青阳登陆（又据大利丸船长来馆谈称，该船途中曾与搭载此项士兵之小轮数艘相遇）。

第三十三报

（自11月12日下午至13日晨）

1. 前报12日下午悬白旗过大冶下驶之海容、海筹、海琛三舰，下午3时半碇泊于汉口协兴公司与七里沟之间。江贞、江利、楚豫三舰及水雷艇湖隼、湖鹗、湖鹰三只因不堪革命军近距离炮火之射击，终于下午5时离原泊地，向下流二哩处游弋，旋往下游驶去。闻萨提督业已移驻江贞舰云。

2. 据与黎元洪会见之某日人谈称，黎曾以得意之态扬言：“官军刻已完全丧失战意，革命军方面以汉人攻汉人有所不忍；今官军既无能为力，故吾人亦殊无急于向官军反攻之意。”

3. 11月10日，汉口领事团首席领事对官军统制冯国璋送致照会一件，大意如次：

自官军占领汉口市区以来，一队官军士兵占领招商局码头，射击非战斗之民船，或殂击租界沿江马路一带，因此数日来已发生死者数人，此实毫无道理而将租界置于危险境地。故本领事团对贵统制提出抗议，要求贵统制制止此种事态并将招商局码头驻军撤出。

4. 13日晨接到黄开文署名之照会一件，内称：兹被任命为汉黄德兵备道、江汉关监督，业遵于宣统三年九月二十一日（11月11日）到任云。

5. 在汉口市区之招商局趸船，数日来连遭武昌革命军炮击，今日（13日）终被击沉。

第三十四报

（自11月13日下午至14日晨）

1. 13日下午，革命军武昌炮台炮击汉口招商局附近之官军，枪炮弹落于英租界内甚多，一般房屋被毁不少。

2. 13日下午，因自武昌两望炮兵阵地向江岸车站之炮击转趋炽烈，故美孚油公司附近停泊之船颇感危险，和记洋行所属小火轮一只被击沉。

3. 14日晨1时40分，在日租界背后铁道左近黑暗中突闻一声枪响，继续有乱射枪声达一小时许，流弹飞入日租界甚多，一时至感危险。据探报悉，事件起因于守卫铁道线外之一哨兵，误认通过租界方面之官军为敌军而开枪，附近守备队闻声大惊，开始乱射，遂演成自相残杀，官军死十七八名。而附近中国人民屋内亦落弹如雨，因而有二人死亡，居民莫不愤恨官军之不法行为。

4. 湘江丸本月6日由常德开出时，领有常德海关通航许可证，许可证上已盖用“中华民国湘军常德分府钞关”之印文。

第三十五报

（11月14日下午10时）

1. 自昨夜以来，风雨加剧，天气阴沉，寒气陡增。租界内人心为昨夜枪声所惊，晨起谣诼纷纭，颇感不安。

日本驱逐舰神风号，上午九时许由下游上驶，行经七里沟时，突受两望革命军炮兵阵地炮击，十五分钟之间计达四五十发之多，幸因命中率不高，炮弹均落江中。此事似为误认作中国水雷艇之故。然该舰樯头高悬日本国旗，舰尾复有舰旗，竟敢如此轻率加以炮击，实属不法。为此，我川岛司令官对于昨夜租界内落下官军方面之枪弹及革命军此次炮击事件，已向官、革两方要求说明理由并追究责任，派桂少佐附带本馆馆员一名为翻译，向官军方面交涉，又遣谷口中佐及波多野翻译生向武昌方面交涉。

2. 汉阳方面今日仍仅有缓慢的枪炮对射，一如往日。但至下午四时半，革命军突自武昌蛇山突出角上之黄鹤楼附近与旧炮兵营之炮兵阵地，同时配合大别山炮兵阵地，对盘踞汉口市区之敌军与中国跑马场的敌炮，施以猛烈炮击。当时我谷口海军中佐及本馆馆员二人，适乘神风舰去武昌后正欲归航之际，北风卷雨猛烈吹来，江水汹涌，四望暗淡。神风潜行于蛇山突角所发弹道之下，幸得安然归航。落于汉口马王庙附近之炮弹终引起火灾，黑烟为烈风所煽，一时遮蔽汉阳。下午五时半炮击中止。入夜风雨激烈，虽闻炮声，但无交战模样。

3. 据各方情报，前日揭白旗下驶之海容、海筹、海琛三舰，13日至九江，确已归入该地革命军之手。至于炮舰江贞、江利、楚豫及三只水雷艇中，江利及水雷艇一只已冒九江炮台之炮击驶向下游，其余各舰则似仍在汉口、九江间徘徊观望云。

4. 13日由武昌炮台发射之炮弹，曾使英租界遭受损失颇大，已志前报。在该租界内之日商三井洋行、日清轮船公司及斋藤洋行，亦皆中弹，房屋受损，幸无死伤。

闻英国总领事对于英租界之受危险及损失，已派炮舰山鹬（Woodcock）号前往，促使革命军都督黎元洪加以注意。

第三十六报

（11月15日下午10时）

1. 东亚制粉公司职员来汉途中所见

据今日由东亚制粉工厂来汉之某日人谈：该社对岸仙女山麓小丘，革命军布设山炮三门，后面支有帐幕，士兵宿营其中。该日人带有中国人随从一名，二人行至罗家墩后方堤防旁博学书院附近时，遭赫山方面之炮兵射击山炮二发，并受步枪殂击（前次有人回该社时亦曾受赫山之枪炮射击，爬行约二百丈始免于难）。赫山西南方有小庙之小丘，似亦设有炮兵阵地。由歆生路旁柳树行内，亦可望见西方设有炮兵阵地。

2. 今日虽谣传革命军方面将有行动，但至晚仅江岸方面闻得数发炮声而已。

3. 据武陵丸船长谈，在九江悬白旗碇泊之军舰，除前报三巡洋舰外，尚有一水雷艇系鹰号（原名湖鹰）。

九江情报（筱本警士报告，11月14日发）

1. 昨（13）日上午九时半，清国军舰海容、海琛、海筹三舰悬白旗下驶抵浔，一只泊日清趸船前，二只下碇怡和趸船前江中。九江水师派出小汽船，似有所协议。不久，三舰水兵一同三呼“革命军万岁!”海容、海琛二舰内各有满人五名。下午四时，九江军政府为各舰送酒肉。九江军政分府要人数名曾登舰巡视。又昨报之水雷艇一只亦抵浔下锚。

2. 为警卫租界而登陆之英国水兵，自10日起撤去警备。

3. 因组织共和政府须先行协商，故革命军武昌都督曾通知九江分府，由军政部与政治部各派代表一名赴武昌，现悉彼等业已出发。

4. 革命军顷决定废除盐税及厘金税，并禁止吸食鸦片。军政分府目下命令财政部调查收支预算。闻九江分府总支出每月约需十四万两，而收入则仅二万两（数字不确），其不足之数有请求湖北补助之意。

5. 在庐山之端方等诸大员别墅已被全部没收，即将举行拍卖，该地警察总办目下正奉命调查中。

6. 九江军政分府任命廖伯琅为宪兵部长。

第三十七报

（11月17日上午11时）

1. 近三四日来，清军每日将客货车开入德租界内之铁道线上，入夜则向外运输物资。某夜曾见所运之物为长约一丈八尺、厚一寸半、宽一尺许之木材及木桶（水泥?）等物。客车系每夜供军官作宿舍用。

2. 居住日租界后方之华人，自14日骚乱事件发生后，外迁者甚多。据确报，曾有身着长衫类似革命党之华人，劝告居住法、德租界外边的居民急速迁走。由此推测，革命军或将于最近转向反攻，也未可知。

3. 昨日，当地外国人商业会议所曾召开会议，决议将各国陆战队对居留民保卫不充足的情况通知首席领事，此盖鉴于日来租界内发生受损害事件多起，危惧之感日深，恐他日官、革两军一旦会战之际，将受惨害故也。再，法、俄两国侨民已各电其本国政府，请求加派守备军云。

4. 15 日下午，本馆为保护东亚制粉公司并视察沿途官军情况，派警察一名赴该公司。该警带有此次勤务之护照，至大智门官军阵地，说明来意，请求官军沿途保护。官军将校一名出见，称前往极为危险而加拒绝；并谓如强欲前往，则须蒙起眼睛由兵士送去。该警以视察目的难达，遂回馆报告经过。据推测，此或因官、革两军战机渐近，忙于布置阵地，不欲外人察见其状况而加拒绝者也。

5. 17 日晨，革命军已渡过汉水，布炮若干门于土堤上。由本馆屋顶观战台上，清晰可见官军为应战而调动部队之情况。预料战局可能发展为一大激战。

11 月 17 日下午 2 时报告

1. 16 日晨 1 时，官军利用通向德租界内之支线，由德商祥泰木行起运木料三车、类似火药子弹之木箱一车，上午 11 时运至刘家花园新马路。

2. 据今日入港之南阳丸船长谈，在九江投降革命军之军舰三只，今晨自浔出发来汉，预备炮击官军。

3. 革命军于 11 月 17 日晨 6 时自东亚制粉公司上游之坨落口方面渡河，入一小运河内，欲压迫官军之后方。官军对之应战，刻正交战中。自 11 时顷，武昌方面炮击汉口招商局附近之官军阵地，该地华人街道中弹起火，黑烟笼罩达数小时之久。

4. 今晨自长沙下航抵汉之日清轮船公司沅江丸，通过武昌黄鹤楼附近时，曾被革命军下令停船检查。闻搜查原因系由接有汉口瑞记洋行为官军运军米之告密电，搜查结果判明该船并未装有此项军米，数刻钟后乃退去。

九江情报（筱本警士报告，11 月 16 日下午 3 时）

1. 前日（14 日）下午 7 时，九江招商局事务所楼上商务总会内，曾举行招待九江分府首脑与海容、海筹、海琛三舰将校之庆祝会。舰上满人将校均因恐惧，未敢列席。至 11 时始行散会。军舰上之满人乘务员除发给路费外并各予护照，释放回籍。昨日（15 日）下午 3 时左右，九江民团对此项军舰各赠猪三口、酒四百斤、银元百元。各舰樯今晨遍悬舰饰，正午 12 时齐鸣礼炮志庆，下午 4 时又鸣炮一次。

2. 南昌都督吴介璋因与九江都督马毓宝、赣州都督刘槐森意见不合，业已辞职。已另选陆军测绘学堂出身之江西省广信府贵溪县人彭程万继任，就任与否尚未决定。

第三十八报

（11 月 17 日午后 11 时）

1. 官军方面预料革命军将行进攻，自前日以来昼夜用火车赶运兵员及军需品，将兵力集结于大智门附近，积极布置作战，以备迎敌。革命军虽有趁夜在坨落口登陆之讯，然至清晨方始行动，在东亚制粉公司至水电公司间之汉水沿岸村落后方，猛烈交战。革命军赫山炮兵阵地复对在俯视射界内之水电公司附近官军，加以炮击。双方均有不少伤亡，胜负尚难推测。惟据截至今天午后之战况以观，官军似尚可阻止革命军之进攻。入夜后，官军退至水电公司附近阵地内，将主力集结于华商跑马场一带。官军在汉口附近总兵力约一万二千名。革命军起初计划于 17 日以前将足与官军对抗之兵力渡过汉水，但因预定之行动发生阻碍，未能全部渡江，为官军击退，革命军方面似乎不利。本日战斗中，官军方面运往大智门车站之伤亡者约三百名，闻革命军亦受甚大损失。

本日，刘家花园之官军炮兵阵地曾向大别山炮击，革命军亦由大别山及武昌黄鹤楼炮兵阵地猛烈应战。官军为阻止武昌革命军向汉阳渡江，竭力炮击渡江部队。革命军由武昌黄鹤楼炮兵阵地发射之炮弹，多未能到达敌炮兵阵地而落于中途，致汉口中国市区受损失甚巨。

招商局附近之日清轮船公司趸船，因被官军用作掩护物，受革命军之炮击，下午 4 时 40 分终被击沉。

2. 据今晨到埠之南阳丸乘客谈，官军于江岸车站沿岸架有大炮数门，以备对付在九江投降革命军之军舰之溯江攻击云。

3. 沅江丸船客谈，长沙城外日前突有二千余人开到，城内睹状，急将城门紧闭，观其动静，嗣知系由南昌开到之援军，遂令入城。

长沙都督谭延闿为补助武昌军费，特送来银五十万两。

第三十九报

（11 月 19 日下午 10 时）

1. 17 日两军会战情况，第三十八报已述其梗概。兹将革命军方面战斗前之动静，及实地踏查此次战场之某日人所谈记述如下：

自大约一个月以前，革命军即将多数民船开入与东亚制粉公司隔汉水相对之米粮山后方池沼地带。16 日午前 11 时起，由其中开出大型船数艘，利用东亚制粉公司建筑物掩蔽官军之视线，即于其上游琴塘口进行架桥作业，至下午 4 时，船桥全部完成。当夜即以湖南兵二千为先头部队渡江，湖北兵约五六千名继之，于翌晨黎明前全部渡江。

先是，湖南兵在对岸登陆后，立即派出前哨挺进，以二营兵力为一队，由右翼进攻，其径路沿汉水而下，至罗家店时，官军犹未觉察，直至博学书院附近始与官军开火。其行动颇为整齐，士气昂扬。至16日午后8时将官兵追至韩家店时，遭遇到猛烈的机关炮之射击，然仍奋战数回合，至夜半将官军压迫至水电公司附近。官军虽倾死力固守水电公司一带地点，然勇猛的湖南兵大有将官军完全逐出汉口市区之意气。另一方面，湖北兵担任左翼，前进至湖南兵担任地区北方村落之后方，依据博学书院东面之堤防，自17日黎明在炮火掩护下与官军开战。然此项湖北兵多为新募之乌合之众，毫无训练，以致士气颇不振，秩序紊乱，一度交战，17日上午9时一闻官军猛烈的机关炮声，即由后队先行崩溃，开始逃走。虽汉阳之都督黄兴亲自至博学书院后孤庙阵地督战，并斩杀二三名后退之兵，然终难以收拾。自17日上午11时至12时，大部分均沿船桥退却，至下午4时已不见一名湖北兵，船桥亦被撤去。黄兴见左翼湖北兵已崩溃，即前进至韩家店附近命令湖南兵撤退，然湖南兵愤恨湖北兵之无用，皆不肯轻退，直至午后犹独挡官军，入夜始渐用船渡过汉水，退回汉阳。今日革命军退却时，官军不悉何故竟不追击，因此交战不久即行退却之湖北兵死伤仅不过三四十名，与官军奋战之湖南兵则死伤甚众。

2. 革命军退却后，官军18日在东亚制粉公司后方修筑碉堡三个，防备敌人反攻。东亚制粉公司仓库19日晨3时受炮击起火，公司职员以危险益迫，因于该日午前撤出。

3. 由于17日会战而神经过敏之官、革两军，18日夜隔汉水猛烈炮战，炮声殷殷，至午夜不息。虽人心汹汹，但尚未发生激战。另一方面，下游之江岸车站附近，夜半亦有炮声达数刻之久，因均系暗中盲射，双方无甚损失。

4. 在九江投降革命军之军舰，海琛、江贞二只下驶，海容、海筹及水雷艇一只，19日黎明上溯至汉口之门户——阳逻附近，上午11时起炮击江岸车站一带，威吓官军。至下午3时，海容高揭革命旗，意气昂扬，单舰由江岸车站前驶过。官军误认为悬英国国旗，一炮未发，海容遂至武昌黄鹤楼下停靠。继见大型汽船一只靠近该舰，闻系前往起卸机关炮。旋水雷艇湖鹗亦溯航而上，官军一见，岸上大炮多门一齐猛射，湖鹗沿武昌方面江岸，开足马力行驶，同时武昌革命军炮兵阵地亦发炮掩护，攻击官军阵地。一时轰轰隆隆，震动天地。官军一弹命中湖鹗机器部分，有大量蒸汽迸出，旋又有开花弹两发在湖鹗上空爆炸，然湖鹗并不为之停止前进，终驶入租界对岸水域，官军遂不能再加攻击，湖鹗乃进入租界对岸之新河内。不久，海容复顺流而下，在驶出租界区域水线之一刹那，倏见火光一闪，开启全部炮火，猛射江岸官军炮兵阵地，迫近江岸至五百米以内，连续猛射。其炮弹开始爆炸于车站左近，继即显出其瞄准很准确，江岸炮兵阵地内沙尘飞扬，村落起火，官军炮火最后不得不归于沉默，车站后方复次第起火。海容乃以堂堂英姿，悠然驶去。时已下午五时半。至陆地炮火击中海容者，曾见该舰船腹右舷及后樯烟囱均中弹。

九江情报（筱本警士报告，11月18日下午2时）

1. 李烈钧再度被任为九江军政分府总参谋长。李于今午12时率兵四百余名，分乘海琛、江贞二舰赴安庆。

2. 武昌黎元洪昨晨电马毓宝，嘉奖其降伏清政府军舰之功。同时令军舰回驶武昌，装运由浔开安庆之兵士所用步枪弹药。接电后，海容即于今日上午11时赴鄂。

3. 居住南昌之日人平木安之助、蜂屋三千三两人原任测绘学堂教习，现已解约，前日（16日）安抵九江，昨日乘大福丸归国。南昌尚有高等森林学堂教习斋藤丰喜及其家属，闻日内亦将撤退回国。

4. 都督府现在之组织如左：

驻浔军政府都督　马毓宝

参谋处

参谋总长　李烈钧

军事参谋官　潘志远　刘世钧　范福增　何文斌　唐祚桢

政事参谋官　蒋　群　吴照轩

参谋处副官　陈正元　梁民柱　彭　涨　张　弛

顾　问　官　庄守忠

宪兵部总部长　廖伯琅

执法部部长　张宗林

运送部部长　张荣屿

筹粮局局长　顾　英

军机局局长　柳国璋

军医院院长　唐伯壎

测绘科科员　江　山　助手十人

侦探科科长　张廉裔

卫队队长　蒋村汉

联队统带—

- 第一联队大队长　范福增（兼）
- 第二联队大队长　何文斌（兼）
- 第三联队大队长　李定魁
- 第四联队大队长　黄焕章

义勇队统带　陈绍藩

学生义勇队大队长　蒋　群

工程队队长　吴　江

近战队队长　金　斌

马队队长　苏汉龙

敢死队队长　潘志远

炮台统领　戈克安

水师统领　杨金标

内务局局长　李盛镨

外务局局长　胡生炳

司法局局长　刘　濂

处通局（?）局长

财政局局长　陈中瑞

外交官　黎成英　吴铁臣　王　成　黎宗岳

交涉课——一等副官　卓仁机
　　　　　二等副官　龚　永
　　　　　三等副官　胡孝龄

度支部部长　舒法甲

农工商务部长　蔡永振

调查部部长　聂金魁

招待部部长　聂（兼）

　　　　军司招待　夏维新

财政局——正局长　王士焕
　　　　　副局长　蒋正南

秘书科——科　长　刘岳亮
　　　　　副科长　周光焘

总务科科长　庄守忠

稽查科长　张谋之

都督府总稽查　曹　伯　胡兆龙

　　执事官　萧贻梧

　　中军官　张法麟

　　监印官　万　鹤　郑　新

　　收发员　周光霖

　　庶务员　胡鸣谦

　　差遣员　范海滨

- 江西各路炮台水陆全军统制徐世法
  - 参谋处长——朱孝先、杨耀南
    - 参谋官——徐秀蔡、萧　勉、崔　巍、蓝世恒
  - 军务处长　张　筠　内设军机训练测绘等科
  - 执法处长　卢　行　内设讯问判断等科
  - 外交处长　朱孝先（兼）内设招待翻译两科
  - 财政处长　袁培生　内设支出纳入计算三科
  - 总务处长　杨耀南　内设庶务收发招待稽查（附侦探）等科
  - 医务处长　胡得兴
  - 秘书处长　史可风　内分一二三等书记员

另长江水师统带　杨金标

- 都督府之编制
  - 都督——总参谋长
    - 九江镇台
    - 交涉部部长
    - 财政部部长
    - 政务部部长
      - 警务部部长
      - 交通部部长
    - 九江关监督
    - 军司令官
      - 执法部部长
      - 各联队长
      - 复皖军司令官
      - 留守部队司令官
      - 运送部部长
      - 筹粮局局长
      - 军医局局长
      - 军机局局长
      - 军警部部长
    - 各炮台及水师统制
      - 炮台统领
      - 水师统领

第四十报

（11 月 21 日上午 10 时）

1. 19 日下午，降舰海容与江岸车站官军大炮战之情况，已于三十九报详述。兹悉此役海容所受损失，伤亡者为死一人、伤三人，舰体虽烟囱发现被弹打穿洞穴，舷侧被击中两炮，然损害至为轻微。官军方面损失为炮一门被毁，江岸车站被烧，伤亡者则将校一名、兵士数名而已。

2. 据 20 日晨由东亚制粉工厂返回者所目睹，官军为对抗前日革命军之作战方略，已逐渐推进，将本据置于博学书院后方，依据土堤，集有密集部队。官军之最右翼，已远达江岸车站后方之土堤。据云此线实力可达一师之众。又官军有前沿炮阵在东亚制粉公司附近之萧家池新家店村落中。19 日终夜与革命军之仙女山炮阵交战，直至天明。

3. 今日终日沉寂，仅有步枪互射而已。

4. 官军以黄开文之名义致书首席领事云：接袁世凯命令，凡各国领事所发之公电，北京、汉口间可一律免费办理。

九江情报（筱本警士报告，11 月 19 日发）

1. 日清轮船公司以革命军前曾片面地规定，自晚 5 时起至次晨 7 时止，不问军舰、商轮一律禁止航行，现清政府军舰已全部投降革命军，并无再设此种规定之必要，因特照会九江军政分府，要求照常自由通航。昨日（18 日）下午 5 时接马毓宝之复文云，所请碍难照准。

2. 传海容副舰长吉升系满洲人，不肯投降，于 15 日夜投江自杀。荣续、喜昌二满人则于投降当时，由九江军政府分府各给银五百两，发给护照，遣送回籍。

3. 外传江苏、浙江、上海各都督联名推举英国海军学校出身之江苏人毛仲方为舰队司令长官，特电请黎元洪批准，已得黎同意而就职云。

4. 安庆陷落后，该地革命军发生内哄之原因，据密探侦悉，乃因芜湖新军管带王天培欲运动芜湖都督一职未果，芜湖防军统领李葆林（湖南新化人）被任为芜湖都督，王乃赴安庆再争夺都督之地位，受当地人反对，因而引起战事。传王天培已被捕。

5. 昨日上驶之军舰为海容、海筹及水雷艇一只。传黎元洪有计划检查舰体，并由武昌运送野炮及弹药至安庆，在安庆集中湖南、湖北、江西、安徽军队，在镇江集结江苏、浙江、上海军队，以便大举攻取南京。又昨报海琛及水雷艇、炮舰各一只，分载士兵四百余名，由李烈钧率领赴安庆，业已出发。

6. 马毓宝系安徽人，因而皖省代表人物欲举为安庆都督，代表昨已来浔，但为马拒绝。据当地人观察，马迟早必为安庆都督云。

第四十一报

（11月23日上午11时半）

1. 恶劣气候连续数日，今日始晴。几日来街头巷尾频传和谈消息，双方似俱无战意，士气消沉，不闻炮声。但平静之22日一过，昨日午夜忽然汉水上游遥闻炮声，至晓益烈。今晨由汉水上游来人谈，官军之一部，由蔡甸方面沿汉水左岸，进至米粮山附近，挟汉水支流，与革命军对峙。汉口方面官军由东亚制粉公司后方之炮兵阵地，与对岸米粮山、仙女山之革命军炮兵阵地曾有炮战。据视察刘氏花园附近官军阵地之馆员回称，在刘氏花园后部之德式大炮四门，自晨来炮击武昌方面敌军，布设在花园前柳树行间之炮列，亦猛烈炮击大别山、赫山方面之敌炮兵阵地。看来官军似不满足目前之炮战，拟进一步进攻汉阳，企图压迫汉阳革命军侧面及正面阵地。

2. 日本红十字会所派之医疗队，昨日（22日）乘大利丸到汉，拟暂借英租界立德商行仓库设立临时医院，目下正进行准备工作。

3. 传在七里沟之清政府降舰今日计划炮击官军后方之铁桥。

4. 江汉关道黄氏谈话：

今奉二十三日上谕，业已再度停战。我方曾提出如革命军不进攻时，官军亦不加攻击为停战条件，然终不为对方所容纳，至今未能实现和平，诚堪浩叹。而无辜生民为此罹难者竟至不计其数，租界亦遭受火灾避难者之骚扰，此尚不过一方面之损害；另一方面，给世界贸易所带来之损失，更不可胜计。革命军本意专在排满，此在今日毕竟系不可行之问题，细思清朝何以非排不可乎？即使由革命军之观点以言，若实现政治上之改革，亦决非不可满足者。今我朝廷已更迭内阁，任袁氏为总理，其余亦均以汉人充任，是可谓已着着走向改革。试观各国政体，如贵国，如英、德、俄，无一非君主立宪政体。彼美、法两国虽为共和政体，而今日不亦有已悔其非是之人乎!? 故今日选择政体，勿宁以君主立宪为优。假若采取共和政体，首先必须选举大总统。现我国各省皆有都督，则广东欲选广东人，湖南欲使湖南人当选，各省相争，必至互相倾轧而酿大祸。故此刻当乘外国尚未干涉之前，和平解决为要。

第四十二报

（11月25日上午10时）

1. 自蔡甸往汉水右岸进军之官军，22日午夜在米粮山下与革命军对峙，向进攻汉阳迈进了一步，已见四十一报。兹悉23、24两日战况至烈，官军似有一举而下汉阳之意。两军集中精锐死战，自10月28、29日激战后尚属首见。双方战况与胜负情形传说甚多，参战兵力与伤亡确数亦未判明。现综合各种可靠情报报道如下：官军考虑不拘媾和是否进行，攻占汉阳对时局发展有利，故表面上虽声明若革命军不来进攻，则官军决不出击，同时并使某外人作媾和谈判之仲介人，伪装官军并无战意，以使革命军麻痹大意；一方面则暗中忙于布置对汉阳之进攻。李纯所率混成协精兵二三千人，已于上星期自孝感出发，在汉水上游约二十五哩处渡江，20日沿汉水右岸至蔡甸。其先头部队22日出现于米粮山北方金断口附近，隔汉水支流与革命军开始交战。官军之另一部更于东亚制粉公司上游坨落口，用帆布小船架桥渡江，协助蔡甸方面官军，企图一举击败革命军。革命军对此亦早经侦悉，即派精兵由22日午夜起，与官军隔米粮山下小河开始激战。23日拂晓前双方继续激战，互有胜负。官军更在米粮山下试图架桥，在赫山猛烈炮火射击下，不惜付出很大牺牲，将大部队渡河，23日晨一时占领米粮、仙女二山。惟二山于同日下午遭革命军敢死队反攻，官军不得已复退却；但李纯军一部顽抗不退，24日上午终于再度恢复米粮、仙女二山。革命军则退往赫山，于赫山前方构筑防御工事，以待日以继夜的大激战。

革命军于上述连续二昼夜之激战中，虽亦尽全力防守，因鉴于17日之败，闻已出动全部精锐。因今天自湖南长沙开到援军约二千名，革命军士气似为之大振，官军欲占汉阳盖非易事。又据判断系由九江派来之援军约一团，曾见以小汽船运至丹水矶（刘家庙与七里沟中间）之下游，嗣更进军至江岸车站附近之刘家庙，拟冲官军之背后。带有给该项援军之使命、由武昌下航之小汽船及民船二只，在江岸车站附近受官军炮击，中弹两发，搁浅于对岸。

刘氏花园附近官军炮兵阵地，23、24日炮击赫山、大别山及武昌方面革命军炮兵阵地。在水电公司后面之官军炮兵阵地亦与赫山方面革命军炮阵猛烈炮战。

在七里沟下游游弋之降舰海容、海筹二巡洋舰，迄今尚无大活动。夸称破坏铁桥之既定计划亦尚未见成功，官军运输列车仍旧开行。24 日上午 9 时左右，该舰队之炮弹击中丹水矶美孚油公司油槽（容量 75 万加仑），因此发生火灾，至今晨犹黑烟蒙蒙，尚未熄灭。

2. 24 日黄昏，大别山及武昌革命军炮阵曾炮击汉口市区之官军，市街内发生火灾直至拂晓。又大智门车站附近官军干部及兵站部住房附近亦有大火。

3. 今日下航之日清轮船公司大吉丸，载有由四川逃难而来之外国人约一百七十名。

第四十三报

（11 月 27 日午后 1 时）

1. 由 23 日至 25 日午前，官军进攻汉阳之战况已志昨报。尔来革命军虽尽死力依据赫山顽强抵抗，然终难阻遏官军之进攻，26 日晚间遂为官军所占领。革命军大势既日益不利，湖北兵与湖南兵之冲突复日益加剧。自本月 17 日战役以来，湖南兵一向领先奋战，湖北兵则有逃避锋锐之嫌，是以湖南兵对湖北兵之怯懦行为颇为愤慨；且待遇方面，湖南兵月饷 7 元，湖北兵则为 10 元，故湖南兵更不满。自 23 日以降之大激战而后，湖北军、湖南军干部间亦加深冲突，尤以 25 日晚间达于极点，致失去协力作战之精神。大势既如斯，加以 26 日晚间内情泄漏，遂至不可收拾。黄兴已潜逃武昌。闻汉阳革命军当夜争先逃往武昌，发生不少伤亡。今晨以来，革命军乱无秩序，陆续乘民船逃往武昌，官军因而未受多大抵抗即占领汉阳大部分，将革命军压迫至汉阳东端一隅。今日下午 1 时，官军对渡江逃亡之革命军大加攻击，革命军死伤无算，汉阳陷落即在目前。

2. 革命军所发射之炮弹屡次落于英租界内，予以不少损害。英国总领事与我前任将官川岛司令官虽曾累次对黎都督提出交涉，但24日夜间以来，由大别山炮击刘氏花园官军炮兵阵地之流弹，误落英俄两租界内者，仍达十余发，其中一弹竟落法国领事馆庭院内。翌日（26日）晨，又有十余发落英租界内，颇觉危险。25夜，汉口中国街著名之关帝庙中弹起火，化为灰烬。26日夜间各处亦有火灾。前已报导之丹水矶美孚油槽火灾更延及第二、三油槽，至昨夜火势渐熄。

3. 日本红十字会救护队之设备，现正逐步充实中，一二日内即可收容官、革两方面之伤兵。

4. 革命军曾派九江援军及武昌兵一部，别由丹水矶下游登陆，欲抄袭官军背后，但因涨水进路被阻，未达目的终归失败。

第四十四报

（11月28日上午11时）

按汉阳之防卫，革命军果欲死守，官军虽调集精锐，付出重大牺牲，并非轻易可占领者；即使汉阳失守，若革命军固守武昌，则官军横渡长江，必须使革命军之大炮尽归沉默，大部陆军悉数扫荡，此亦终非易事。然如前报所述，革命军由于发生内讧，致使官军不损一兵，于昨日（27日）下午确实占领汉阳；武昌之陷落亦在数日内；黄兴已离武昌。外间虽传黎元洪与其部属死守武昌，而真否尚不明。是故今日虽尚非判断两军强弱之时，而大势则可称已定。

先是，湖南、湖北两军内讧暴发至不可收拾地步，湖南兵亦即自26日夜间陆续退却，至27日上午大部均已退回武昌，闻其中甚或有作回湘准备者。临时招募之兵大部分于27日解散，流散四方。故今日以后仍留武昌抵抗官军者，恐仅黎元洪之旧部而已。

第四十四报续报

27 日下午 2 时，阳逻方面有若干革命军部队登陆。海容、海琛二巡洋舰停泊阳逻上游，掩护登陆。28 日下午又有小汽船十二只，各拖民船数艘，载来九江援军步炮兵二三千名，亦在该地登陆。官军现在七里沟筑防御工事，以阻九江援军前进。

大冶、武昌县、黄州均无事故，大冶矿务及洋灰业务亦仍平安。

第四十五报

（11 月 30 日正午 12 时）

1. 官军占领汉阳后，由汉口武圣庙架设浮桥，通往汉阳，搬运炮弹弹药及其他物品。大别山山巅已架设数门野炮，炮弹在武昌谘议局一带爆炸，设于该处之革命军司令部危险殊甚，昨日曾有转移之议。在该地之大同红十字会分会（系由上海本会派出者，内有日本女护士一名）为避免危险，亦预定转移至大东门外博文书院。据昨自武昌来汉之日人谈，彼曾见革命军第十一、十二两标，附炮五门，向下游进军。黎元洪有率残部抵抗官军，死守武昌之意。据官军情报云，目下正进行攻击武昌之准备工作，昨今虽偶一由大别山炮击武昌，不久当逐步转向大举进攻。

九江情报（筱本警士报告，11 月 28 日发）

1. 武昌会议决定，于 29 日以前在上海召集有新知识的各省革命军代表，商讨关于外交、财政及其他重要案件。九江方面派出之代表为吴铁臣〔城〕（号子贞〔增〕）、唐作桢二人，已于 21 日搭怡和公司瑞和轮出发赴沪。

2. 湖北革命军营长倪兴魁，山东人，夙负决死队长之誉，此次为切断官军后路，闻已携带炸弹赴某地。

3. 武昌黎元洪派人来浔采购白布四千匹、毛布八百匹、红布一千匹。自 19 日到浔后，白布已如数购得，其他因缺货未购足，不得已将转赴安庆采购。已购之白布及若干红布业于昨日运武昌。

4. 南昌援鄂之革命军约二千七百名，21 日下午 3 时乘民船到浔，船樯高悬“满奴不灭不生还”大旗，士气极为旺盛。中国军舰江贞亦上驶抵浔，据推测该舰系为护送此项士兵而来。

5. 据当地中国人所收私信称：湖南已开始铸造铜元。又传现在南昌之前裕宁银行（在南京）总办黄子修，已被任命为铜元制造局总办，不日着手铸造。所以如此急速铸铜元者，传系因一般人民持有湖北官钱局等处所发之官票者甚多，若不急速予以兑现，恐人民难免有饥饿之虞云云。

6. 当地军政分府缺乏军费，已如前报。兹悉数日前到此地之援鄂士兵，阴历九月上半月饷虽已在南昌发放，因下半月饷迄未发出，所以不肯出发赴鄂，有哗变之势。因此军政府不知由何处筹来款项，始将饷发出，或谓系 26 日由武昌给此地商务总会汇来二万四千两。若今后汇兑不通时，恐彼等缺乏知识不守纪律之士兵，将到处抢劫。究发生如何事故，终难预料。

7. 九江、南昌间现亦有权势上之意见冲突，九江军政分府内部多少亦有内讧之景象。

8. 九江电报局在革命军监督下，决定自明日起办理公众电报，然只限商电，战报、密码电报概不办理。

9. 当地代表林子超、戈克安等八人于 11 月 26 日乘南阳丸赴武昌（江西代表亦在船内）。

10. 九江现设红十字会支部，预定由 11 月 27 日起开始办公。

11. 传因前天夜间九江曾发生抢劫财物事件，马毓宝颇为忧虑云。

第四十六报

（12 月 2 日正午 12 时）

1. 11 月 28 日汉口官军司令部照会首席领事称：汉口下游刘家庙至阳逻之间禁止各国船舶夜间航行。

2. 充作革命军司令部本部之武昌谘议局，自汉阳陷落以来，已成为官军炮击之标的，附近每日落弹甚多。昨天（1 日）蛇山背后黑烟蒙蒙，谘议局终于起火。该司令部自汉阳陷后即计划转移，重要文件及其他物件均已运往他处，都督府昨日亦移往武昌城外。又，革命军为防官军进攻，拟令军舰五艘溯江上驶，配置武昌上下游，以阻遏官军渡江。革命军司令部正期待此项军舰于一二日内溯江到达云。

3. 官军占领汉阳后之行动，并无一鼓作气夺取武昌意向，仅继续缓慢的炮击。兹更决定自明日（3 日）起三日内，只要革命军不进行挑战，则官军亦不加炮击，以给武昌居民迁出机会。

战斗区域在汉口与汉阳附近时，武昌城内较为稳静，居民逃难者甚少，商店亦多照常营业。惟汉阳陷落后，武昌已成危险地区。居民目睹汉口情形之惨，多随身携带少量贵重财物逃出，革命军特为此等逃难人民开放武昌东门（背面），数千居民争先逃出武昌，大部分均向葛店方面避难。

4. 署理湖广总督段祺瑞，目下在萧家港。该地之重要官吏尚有提法使祝书元、巡警道沈某、提学使王寿彭、革职留任布政使连甲、高等审判厅丞赵某等人。又夏口厅凌绍彭现在大智门。

第四十七报

（12月4日中午12时）

1. 如前报所述，官军方面声明自昨日（3日）晨8时起三日间，凡革命军不采攻势，则官军决不发炮，故自昨日以来，沉寂不闻炮声，仅下游阳逻附近偶闻炮声而已。惟官军自前日即将炮兵阵地前进至刘家花园前之铁道线附近，并利用汉水浮桥加强对汉阳之防务，一意进行攻取武昌之准备。汉水之航务因架有浮桥而中断。武圣庙所架之桥可通行炮车，为较完全之工事，官军暂时当不会加以破坏。故短时期内汉水方面不论汽船、民船皆暂难通航。

2. 昨日（3日）有广西兵二千名[①]开到武昌，黎都督曾亲至郊外迎接。曾充革命军司令部1日被官军炮击起火之谘议局，屋顶殆已完全破坏，惟全部房屋尚原状存在。

3. 原在阳逻附近游弋之海容、海琛二降舰，现已下驶至黄州附近。

4. 正统派本愿寺法主大谷光瑞伯爵，前有鉴于双方交战中战死者之尸体均遗弃于战场，任令鸟啄兽食，颇觉不忍，因而自动提议代为掩埋，曾向本领事提出申请。本领事将此意照会官军统制冯国璋，冯复函谓：大部分尸体业已掩埋，其余未掩埋者俟与总军医长商酌后再行奉托。蒙大谷伯爵如此一视同仁、驾乎我同胞以上之厚意，至为感谢，特请代达为盼云云。

九江情报（八木书记生报告，12月2日）

1. 汉阳陷落之讯传至此地时，一般市民开始对革命党之前

---

① 原报为“八千”，在第四十八报附有更正，改为“二千”，此据更正后的数字。

途感觉悲观。且由当地开赴武昌之多数部队，如革命失败再退回时，恐难免抢掠，酿成暴动，因而内心殊为不安。九江都督府当局表面伪装镇静，内心似已为武汉战败消息吓得神经过敏，某一日人在城内散步时，曾被都督府误认系官军间谍而加拘捕。

2. 此地都督府官员更迭甚多，或率一队士兵下行赴安庆、芜湖，或率援军前往武昌。留于当地者只是新招未经训练之兵与速成之士官，以致军令不行。尤其未经军事教育而担任参谋官，或不熟习官场事理而作高等文官者颇多，均支领比较高额之薪俸，因此部下亦不统一。曩者曾讴歌革命政变之市民，一般亦已显现嫌恶之情。

3. 据熟悉都督府内部情形之中国人谈称：九江都督府首脑人物，接到汉阳战败消息后，曾召集会议，决定于上游二十哩某地构筑防御工事，以保护九江。惟该人又言，若在武汉获胜之官军，以一部队顺流而下，逼近九江时，当地新招之兵必闻风四散，都督府则不外逃奔南昌之一途云。

4. 11 月 29 日夜间，城内曾发生火灾，市民一时为火所惊，流言蜚语甚为流行。因之马都督于市内各处张贴布告，大意谓，胜负乃兵家常事，切不可为汉阳失陷所惊。今后再有制造流言蜚语者，当斩首示众。

5. 数日前自安庆开来之四百五十名士兵，原定开往武昌，惟因形势变化，现仍滞留此地。

6. 电报局由 11 月 29 日起开始办理一般明码（汉文英文）电报，但暗码（日文包括在内）及战报，除经都督之特别许可者外，均绝对拒收。

第四十八报

（12 月 5 日中午 12 时）

1. 投降革命军之军舰海筹、海容、南琛、江贞、建安及水雷艇湖鹰均在阳逻，海琛尚在黄州。

2. 顷接陕西三原县陕西工业学堂佐藤进三及另十五人11月5日经由当地邮局寄出之信，原文如次：

陕西工业学堂学生10月23日闻悉西安暴动消息后，逐渐离校，24日起遂不得已而停课。当时有西安府已归汉军占领之讯，通信亦同时中断。三原城外土匪蜂起，人心汹汹。25日虽接学堂监督发出避难命令，惟不知避难之途。我国人共计十六名，集合于学堂内，日夜集会请求善后之策，但只空谈，并无可取之方。因而一面向地方官交涉，要求保护生命财产；一面与居留当地之英国牧师（一名）联系。次日（26日）各自作好避难准备。离此地卅五华里有耶稣教徒根据地福音村可避难，约好当日下午由福音村派人来接。在此地日人遂决定避难福音村，27日通知学堂监督，请求沿途保护。至28日，学堂监督来告云：汉军司令部已来到三原，出示保护外人及居民。土匪现已四散，人心安堵，已无避难之必要。于是大家决定暂不避难。学堂内两日间无人，钱铺亦停止拨款，同人囊空如洗，物价日益腾贵，不胜忧虑，因此咸认为不可再不寻较近有日本领事馆之地避难。幸11月1日遇有西安外交部派遣马队二十四名，迎接在留日人并福音村之外人赴西安，遂拟先到西安，与该地在留之日人四名会合，再定今后行止。惟11月3日自三原出发之日，因马车迟到，遂让英国人先行，日本人决定等马队回头再赴西安。故刻下我等尚在三原，二三日内当可前往西安。

教习　井上英治　福地秀雄　佐藤进三

助手　田中健三　冈田喜三郎　中谷三松　石田兵松

技工　守住直干

家族　佐藤菊　井上富野　福地菊　井上英一

井上嵯峨　佐藤千代　宫森千代　宫森通

第四十九报

（12 月 7 日中午 12 时）

1. 俄国陆军一中队（二百七十二名）为防卫俄租界，12 月 5 日下午 2 时乘运输船诺雷玛号到汉。又闻在香港之英国陆军一百六十名日内亦将来汉，供守卫英租界之用。

2. 停战期限原至 6 日上午终了，现再从 6 日上午 8 时起延长三天，到 9 日上午 7 时止。在此期间双方虽有不得从事战斗准备工作之约束，但两岸之军事活动似仍甚忙碌。又据自武昌返回之日人谈称，黎元洪似已将其司令部转移至青山方面。

3. 由于南京陷落而士气陡振之革命军，拟以海陆军联合对付汉口、汉阳方面官军，军舰溯航至阳逻附近者甚多。据自前天迄今之情报，刻在黄州、阳逻间游弋之军舰，计有建安、南琛、海筹、江贞、楚同、湖鹰（水雷艇）（以上在阳逻）、海容、海琛（以上在黄州）、楚观、楚谦、楚豫、楚泰等舰，均在等待停战之结果。闻江贞、建安载有大量弹药，海容拟在当地补充弹药。目下扬子江水位，在本月 20 日以前，对此等军舰溯航至武昌附近毫无影响，因此一旦和议破裂，两军复行对抗之际，此等军舰或将编为大队，一致协力，掩护武昌之陆军而大显身手。官军进攻武昌固不可能，即防守汉阳阵地亦非易事，是以冯国璋切盼弹药之补充与援军之开到。

4. 前被焚毁之日清轮船公司仓库附近，目下驻有大量官军，警卫森严，甚至前往调查亦被拒绝。然另一方面却同时发现该仓库内所藏铜块被掠夺转卖于市场中。

5. 据在陕西省西安之邮政局员送来汉口邮局之情报，西安于 10 月 22 日被革命军占领，乱民乘机大肆抢掠，至 26 日始渐恢复秩序。革命军政府对原有局员仍旧留用。局长（外国人）

在骚乱之第一日外出，返回时受重伤，现有生命危险，因此外国人拟赴开封或汉口。电报自事变发生后即不通。

九江情报（八木书记生报告，12 月 6 日）

3 日夜间溯江来浔之岳阳丸，曾受九江下游炮台之炮击。开始所发系空炮，该船仍继续航行，炮台乃实弹三发，命令停船。船停后，炮台派来军官及兵丁数名，问询确定船籍后，当对由于检查增加之麻烦表示歉意，并告以已通知上游炮台勿予炮击，言毕立即退去。近来革命军因接有德国将运送二千兵员并大量弹药至汉援助官军之情报，是以神经过敏，对上行船只极为注意云。

炮台有兵员一名，因违反规定，白昼对外国船舶开炮，致被处斩，在城门枭首示众。

南昌革命政府欲推戴九江都督马毓宝为江西全省都督，劝其移驻南昌。惟马在九江甚有人望，当地人不愿马移南昌，尚待开会决定。又闻马都督一二日内拟暂赴南昌一行，彼不在时，由管带范福增暂代都督之职。

第五十报

（12 月 9 日正午 12 时）

1. 第二次停战期限至今日上午 7 时终了，惟双方是否同意继续停战以便续议媾和条件及其日期如何，均未公布。不过双方现均竭力充实兵力，从事军事准备工作。海容、海筹及另一巡洋舰因水位下降，已下驶九江，其任务由炮舰代替，仍在阳逻附近。

2. 目下革命军在九江所储存之煤炭，计有没收萍乡煤矿公司九江支店之一千五六百吨及日前没收英籍船所载之六百吨。故九江一时将成为供给九江、汉口附近游弋之中国军舰用煤之储煤厂云。

第五十一报

（12 月 11 日中午 12 时）

1. 前报两军间所缔结之停战期是十五天。担任时局讨论使之唐绍怡，原定昨天下午三时来汉，因火车故障，迟至今日始能到达。署理湖广总督段祺瑞，亦定一二日内由萧家港率幕僚及地方各官来汉指挥第一军，现正在汉口市区寻找公署用房。又，原第一军司令官冯国璋，被任为第二军司令官，俟段祺瑞到汉后即行北返云。

2. 官军方面情报称，为便利一般人民行旅起见，现内定恢复汉口、北京间火车之行驶，一周内将开放普通客货运输。

3. 武昌城内居民恐官军炮击，逃难者已有十之七八，市面商业完全断绝，城内各处尽为革命军所配备之守军。惟除都督府外，各官衙均尚在武昌城内，黎元洪每日到城内指挥各项事务。

4. 青山登陆之江西军，现在孝感方面活动，闻其原计划欲扼阻汉口官军后路，现悉该军虽在停战期中仍未停止活动。7 日以还，在黄陂一带曾有交锋，互见胜负，双方伤兵被送往汉口、武昌者甚多。又，数日来该地一带火车运输日见频繁。外国红十字会一队，昨夜前往该地。

5. 据西安外国人传教士来信报告西安情况云，10 月 22 日上午 11 时半，西安市外西关方面之军队一千五百名发生叛变，随即占领南关及兵器库，将步枪一万枝分配给人民，烧毁总督衙门（当时总督不在），布政使衙门虽有将军带骑兵二百名守卫，然终被攻陷。乱民任意抢掠银（钱）铺及其他各处，市内多处发生火灾。秩序紊乱，四天间完全是无政府状态。满洲人被杀害者约达一万人。居住市外之外国人八名（内儿童六名）被虐杀，邮政局长海恩氏（德国人）、传教士司密斯氏（英国人）夫妇及其他数名外人负伤。一时人心汹汹，至为危险。幸数日后经革命军士兵恢复秩序，外国人现已较前安全（截至11月15日）。现在西安之外人共七十五名，内美国人十七名，日人二十名（按原在西安之我国人为四名，另十六名或系由三原撤退至该地者）。因汇兑中断，颇感困难云。又据11月4日由西安出发，沿汉水于数日前到汉之西安邮政局某华人书记，对本馆馆员谈称，该人出发时，秩序业已恢复，外国人已无危险，未闻日人有被害之消息，诸人皆平安无事云。

6. 据汉口英文报纸报道，近来外间对于德国援助官军问题，谣言甚多。因此当地德国领事照会黎元洪称，虽有二三德商援助官军之事，但此等商人不能代表德意志帝国全体，故希通令各报社嗣后不得再刊载此项新闻。

九江情报（八木书记生报告，12月8日）

1. 前被当地革命军扣留之德国海军运输船奇他尼亚号，经在沪德领事与革命军间电报往复交涉，结果由德领事出具该舰并未载有任何接济官军之武器弹药之保证书，交涉告一段落。该舰已被许可通过九江，今晨出港驶往汉口（该舰9日下午1时已抵汉）。

2. 九江革命军都督马毓宝，昨（7日）离浔赴南昌。闻其任务系调停该地军政府内部纠纷，将暂时留驻该地，然后返回九江。

3. 当地炮台迄今尚无探照灯设备，前向上海瑞记洋行（Arnhold Karberg & Co.）订购一套，5日经大利丸运至九江。

4. 海容、海琛、建安三舰，7日自上游下驶到浔，海容、海琛二舰在九江加煤后继续下行。

第五十二报

（14日上午10时）

1. 官军方面之时局讨论使唐绍怡，本月11日上午11时抵汉口大智门车站。官军冯司令官、黄江汉关道等及担当斡旋之任的英国代理总领事并英国舰长、英国民团长等均前往欢迎。唐绍怡、杨士琦即以英租界英国民团为宿舍，许鼎霖及官军方面各省代表并随员共约七十人，住太平街嘉宾酒楼。又随后自北京来汉之委员等及《泰晤士报》北京特派员莫里逊（Morrison）博士，均于昨（13 日）晚到汉。

唐绍怡到汉后，原希望与黎元洪在英租界会面，惟因革命军方面反对，故于 12 日正午由英国代理总领事并英舰长陪同之下，亲自往武昌织布局与黎会见，会谈约半小时。结果因尚需去沪与在沪之革命军代表讨论时局，唐等一行乘今日上午 10 时起碇之洞庭号轮船下行。武昌革命军方面也有委员胡瑛、王正廷赴沪。

2. 临时迁至城外洪山之革命军司令部，已再迁回武昌城内。

3. 官、革两军在黄陂附近之战斗，似对革命军稍稍有利，两军均有不少伤亡，被后送至汉口等情，已见前报。兹悉黎元洪以停战期中必须中止停斗，9 日特发出停战令，因之两军自 11 日起已停战，在原阵地对峙。

4. 官军方面 11 日有电信技术人员自北京调来汉口，故于邻近大智门车站之法租界内设临时电信局，开办战时电报，开始办理一般明码电报。

5. 前曾被九江革命军扣留、惹起问题之德国海军运输船奇他尼亚号，在汉口只卸下煤炭，业于 12 日由汉下驶，德国军舰鲁克斯号护送同行。

6. 由香港派来守卫汉口英租界之英国陆军一队，今日上午 9 时乘运输船到汉。

7. 闻署理总督段祺瑞现率革职留任布政使连甲、按察使祝书元等来汉，提学使王寿彭已赴北京。

九江情报（八木书记生报告，12 月 11 日）

1. 九江被革命军占领当时，南浔铁路公司曾应萍乡煤矿矿主九江代理人之请，收买该矿存煤约三百吨。九江军政府现以该项契约有伪造之嫌，已将煤炭扣押，双方尚在争论中。铁路局因无其他煤斤存储，暂求日清轮船公司供给少量煤炭，勉强维持火车开行。

2. 闻曾于九江革命之际大肆活动、尔来担任江西各路炮台水陆总统制、在军政府内颇有权势之徐世法，因穷极骄奢，有吞没大量军事资金之嫌，在湖口炮台任内被捕，目下由九江军政分府扣押审理中。

3. 今晨上午 8 时，建安、楚谦二舰拖曳载有约千五百名安庆、九江、南昌士兵之民船数艘上驶，指挥官为前九江军政分府总参谋长李烈钧（字燮和)，登陆地点闻为黄陂。

第五十三报

（12 月 16 日中午 12 时）

1. 原任第一军司令官冯国璋，15 日已将其职务移交署理湖广总督兼第一军司令官段祺瑞。

2. 14 日到汉之英国守备军总计为一百六十二名，内炮兵二十五名，工兵二十名。

3. 革命军所属军舰舰名及舰长姓名如次：

总司令官　吴应科

海军司令部长　黄钟瑛

海军第二舰队司令官　汤芗铭

舰　种	舰　名	舰　长
巡洋舰	海　筹	黄钟瑛
巡洋舰	海　容	杜锡珪
巡洋舰	海　琛	林永谟
炮　舰	建　威	郑　纶

炮　舰	建　武	饶怀文
炮　舰	楚　同	何广成
炮　舰	楚　有	朱声冈
炮　舰	楚　谦	王光熊
炮　舰	楚　豫	方佑生
炮　舰	楚　泰	马　钰
炮　舰	楚　观	吴振南
炮　舰	江　元	邓家骅
炮　舰	江　亨	沈继芀
炮　舰	江　利	朱天森
炮　舰	江　贞	周兆瑞
驱逐舰	飞　鹰	林颂庄
练习舰	镜　清	朱文翙
练习舰	通　济	葛保炎
运输舰	南　琛	曾兆麟
运输舰	保　民	甘联璈
运输舰	登瀛洲	杜逢时
运输舰	联　鲸	许建廷
运输舰	舞　凤	王传炰
水雷艇	湖　隼	林振镛
水雷艇	湖　鹏	陆伦坤
水雷艇	湖　鹰	杨树庄
水雷艇	湖　鹗	林廷亮
水雷艇	辰　字	吴廷光
水雷艇	宿　字	林建章
水雷艇	列　字	薛启华
水雷艇	张　字	郝邦彦

第五十四报

（八木书记生报告，12月16日）

1. 由南昌开来之赣州军队，数日来陆续抵浔者达千余名，准备继续向上游开拔。闻尚有兵三营续来，此项士兵配备有四门机关枪。

2. 飞鹰舰15日下午经九江开往上游，闻该舰装载由南京运武昌之大量武器弹药。

3. 南昌现设江西全省都督府，将江西全省置其管辖之下。现在南昌之九江都督马毓宝被推举为都督。在过去设道员之九江、赣州、袁州三地置军政分府，以促进全省政令之统一。九江迄今虽一向号称军政分府，其实系对武昌革命军政府自称分府，并无其他任何隶属关系云。

4. 当地军政府发出告示，为解救当前经济界之困窘，特许可旧政府所发行之官票流通，并劝告使用革命军新发行之钞票。目下当地市面上，纸币绝难通用，现银流通又受极大局限，市场大宗交易仍然困难。当地大宗输出品如麻、洋灰、纸等已有小量开始运出。闻当地革命军目下正在上海印制新钞票。

6. 废除厘金为革命军迎合舆情之举，早已一再声明。当地都督府兹又发出决定废止厘金之布告，但因目前正值财政困难之际，对茶叶、酒、糖三项仍须课税云。

第五十五报

（12月26日）

1. 停战期中官、革两军情况

因一再延长停战期限，所以武汉两地官、革双方自本月3日以来，仅隔江对峙，未采取攻势，惟双方对诸项防务策划均甚紧张。官军在由汉口市区至汉阳鹦鹉洲绵亘二十华里之沿江一线，以沌水为界，到处设有堑壕、掩堡，构筑防御工事。对上下汉水之船只，虽白昼亦严加检查。下游地方直至七里溪（沟）一带沿江要害复配备哨兵，夜间对航船时时加以射击，远处时闻枪声。据官军官员之私谈，目下由七里溪地方至汉口市区及汉阳一线之官军，步骑炮兵合计约六千余名。又自黄陂发生剧战以来，官军方面感到京汉线防务不可疏忽，因于加强汉阳方面防御工事同时，分出一部分防军集中铁道方面。目下沿线各地驻屯兵数，闻滠口约有五百名，祁家湾约千五百名，三叉埠约千三百名，孝感约二千名。又开黄陂方面官军，似仍与革命军江西兵五千名对峙中。革命军方面，现亦愈形加紧武昌防务，目前由上游金口地方驻军中分出、渡江后派赴大军山地方之一小部队，殆已前进至沌水方面。该地不时闻得枪声，盖即该部与沌水河边官军前哨冲突所致。

又据官军方面官员谈，河南周家口地方土匪蜂起，屡屡威胁官军后方。同时，山西省革命军近亦采南下之势，由该省平陆县渡黄河至河南省陕州，与陕西省革命军会合，因此官军后方防务极为吃紧云。

2. 关于端方被害之情报

传端方在四川省资州被部下湖北兵杀害，其首级不日将由该军送来汉口，并以之与官军交换吴禄贞首级云。

九江情报（八木书记生报告，12 月 28 日）

1. 检查英船之炮台官革职

九江英国领事谈称：数日前英国船广生号搭载由香港运汉口之英兵，在英国驱逐舰鳕鱼（Whiting）号护送之下，沿长江上航至鄱阳湖入口处湖口地方（九江下游约二十哩），经过湖口炮台时，炮台突发命令停船之空炮，该船当即停驶。然湖口内侧炮台仍以实弹射击，弹落该船附近。该船待炮台官来船时即要求其说明理由，炮台官答系由于错误而炮击，并表示道歉之意，即行退去。英国海军司令官到九江后，即会同英领事对此事向九江军政府提出质问。军政府答称，此事完全出于误会，复极力陈谢，并答应将负责之两名炮台官革职。

2. 江西省兵员陆续到浔

日来由南昌方面继续到浔之兵员甚多，业被送往上游者达二千名，留当地者亦不下二千名。据往返南浔间之某华人情报，江西省内招募之新兵将继续来浔，目下在准备中。

第五十六报

（12 月 28 日）

前报所述驻屯黄陂一带，与黄陂附近至阳逻一线革命军相对峙之官军，其数约二千名，两军阵地颇为接近。武昌方面革命军，上自金口下至青山沿线间，尤其金口、青山、石嘴三地，特设行人检查所，以防官军密探之出入。此地革命军全线兵力，估计约二万名，其中用于防守武昌城内者约五千名。又据由金口渡江至大军山附近，再经朱家集、蔡甸来汉之某日人谈，被分派至汉阳沌水地方之革命军数目逐渐增加，现约有二百名出现于蔡甸上游新沟，另五百名驻该地南方大集山附近。一旦时机成熟，似欲抄袭汉阳官军之后路。官军亦须准备与之相对抗之兵力，因此急派兵二百名至蔡甸，为对付新沟方面之革命军，并于四平山及其他高地建筑堡垒，一意防卫。又为充实沌水河岸、鹦鹉洲一带之防御，似已将集中孝感方面兵力之一部调回，送至此线。

又今日接湖广总督之副官丁志源书面通知称，目下停战期间如不延长，则商人欲请领去湖北、河南两省之护照者，不再发给。

第五十七报

（12 月 31 日）

1. 革命军关于官军士兵投降之谈话

黎元洪昨日对本馆馆员谈称："近来官军多有自阵地逃出投降革命军者，革命军对彼等当即收容，革命军更不忍使彼等再参加战事，故常加劝告勿再参与同族相残之战争，宜各归乡里，勿再回北军"云云。日来投降士兵益形增多，现已租得汉口租界内之住房二三处，以充此项希望投降士兵之接待所。数日前官军方面官员亦曾对本馆馆员谈及此事。

2. 京汉路保定以南沿线官军之配备情形及对日人乘客之态度

据自保定沿京汉铁路南下于今日到汉之某日人谈：京汉沿线官军所配备兵力，保定、石家庄间约两镇，黄河铁桥守兵约一营，定州约二千名，郾城约有新军一镇，武陟县有河南兵约一营，附近丘陵上见有四门山炮，广水有步骑兵约二百。广水车站以南，因逐渐接近战区，对日本人旅客检查颇严，其理由据闻系因近来有华人密探化装日人来往。此日人虽携带护照，然广水站长仍要求须再提出段总督之证明书。该日人不得已，亲自当站长之面给本总领事打电话，要求本馆送此种证明书。该站长目睹此情，判明该日人不假，遂即允许乘车。

3. 在西安府避难外国人（内有日本人）消息

由陕西省西安府逃难来汉之美国人贝克曼氏，12 月 17 日于河南省荆紫关途次，发出致驻汉美国领事馆一函，大意如次：

10 月 22、23 两日夜间，贝克曼之夫人及二儿童并其他外国人六名（无日本人）被暴徒杀死，传教士住宅及小学校亦受到破坏。美、英、瑞典、挪威、德、日各国人混合而成之避难集团，在革命军保护下，送至陕西、河南交界地方。护送士兵回陕，避难集团单独来到荆紫关，定后日（19日）由此地出发。希尽可能派遣保护者至汉水边迎接。

本领事官对此事已向官、革两军指挥官要求沿途给予保护，官军已电令各处保护。美国总领事同时也对官军提出请求。想彼等不日当可安然抵汉。

4. 同仁会大阪救护队长等人到汉

名单如下：

同仁会大阪救护队长江口重雄，医师田代亮介，队员木村秀雄。此外有队员三名，女护士二名。

5. 武昌近况

昨日（12月30日）去武昌之馆员，目睹武昌情况如下：武昌革军都督府，下午2时半在府前站列一连步兵并军乐队，先奏起军乐。黎大都督率副官、文案、参谋等二十余人下楼走至庭院前，全体肃立。复奏乐毕。黎元洪以严肃态度庄重口气徐徐宣告曰："此次民军所至，战无不胜。兹已公举孙逸仙为我民国大总统，从今而后将益见发展，诚不胜庆贺之至。"语毕，领导三呼中华民国万岁，众随之高呼，再奏乐毕。黎续云："初九日（阴历）清朝已下诏，意谓不论民心趋于共和抑或民主，拟即开设临时国会，卜之于舆论。在沪之和议会上已决定，清军按现辖区撤退一百华里。由此更见我民意已被尊重，尔等当努力奋勉。"云云。讲话后众兵高呼黎元洪万岁，乐声中仪式告终。

武昌市街虽仍有闭锁大门者，然绝大部分均已开市营业，街上往来杂沓，热闹无异平时，除间或一见士兵通行外，几似不复知有战事。又，各家大门口早已高悬缝有"欢迎大总统"五字之红布标语。

又，曾见新炮十五六门运入城内。

6. 官军方面通牒

昨日下午6时，湖广总督段祺瑞对各国领事发出通告如次：

顷接内阁电令，官军着由现驻地一律后退至一百华里以外。故不日将择一定地点全军撤退。惟官军原占领区仍由官军酌留警察维持治安云。

7. 今晨之枪炮声

今晨5时半起，汉阳西方闻有猛烈枪炮声约一小时，其后仍有断续炮声。猜想系该地官军已开始撤退，革命军由不知详情而加射击。

九江情报（八木书记生报告，12月30日）

1. 关于抵制德货

武汉战役中，德国极力援助官军，因此九江一般人对德均极愤慨。据九江军政府官员谈称，九江军政府近接上海革命军政府外务部来信，大意谓：目下革命军中有企图以抵制德货、解雇德员等手段反对德国者，此乃甚不合时宜之举。革命军目下有隐忍避免惹起对外问题之必要；一俟大局已定、革命政府建立，则嗣后对彼采取报复手段之机会尽多。故此刻望暂时抑制感情，万勿轻举妄动致坏大事，希对此举加以取缔云。

2. 关于萍乡煤矿

萍乡煤矿公司在长江沿岸各地之煤炭，革命当时均被各地军政府视为公有财产而没收，以供海军等项之用。湖南革命政府顷以萍乡煤矿公司在彼辖区之内，特新任毕晤明为公司营业监理人。该人数日前来九江，交涉收回九江军政府扣押之煤，并清理该公司所属债权。九江军政府没收之萍煤有一千五六百吨，其已供军舰用者逾六七百吨。

3. 关于革命军经费支出之情报

关于由各地开往武汉之军队所用经费问题，据九江军政府参谋谈，由江西省送往湖北之军队所需粮食及其他经费，皆归江西省军政府负担，军舰所需粮食及其他军需品，均由各地军政府酌量供给，然目下似有设立一定办法之必要云。

第五十八报

（1912 年 1 月 7 日）

1. 官军退却

官军自本月 2 日起，陆续退却，湖广总督段祺瑞亦于本月 5 日将行辕迁至孝感。段总督同时通知领事团称：官军奉北京政府令，撤退至一百华里以外。惟以汉口、汉阳以及老关山、江堤、蔡甸、赫山、硚口并汉口以东之谌家矶以至黄陂县甘露山、池鱼山一带地方，因与汉口各国租界毗连，特命汉黄德兵备道黄开文与巡警道申保亨等会同维持地方治安，嗣后一切事项希与该员等商议。

上海会议结果决定官军后退一百华里，已见前报。官军之撤退准备工作，自去年 12 月 31 日开始，1 月二三日起陆续撤退，大部退至孝感附近，汉口及汉阳地方则由自天津南下之警察维持秩序。惟土匪横行，盗案颇多，昨夜有大当铺一家被抢劫。

先是，当地官军接到退却一百里之命令后，士兵中颇有不心服者，盖以既已占领汉阳，战胜之军焉有退却之理。以是当地人士深恐难免发生变乱，所幸仅汉阳方面乱发枪炮数声，此外一切尚属平安。黄陂方面因送达退却命令较迟，两军曾发生冲突，然至本月 2 日前后，由于两军司令部之严令停战，亦已停战。

2. 黎元洪当选副总统及励行剪发

武昌革命军方面，对各省代表在南京选举黎元洪为副总统，一般均表满意。

又，自二三日前开始，士兵携带剪刀拦阻行人，强行剪发，所剪下之发仍交还本人。

3. 日本军队抵汉及当地居民之谣传

日军一部队日前到汉，当地愚民即有种种谣言传播。有谓日兵将自后方陆续调汉，目的在与革命军合力推翻清朝。革命军中一向有大量日本人从事军事援助。现下革命军其所以励行剪发者，更证明革命军已服从日本云云。此种谣传闻曾发生于四川革命军励行剪发时，不料今日又于此地闻之，不可不谓为无稽之谈。

九江情报（八木书记生报告，1912 年 1 月 4 日）

一、继孙汶〔文〕当选为共和国大总统之后，上海媾和会议决定官军后退一百华里，最近形势大有恢复和平之势，因此当地一般人民颇有欢喜之色。自 1 日至 3 日，城内外高悬革命军旗，庆祝中华民国大总统就职。按目下形势推测，江西全省似未损一兵，无一村受掠夺而渡过此革命骚乱之过渡时期，可谓为长江沿岸各省受损失最少者。

二、革命变乱后，江西省内地物资交流一时完全停顿，民船及中国籍小轮船多为运送兵员及军需品所征发，大宗交易绝无仅有。至最近则占江西输出大宗之各货，如棉花、茶、纸等货物逐渐开始盛行输出。但市内因中国钱庄大商人逃难未返，犹未开市，故金融上只靠太古等公司之买办等所兼营之汇兑业务周转。

三、据昨日（3 日）九江军政府所得电报称，在黄陂上陆布防之革命军（广东及江西两省兵）现受官军马标统之袭击，正应战中。马不肯接受媾和会议决议退却，在孙文被选为大总统之今日仍扬言要为袁宫保血战，故目下在上海之伍廷芳正致电袁世凯，交涉对马发下退却命令云。

第五十九报

（1 月 10 日）

官军撤退后汉口汉阳情况

本馆馆员本月 7 日视察汉口、汉阳一带地方后回报：曾设置官军总司令部之大智门车站，所有兵马武器几已全数撤尽，遗留之客货车甚少。有客车一辆搭乘步兵约四十名，另有货车装载兵士及士官之棺柩。行至刘家花园一带，见循礼门车站留下弹痕累累，花路、一码头、外歆生路等地均罹兵焚。返回此断壁残垣故居之商民，在扫除碎砖残瓦，平垫地面，暂搭草棚居住。中国街各马路车马络绎，与往日无异。折入花路正街，见未毁之商店均已开市。至黄陂街，见一片焦土中往往有收拾瓦砾，砌成矮屋而居者。其他中国街道均瓦砾堆积难行，独此路已完全清理，行走便利。由大智门经歆生路至此，沿途只见官军留下之警察一名，此项警察仍系官军士兵充任，只服装略有变更，例如帽子乃黑布缝制，与以前北京巡防队所戴者相同。由此转至江岸，则见招商局以南，河街一带又是一屋不剩，完全化为焦土，日清轮船公司码头与仓库亦不见踪迹。更进而渡河至汉阳，在晴川阁附近登岸，进入市街，此地因在战区以外，商店照常营业，车马往来，热闹不异平时。大别山已准许居民自由上下，曾见有外国人拍照。山上留有革命军所丢弃之克虏伯式十五生的旧式炮二门，法国式野炮三门，并无官兵或警察守卫。由山上下瞰汉阳全市，似无特别损失，家家户户均安堵如常。汉口则中国市区被毁四分之三，只余邻近英租界一带旧城基马路方面之一部分及硚口方面一部分地区而已，商业繁盛之区，被毁殆尽。官军在汉水武圣庙方面所架设浮桥已撤去，不见痕跡。大别山下之铁厂及兵工厂所受损失似亦不甚大。下山至伯牙台再进入市区，复见处处有房屋被烧或留有弹痕者。由武圣庙眺望，见有以前投降革命军之炮舰，樯上有削去“中华民国”等字改悬“水上巡警”字样的大旗。此时，巡警七八名排队由旁边走过。对岸汉口方面也可看出巡警十名巡逻。汉水行船似已甚平安。官军撤退之秩序甚佳，并无武器遗留。

夏口厅已出示安民，大意谓，现在兵乱已熄，恢复和平，故对回乡者及欲来汉口者一律加以保护，以后生命财产均无危险，可各安生业云。

第六十报

（1 月 10 日）

西安革命情况

据由陕西省西安及三原逃来汉口之日本人所谈如下。

1. 西安革命暴动之勃发

自 10 月中旬即盛传将有革命暴动，清朝官宪因此戒备至为森严。又因谣传在日之中国革命党员已有密信给军队中某人，劝其举义革命，驻军协统因而召唤嫌疑者加以讯问，俱因不得要领而罢。闻混成协参谋长张凤翙即被传讯之一人。当时新任巡抚尚未到任，钱署理巡抚①则锐意搜索革命嫌疑者，既逮捕十四五名后，又将剪发者、与学生及军队有来往者约四百人，作为嫌疑者，列入黑名单。为防兵士暴动，并收回兵士之子弹。有关方面对于革命党之戒备，也使革命党之起义产生不少困难，因而一再迟延，最后秘密决定 10 月 29 日起义，但因探悉清官宪拟于 10 月 24 日大举搜捕并有将革命党人处斩之计划，革命党领袖张凤翙及张益谦等遂急将起义日期提前至 22 日。起义之基干为第二十二标第二营之士兵，起义首领张凤翙为混成协参谋长，张益谦为炮兵营长，各利用其地位号召士兵，三四千名新军全部响应。一级司号长张云三，在军中地位虽低，然在哥老会中则为铮铮者。彼与革命党气脉相通，22 日上午首先率其部众，未受任何抵抗即将布政使衙门占领，夺获印信、仓库等，并将协统（满人）首先开刀。途中遇清兵欲行阻挡，乃以空枪威吓（因弹药

① 即钱能训。

数日前被收回），清兵畏其人多势众，逃往城内。革命党随即占领兵器库，将大量武器弹药分予士兵与哥老会员，向满城进攻。驻屯西安之满兵共约一千二百名（内马队六百名、步队六百名），各就部署进行防御。然因满军之武器多属旧式，终非屡经新式训练配备新式兵器之革命军之敌，虽北门满军抵抗较顽强，然在革命军猛烈火力射击下，被击毙约四百名。满兵见大势已去，终非革命军之敌，遂四散奔逃，匿藏于民家者甚多。革命军当日下午一时将钟楼门攻破，一拥而入满城，首先抢掠金钱，第二次再抢搜其他物品车马等。至23日凡敲门不开者即闯入杀人，24日更因哥老会之主张，将十五六岁以上满人男子全部杀死。到处发生火灾，亦有放火自焚者。豪华的满城，一夕之间变为惨淡万分之兵焚场，全部毁灭。总计约六千之满人，仅余少数妇孺，其余四五千人均被残忍的革命军杀死。

革命军及哥老会不单掠夺对敌之满人，且及于西安一般民宅。22、23日两夜兵士抢劫之外，又加地方无赖群起，致钱铺及其他商店被抢者甚多，到处起火。有识之士甚忧虑革命党之前途。幸革命党干部渐悟其非，10月23日斩土匪数名，严禁抢掠；在市内各处贴布告，大意谓革命军保护外人，救人民于满奴数百年暴政之中，希各安生业等语。同时加强戒备，因此自25日起逐渐恢复秩序。

闻协统、知府、巡警道等被杀，按察使、提学使、满洲将军、军事参议官等下落不明。布政使藏民家内被搜出，押监狱中，曾企图自杀未遂。

2. 新政府之建立

西安革命军号称复汉军，由革命党与哥老会员组成，前者多为受过新式教育之将校及具有新知识之青年，哥老会员则包括兵士与地方志士。主张灭满兴汉，由满人暴政下解救汉人，建立汉人共和国。大统领为原混成协参谋长张凤翙，副统领为原炮兵营长张益谦，二人均为革命之发动者，曾留学日本，被推举为正副统领。号称元帅之张云三原不过一级司号长，因在秘密结社哥老会中处于旅长地位，因此被哥老会员推为兵马总指挥官，统辖哥老会员。此三人为新政府之首脑，指挥一切。但因革命党员占主要位置，掌握实权，革命党与哥老会员间充满着争夺权利之暗潮。外交部主任为宋元恺，曾留学日本。

3. 新政府成立后之西安

自22至24日一度陷于无政府状态之西安府，因新政府干部施政得宜，严禁抢劫，努力恢复治安，收拾人心，并决定本年内一律免收捐税，因此人心已趋安定。城外多少尚有产生误解者，贴有“盛清灭洋”标语。陕西省高等学堂教习新井长三郎负伤。外国人八名被杀。邮政局长海恩（德国人）、英国传教士司密斯夫妇及其他数名外人受伤。不久，彼等知复汉军之主张为保护外国人，外人遂未再被害。

满城内之大屠杀，惨不忍睹，死尸遍地，成为鸟兽食饵。新政府因此特派掩埋队，会同当地红十字会员，自11月2、3日起随地挖坑掩埋，但经数日，风吹雨打，又露出地面者也不少。

4. 西安市面金融情况

新政府恐因事变引起物价暴涨，特出告示，限定各种日用品之价格，禁止奸商贪图暴利。惟市内食物甚感缺乏，银号多被抢关闭，市面硬币甚缺乏，至感不便。因此新政府特许官钱局钞票继续流通，以济金融之急。惟一般恐再起暴动，因而市面依然萧条。

5. 在西安之日人

在西安日人原只陕西省高等学堂教习铃木直三郎与镶牙兼药商丹羽仙右卫门二人。暴动前数日，高田商会店员飞松常磐由北京来西安，住满城内，暴动时只身逃出，面见复汉军指挥官，声明系日人，请求保护，越数日乃见到铃木。陕西省高等学堂教习新井长三郎，受聘后，9月下旬由日本出发，10月22日到十里铺始知有暴动发生。当时突遇形似兵勇之人三名，前来命令交出现款及表，抢掠而去。继续步行，又受二三名土匪之袭击，衣服及其物件被抢，并被土匪用棍棒乱打脚部等处，以致脚及左腰均受伤，步行已不方便。再继续前行又被暴徒打倒数次，几陷濒死状态，在棉田或野地爬伏，四昼夜未进饮食，至10月28日到达临潼县，受到中医之治疗。次日由西安遇到护送之士兵，29日方始到西安。

6. 在三原之日本人

在三原日本人情况已在12月5日第四十八报中报告，兹仅记其大略：

10月23日西安骚动之情报传至三原，陕西工业学堂学生逐渐四散，在该校执教之日本人至24日亦不得已而离校。当时城外土匪蜂起，人心不稳，在西关已有哥老会员四百人集合，举动不稳。然清政府官宪已不复有维持治安之能力，故10月28日有西安复汉军司令部之一部分人来三原后，即驱逐清政府官宪而代之。地方有识之士各组民团讲求自卫之道，因此时常摊派应募兵士所需之食粮，继续维持治安。然何时发生骚乱仍难逆料，因此在三原之日本人十六名不得不设法寻求避难之道。惟因市外土匪横行，极为危险，无法可想，虽曾拟与外国人一同避难亦无结果，故决定先往西安避难，与在西安之日本人会合再徐图善策。11月3日，日本人四名乃以决定去西安避难之意告知三原司令部，请其保护。13日出发，六名护兵随行保护，11月19日始安抵西安，与西安之日本人会合。又，在三原之各外国人，均于11月3日在西安外交部所派马队保护下避难至西安。

7. 官、革两军在潼关之激战

潼关为通往河南之要道，黄河流经其下，自古即称为要害。11月6日豫军占领潼关，有欲压迫西安之势，一时人心慌慌。

张大统领乃亲率军队前往迎战，交战数次，复将该地克复。此外，陕西省其他各地自变乱爆发以来，并无足称之战事发生。

8. 在西安外国人之撤退

在西安之日本人自变乱爆发以来，咸在恐惧与不安中度日，日夜寻求避难之方法，然一再迁延，即令一身得以安全，而所有现款即将用完，复忧虑将来不知如何是好，屡次往司令部与张大统领及外交部员面议交涉，请求派兵护送，亦无结果。不得已，11 月初派几名代表往访在西关外避难之外国人，商议避难方法，一致以沿汉水前往汉口为最便捷，但虑沿途危险，约定分头督促司令部沿途保护。后续与司令部交涉，至 11 月 19 日，在三原之日本人到西安。经过众议，决定于 11 月 25 日对外交部提出五条照会：

(1) 在西安之日本人必须于 11 月 30 日自西安出发，沿汉水下行避难。(2) 为求避难者之安全起见，请派兵保护。(3) 代筹全体人员之旅费。(4) 供给车马轿。(5) 为自卫起见，请借给武器。

发照会同时，并派代表与副统领交涉，逼令其回答。结果彼答称，第一条因时日太短促，难保中途不发生危险，希暂勿动身；第五条因目下武装不足，碍难答应，遂无结果。乃每日前往督促。至 12 月 1 日突接外交部之照会称：2 日将护送一批外国人出发避难，希与之同行。诸人遂即作好准备，其中由三原来西安之福地秀雄之夫人因怀孕不能同行，故留彼夫妇二人在西安。其余日人男女儿童合计十八名，于 3 日晨与其他各国外人三十五名自西安出发，外交部对日本人与其他外国人各派兵二十名保护。难避者于 12 月 9 日到龙驹寨，12 日换乘民船沿汉水下航。革命军为保卫外侨之安全，复派十七只兵船护送，每船有兵二十名。陆地另派马队百余人同行，互相联络。至普育河，接外国传教士来信言，普育河下游乃两军之分界线，如与革命军同行反有危险，遂与革命军分别。12月18日入河南省境，至荆紫关，面见官军之队长，请其保护。次日顺流而下，二昼夜至淅川厅，该地官军派兵船两只保护。12月21日至李官厅下游十五华里处，兵船以接近鄂境，即入革命军势力范围，乃离去。到湖北老河口时，当地革命军司令官派兵护送至襄阳。到襄后原拟以炮舰一艘护送，当时未能筹措停当，至下游九十里过夜后，炮舰到达，在沙洋再过夜，至仙桃镇与炮舰分别。至汉川，当地队长对日人与其他外人各派兵二名，护送至蔡甸下游，脱离保护，1月6日夜间抵汉。如上所述，因两军不断地派兵保护，故未受任何危险，可谓幸运。日人沿途无增减，其他外人沿途加入者甚多，抵汉时已达六十人。

9. 由西安及三原逃出之日本人姓名①

九江情报（八木书记生报告，1月9日）

一、都督赴南昌之情报

南昌都督府内之轧轹，前经来南昌之马都督百般调解，暂得无事。该都督返浔执行政务，但数日前又接南昌来电，似有复杂事件发生，因此马都督复于7日乘小汽船驰往南昌。

二、厘金照旧征收

江西省发出除茶、酒、糖三项外，一切厘金概行废止之布告，已见第六报。其后曾就此地商人调查实行之情况，据悉，自革命以来，货物运输，一时完全断绝，通过鄱阳湖南之货物皆属军需品，故无厘金可征。迩来厘金局对于由内地运来之货物仍然抽税，只比从前税率减低二成，而检查甚严，商人多感不便。据当地税关长谈称，对于杂粮类拟完全废除厘金，但此事似亦尚未实现。

---

① 计佐藤进三等十八名，名单略。

第六十一报

（1月13日）

1. 一时间各地避难之人民，见停战一再延长，误以为已恢复和平，数日间，自汉水上游及滠口方面络绎归来者每日均达数万人。归回之人多属中产以下，过去住居歆生路汉口市区或各国租界之后方，因住所被烧毁而逃出之难民，故归来后已无家可归，多于废墟上堆砌残砖破瓦，构筑暂蔽风雨的居室，再筹划糊口之方。其间混入不肖之徒，盗窃之事甚多，良民颇受其害。而地方警察制度废弛，住民不能安居乐业，故汉口商务总会特组织乡团，以补助警察之不足。

2. 据传汉阳兵工厂自12日晨已改归革命军方面之警察保护。

九江情报（八木书记生报告，1月11日）

1. 最近由南昌来浔之日本人报告称：南昌军政府干部中，留日者颇多，此次变乱中，见日本人对革命党同情者甚多，因而对日本更有好感。现在军政府内从事猎官者甚多，而代人活动官职者亦甚不少，然多不能满足党员之希望。在变乱时抱满腔狂热特意由日本跑回而未能得到相当官职，因而失望他往者亦大有其人。闻军政府内不平分子甚多，政令至欠统一。军政府新设民国银行，以为军政府之金融机关，发行大量新纸币，其数额虽不详，但因随军政府资金之需要而发行，不免有滥发之弊。民国银行之纸币虽亦声明可以兑现，但每人每次只限兑一元，且时间极短，手续极为麻烦，实际等于不兑现纸币。闻市场上对此已打高率折扣。

2. 据军政府内部人称：此次马都督去南昌，系由于目下南昌、吉安闻有自称洪江会之组织，不服从军政府法令，对于往来船舶课税，与东三省马贼相似，军政府对之有采取措施之必要；另一方面，南昌如何筹措军费亦尚待马都督亲自裁决，因此赶往南昌云。

第六十二报

(1月15日)

官军根据上海会议之结果，由汉阳、汉口向北退却一百华里，革命军方面则以为有机可乘，私自于停战期满前集中兵力，不仅志在夺取汉口、汉阳，并有压迫官军至孝感以北之势。自停战期满前三日，即1月12日即开始行动。(12日晨，已有革命军巡警之保护)[①] 一方面在七里沟附近，12日未明，已有快利轮并另一轮船，若干小汽船及数十只民船，搭载兵士数千名，离武昌下驶至阳逻附近登陆，开始行动。13、14两日间更由武昌开出载有很多兵士之民船。炮舰江元数日前自沪运到之机关枪及其他武器亦被送往阳逻附近，开始积极之活动。

先是，革命军曾有自海上、津浦路、京汉路三路进攻北京之计划。武昌革命军方面，黎元洪曾有亲率两镇兵力北进之意，未成事实，由参谋长孙武任北伐军指挥官，其兵力号称二万五千人。官军现似将主力置于萧家港及信阳州地方，先头部队在孝感地方。

截至昨晨，铁路上仍见有货车开行；然恐停战期满后，官、革两军复起冲突，则由河南方面南运之物资仍不得不再中断。

第六十三报

(1月18日)

1. 官、革两军目下在孝感并祁家湾附近对峙中，虽谣传已有战事，实际不过前哨之冲突而已。双方似均遵守停战规约。但在谌家矶（七里沟）、滠口及祁家湾车站之革命军竟阻断火车通

---

① 原文如此，意义不明。

行；若无革命军之许可，禁止自由通过，故贩运河南货物南下之外商颇感困难。此事，领事团现正商讨中。

2. 据由豫、鄂交界处之鸡公山返汉之某外人称，该外人在鸡公山之别墅被匪徒大肆抢掠，外人传教士室内家具尽被劫走。又美最时洋行及大仓组报告，亦称匪徒自由出入云。

3. 闻巡警道申保亨因天津南来之巡警不谙当地风俗习惯，且语言不通，不仅警备上诸多不便，且有时引起居民之暗中反抗，故于二三日前离此去孝感，汉口、汉阳之警卫暂由官军撤退时留下之约二百名巡警担任。但因有上述困难，并以少量之巡警毕竟难担此重任，故当地商务总会已招募乡团补充巡警之不足。此次因巡警道离去，益增其重要性，闻乡团于二三日内，即可代替官军方面所留之巡警维持地方治安云。

又为防匪徒侵入东亚制粉公司，巡警道曾应本领事馆之请，派去巡警二名，但到厂两日后即借口公司不给住所及粮食而离去。据该公司职员说，该地目下尚平静，似无被匪袭击之虞。

4. 江汉关道顷对各国领事发出通知称，汉口交通银行分行所发钞票中，一元票在十八万八千以上之号数、五元票四万号以上之号数、十元票一万号以上之号数均为未发行之票，尚未签字，倘外面有使用者，本行概不负责云。

5. 又据江汉关道通知各国领事称，汉口市区及其他受兵燹地区之残破砖瓦，禁止买卖，违者一律由商务总会没收。希转致各国商人注意切勿收买云。

第六十四报

（1月22日）

1. 小火轮之征用

武昌革命军因军运频繁，深感小火轮不足，曾向制铁所大冶驻在所交涉借用小火轮，三井物产公司所属之小火轮前亦几被征用。18 日，法商万顺公司（Bouchard Co.）所属之小轮一只及汉阳铁厂抵押于华俄银行、上悬俄旗之小轮一只，均被革命军武装士兵强迫征用，嗣经有关各国领事提出抗议，乃放回。

2. 革命军占领汉口附近

革命军虽在停战期中，运兵仍甚忙碌，除于阳逻附近登陆大量军队企图压迫官军退往孝感以北等情已见前报外，其后仍在继续活动，汉口方面 19 日亦有兵数百名由招商局码头登陆，大智门车站固不待言，即如江岸车站等处亦均为革命军所驻防。

3. 货运列车停开

汉口、河南间前已开始货车运输，河南地方所堆积之胡麻及其他各货均陆续运出，仅胡麻一项即达数千吨之多。然自上海会议决定官军撤退一百华里以来，革命军竟违约进兵，占领自汉口至孝感间之铁道线，切断货车之运输，此事予中外商人很大损失与不便。为此领事团决议向官、革两军交涉恢复货车之开行，现已接到革命军方面表示同意之答复，官军方面尚无回音。

第六十五报

（1 月 26 日）

1. 募集中华民国国民捐

自革命变乱暴发以来，各省革命军多缺乏军费，计划劝募国民捐，以资接济，此为周知之事实。汉口商务总会，除各绅商个人乐捐外，并发起国民捐，向一般人民劝募。现与武昌之国民捐募集事务所，同时开始着手劝募。其劝募书如左：

古人云：国家兴亡，匹夫有责。我国民之苦于专制政体者久矣。今幸民军发轫，不数月而望风景从者，已达十有余省。岂皆好事者而为之者哉？良以吾人对于肆行虐政荼毒生灵者，倘不以群策群力，痛加激烈之改革，则将无以并存于今日世界列强竞争之列，何况亡国灭种之祸，更将不旋踵而至，吾民生于今世，安能坐视而不顾邪？故不论工商士农，均宜同心协力，乘此千载难逢时机，以争万世和平之幸福，有勇力者当以身从戎，无勇力者即应以财助饷。我四万万同胞，如能各尽所能，庶足以慰死者之灵，鼓生者之意气，此乃国民应尽之天职，古今中外莫不皆然也。满清政府历代以来，政策野蛮，法制残酷，夙为人人所熟知，兹不多论。而其最苦害吾民者，则剥削民脂民膏，贿赂公行，除卖官鬻爵外无内政，除割地赔款外无外交。且旦夕苟安，置我民之死生痛痒于不问，隔膜重重，呼吁无灵，谓非专制，何至于此。伪清政府犹不自咎失德，依然蛮横争权，残害吾民生命，损耗吾民财产不知几千万数。斯时各省联军共讨虏廷，以达我共和政体目的，虽原有大宗军需，然以接济日繁，汇兑需时，终不如筹集现款，以补不足之虞。故愿我同胞不问有无家产，量各人能力，或临时捐助，或按月出资，当将尊名登载簿册，捐款送交鄂省军政府，以供开支之需。此既足征国民之热情，又足鼓舞战士士气。同胞倘踊跃捐输，不存观望，则吾民幸甚。谨将章程列后：

一、募集之捐款专供补助民国军需之用，但至联军凯旋、共和成立后即截止。

二、捐款办法有二：甲、临时捐助；乙、按月捐助。由乐捐人量力自行选择。款额多寡随意，决不勉强。

三、凡按月捐助者，倘无力继续送交捐款时，应先期提出声明，以便核准。

四、缴纳捐款办法：由捐款人缴付经理，取具收据，经手人随时送交武昌官钱局，并公布报告书。

发起人如下：

韦紫封 刘子敬 朱寅生 吕超伯 高朗亭 黄厚卿
徐荣廷 刘端溪 刘云峰 李子云 刘鹄臣 梁俊郡
刘歆生 蔡辅卿 欧阳惠昌 宋纬臣 张碧泉 文昆山
万扬伯 蔡瑞卿 范铁臣 殷友千 王伯年
姜心田同启

就其发起人观之，均为当地商务总会董事，蔡辅卿现任商会总理。据发起人宋纬臣谈，该会募得之款约七万余元，武昌募款办事处捐款约四万五千元，合计达十一万五千元。此种捐款虽名为中华民国国民捐，实则各省分别捐募，供各省经费。

2. 武昌革命军筹措军费

武昌革命军在事变当时曾有各种货币、块锭约四百万元，经过四个月，至今几已全部用尽。现届阴历年关，甚感开支不足，因此一再计划筹措军费。据绅商谈，武昌都督计划以当地商民刘万顺、韦紫封等约价三百万两之私有土地为抵押，向前湖广总督设立之湖北官钱局借债三百万两，由武昌都督担保其本息。由是以观，既以刘、韦诸商民土地为抵押，向湖北官线局通融资金，一时当不致改向外国借款，都督府亦暂不对外国资本家提供担保。

3. 商务总会兴办地方警察

官、革两军在沪订停战协定，决定官军后撤百华里，维持治安由警察担任。惟所留警察汉口、汉阳两地不过二百余名，武昌革命军曾通过驻汉英国总领事，要求将两地警察收归革命军管理，但段总督尚未认可等情，已志前报。其后汉口商务总会以官军所留此少量巡警，不足维持治安，决议自行筹募乡团，以资补助。目下已招足原定额七百名，担当地方警卫之责。官军方面感觉留此少数警察不仅难达维持治安效果，且更受人民反对，勿宁以撤走警察，全部委托商务总会担当警察事务为得策，因而决定全部撤退，已于23日夜间撤毕。此事表面上看，似有官军自行退让之感，其实不如说欲取汉口为已有之革命军业已达其目的更为妥当也。至于汉阳方面，仍旧由官军留置之警察维持治安。

4. 1月25日《中华民国报》及《大汉报》抄译

(1) 京汉铁路

黎副总统致书法国领事曰：京汉铁路为我军北伐之最重要机关，必须占领，始可长驱直入，直捣黄龙。然该路火车监督及管车人等均为法国人，将来我军进攻之际，难免误伤，故希法领事将监督及管车人员一律撤回。

(2) 武昌开城

汉口贼兵退后，商务陆续发达。商务总会蔡辅卿以时局略定，商人逐渐归来，商业交易日多，昨日特向黎副总统请求颁发护照，以资便利武昌城之出入云。

(3) 商务总会

商务总会昨日开会，筹议重建汉口市面办法，出席者十余人。宋纬臣发言云：汉口已惨遭兵燹，应行重建，然财政颇为困难，莫如请黎副总统转请大总统与清政府开正式谈判，以其内帑赔偿汉口之损失，方为善策。另一议员云：清政府兵费尚无所出，何能赔偿此项损失；当以川汉铁路协会存款，供复建汉口之用为宜。惟此事关系甚重，故出席者尚未能作出决定。

(4) 铁路局开会

汉口铁路总局22日在铁路总局召集议员开会，其大旨为清查款项，维持路政。

(5) 矿　产

江夏县马鞍山矿产，前经盛宣怀开采。近日当地正绅调查该矿之机器及房产，报告财政部。现财政部已批示准以一半归公，一半供地方公益之用云。

(6) 铜元运到

湘都督谭，恐湖北缺乏铜元，特自湘省运送铜元十余万枚至鄂，以资接济。

九江情报（八木书记生报告，1月25日）

1. 南昌之骚扰

南昌洪江会与巡警发生冲突，酿成骚乱。天主教传教士曾请求九江教会予以援助。九江军政府现已派兵四百名前往南昌。又据在南昌之日本教习来电称，目下该地戒备甚严，惟外人均平安无事云。

2. 停止检查船舶

顷接罗外交局长通知，撤消对通过九江船舶之检查，并解除禁止夜间航行之禁令。原文如下：

径启者：昨准驻浔英领事来函，以撤消检查上下商轮一节，当经电请武昌黎副总统是否准予撤销。今准复电：号电悉。刻在两汉北兵概已退出，商船上驶，毫无关碍等因。查上下轮船既称不便，既准英领事所嘱撤销，自应准如所请。除饬知各炮台及运送部撤销检查外，用特函达贵领事，烦为查照可也。泐此。顺颂日祉。①

此通知文中虽未提及夜间航行之事，但既撤销检查，通航自已完全自由矣。

3. 江西铁道借款

在南昌发行之《江西民报》，15日载有上海、江西共和协进会所发之因江西铁路欲兴外债，要求加以注意研究之电报一通。关于此事，九江铁路局员对当地人士扬言，该借款系经南洋华侨借入者，对于与外国人关系问题，则坚守秘密云。原文如次：

《江西民报》转都督、议会、各团体鉴：赣路议借外债，请加意研究。《民立》载议会与敢〔政〕事部冲突。时局如斯，务望融洽，勿争意气。江西共和协进会。②

①② 两文件均为原文，不是译文。

第六十六报

（1 月 29 日）

1. 鄂省临时政府议员选举章程公布

鄂省临时议会议员选举章程现已公布，其全文如次：

鄂省临时议会议员选举章程

第一条　由每厅州县各出议员一名，组织临时议会，将来其名额定为一百名，大县二名，小县一名。

第二条　各厅州县各选现在省城之人员一名，无人在省城之州县，暂缺。

各该州县如无十人以上驻省城不能成立选举团者，由同府选出之议员公认之。

第三条　各厅州县在省城之人员，具有左列资格者，均有选举权及被选举权。

一、在本厅州县有亲属及固定住所者。

二、年满二十五岁以上者。

三、能书写本人姓名及他人姓名者。

四、无精神病及传染病（肺病最为重要）者。

五、无其他嗜好者。

第四条　备战军人与现任地方官吏暂停被选举权。

第五条　现任官吏如当选议员时，应除去原官职。

第六条　都督任命各部总稽查处照料临时选举事宜，其职责如左：

一、考察各厅州县之选举名册及投票权等有无违法事宜。

二、确定各选举所。

三、审查各会场之违法事件。

四、制定选票及簿册式样，以资划一。

五、整理被选举人名册，转呈都督。

第七条　选举手续如下：

一、由选举委员调查各厅州县在省城之人员，限期作成名册，确定选举及被选举权。

二、选举日期，依据选举委员前订之章程办理。

三、选举会场由各厅州县代表人酌量选定，报告选举委员。

四、凡不赴选举会场投票者，其选举投票权即失效，他人代投者一律无效，倘有代投，一经查出以违章论。

五、用记名投票法。

六、以得票最多者为当选，票数相同者以抽签定之。

第八条　选举会场规则如左：

一、投票时，先由各厅州县之选举人选举纠议员，每县一人或二人（选举人超过五十人以上者用二人），负责会场之纠察。

二、各会场须派警兵八名至十名看守。

三、凡选举名册上未登记者，一律不得擅入会场。

四、不得携带武器进入会场。

五、除投票外不得争论闲事或高声喧哗。

六、集会时间由上午八时至下午五时止。

第九条　本章程为临时办法，正式选举章程产生后，本章程即失效。

各厅州县正式选举时，如承认此次所选出之议员，即视作被续选者。否则以正式选出之议员代替之。

2. 两军对峙情形

昨日有随从革命军之某新闻记者回汉，据谈：在黄陂方面之革命军已逐渐开始前进，集结于祁家湾方面之鄂军亦有逐渐北进之势。汉口西北方革命军之配备，大致如左：

第一军　由湖北兵两师组成，杜锡钧指挥，目下在黄安府黄陂县附近。

第二军　由江西兵两师，广东、福建、江苏兵两师，湖北兵一师，共计五师组成，李烈钧指挥，在祁家湾已开始采取进攻行动。

第三军　由广西、湖南、湖北兵各一师，计三师组成。归前广西巡抚沈秉堃指挥，现有经蔡甸直取孝感之势。

此外，各军均有炮兵及机关枪连，惟数目不详。骑兵及工兵则完全缺少。

另一方面，官军之大部队（计三个师）均留于信阳，加强武胜关之防务，似欲在该地等待开战时期之到来。闻段祺瑞亦在信阳。至于祁家湾以北三十华里之三义埠地方，虽见有骑兵一小部队，不过担任前哨侦察任务而已。又据革命军某武官谈称，本月 18 日，段祺瑞在汉口英国总领事担保之下，率王、陈二参议官，至祁家湾与湖北第二师师长张廷辅会见，对于两军之划界问题有所商谈云。

3. 革命军关于湖北官钱局银元票之告示

湖北官钱局所发行之铜元银元票，通用已久，商民称便。此次鄂军起义以来，所有各项铜元银元等钞票照旧通用，已由财政部出示晓谕。然武汉商民对于官钱局纸币之流通，尚多阻滞，致颇妨碍商业之发展。今者民国之中央政府业已成立，一俟军务稍定，此项纸币当以硬币收回，改发中华民国之纸币，以利商民。此事业已照会驻汉各国领事，要求各国银行、各国商民一律通用，因此尔军民人等，务须一体遵守。如布告后，仍借端拒用者，一经查出，必加严惩，决无宽贷，其各凛遵勿违云云。

同时由黎元洪署名，对当地各国领事送达同一意义之照会。

4. 外国人商业会议所对于钱庄的决议

汉口外国人商业会议所，本月 26 日召开临时总会，就钱庄钱票之流通问题，作出决议如左：

凡在汉口与中国人交易时，应以现金交易。钱庄所发之钱票，限三日内有效。本决议自2月19日起实行。

5. 征用开往大冶之机车

本月22日，革命军以小汽船将停泊德租界前之驳船一艘，拖往武昌。该船装有运往大冶矿务局之机车一辆并油三十桶。汉冶萍公司现正交涉发还。

6. 天足会成立

自革命爆发以后，不缠足会一时暂归消灭。但民国成立后，放足一事亦为一般所重视。今有姚昌藩者特纠集同志，继续前志，组织天足会，宣传妇女缠足之害。现已得内务部长等人之热烈赞助，开始向一般人民进行反对缠足之宣传。

第六十七报

（2月1日）

1. 武昌商务总会及军务部发行小票

武昌市面铜元缺乏，交易诸多不便。商务总会特发行铜钱百文票面之小票，每元银元折合小票十二张，即一吊二百文。此种小票已印四十万张，目下与银元或纸币兑换者每日约五百吊文。现仍在续印，拟共发一百万张。此种小票系强制通用，并无准备金，实为一种不兑现纸币，在武昌城内依都督府之威令流通市面。军务部同时亦发二百文票面钱票，以补铜元不足。闻此两项纸币目下将继续发行，一俟时局平定后均可收回。

2. 武昌城内情况

武昌目下已渐趋平静，逃难富商亦逐渐回城营业。出入城之护照原由军务部发行，因商旅往来频繁，已感不便。武昌商务总会因此亦开始颁发护照，且不限于出入武昌城，凡各地有贸易者均可发给，以促进商业之恢复与发展，因而武昌商务已现恢复之色。又因现当阴历岁末，城内已呈空前热闹景况，自都督府迁入旧布政使衙门以来，最繁华之长街，车马行人摩肩接踵，拥挤不堪。都督府为便利商民来往，将一向关闭之沿江各城门一律开放，并贴布告，大意谓和平不久即将恢复，希各安生业。为此人民返回者络绎不绝。

3. 汉阳铁厂近况

铁厂警卫问题，经与官、革两军交涉，在革命军占领汉阳时期，由革命军担任防务，在官军占领时期，由官军或巡警守卫，幸得安然无事。自官军撤退后，警卫遂感不足。被委代管该厂之三井洋行汉口支店，决定雇用印度人，昼夜看守大门，以防闲人出入；近更增夜警数名，以防盗贼。该厂已对机器施以周密的保养，并保护熔铁炉，虽经四个月仍不失热气。

4. 汉阳之巡警

汉阳之巡警，系官军撤退时留置陆军第十一旅士兵百二十名，再加由汉阳府辖地居民中招募之若干名巡警组合而成。昨据江汉关道黄开文对本馆馆员谈："自革命军在阳逻、金口等地登陆后，汉阳一带事实上已完全归入革命军势力范围。迨汉口巡警撤退后，武昌革命军即派人向汉阳巡警劝降，全部巡警业于28日宣誓完全服从革命军命令，因此汉阳巡警全归入革命军之手。"然由官军任命之汉阳府姚知府，仍在衙署内执行政务，故一见颇有奇妙之感。

5. 大别山之防务

汉阳自官军撤退后，即被革命军占领，已志前报。本馆馆员今日目击大别山上设有沙袋构筑之炮垒五处，各架大炮，山腰有十二个帐幕，防卫至为严重。

九江情报（八木书记生报告，1月29日）

江西省临时宪法之制定

南昌发行之《江西民报》，本月24日刊载有马都督布告一件，大意谓，在中华民国宪法未制定施行以前，为治理江西省之政务，兹特由参事厅制定临时约法七章，公布施行。其约法如左。

江西省临时约法

第一章 总 纲

第一条 中华江西省之人民，以江西固有之区域，组织军政府，统辖政务，以推翻满清，建设中华民国为目的。

第二条 江西军政府以都督及都督所任命之政务委员、议会、法司组织之。

第三条 本约法于中华民国共和宪法施行之日，应即取消。

第二章 都 督

第四条 都督由江西人民公选，任期为三年，连选得连任，但以一次为限。

第五条 都督代表江西军政府，有总揽政务之大权。

第六条 都督有统率海陆军之权。

第七条 都督有裁决及公布法律之权。

但都督对于议会议决之法律，如否认时，得声明理由，交令议会复议，惟以一次为限。

第八条 都督为保持公共之安全，避免危害，遇有紧急之必要时，得召集政务委员会议，发布代替法律之命令。但须提交届期之议会，请求追认。

第九条 都督有于法定议会开会时间以外，召集临时议会之权。

第十条 都督于议会开会时，对议会得提出法律案及预算案。

第十一条 都督于议会开议时得到会发言，或命委员到会发言。

第十二条 都督有依法律任免文武职员之权。

第十三条 都督有依法律颁给勋章及其他荣典之权。

第十四条 都督有依法律宣告戒严之权。

第十五条 都督有宣告大赦、特赦、减刑、复权之权。

第三章 人 民

第十六条 具有江西军政府法定之资格者，皆为江西之人民。

第十七条 人民依法律有纳税之义务。

第十八条 人民依法律有当兵之义务。

第十九条 人民一律平等。

第二十条 人民有言论、著作、出版及集会、结社之自由。

第二十一条 人民有通信之自由，其秘密不得侵犯。

第二十二条 人民有信教之自由。

第二十三条 人民有居住迁徙之自由。

第二十四条 人民有保有财产之自由。

第二十五条 人民有营业之自由。

第二十六条 人民保有身体之自由，非依法律不得逮捕、审问、处罚。

第二十七条 人民有保有家宅之自由，非依法律不得侵入或搜索。

第二十八条 人民得诉讼于法司，请求审判。其由于行政官署之违法致权利受有损害时，得提起诉讼于行政审判院。

第二十九条 人民得请愿于议会。

第三十条 人民得诉愿于行政官署。

第三十一条 人民有应任官考试之权。

第三十二条 人民依法律有选举及被选举权。

第三十三条 本章所载人民之权利，有认为增进公益，维持治安之必要，或非常紧急时，依法律限制之。

第四章 政务委员

第三十四条 政务委员由都督任命，执行法律，处理政务，发布命令，并负其资〔责〕任。

第三十五条 政务委员得向议会提出法律案，并得到会发言。

第三十六条　政务委员编制会计预算、募集公债及缔结有国库负担之契约时，须提交议会经议会认可。

第三十七条　政务委员遇有紧急之必要时，得为财政上之非常处分及支付预算以外之支出。但事后须提交议会，请求追认。

第三十八条　政务委员就都督公布之命令及其他政务命令中，有关主管之事项，得单独署名。

第五章　议　会

第三十九条　议会由民选议员组织之。

第四十条　议会议决法律案并会计预算、募集公债及国库有负担之契约。但基于法律之支出，议会不得减免。

第四十一条　议会审议决算。

第四十二条　议会得对政务委员提出条陈。

第四十三条　议会得对都督及政务委员提出质问并要求答辩。

第四十四条　议会得接受人民之请愿书送交都督。

第四十五条　议会对于政务委员认为失职及法律上犯罪时，得以总员四分三以上之出席，出席议员三分二以上之可决弹劾之。

第四十六条　议会得自行制定内部之法规并执行之。

第四十七条　议会由议员中自选议长。

第四十八条　议会每年开会，会期为四十日。

第四十九条　议会每年按法定日期，自行集合开会闭会。

第五十条　议会于第四十八条所定时间以外，须有总议员三分之二以上到会始得开会；须有到会过半数以上之可决方得决议，可否之票数相同时由议长决定之。

第五十一条　议会之议事须公开为之，但经政务委员之要求及到会议员过半数之决议得召开秘密会议。

第五十二条 议会以议员二十人以上之连署得提出议案。

第五十三条 议员于议会内之言论及表决对于议会外不负责任。但以其他方法在议会外发表者不在此限。

第五十四条 议会议员除现行犯及关于内乱外患之犯罪外，会期中非得议会许可，不得逮捕。

第六章 法 司

第五十五条 法司以都督任命之法官组织之。

第五十六条 法司之编制及法官之资格以法律定之。

第五十七条 法官若非受法律上之刑罚或惩戒之免职宣告时，不得免职。

第五十八条 法司以江西军政府之名义依法律审判民刑诉讼案件。但行政诉讼及其他特别诉讼不在此限。

第五十九条 法司之审判须公开行之；但有认为妨害安宁秩序及风俗者得秘密审判之。

第七章 附 则

第六十条 本约法由议会议员三分之二以上或都督之建议，经议员过半数之出席，议员过半数之可决，得增修之。

第六十八报

（2月3日）

1. 货车联运

自官军撤退，民军逐渐北进，及至占领祁家湾以南铁路后，京汉铁路列车遂完全中断，外商在河南收购之农产等物亦无法运出，因此汉口领事团曾向官、民两军交涉，要求允许货车之联运，惟迄今未得解决。顷闻段祺瑞已派委员曾宗鉴等至武昌，与革命军协议，每日开行由二十节货车组成之列车三次，进入孝感以南民军现辖区，民军决不加以阻难。

2. 大冶近况

大冶制铁所汉口出张所所长西泽报告称：日前大冶地方发生变乱时，该地驻军队长刘文豹适往武昌出差，至数日前随同革命党员数名一起返任。据刘言，大冶所需警卫经费，今后一律由武昌军政府支付，决不使地方人民担负一文。随铁山调查委员一起临时撤往武昌之革命党员，亦返回大冶电信局。

3. 汉口商务总会雇用警察

自官军撤退后，汉口尚未得武昌革命军之保护，商民虽逐渐归来，惟均感生命财产无人保护。商务总会虽已组织乡团，但保安力量仍不充分，顷决定雇用巡警三百名，以加强乡团及原有巡警力量。商务总会现已将此事通牒首席领事。

4. 汉阳府知府投降革命军

汉阳府姚知府于汉阳北兵巡警撤退时，即至武昌都督府投降，都督府复任为汉阳知事，命办理汉阳一带之善后事宜。

5. 公选汉口警察事务总理

汉口北兵巡警撤退时陷于无警察状态，商务总会办理警察事务，已见前报。兹悉裕昌祥（棉布商）店主王开庭被公选为事务总理。

第六十九报

（2月6日）

1. 《民心日报》创刊

现有颜寄村等人，纠集同志，拟创刊《民心日报》，事务所设于武昌城内斗级营口，向内务部申请登记。顷悉内务部批示云：当恪守民国宗旨，尽鼓吹共和之天职。已批准该报出版。

2. 汉口中国市街之整顿

汉口市街自经兵燹后，尚未修整，行人往来不便。内务部现任命刘化南办理工程及车税事务。

又报载，自北兵撤退后，商务总会认为有及早设置警察保卫治安之必要，即向军政府要求保护，因此军政府特派兵一千五百名，分驻汉口之硚口、花路二处，并设上中下三警察局，昼夜担负保护之任。

3. 汉口商务总会颁发护照

汉口商务总会近鉴于商务日趋繁盛，特请得军政府许可，由商务总会颁发护照。不论何县人，凡需要护照者，交纳手续费银四两即可发给。

4. 武昌军务部之训令

本月4日，武昌军务部特派陈尧鉴、周士栋二人至北伐军中，传达训令云：因段祺瑞等北军已赞成共和，故除非有特别事件外，不可再向北军进攻。

5. 申请设立沙市硝矿局

日前有杜兰者，纠集资本，拟于沙市组织硝矿局，以供军需，本月三日向理财部提出申请，闻李部长现已命矿务总局调查中。

6. 武昌革命军之整编

武昌革命军一向只欲增加兵员，尽量招兵。今因预计媾和将近完成，欲缩减编制，进行整军。前日曾召开军事会议，决定嗣后点名时凡发现逃兵，一概不再补充；各官有工厂职工一律由兵士中调用；原来各学堂学生参军者，使之退伍复学；以后一切用人不再新补，一律采用原来人员转业。

第七十报

（2月8日）

1. 商务总会对革命军提出之要求，革命军开办捐税

汉口商务总会总理蔡辅卿及绅商刘万顺、宋纬臣等三人前日（5日）至武昌，对黎元洪提出下列两项要求：

一、现在武昌银元局所铸银元，成色往往有低至九成以下者，在汉各国银行均拒绝使用，商务大有影响，希望今后将成色提高至九成以上，以维持信用。

二、汉口市街用地及其附近地主土地，请暂禁出售。同时希望及早研究将来重建市区时，由政府负担项目（如街道之设计，护岸工程等）之计划，以便及早筹划经费。

黎元洪对以上两项请求，回答云均接受，并即刻付之实行。黎并告三人：革命军自军兴以来即已废除一向弊窦万端之厘金税，以迄今日。现秩序逐渐恢复，嗣后拟先于宜昌、岳州、汉阳三地设税局，对过去收厘金各货，不分类别，一律课税二分，要求商务总会予以赞助。商务总会以此项二分税虽尚未明悉其征收办法，尚待确定后施行，但较之以往厘金税不仅税率降低不少，而且节省商人手续，故商务总会亦未提出任何反对意见。

2. 孙武辞职游历

自武昌暴动以来，在革命军中占重要地位、号称黎元洪股肱之参谋长孙武，近于报端刊登养疴外游之广告，大意如下：

武自武昌起义前夕，因炸弹爆炸负伤，生命幸得保全于千钧一发。尔来已历数月，民军日趋巩固。武曩者辱承黎都督知遇，力疾从事军务。今幸得天助，共和就绪，从此事务将更繁剧。不肖才疏学浅，加以日前疮痍尚未平复，据日本医生河野诊断，如再不休息，一月内将发生神经病。若果如此，诚恐有误大局，因于2月5日提出辞呈，拟即养疴国外。今后尚希诸君好自为之云。

3. 大冶近况

大冶制铁所汉口出张所所长报告大冶近况如下：

大冶驻屯警备队长刘文豹，原系大冶矿务局附属将校，因不愿受该局领导，于武昌出差中与军务部长直接协议，得到许可，成立独立兵营。刘归后即招募新兵数十名，左胸均配带白色符号，上书“鄂军军政部大冶矿务练队”，仍担任大冶矿务局警卫。当地居民由此免除过去之重大负担，甚为安堵。新兵薪俸定每月十元，以银元二元、湖北票八元支付。刘文豹对本职表示悔恨过去行为，誓言今后定当采取慎重行动。

县知事张铭近亦极重视保护矿务，屡听本职之意见，县政方面不论大小事件均与本职熟议，并于各处张贴附录之告示，以警戒宵小滋事。

特授湖北大冶县知事兼地方初级审判事宜张为出示晓谕事。照得我军起义原为推倒专制、改建共和政体起见，凡我同胞财产营业，皆宜竭力保护。查本邑铁矿局原系商办性质，兼有日本人员驻扎该处，采办矿质。地当孔道，【良】莠杂沓，诚恐奸宄之徒滋生事端，扰害商閭，又恐宵小之流乘间窃取材料，有碍经营，除饬差随时访查处，合亟出示晓谕。为此示仰诸色人等一体知悉，毋得滋生事端，有碍商业。倘有无知愚民，如敢藐玩法令，扰害治安，一经访闻，或被告发，立即提案重惩，决不稍宽。其各凛遵毋违。切切。特示。①

4. 革命军开设电报局

武昌革命军现于汉口旧电信局内开办电信事务，受理一般民用电报，收费不论远近，一律普通电华文每字一角，英文每字二角，新闻电每字八分。比较过去沪汉间普通华文每字三角八分、新闻电每字一角九分，低廉甚多。

第七十一报

（2月13日）

绪　言

反乱情报自去年10月武汉叛乱爆发以来，四阅月间，共发

① 本件照录原文，不是译文。

七十一报。兹以时局已告一段落，承认共和制之上谕业已颁发，叛乱时代已转为建立新政府之新时期，本馆之反乱情报即以此号作一结束。

1. 民军任命官吏

当地民军都督黎元洪曾对汉口江汉关道黄开文致送密札，黄亦已接受，前已报导。同时，黎元洪更于汉口委任下开各官吏，现已通知各国领事。

夏口知事　徐金声　　司法官　熊端棻　　警察官　胡祖舜

同时声明命司法官熊端棻办理会审事务。又闻前由黄开文开办之土地清丈局，阴历年后将移交民军接办。

2. 军务部长孙武辞职事已作罢论

因受军人派排挤，前欲称病出国之民军军务部长孙武氏，经黎元洪诚恳劝导，已决打消辞意，续任军务部长。

孙武此次辞职，不仅暴露武昌民军内部不统一，甚或且有惹起意外变化之虞，中外人士对此皆深为注目。今继续留任，对民军不可不谓为一大幸事。

3. 汉口阴历年末情况

民军虽已改用阳历，然仅有官府改，一般商民仍沿用阴历。向例一到年末，市面迅速呈现活跃，热闹异常。本年则商人虽均作形式上之过年准备，但商业仍难活动。由于交通阻塞，对外埠贸易殆已停顿。汉水河口聚集之船舶不及往年十分之一，由此可见市面萧条之一斑。

九江阴历年末情况（八木书记生报告，2 月 10 日）

中华民国虽已改历，一般商业结帐仍按阴历，民众积习亦一时难改，因此九江市面目下正忙于结帐并作来年之准备。旧历年末三个月间，商业殆已完全停顿，市民因畏兵祸，有避难他往者。一般顾虑年末穷人太多，有滋生事端之虞。然由今天情况看来，市内平静出人意外，并无抢劫盗窃之事。现金虽仍吃紧，但无一家商店倒闭。此皆由商家顾虑变乱，交易皆极慎重，与市内驻军四团保卫极为周到之故也。

目下九江军政府为发放年终兵饷，需现银十二三万元，业向南昌都督府请求拨款，但尚未见汇来。

辛亥武昌战守闻见录

〔英〕计约翰 著

余绳龄 杜志圭 杨 红 译 李雪云 校

编者按： 作者计约翰是英国传教士。1876 年被苏格兰圣经会派来中国传教。1913 年辞去教会职，在汉口创办英文版《楚报》（*The Central China Post*），自任社长兼总主笔。

本篇资料是作者的采访见闻录，原题为《辛亥革命日记》，记载了 1911 年 9 月 30 日至 12 月 22 日，汉口地区革命党人和清军攻防的情况。其中所记事实，或为他书所不载，颇有参考价值。

本篇资料译文由上海市档案馆与上海市徐汇区档案馆供稿。

1911 年 9 月 30 日 星期六

今天城内流传着一则消息，引起市民极大惊恐。消息说，某省总督来电告知，有一大帮革命党人正在筹划沿扬子江一带开始行动，并嘱官厅应极其严密地防卫，不得松懈，以防止他们叛乱。故总督衙门各大门的夜间护卫力量已增加三倍，并提早关闭。

1911年10月5日 星期四

武昌的官员一直担心着爆发革命，故已采取一切措施准备对付之。晚上11时以后，在校学生不得外出。巡警道已制定了夜间召集部下反骚乱的信号令。另又制订了旅馆管理办法，规定借宿者必须登记姓名、籍贯以及现在住址。倘若借宿者形迹可疑，即使有行李在身诸多不便，也不准住进旅馆。个人随带物品必须接受巡警检查。晚上9时，旅馆业主应把来客记录交警署。

1911年10月9日 星期一

革命党人阴谋败露

今晚在俄国租界查获炸药制造设备、信号旗、革命党人徽章以及大量伪钞，从而暴露了革命党人攻打武昌的阴谋。

这些密谋者发现事情败露后，企图纵火烧房销毁一切罪证，然后翻越阳台逃匿。可是，其中一人被截盘问后，随即有二人被捕，另外还有一些可疑分子现羁押在中国衙门内，等候进一步查证后发落。

3时30分左右，俄国租界内宝善里十四号的后屋内突然响起爆炸声。受惊的四邻赶来查看究竟，发现屋内的人在底楼一房间的地板上洒了煤油，准备放火焚房。邻人们大吃一惊，阻止了他们点火。于是这些纵火人奔上楼，越过阳台，遁入邻舍，不见行踪。

经检查，发现楼上有间房被用作制造甘油炸药和硝化甘油的实验室，房内还留有配制这两种东西的原料。看来是在混合这些化学品时有一成份发生爆炸，因而惊动了四邻。

1911年10月10日 星期二

晚上7时过后不久，武昌城内可以看到三处火光，江边传来嘈杂的枪声。根据汉口的一切已知情况，江对面似乎已爆发了革命。

武昌沿岸驻守着军队，汉口江边布防着警戒，阻止两岸船只来往，电话中断，因此难以得到确切消息而了解所发生的一切。不过，有一点可以肯定，英租界对面设在炮台上方的整个军营已被烧毁。军营内有数幢营房、弹药库等，一批赶到起火地点的外国人从几名士兵处得知，火焰是由一次偶然事故引起的。城墙内显然可见有两处着火，但未获得有关着火的消息。着火的军营对面那边，有数队士兵沿城墙守着。只要群集出事地点的华人中稍有骚动，这些士兵就打空弹排枪。一些士兵说，在汉口，使人惊恐万状的打枪都是空弹。经询问，重使人们确信，官兵已完全控制了局势。

汉口方面听到武昌鸣枪的消息后，德国义勇团立即集合准备应急。另据可靠方面消息，有八名士兵因偷盗武昌军营内的一门野战炮被抓获，已被处死。

1911年10月11日 星期三

今天清晨，外国租界的代表通知这里的各国领馆，革命党人已拿下武昌，总督出逃。通知还说，总督已不再能保护外侨的安全，所以各国外侨应采取办法保护自己。过江的电报、电话线路，今晨3时已全部被切断。在此之前，总督衙门被烧毁，总督不知去向。据说他藏身在其快艇上。据租界代表发表的正式报告，省府度支衙门也被付之一炬。英国总领事H. 葛福先生立即命令英国义勇团集合。警铃鸣响后，片刻之间义勇团已在工部局大楼前整队完毕。迄至现在上午 7 时 30 分，长江的汉口一边还未发生任何骚动。港内泊有五艘炮舰，有英国的大蓟（Thistle）号和夜莺（Nightingale）号、德国的祖国（Vaterland）号、日本的角田（Sumida）号、美国的大灰狼（Villalobos）号。所有炮舰均处于升火状态。根据要求，还需要增派兵舰。英国炮舰大蓟号舰长贝利·汉密尔顿（Baily Hamilton）负责英租界的防务。另有隆和（Loongwo）轮已升火，准备在发生战乱时接走妇孺。

武昌的失守表明自太平军叛乱后规模最大的革命已经酿成。

此次革命的结果可能极为严重。四川也叛变了。据说反叛运动已扩展到了湖南。广东正在蠢蠢欲动。有关方面密切关心着武昌的外国传教团的处境。由于目前还不了解革命党人的性质，因此谁都不知道人们将会面临什么危险。后来从美国传教团那里得知，一切平安。革命党人还贴出了以下布告：

民军湖北都督布告：本都督志在推翻满清政府，恢复汉族权利，希军民人等维持秩序，遵守军法。兹公布赏功罚罪条例如下：

买卖不公者斩。

伤害外人者斩。

扰乱商务者斩。

奸掠烧杀者斩。

要约罢市者斩。

违抗义师者斩。

乐输粮饷者赏。

接济军火者赏。

保护租界者赏。

守卫教堂者赏。

率众投降者赏。

劝导乡民者赏。

报告敌情者赏。

维持商务者赏。

黄帝纪元四千六百零九年八月

黎元洪（签名）

这里的大美圣公会收到武昌美国圣公会传来如下消息：信使悬绳从城墙上滑下脱身。

F 先生和我昨晚 11 时从蛇山顶上看了打枪的究竟。发现 11 时以前的所有枪声均发自军营附近，后来大多数枪声都来自总督衙门。有几颗子弹从我们头上呼啸而过，我们便到山的北面躲避。突然，我们撞见三名士兵，他们催促我们赶紧离城，因为革命党人在追踪总督。他们告诉我们不用害怕，但必须离开。他们说，有个叫康有为的人在江上。这些人手缠白布带，从而可知道是革命党人。我们刚下山顶，他们就开起枪来。回来后，我们向翟雅克博士汇报了这一切，然后就和其他人坐守至天亮，除了里奇利先生（Ridgeley）外，我们不去唤醒院子里的其他人。枪声时而零落散乱，时而又夹杂着排射声和大炮声，整整闹了一晚上。到了天明，只见蛇山的中央已被一些部队和一个炮队占领了。枪炮声持续了一整天，大多数炮弹都向着总督衙门落去，有若干地方着了火，其中有一处也许是衙门府或者就是在衙门的附近。昨天和今晨我们从山的南边把一些妇女接到我们这儿，还把一些在官家女子学校就读的女生护送回家。我们所见到的士兵都卸去了佩带军衔符号的肩带，手臂上缠有白布带。山间要道、军营以及我所能知道的所有大门，经我亲自查看，都已落入这些人的手中。他们显得非常有礼貌，保证我们的安全，并且允许我们任意来去，但有时也提醒我们注意危险，还搜查我们是否带有武器。

他们的炮队在向衙门射击时，见到我们从炮队下方走过时，便停止了开炮。我们看到有二三具男尸横陈街头，其中一具离我们昨晚所在的地方仅二十尺之遥。三名伤员被送往伦敦教会医院，四名被送往圣彼得（St. Peters）医院，四人中有三人是革命党人，一人是藩台的雇员。藩台衙门是激烈交战之地，据传谌家矶（Tsang Kiai）上有大群骚乱的暴民，而某队士兵却护卫着藩台衙门。据说总督失踪，生死不明。我打算今天下午设法过城，至于能否通过，则要看聚集在谘议局前是哪一类人，因为革命党正在该局大楼召开一次新的会议。

据报告，所有城门都关闭了。市民们几十个几十个地越过我们住处边的城墙离去，聚拢来好大一群人。据说，让人从一根绳上滑下城墙去开价四千文。有几家商店仍在营业，所有买卖都用银子支付，拒收纸钞。山上的一些占领部队向着越墙而出的一伙伙人群打出一阵连续排枪和几发炮弹。大约隔了半个小时，又向他们发射了炮弹，这一次炮弹离我们很近，令人不安。

下午3时

炮击仍在继续，照目前情况持续下去还不成问题，但若稍有变化就意味着一场灾难。

官兵溃逃

中午时分，沿黄鹤楼前的江边，即武昌城汉阳门南面的小岬角处，出现了三四百名溃逃的官兵。这一队人分成二三十人一组，走下江边石阶，招呼过往的大小船只载他们过江去汉阳。逃兵们打着空枪，威吓船夫，倘不照办，就打死他们。船一靠岸，这些逃兵跌跌撞撞地抢进船舱。

革命军占领了黄鹤楼最高一层的官员接待室，另外一些人巡查城墙。但是，不知道他们是愿意让敌人逃跑呢，还是他们一时不了解情况，没有等到黄鹤楼上的那些革命军来得及开枪，已有好多艘船驶离而去。接着是一阵密集的弹雨向一艘小舢板泼来，击落在水面上的每颗子弹溅起水花像喷泉喷水一样。

据一位出逃的官员说，武昌城已完全落在叛军手中。他又说，省军有八千人左右，其中还剩五六个营（每营五百人）忠于政府。今晨10时，又有一个团倒向叛军。

总督出逃

现已证实瑞澂总督确躲在炮舰上。他正在尽最大努力不让外界知道他的藏身处所。舰上的官员被问到此事时，表示全然不知，但是过了一会儿，确信探问人是善意的，就私下说总督确在船上。有一位外国人据说和瑞总督相识，去舰上拜见了那位大人，并问起平息武昌城内叛乱的前景如何，回答是毫无希望。

据当地消息说，总督大人听到军队哗变后，便在其衙门的后墙上挖了一个洞出逃，来到街上后便逃向离后墙最近的一处岗位，对他效忠的官兵放他过去。他登上当地公司的一艘游艇，被转送上了楚豫（Tsao Kiang）号炮舰，舰艇启锚驶至俄租界附近的锚位处停泊。

革命信号

叛军有各种口令。星期二晚上，他们的口令是“协力（Shi-ae li)”，意为“团结就是力量”。他们把这两个字写在自己的旗帜上。星期三上午，他们所持的旗子上画有双圈，意为“同心”。下午，他们的口令又变为“攻击”和“结合（Chi Ho)”，意思是进攻与合作。凡是手臂上没缠有造反标志白布带的士兵，一被看见就遭枪杀。另一个信号是“三指手势”，意为革命军不伤害三种人：外国人、商人和平民百姓。

1911年10月12日 星期四

汉口和汉阳的叛乱

昨夜，革命军占领了汉阳，汉阳兵工厂和汉阳铁厂的警卫和全厂当地员工参加了革命军的行动。有二三名在汉阳避难的官兵向汉口逃跑，清晨时分他们沿江边走向日租界。后来他们又继续沿江走去。晚上，汉口的铁路卫队经革命军劝说加入了革命队伍。今晨4时，豫军的一个营（五百人）到达七里湾。一队革命军迎接他们，要求这些北方军人加入他们的行列，但遭拒绝了，遂要求豫军折回。该营退回到二十公里车站，就地扎下营来。

今晨一名经过武昌的本地人说，他看到革命军在抢劫商店。看来，他们中有些人已不受约束，使外国人感到在该城不甚安全。

政府发行的钞票无论在县城里和租界里均不值一文。外国银行拒收。革命党人已发行了自己的钞票，打算收兑政府的钞票。汉口的县城已完全为叛军所控制，据说一些原忠于朝廷的官员已开始动摇。目前尚无妨害外国人的倾向。据说，两艘中国炮舰上的士兵已反叛。又据说，叛军的钱粮供应充足。这里的中国商会非常同情这场运动，已答应支援二十万两银子。汉阳铁厂与兵工厂正在加紧为叛军制造枪枝弹药。武昌和汉口间的电话已重新接通，今在革命党人控制下使用。汉口的海关和邮局人员已逃之夭夭。

新当选的议长

谘议局议长汤化龙当选为共和政府的湖北省总督。他才华出众，名列翰林前茅。黎协统为革命军特别青睐，已被选为新政府军的大元帅。他任此职似乎有些紧张。黎不是革命党人，而且很不愿意参加这个队伍，革命党的首领们挑中他为自己人，把刀架在他脖子上强迫这位协统就位。当他了解到革命军的意图后，黎便十分愿意地投入革命运动。今天，他考验了一下部属对他忠诚与否，宣布要放弃统率权，却被众部下恳求挽留。黎见众情一致，再次允诺，欣然就职。

援救武昌传教士

对于武昌城内的传教士，已设想了营救他们的计划。昨天，由美国领事馆组织的一个小队已成功地完成了计划。他们乘快艇出发在大堤口登岸，然后向草湖门进发。他们到达那里时，只见大门紧闭着，门内警卫森严，这队人和卫兵商谈了约莫半小时，想劝使他们开门。卫兵拒不答应。正当开门看来无望时，来了若干带着野战炮要入城的士兵，大门为大炮开启，卫兵也允许这支外国小队随同进城，但是其他人绝不许入内。这队约有五十人之众的士兵以冲锋姿势紧握步枪。入得门来，城内一切显得井然有序，外国小队毫不费力地就前往文华书院（Boone College）。院内已作为各传教团的总部，大多数传教团现都在院内，所以外国小队请各传教团派代表前来商谈。除了少数几个人想到有责任继续留在城内外，所有人都急着要离城，因此有必要统计一下需要护送出城的外国人和华人的人数。接着，他们就去省议厅向正在那里主持一切事务的革命领袖黎元洪要求，允许这些人全部离城。来到这里，他们看到街上秩序井然，又一次发出感叹，他们对于是否获准没有把握。省议厅四周布满了士兵，其中到处夹有穿便衣的人。接待他们的人彬彬有礼，然后立即给他们引见了黎协统，黎的态度马上使他们紧张的心情松弛下来。黎约有五十岁，身材魁梧，一身便服，讲一口流利的英语。听完要求后，他立即照允，派了一名士兵护送这些外国人返回学院而且还安全地送出城门。

队伍按预定的时间出发。队伍有十七名男性外国人、二十五名女士、二名儿童，此外还有三百名左右中国大学生及其他人。平时，街上出现这样一队人就会招来一大群人围观，引起秩序混乱，这一次却不见有一个乱民尾随，街上的行人也无一人露有丝毫的敌意。拖轮往返数次才把这些人全部送过江。第二队人在待渡时，看到朝廷的一艘快艇上有一个大弹孔，为蛇山上瞄准打来的炮弹所创。

短暂的炮轰

下午3时左右，当中国政府的几艘兵舰正在江上巡逻时，革命军向它们开了火。炮舰回击了两发空炮弹，落点均离目标很近。与此同时，炮舰已驶向下游，致使革命军的火力打到了俄国租界上。布莱托马（Britomart）号舰长贝利·汉密尔顿看出险情，要求日本舰队司令对连续开炮提出抗议。抗议发出后，炮击停止了。有趣的是，炮声一响，总督的快艇就立即起锚顺江而下不知去向。

英国义勇团制止抢劫的暴民

自革命爆发以来，今天晚上是租界所经历的最危险的一晚。整个下午，地方长官道台和其他官员都匆匆逃离。县城里的巡警已散伙，官员的护卫队也不见了踪影。新政府的代表尚未露面，因此县城内坏人肆行不法，任意抢劫纵火，最后他们占领了太平路。由于某种原因，这条路没有设防，结果使得这帮人能够抢劫惊慌失措的逃民。不消片刻他们便会像在县城里干的那样，破门抢劫商店。正当此时，幸亏一队强大的义勇团，加上增援的全部捕房后备人员，来到了现场，扫荡街头，使大街平静得像乡间小巷。正当太平路上发生抢劫时，英租界后面也开始发生此类事情，但被巡捕制止了。中午时分，文昌门（Went Tsang Gate）开了，让人进城，至傍晚5时关闭。城内，只有几家小商店开门营业，有几个奉派的人打着锣沿街大声告诫几家大商店，如果不开门营业，将对他们采取强制手段。在这一天里，追捕满人仍未停止。街头横陈着大批尸体，但是革命军正在尽快把这些尸体入殓埋葬。一些盗贼以及因纵火而被捕者已被杀头。城内的一爿当铺和一家大商店，城外的一家酿酒厂和粮店被烧毁。城外的商店和民宅遭到抢劫。

钱的问题

应汉口领事团的要求，银行和商会于下午12时30分在总会举行会议，讨论用现存的银元和铜钱支付洋行雇员的薪水问题。韩司伯格（Herenperger）、林德曼（Lindemann）先生和商会秘书代表商会，七个银行也都派了代表。银行的代表称，他们已发电去上海再要求拨款，四五天内，约有五十万元可到。纸币实际上仍然不值钱。三天前一张值一千二百文的纸钞现仅值五百文。

汉阳陷落

进攻汉阳兵工厂看来像这次运动的其它行动一样，经事先周密策划。由五百名士兵组成的一个连一早就渡江，向兵工厂挺进。他们没有遇到任何阻击。接着他们又向汉阳铁厂进发，同样也很顺利。汉阳城被轻易拿下，叛军立即占领了府衙门和县衙门。据说这两个衙门的长官已逃走，但城内又传说县官未出逃。府台是满洲人。现在，叛军在筑工事巩固他们的阵地。他们从兵工厂内调出了一些野战炮，架设在汉阳冈（Hanyang Hill）上。这些看上去很新的炮已被架设在这座山冈两侧，面临汉口和武昌，各炮相距二十码左右，每门炮派有两名士兵操作。县城内的居民相安无事，似乎对事态的变化感到高兴。买卖一如既往，不过那些商人已把家属送往乡下。龟山脚下聚集着一大群人，但哨兵禁止他们上山。

1911 年 10 月 13 日　星期五

武昌城内仍然到处可见死尸，望山门（Wang Shan Men）外约有五十具横陈一起。沿街望去，尽是人尸，男女老少均有，惨不忍睹……但是见到惨遭残杀而被裂尸的尸体同样令人反感。此情此景在通往谘议局的路上，一路可见。城内仍有几队士兵在拼命地巡视，搜寻那些被倾覆的皇朝的家族，以便抢劫和歼灭。一名巡警在汉阳抢劫被抓获后斩首，首级盛在竹篮里挂在一条通衢上示众。随首级还附有一块告示牌，指明其所犯的罪行。一名叛军告诉我们说，这天他们在汉口杀了一百名满洲人。

北京的反响

诏书已下，令北军统领大臣荫昌，率京畿附近的北洋二镇向汉口进发，重振皇威。诏书又命海军统制萨镇冰带领舰队在汉口集结，平息乱军。

晚上，英租界各街入口处均有军队警戒，每队由一名巡长带领，共和军也在边界的县城一侧守卫。兵舰的巡逻队在四处巡视，人们可见骑着自行车的义勇团巡逻员绕过每个街角疾驶而过。城内有时可以听到步枪声。今天日落后不久，叛军开始从武昌渡江去汉阳和汉口。他们分成几个小队，先通过跑马场，然后在铁路上分成几股散开。看来他们打算沿铁路迎清军作战。

……今天早些时候，新到的一批食品采取非常措施的价格。市场上无肉类供应，鸡蛋每只四分，鱼每斤售价五百二十文，鸡每斤四百六十文。

由于县城里有大批人涌向江边摆渡，船费一下上涨了。

1911年10月14日　星期六

旧总督衙门

有两名外国人去了旧总督衙门，发现那里一片混乱。C. W. 林辅华记述如下：

衙门的房子未遭毁坏，被烧毁的只是正面大门和衙门后部的寓所部分。看得出，遭到攻击的是衙门的大门，守卫部队在那里抵抗到最后一刻。进攻的士兵冲入后便穿过一楼二楼直取私寓，目的显然是要抓获总督。

衙门的建筑复杂如迷宫，看到后便可相信总督是完全能够逃脱的。在这数不清的通道里似乎不可能有机会捕到人。几处未遭火烧的地方，有些房间被撬去了地板，有些隔墙板被掀开了，这可以表明士兵们为抓获总督已搜遍了每一个角落。那里的所有房间内，书籍、图籍、信札、图样和各种陶器散乱一地，全是难以名状的残物堆。

客厅里，一套精致的欧式家具遭到严重破坏，壁炉挡板被扔在砸坏了的地板上，一辆送餐车被敲瘪了一侧。客厅里还有一张少了一组抽屉的漂亮书桌，抽屉是从桌子下部拉掉的。寝室内已被全部毁坏，除了一些碎砖外，只剩下一张已被炮火的高温扭成怪模怪样的西式铁床架。

我们进入衙门，看到很多人正在把看上去有用的东西都拿走。有些人在撬木板，有些人取下窗上的玻璃，还有些人在搬走钢管、电线、书籍以及被丢弃的衣服。客厅的墙上原有两面各为九平方呎、光彩夺目的衣镜，镀银的玻璃横在地板上已经粉碎了，只留下镜架在墙上。我们花了好长时间看遍了里里外外，最终感到，他们已把这地方弄得混乱至极无以复加了。

衙门的火势对于街的另一侧的住房想必影响不大。衙门警卫人员家属所在的那一大片区域已夷为平地，只留下几堵摇摇欲坠发黑的残垣。

今晨，领事团通知，星期一晚上（10 月 16 日）之前，妇孺们应离开汉口。由于有钱的华人正在包揽租船，所以特地安排了两条船为外国人专用。此外，礼和公司已拨出贝尔格莱维亚（Belgavia）号班船今晚启航，免费运送外国人至上海。有些女士将乘坐这班船出发。

现在，唯一会严重威胁到租界安全的是武昌的炮击。如果中国炮舰在它们现在的位置上炮击武昌炮台，那么租界就可能会遭到武昌炮台若干流弹的破坏。租界当局是根据昨天的短暂炮击意识到这一危险的。中国炮舰已保证，开炮前会发出足以让租界知道的警报。接下来的问题是，开炮时，租界是否要疏散人口，但据说北京外交团来电称，目前暂不考虑疏散人口，从而暂时解决了这个问题。尽管如此，一些官员和其他人还是作好了应急准备。英国领事馆的档案已送上英国炮舰，而一些商行把他们的重要文件送往上海。据称，华民们租用船只费用极高，每艘船单程需付一万八千两银子。

红十字会组成

武昌的革命总部派出一队人去找大美圣公会的麦克威廉(Macwillie)医生，要求他帮助革命党人组织红十字会，以便在未来战役中受伤的人员能够得到照料，由此可以看出，居这场革命首位的是一些具有现代思想的人物。革命党人请麦克威廉医生担任会长，他已初步接受并来汉口把此事提交了领事团。领事们认为，这一组织倘持中立态度，就不予反对。

对此，红十字会的组织者们表示同意，组织红十字会的事就这样商定了。

今天下午，一队革命军来到大清电报局宣布接管。对方没有武力抵制这一要求，因此这些士兵进驻了电报局。除了领事团和通讯社的电报外，其它中外电报一律拒发。

1911 年 10 月 15 日　星期日

今天，大批革命军在英租界近地为所欲为……景象可怖，难以名状。据说，他们正在县城内大肆杀人。如果有谁不能正确讲出“六十六”，则保不住脑袋，如果拒绝不说也遭同样命运。革命党人还派出招募队到处巡视，招收苦力入伍，这些人持红色旗帜并有武装人员保护。现正在设法与新当局达成谅解，使他们承认租界的老章程：中国士兵奉上司命令并经工部局同意才得进入租界。

萨统制的旗舰在南京上游从一艘长江轮旁边驶过。看来萨正以慢速向此地驶来。

汉阳兵工厂现日产二万五千发子弹和五十枝步枪，供给革命党人。今天邮局的情景异常，局外的一些外国人在处理邮件。邮局职工在今天早些时候已逃离，因此要求传教士们进邮局分捡邮件。

昨天，黎大元帅发布了以下布告：

满军将官必须命令现在城内的士卒交出制服、武器及一应装备，遵行现政府之一切命令勿骚。各将官士卒不得莽行肆杀，以示昊天之仁德。城内满兵若悖逆命令，继续与现政府为敌，则格杀勿贷。

昨天半夜时发生的一件小事，明显反映了该城新主人的特殊倾向。有家洋行的买办为业务奉派进城，被两名士兵抓住，坚持要拽他去武昌。这位买办竭力要求他们先把他带往租界，因为他必须见到他的雇主。到达租界后，巡捕拦住了这两名士兵，巡捕答应先护送买办去见其雇主，然后再把他带回。据这位买办说，他被抓时正坐在屋里什么事也没干。

瑞澂现在正郁郁不乐地坐在离江边不远的快艇内，朝廷已根本不会再起用他，人们也完全摒弃了他，已有诏书宣布袁世凯接替这位莽撞的瑞澂为武昌总督。在汉口，这件事对我们来说是最为重要的了。从诏书的内容来推断，北洋军尚未向汉口进发。政府可能认为，如果先发兵，就有士兵投向敌方的很大危险，这样非但于形势不利，还会大大恶化局面。但若派出大量满军，则京城会因防卫力量不足而告急。朝廷显已进退维谷，派出袁世凯一事清楚地表明除此之外别无良策。我们认为，在袁世凯来到得势之前，汉口营地不会再有战斗。此地已无清兵可接仗，如果萨统制率海军到此，他们就会感到，必须和袁世凯协同作战，否则很难施展手脚。目前似乎很清楚，在袁到来之前，清兵不会发动进攻。另外，我们还得了解他是否会听从皇命，即使他遵命行事，也难保他不再变卦，正如戊戌年他背弃皇帝投向西太后一样。

1911 年 10 月 16 日　星期一

萨统制今天上午乘炮舰到达此地并保证不危及租界。驻在中国海域的英国海军中队司令阿尔弗雷德 L. 温斯洛（Alfred

L. Winsloe）副提督乘坐公文传递船轻捷（Alacity）号向汉口驶来，预定明天到达。

北方军派出新式军队

今天，这里一名有资格获得官方消息的绅士得到可靠消息说：身着灰色制服的一万二千名新军将从直隶首府保定府出发。他对我们保证说，这条消息千真万确。据称，这支部队中的部分士兵已出发，其余士兵一俟车厢备齐即登火车出发。这支部队当时是去永平府进行秋季演习的，接到北京的命令后转向汉口而来。这些“灰衣”兵的精良装备仅是一些现代武器而已。队伍中有一军用汽球，据说是装备的一部分。这支武装力量配备有炮队和马克沁机枪。另有一谣传说，陆军部尚书荫昌可能在两天内到达此地，但他是否已离开北京尚说不准。乘末班客车到达此地的C. W. D. 卡斯勒（Kastlei）牧师证实了这一消息，因他自北京来的一路上驶过几列军用列车，据传第一列已经到此地。

有位外国人星期六在汉阳听到有“杀洋鬼子”的喊声。那里的驻军很少，一些赖民在肆虐，不时有石块横飞。领事已命令，凡通过该城均应带护卫而且逗留城内不得超过一小时。歹徒们正在敲诈勒索。有一次他们聚众去一家大酒厂，向厂主肆意勒索并以毁厂相威胁，最后他们勒索得逞而去。

等待事态的发展

今天，租界的气氛有点像人人心中揣着个大问号，北京政府真的会派一支大军来，加入叛军还是来对付他们？萨统制的小舰队会炮轰武昌的要塞吗？留在汉口很安全吗？已有一百多名妇孺，有的有男人保护，已去下游，但大多数仍留在这儿。现在有种倾向，就是想接受叛军的保证，他们将尽一切可能保障外国人的人身和财产安全。十一艘海军炮舰泊在这里起着安定人心的作用。今天又增加了一艘法国炮舰果断（Decidiec）号，还有几艘正在驶来途中。外国人对武昌革命敌对双方的前景难以预测，仍如堕五里雾中。假如外国人能够弄清北军的倾向，那么对他们的生意和社会生活是否能在不久的将来恢复正常心中就有了底。可是谁也说不准这些军队将站在政府一边，还是站在武昌一边。即使是从直隶南下的"新军"部队，由于他们不是满人，所以很难保证他们一定会忠于朝廷。若说政府有计划的话，似乎打算在汉口北面尽一切可能集结力量，然后才采取行动。革命党人看来也在采取等待猎物上门的办法。他们大概想在组织好自己的兵力后再发动进攻。现在他们还在向江对岸招募大量新兵，昨天新兵在武昌的学校和兵营操场上精神抖擞地操练。一些过江去的外国人看到大批叛军正在渡江，溯汉水远去，有一些船载着野战炮。这一调动的目的是个谜。革命党人声称，他们已完成了打击满洲人的计划。

昨天晚上，汉阳的龟山上有小规模枪战。山上有叛军守卫。他们发现有四名探子向他们的阵地爬来。他们作好应付准备，擒获了这几名探子。此后，这支进犯小队撤退了。

午后不久，有消息说，北军的第一批先遣队已抵达十公里远的车站。这就是满满一列车的步兵和许多驮运辎重的骡子。由于这支部队的到达可能会发生枪战，因此义勇团各指挥部已接到全体集合的命令。

今天，商会全天开会，决定在武昌开始遭炮击时，所有受雇于外国人的中国雇员都登上各条大驳船，将船拖出火线范围外的长江下游。

黎元洪都督发布了以下布告：

父老兄弟姐妹们，本义军循先辈之足迹剪除我之国敌。武昌现已在义军之握，尔等可各安生业，毋须恐慌。西人无犯于我，尔等不得骚扰租界，不得侵害西人生命财产，不得纵火焚烧领馆或教堂，此乃首要切记。须知，犯我者乃满贼是也，倘我伤害西人，彼等必与我为敌，则我将陷险恶境地矣。

其二，学生读书、农民耕田、工人做工，各操其业。商民系我特别保护之对象，断不允闭市息业。听信谣言恐慌闭市者罚。

其三，严禁绑架烧杀。此有悖于我拯民水火之理想。违者本军政府格杀勿论。

其四，凡反对我义师者，均非真正黄帝子孙，我概以敌视之，不赦其恶。

上述四条，望能家喻户晓。违之者必究，遵之者必昌。①

华人出走

自眼前这些动乱发生以来，离城而去的人至今川流不息。凡能带走的东西他们都随身带走，但是大件头东西还是留下。他们只要能够安全地离开这是非之地，情愿牺牲这一切。

就外国人来说，脱离险境是很自然的事，因为他们不属于这个国家，骚乱起时撤离到他们自己的地方和朋友们在一起，这是明智之举。这种做法也适用于中国人，因为大多数出走的华人在别处也有家，他们感到唯一的安全之地就是和自己家乡的朋友们在一起，家乡的四周又都是自己的亲戚和家族。

但是出走还另有原因。他们知道中国内战意味着什么。虽然现一代人尚未曾有过内战的经历，但是他们的父辈经历过，他们对太平军叛乱期间所发生的一切情景记忆犹新。因此，中国人知道战争可能会带来哪些后果，这些外国人是无法想象出来的。他们的逃离不是缺乏勇气，而是经验使他们变得谨慎起来。但是，我们希望这种年头将一去不复返。

1911年10月17日　星期二

今天约中午时分，温斯洛将军乘轻捷号舰艇到达。舰艇上召

① 该布告系译者所译，非中文原文。

开在港的全体海军军官会议，讨论当前形势。

……

武昌的渡船已由叛军征用运送部队。此外，还见到一艘大汽艇立新（Li Shin）号上飘着共和旗帜。

革命党人悬赏收买武昌旧政府官员的首级，瑞总督、张彪统制的首级为一千元。

昨天从九江到达此地的一名汉口居民说，他在九江看到许多臂缠白布带的叛军，他们要求交出城池，否则就以武力取之。当地已作好准备送外国妇孺离埠。

今天下午，有一连革命军到达大智门火车站。他们没有发现该车站有其它部队。这些守卫部队身着革命军制服，臂缠白布带。后来，他们中大多数人向华清街附近的一个地方走去。他们想穿过法租界，但发现路上设置了牢固的铁蒺藜。经和法总捕谈判后，他们获准绕道通过。

北方派来的一营灰衣兵或称“新军”最后在刘家庙车站处安置扎营，加上身着旧军服的士兵，共有三千之众。

据可靠消息，北京和保定府正在向此地革命中心派出二万五千名士兵，有炮兵、骑兵及步兵。到底是陆军部的荫昌率军来，还是袁世凯来，目前尚不得知。

1911年10月18日　星期三

德国炮舰上有一名水兵被一颗流弹击穿手部受伤。

枪战开始

中国人受到新精神的激励，急于参战而到革命队伍里去当兵，这是再显见不过的了。几天来人们并没想到会打仗，也没料到当时清军会率先发起进攻。因此，今晨的枪弹声使租界内的大多数居民都颇为吃惊。据革命军对战事的报道，黎元洪发现敌兵向西人区逼近时，曾召他们投诚到他这边来，但未受响应，因此黎决定赶走他们。于是，在夜幕的掩护下，黎派出了二千名士兵和四门炮。这些士兵几乎都是新兵，天刚亮他们就发起了进攻，有点乱开枪炮，至早餐时分，他们已在返城途中，回来吃饭补充弹药。至此，观看交战的外国人断定，叛军在战斗中毫无进展，可是士兵们并没有丝毫泄气。他们说，早晨的进攻之所以不能奏效，是因为新兵急躁鲁莽，但一旦有训练有素的士兵投入战斗，那么情况就会完全不同了。整个上午他们评判了新兵。3 时，重新开战，双方一直激战至天黑。外国人注意着这场战斗，他们在战场各个不同部位观战，因此对战果所作的结论也各不相同。有几个人认为官兵打赢了，还有人认为双方不分上下，但是事实无可争辩地证明，叛军占了优势。他们把对方从跑马场赶到了十公里东站一线。这场枪战的主要特点是，双方的损失按所消耗的弹药比例来看尚不严重。萨统制的战舰对这次战斗保持最佳纪录。五艘巡洋舰和二艘炮舰对着架设在铁道中段的一门野战炮连续发射炮弹达一小时又十五分，但未能将其摧毁。

战斗打响时，一片混乱，清兵以二三十人一组懒懒地小跑出来，叛军一直保持游击战。起初，清兵后撤，但是上午过后，他们重新聚集起来守住了阵地。如果当时叛军下午投入的兵力和官军的相当，又有野战炮兵连后援，那么他们无论如何会把敌人击溃。可是，当时他们只有四门野战炮，而且步兵的子弹不久就用完了。他们无可奈何只得撤退。首批回汉口的一些革命军士兵显得灰心丧气。他们说，他们的长官第一个离开战场。这些士兵大多数是新兵，后来有一批经过训练的武昌士兵到达阵地，又鼓起了他们的勇气。约 9 时开始，大批革命军伤兵送入租界，安置在供他们自由使用的各个医院治伤。红十字会的工作人员立即忙开了，尽可能地把他们安排舒适。值得注目的是，尽管这些人身负枪伤，但精神毫不颓丧。

正当耗尽弹药的叛军退守汉口，另一批叛军来到，出城入平原。清兵没有追击他们，这使得那些身着黑衣的叛军得以重整队伍。白天枪声断断续续，下午过后，得知一场真正的枪战已开始了。革命军的增援部队到达后，使该军的总兵力达到五千人左右。他们至少出动了十四门野战炮准备开火。3 时至 4 时之间，那支已在平原上各个据点占领阵地的炮兵小队发现了他们的炮击目标。战场远的那一头，当时战况如何很难确切知道，只是听到一些在清营的外国人说，叛军先被击退，但是他们又发起进攻并把清兵赶回兵营。但是，在汉口附近的那一头，外国人可以看到当时发生的一切。一队正规军占据了离跑马场很近的一个阵地，但遭到两支炮队的抵抗，一支炮队在高尔夫总会的球场上，另一支在跑马场的南面。前一支炮队的一些炮弹准确地落在敌兵群中，遭到榴霰弹猛烈的射击。清兵带着炮队退到跑马场的南面，转移至靶子塔的附近。此后，这支炮队再向前转移，在更纵深之地占据一阵地，以铁路路堤作掩护躲避已开火的炮舰打来的炮弹。和清兵作战的共和军希望这些炮舰作出友好姿态，或者无论如何抑制着不帮助朝廷军作战。同时，他们也曾希望豫军在上午战斗一开始就倒向他们一边。可是，这两个希望都落空了。炮舰开火时，传来两则关于当时情况的消息。据跑马场靶子塔的瞭望人员说，叛军被迫撤退。据另一些在美孚石油油库顶上的目击者说，叛军只是在铁路路堤的掩护下向前占据了一个更纵深的阵地——只有一支炮队除外，它在战斗中始终坚守铁路上的阵地。这一炮队和另外几支自跑马场推进过来的炮队，向清营发射了一阵毁灭性的炮火。炮舰上打来的炮弹损伤不大。这些舰艇循环游弋，一驶近战场就立即开炮，但打出的炮却未能如愿命中那些炮队。一队转移到一个较为安全的地方，但是向有真正杀伤力的清营靠得最近的一队仍守住炮位。从靶子塔上看不到铁道上的那支炮队，因此那里的人就自然认为叛军挡不住正在后退。从美孚石油公司油库上看，很清楚，清兵已被逐退回兵营，甚至在营地仍在遭到革命军尽情的打击。此时，有些革命军离开了战场，但他们是想躲开战舰上打来的炮火还是想返家喝茶，那就不清楚了。快到汉口县城时，他们大声欢呼打了胜仗。当天，有几支新的革命军队伍接替了他们。

大批革命军伤员已送回城，然而大部分清军伤员却留在战场上无人抬回。躺在那里的许多伤员被近郊的一些当地人残忍地杀死了，因为这些人憎恨一切为满人作战的士兵。

清营的情况

德意思（Deis）和卡斯特勒（Kastler）两位牧师在清营执行红十字任务。

清晨第一次交战后不久，他们就出城了，发现有许多伤员已被安置在火车车厢内。有两名士兵已死去，另两名因未及时得到救护流血过多，不久便死去了。他们还没来得及去查看其他伤员，车厢就被挂上了火车头，因此他们被带到对面的亚细亚火油公司油库。由于远离火线，他们完全摆脱了受枪弹侵扰之苦。后来突然来了一队革命军搜索队并开始朝他们开枪，步枪子弹和炮弹密集地落在车厢的四周，但幸而没有遭到损伤。由于情况不妙，他们便撤退了。后来，他们打算经江边返回汉口，但是被清兵阻止了。他们留在江边，设法同正向上游驶去的扬子号快艇取得了联系，上了船。他们在驶离前，看到有大量的清兵沿铁路线撤去。其中有一个连折了回来，其余的继续撤退。清兵很有礼貌，在两位牧师离去前，向他们所作的工作表示了感谢。

将近黄昏时，跑马场附近沿铁道路堤的一些席棚小屋窜起了大火。起初认为，这场大火是由清兵炮舰上打来的炮弹爆炸而引起的。后来，沿铁路一线同时窜起了五处大火，这一看法立即被否定了。这五处大火犹如一道坚实的火墙，从跑马场延伸至十公里车站贴近处，被烧毁的住房想必有数千幢。此后有消息透露，叛军夺得那里的牢固阵地后担心清兵向他们进攻，所以放火烧了房屋。值得注意的是，大火附近的大多数居民认为这场大火是由于外国炮舰开炮所致的。

将近黄昏时，外国水兵把野战炮运上岸安装好，以防不测。

革命军的伤亡人员估计为三百名。

每个清兵看来都随身备有一个小包，内装绷带和药棉，用来包扎伤口。每个包内还附有使用说明图。

……

中国炮舰和巡洋舰上打来的炮弹似乎愿意在四处开花，就是不愿意落在革命军那里。炮弹特别喜欢落在跑马场。有一枚炮弹恰恰落在场内一支由五个外国人组成的小队当中，未造成伤亡。

据说，黎元洪希望所有参加革命的人都剪去辫子。

据报告，有一部分中国炮舰正在叛变投向共和力量一边。武昌方面已派去代表向他们解释这次运动的意义等。

据悉，满军在各乡村不断发起袭击，结果为当地农民所憎恨。

1911年10月19日　星期四

革命军于星期三下午夺得汉口和十公里车站之间大平地上的一个坚固阵地后，扩大了他们原有的优势。今天上午他们继续推进，一路上仅遇到一些零星的小对抗。推进到十公里车站时，他们高兴地发现一座清兵的空营。他们小心地前进，恐遭埋伏，结果发现清兵确已逃跑，于是革命军猛扑营帐，拔起后送回到指挥部。革命军还夺得六节无盖货车车皮，内装北方军的给养和弹药。清军撤离后，他们的炮舰也向下游驶离而去。这样，叛军完全控制了至七里湾的整个乡村。官兵撤离的原因似乎想等援兵到达后，以更大的优势兵力对付敌人。可是从他们丢下一切物资这一现象看来，说明他们的撤退并非是慎重而周密的调动，其中有些人是非常匆忙撤离。当时革命军以及大多数完全拥护革命的当地乡民举行了欢庆。

上午清兵撤离时，有两个外国人去了七里湾，想看一下清兵是否在那附近扎营。他们发现河湾的桥上有几名哨兵，除此之外就是一派静谧的乡村景象。据七里湾乡民的谣传，革命军已拿下十公里车站和官兵的营寨，但尚未正式听到这个消息。1时左右，汽艇启航返回汉口时，人们看到了一些异常情况。在七里湾河口对面的江中，有两艘驳船挂在那艘汽艇上，汽艇上有若干名革命军。江的稍上游一方，一队水兵沿着江堤跑，来到江边，他们弯着腰看上去想保持隐蔽的样子。他们登上一条平民的小船，这条船看来是先前把他们从中国巡洋舰上接下渡到岸边的。几乎与此同时，中国的几艘巡洋舰和炮舰正在改变姿势。自昨天以来，这几艘兵舰一直在十公里车站附近的江面上游弋并打出了五六发炮弹。现在它们掉转舰身向下游驶来。这一行动似乎有些神秘。十公里车站的一切似乎显得异乎寻常地安静，原来在那里登陆了。右边扎下八顶营帐，空无一卒。在去五十码开外的车站路上，可以听到附近的步枪声。车站上没有兵卒，铁路线两侧的兵营内也不见有士兵。这是怎么一回事？火车站空空荡荡，仅在电话机房内有三名战战兢兢的中国人。这三名惊恐不安的可怜人，看到外国人后才高兴起来。他们解释道，他们最怕的是官兵，这些官兵向平民索钱，倘不给就砍去脑袋。整个交谈过程借助手势进行，叙述生动。但对于清兵似乎用不着如此害怕，因为那里根本见不到一个清兵的影子。经询问后，这几位当地人讲了驻扎在那里的两个团那天早晨突然逃离的情况。这二个团沿着铁路迁移到下一个车站，即二十公里车站，那儿可能有较多的北军。问他们整个上午是否发生过枪战，他们都不清楚。尽管如此，他们仍想离开。正当我们在交谈，问他们是否能陪我们去汉口时，有几发子弹在房子周围呼啸而过，门口的一名当地人大声喊道他们来了。来到门口，看到铁道上有一队叛军的侦察队。此时我们感到需要谨慎但又要有大胆不怕的样子，于是我们走出房子，一边挥着手帕一边朝这些身着黑军服的士兵走去。可是仍有几颗子弹令人不安地离我们很近地飞过，不过这些士兵一看到这几个外国人，立即驻足准备迎接我们。与此同时，铁道线两边的部队都在留神察看以防中了埋伏之计。我们把从电话机房内三个受惊吓的人那里听到的消息告诉了铁道上的那些兵，他们听后都高兴地欢呼起来，几名侦察兵立即奔向那被放弃的车站。那些营帐立即被拆下捆扎好，用杠棒抬回叛军的指挥所，但那几位叛军士兵自己却还是继续小心翼翼地过去。他们不时打着枪，想让隐藏着的敌人受惊后暴露出来。一路上他们还搜查了十公里车站四周的民房。此后他们确信清兵没有在民房内设埋伏，就放起火来，一二百幢民房霎时间都烧了起来。此时虽已清清楚楚营内已无一兵一卒，但他们仍然很小心地警戒着。此时，指挥队的一位军官声嘶力竭地向他的部下大声嚷着，命令他们不得向外国人的住房放火，士兵们听从了。接着我们记起了还有三名在火车站哆嗦的受惊人……这三个人捆扎好自己的东西挑在肩上，他们对外国人给予的保护表示非常感激。中国人在本国国土上要外国人来保护，岂非咄咄怪事！清兵遗弃了三车皮军需品，其中有大量用作兵饷等的银锭，三车皮行李和弹药。战利品中有大量的稻米和二三千双靴子以及其它各种军用品，另外还有牙刷、袜子一类物品。一些看上去和士兵们同样喜悦的苦力们，立即把军需品搬到汉口去。数千名当地人成群结队地沿铁路线尾随着叛军部队，他们全都笑逐颜开，有的一边拍着手一边吃吃地笑着说：“好！好！”这些暴民大概多数是出城来争抢战利品的，但穿黑军服的叛军不准他们抢夺尸体身上的东西。关于星期三那场战事，从清营周围的居民那里所了解到的情况以及间接地从被消灭的士兵人数看来，可以肯定，此一方的伤亡并不惨重，约二十人被杀，数倍于此数的受伤。战死的尸体虽放进了棺材，可是在夺得车站后，叛军就把棺材扔进了江里。东站附近的铁道上可以看到有五六具清兵尸体。据革命军说，当时有一队北军聚集在一只饭碗周围，一颗炸弹正好落在他们中间造成了惨重结果。离车站不远的上段铁路上，有一节翻倒的和损坏的货车车皮，这是被叛军的炮弹所打坏的。这一节车皮给叛军增加了好多担军粮。铁路靠陆地一侧，离清营不到一百码的地方，躺着十几具革命军的尸体。这些死者都是正面中弹而死的。对于他们的死因只能这样解释，这一股蛮干的小队认为靠强攻便可拿下这一营寨，他们向前推进直到营前的沼泽地才感到寸步难移。他们就被打死在那里。在这一冲锋小队里有一名军官。有一名死者的脑袋显然是被一名军官的军刀砍得几乎和身体相离。叛军们吹着喇叭，放了无数鞭炮，通宵庆祝他们的胜利。

1911 年 10 月 20 日　星期五

今天一早，约有三百名革命军带着六门野战炮从十公里车站出发去七里湾。北军只是后撤。革命军继续挺进，在过造纸厂那边的一个地方驻扎下来。3 时半左右，叛军炮兵向据守着第二铁路桥的一队清军步兵开火。乱炮打了约四十五分钟，叛军派出了侦察队。据侦察队报告，该地区已无障碍，革命军遂决定要向第二铁路桥推进。他们一字儿展开，稍稍推进后便打起了排枪。随队的一名外国人看不到有一名清兵，但那个中国军官说，相距甚远的地方有一些身着灰军服的官兵。5 点过后不久，叛军占领了那座桥。同时，自汉口方面开来一列火车载有一千余名叛军的援兵，其中有几个骑兵团。此后的事情我们就不知道了。但是据一队归来的骑兵说，得到增援的黑衣军队向滠口挺进逐走了敌军，这情况不是不可能的。从战场归来时，看到一对探子在十公里车站附近被革命军捕获，正在受到审问。一名探子声称，清兵已向北远逃，但是革命军对此将信将疑。他们追问到底后，便把这两名探子带到车站的站台上强迫跪下，露出他们的脖子准备行刑。此时有一名身着民服看来有点权威的人出来制止了他们行刑。那两名俘虏被双臂反绑，盘起辫子然后被带走，以待正式行刑的命令。

革命军悬的旗子有种种图案，唯一的共同点就是红色底子。看来，正式的共和旗子是白星红旗。星有九个尖角，每个尖角上都有一个黑色小圆圈，各尖角的基底衬一个黑点，总共形成十八个黑色标志，其含义是“共和要遍及天下十八省”。

星期三下午战争发生期间，登上一艘中国巡洋舰的一名外国炮舰上的海军军医说，中国炮舰上的炮手并不竭尽努力要让炮弹落在叛军部队中间。

大批革命军士兵正在剪去他们的辫子。

在十公里车站上缴获的步枪弹药有大部分是木质子弹，显然，这些子弹原来是用于永平府阅兵式的，后来随同其它物资一起转运到了此地。

1911年10月21日　星期六

今天总领事发出通知，指明下列物品为武昌革命军当局所认定的禁运品：兵器、弹药以及可用于制造弹药的材料如铅、硝酸钾、硫黄等，构筑工事的材料和水泥、水陆士兵的军服装备、装甲板、船舶修造物资、食品和饮料、床上用品、车辆、石灰一类材料、木材、硬币、电话电报设备和铁路材料。

……这一切证明了，武昌的中国红十字会工作人员，正在严格地按照现代的博爱思想工作。

今天，革命军征用招商局的桂利（Kweirlee）号轮船在武昌和江北岸之间运送军队。他们还征用了招商局的一艘大船。

据刚从宜昌发来的消息，革命军已兵不血刃地拿下了该城。

……

据报告，约有二百名湖南兵乘吉安号轮抵达这里，他们已背叛了革命军。约有八百名原先从长沙出发，但他们中有些人在岳州离开了吉安号轮。其余的四百名转道来武昌加入这里的红旗军。

1911年10月23日 星期一

长沙来电告知，革命军已悄悄地拿下了该城，城内的外国人安然无恙。襄阳号轮在通过汉口下游约十哩处的阳逻时，江两岸的炮队向它射来五发炮弹。三发炮弹打中船尾，但未造成大伤。

1911年10月24日 星期二

星期一下午5时左右，叛军派出一支小分队去二号铁路桥攻打来自滠口已越过三号桥的几名清兵。他们先是打了一阵步枪，接着又动用了几门野战炮。这样持续到天黑，双方都没有收获。此时攻击方撤走，但由一列车新兵来接替。他们整个晚上都坚守着二号桥。天亮时到达前线的一些经过训练的士兵，今天上午又来接替这些新兵。当天色变得足以使双方都看清自己的对手时又打了起来。革命军约有一千人，隐约所见，清军只是革命军的一半，不过他们在离铁道路堤约一哩远的地方架起了一门远程炮，轰击位于二号铁路桥前约二百码处的革命军侧翼。双方步兵进行枪战的同时，大炮开始介入，一发接一发的炮弹极其准确地落在叛军群中。叛军忍受了一小时的痛击，然后撤退到造纸厂。清兵乘其撤退时向前挺进。革命军想从造纸厂用他们的野战炮反击来打哑对方致命的大炮，可是弹弹虚发。与此同时，他们还遭到致命的榴霰弹弹雨。革命军仅剩下一架野战炮在射击，而且尽管11时左右有骑兵来增援，他们还是不得不再一次撤退，一直退到亚细亚油公司的油库。看来他们好象企图在那里停下再抵挡一阵，可是渐渐地革命军仍然只得继续退却，至2时他们全部退到了十公里车站的防线范围内，从而清兵占领了造纸厂。在这场战斗中，清军的步兵很少参战，只是在叛军撤退时，步兵才三三两两地四处巡查，占领撤空的阵地。他们最远没有过造纸厂。战死的人数是不少的，伤亡全在一方。下午，革命军积极地从武昌调来生力军。这些军队乘坐由汽船拖带的驳船而来，总共增加了几千名精兵。清军整个下午在仔细检查铁路线和铁路桥的情况，显然想要确定这段铁道上是否可以安全行车。革命军已派人去汉口要求发运大炮来同对方决战。

外国的海军将军和一部分海军军官昨天在观战。

1911年10月25日　星期三

今天下雨，使得想夺回造纸厂阵地的革命军不得不停止行动。在十公里车站，一队坑道工兵正忙着加固阵地，挖掘战壕以防枪弹，架设大炮保护有可能遭到进攻的地点。在造纸厂，清兵似乎也在作这样的战前准备。中午时分，曾在昨天的战斗中重创对方的远程野战炮运过二号桥进入了阵地。昨天革命军仓惶逃离时遗弃的运输车也归了他们。

今天下午，一队约二十人臂缠白布带的士兵出现在太古轮船公司的一艘大船上，该船边上还泊着大同（Tatimg）号轮……在港内的英国海军上将接到通知，立即派一队水兵去大同号上，要求革命军离船。他们照办。船上几名满人后来被安全送入英国租界，然后坐船去了上海。

1911年10月26日 星期四

十公里车站的防御工事现将完工。各个方向都挖了战壕，大炮用小竹子和长在各个拐角处的灌木丛巧妙地隐藏，同时所有可用的房屋都被军队用作宿营地。所有外侧战壕内人员不断，每人手持步枪，随时准备“热烈欢迎”露面的敌人。一些远程炮的增加，大大增强了防卫力量。在前几次的战斗中，战场上的大炮太小难以对付对方的炮火，现在有了战场上的这些大炮，战斗将不再像星期二所发生的情形那样一边倒了。所有船只无论是驶向上游还是下游都被立即拦住，对旅客进行仔细搜抄……一个贫穷而可怜的菜贩被控曾卖菜给清军，被拖下舢板，挣扎着送往火车站斩首，其尸体被弃在站台上（头在两膝之间）示众。一阵步枪射击招呼所有坚持在江心的船只离开，船上的人若不立即照办将遭枪击。今天下午的大部分时间是前哨互相狙击。士兵的踪影一出现在射程范围内，砰砰的枪声就响起来。

其时，清军也不闲着。据一名探子报告，清军已在头道桥上筑垒，并布有四门野战炮防卫。看来双方采取同样的策略，潜伏着等待对方发动首次行动。

共和军军官几乎买下了能买到的所有望远镜。

革命军声称现已控制了五省省会——广西的桂林，江西的南昌，安徽的南京,[①] 还有湖北和湖南的省会。而且他们断言，扬子江上的四大要塞——江阴、九江、湖口和武昌已属于他们。

停泊在黄州下游巴河的四十艘载有大炮的帆船，现已升起爱国旗子，遣派代表团表示愿向黎都督效劳。

本地报纸报道，驻汉口的各国领事派代表团到武昌的黎都督

---

① 原文如此。

处，要求在汉口十英里范围内无战事。大路方面要求在高地这边无战事，陆路在滠口这边无战事。

1911年10月27日 星期五

汉口实际上已为清军所收复。在胜利的得意之际，一北军军官对我们说："今晚汉阳，明日武昌。"

今日的事件表明，共和军作为战斗核心而言是相当薄弱的。一队队的黑衣军在各处任意徘徊，而灰衣军现正以疏散队形直线前进，二者成了何等鲜明的对照！

黎明时分，清军开始袭击十公里车站。晚间，一支大军越过桥，隐蔽在革命军宿营地周围。步兵和炮兵来到铁路的两侧。全部兵力大概至少有一万人，尽管大约只有四千人参加作战，但他们炮兵队的几门大炮比共和军所拥有的任何哪一门炮的威力大得多。革命军营内大约有三千人。我们很早就到场，发现尽管敌人的榴霰弹落下并在革命军中造成严重伤亡，但革命军仍充满信心坚守阵地。革命军掩蔽在胸墙后面，确实占了有利的地势，而清军想借助步兵狙击和大炮的远程射击，沿着旷原向前进击。中国炮舰的行动有些令人费解，他们来到战场的对面，然后又顺流而下，似乎不打算参战了。叛军中有些人看出了这一点。有几个黑衣军说，其中一艘炮舰升起了白旗。显然，他们旨在使革命军放松警惕。大约九时许，炮舰再次出现，这次是为尽责而来。他们对着十公里车站的革命军宿营地开火，炮弹很快落在敌军阵营中。埋伏在一排排灌丛后沿胸墙处的炮队开炮还击，但革命军的大炮大大不行。就能看到的来说，革命军的几发炮弹落在炮舰附近，对炮舰损害甚微。在交火中，一艘露泊在危险区域内的日本炮舰，不得不立即起锚，驶向安全地带。

革命军遭到两面炮火的夹攻，判定那地方遭到炮火攻击太猛烈，榴霰弹从头上、陆上以及从铁路线前面来，接着马克沁机枪又开始猛烈射击，弹如雨下。撤退开始了——是出于奉命撤退，还是出于相互谅解，这就不得而知了。

把革命军赶跑的炮舰顺流而下。陆上的清军队伍整齐，继续战斗。骑兵以疏开队形越过平原而来，后方的大炮同时又使得敌人手忙脚乱。战线仍持续着，似乎这不是一场真枪实弹之战，而是一场模拟战。

革命军幸亏在铁路与水路之间有一条完全畅通无阻的退路。当清兵逼进十公里车站时，他们好像都到铁路的陆路一边去了。因而，黑衣军能不为前进中的灰衣军注意而退回汉口。清兵小心翼翼地跟上前来，因为他们知道可能会有一支军队等着从堤后向他们射击。撤退持续了近一个多小时，撤退的队伍中有些人奔跑着，而大多数人则沉着地走着，另有一些人则停下来搀扶起伤员，让他们去躲避起来。当清军先头部队出现在铁路路堤上时，他们几乎已不在射程之内了。

租界入口处，早已布下强大的警卫队，预计如果有这种败退之事发生，逃兵可能会冲进租界地。大批黑衣军沿河岸退回来。在日租界入口处，他们遇到一支日本警戒队，手持上了刺刀的步枪，以冲锋姿势站在那里。他们没有试图通过，而绕着走了一大段路。

在撤退看来已经结束时，清骑兵的探子来到租界边界线附近，看看他们取得了什么战果，只见一支约三百人的黑衣军正从跑马场向铁路线的陆路一边行进。看样子他们不可能没有头领。四名一直注视着他们的外国人，看见那些兵显然是毫无目的地从一大堆茅屋中暴露出来。在铁路的另一边，一队清军骑兵在他们的射程之内，一场紧张的小规模战斗眼看就要发生。可是，注视这些莽干兵的几名外国人马上看到他们急匆匆撤退。后来得知，这是一支“敢死队”，他们曾起誓为革命事业牺牲自己的生命。

他们好像已决定要为更大的革命利益在另一天作出牺牲。据城内革命军指挥部估计，在作战的几小时内，已有几百人失去战斗力。未受伤的士兵坐在路旁，有什么就吃什么。他们虽准备——其中有些人急着要重上战场，但是一面又狠狠抱怨领导。从革命军指挥部传来消息说，士兵逮住了自己的将领，带他到指挥部来，要求下午换上新的指挥官。他们还控告负责战场上弹药的军官未能及时供应弹药。

在十公里车站，叛军留下他们的宿营设施、十六门大炮及一列专门运载落伍者的火车。清军夺得了这些东西，还俘获五十名敌军，并将他们向北解往信阳州。清军方面的伤亡较小，大概全天是三五百人。

下午对清军阵地的进攻几乎无望。早晨曾经历了那些毁灭性炮火的革命军又回去作战，谁都禁不住要钦佩他们这种勇气。当然，这是徒劳的。革命军再次溃退，但仍没有惊慌的迹象。2时，清军来到十公里车站和跑马场路之间的半路上，他们派出一支骑兵分队，进入曾遭到隐藏在莽莽野草丛中一队革命军突然袭击的地区。骑兵躲在一所小屋后作掩护，一直到步兵跑步到来，经一场小规模激战后，叛军被击退。同时，前进中的清军遇到了驻在跑马场并显出极大决心坚守阵地的革命军。双方步枪激烈地交战了近半个小时，在清军一方再加上马克沁机枪枪弹和炮火从十公里车站飞来。3时半左右，清军的主力从十公里车站涌出，但未来到危险区内。4时，革命军开始慢慢撤退，留在阵地上的伤亡者比预计的少。清军追了上去，冲过一块空地，占领了跑马场路。革命军带来了一支有两门炮的炮队，继续在敌人中准确地落下炮弹，但没有能阻止清军稳步前进。这样反复作战，直到革命军被赶至大智门车站。清军炮弹如下雨般落在车站。一会儿功夫，步枪、马克沁机枪和快射炮的格格声，加上发射炮弹的爆炸声，使人震耳欲聋。天转黑时，革命军开始沿着租界和铁路线后面朝城内退去。他们撤退得相当缓慢，毫不惊慌。清军在后紧追，一面继续射击，直到能看清遭攻击地方后，过了很长时间，才停止射击。沿歆生路而去的那几队人下午跑步而上，随着几千名苦力哼唷哼唷地帮着拖来了新野战炮，重新开始进攻。不幸在忙乱中，他们搞错了炮的大小，白白带来这些。革命军进行的最硬的一仗是在新打靶场。新打靶场是在中午刚过后被一队革命军占领的，他们不顾榴霰弹连续不断在头顶上爆炸，仍一直坚守到黄昏日落时才离开新打靶场，并借助马克沁机枪扫射开路返回了铁路线那边。清军占领了车站。

清军舰队打算明日下午炮轰武昌。保护外国人生命的准备工作已做好，通知所有的妇女儿童到港口上船。

1911 年 10 月 28 日　星期六
10 月 29 日　星期日

黎明时分，战斗重新开始，革命军带来了大批新兵及几门野战炮。野战炮安置在歆生路端，开始轰击铁路车站。同时，一支叛军强攻队在铁路路堤的掩护下参与进攻。他们没有走多远——隐藏在大智门茅屋群中的两架马克沁机枪向他们射来，将他们击退，但他们再次出击。当他们再次猛攻时，一大群黑衣军发出欢呼声。在猛烈的战火中，他们设法拖来两门野战炮，架设在大智门。野战炮投入战斗，强攻队设法占领一段车站。这时就在车站发生激战，一架清军马克沁机枪对着前进中的黑衣军扫射。叛军突然袭击阵地，经过一阵拼死的肉搏之后，成功地攫取了机枪。三位机枪手勇敢地坚守阵地，但终被攻克，立即处死。其时灰衣军发觉，昨日费力夺得的阵地又从他们手中被夺走。架在跑马场的三门大炮开始轰击车站，致使周围几幢房屋着火。同时，从十公里车站急调援军。几队灰衣军朝旷野进发，然后数路包围黑衣军。另一队沿河堤而来，占据了跑马场路附近的阵地。正在进行这一调动之际，黑衣军占领了车站，虽然折了许多兵。清军炮队连续猛轰。旷野上的那一队与沿着河堤而来的那一队，同时朝车站冲去。叛军被迫至一隅，只剩下一条退路，即他们花了整个上午夺得的线路。他们缓慢撤退，一路被扫杀，留下一连串伤亡的痕迹，标明撤退的路线。他们不得不抛弃枪炮。他们在歆生路重整部队，对车站发动第三次进攻。大约走了一半路，他们停了下来，似乎有些优柔寡断。此时，突然一名士兵扛着一面大红旗来到前方，挥舞着旗子鼓励后面的人冲上去，他们疯狂地冲去。但人数太少以致进攻似乎是无望的。大炮取到手了，大炮周围躺下一大堆伤亡者，其中大多为附近着火房屋骇人的热量所烤死。另一些伤员设法爬进了就近的池塘，而没有他们那样幸运的一些同伴衣服着火朝天躺在地上。黑衣军成功地搬走了缺口的障碍物，退到歆生路。在那里他们一直呆到晚上，战斗告一段落。

1911年10月30日　星期一

晚上被击退到中国跑马场并进入城内的革命军，回头重新占据歆生路，这使他们的对手花了一上午来重新赶跑他们。上午，双方似乎都不急于作战，只交换了一阵有气无力的炮火。两百名清军来到歆生路安营，进早餐，显然没有觉察敌人。突然间，革命军倾弹对他们进行近距离扫射，打死七十五人，击伤多人。幸存者越过铁路路堤。清军援军出动，他们用两架马克沁机枪扫射，再次袭击歆生路。由于歆生路是太平路一直线上的延伸，接着是横扫太平路，枪弹一直落到海关才停止。革命军也有一组炮架在水塔后，他们想用这组炮轰击到铁路路堤后的清军，显然没有结果，因为清军小心地隐蔽起来不见了踪影。其时，大智门十字路口的清军大炮向他们回击，有几颗子弹命中了水塔。起义军说他们有四千名受训过的士兵在作战，他们是昨晚渡江来的。统帅黄兴是有名的革命党人，似乎颇有才智，因此革命军首次受理智的人指挥。清军在车站已有许多兵力，同时火车从十公里车站他们的指挥部又载来许多新兵，还有马克沁机枪，能见到的足足就有十二架。清军在铁路路堤外侧行进，恰好得到路堤高度的掩护，而革命军占领马路对付这个行动，并与他们平行前进。他们也在从前是老水闸外树林中的山岗上安置了一队炮兵，且保持步枪和野战炮的火力，但效果不大，因为几乎看不到清军。歆生路就这样再次撤空，战火卷向硚口。一队革命军在那里切断了百名清兵的退路，清军被逼进一仓库，仓库又被付之一炬，据说他们全部死亡。大智门十字路口的大炮队花了整个下午炮轰汉阳山，汉阳山那边偶尔回击一弹。清军似乎没有几颗炮弹发得很远，好像在汉水附近爆炸，双方受炮轰损失可能都不大。约 5 时，一队清军再次用马克沁机枪扫射歆生路，或许想看看这条路是否仍被占领着，并且子弹照常扫射了太平路。在路端守住街垒的一个轻捷号军舰上的水兵被子弹打穿了颅骨，不得不送往医院。下午 5 时 30 分左右，一队黑衣军开始放火烧歆生路上的房子。他们挨家走去，用火油引火，这一切可看得一清二楚。很快就出现了一场汉口前所未有的大火灾。火焰滚滚，直冲云霄，黑色烟雾，密布天空。这条路上储有大量弹药，弹药爆炸好似刚掉下炸弹一般。电缆烧穿，产生一亮一亮闪耀的弧光，发出离奇的亮光。同时大智门街头也着火了，白天战斗的结果是维持“老样子”，照这种速度，战斗可能将永远继续下去。据报告，一大批受过训的湖南军来增援革命军。死在租界红十字会医院里的人今天埋葬在跑马场路附近的坑里，计有五十一人。

星期日访问汉阳的一位传教士报道说，一队革命军搜了他的身，借口说他可能在帮助清军。碰巧他身边有用来支付教会工作人员工资的一百二十美元。他们没收了这笔钱，并说外国人不该帮助他们的敌人。这是我们第一次听到关于外国人或本地人采取这种性质的行动。

星期日，四名被指控为密探的人被清军斩首。

据说占领老高尔夫球场俱乐部会所的清军，用步枪和刺刀当弹子棒玩台球戏取乐，这可能是真的。

被革命军在十公里车站攫取的一列车弹药，被送到歆生路上一所房屋内，在大火中全被烧毁。

在中国最具有实权名声的袁世凯已来到十公里车站的清军指挥部，清政府委派袁平定本省叛乱，并授予总督的职权。海陆各军均归袁氏节制。

英国总领事葛福（Groffe）先生和英工部局总董霍华德（H. K. Howard）先生对居民发布下列告示："凡从界外带进英租界的武器、弹药以及危险军用品须一律交出送往工部局大楼存放，以待处置。此类物品宜取此方法，而不该落入不负责者之手，此对全体居民大有裨益。"

1911 年 10 月 31 日　星期二

一位住在硚口附近的外国人，就本城镇那一头的近日战况作了下列报道。星期日，革命军径直被逐至汉水，但清军没有乘胜追击。清军不沿着马路作一条直的防线，而是保持从汉口城转向铁路线，离汉水半英里处停止了前进，就在那里安营过夜。一队湖南革命军乘着茫茫晨雾，绕着旷野迂回前进，出现在清军后方。此时清军遭到前后夹攻，这队清军几乎全军覆没。

今天的战斗只是两声炮响和一阵嗒嗒的枪声。大智门十字路口的大炮向汉阳山发射了一两次炮弹。有两次小规模战斗，清军大败。一天结束时，战斗情况还是像一天开始时那样：灰衣军占领铁路，叛军占领汉口城。

据报道，似乎革命军在小规模战斗中占了优势。清晨，一小队清兵被派去进攻中国跑马场的革命军阵地，但是清军在凭借马克沁机枪进行短时间交战之后，溃退至歆生路。这天唯一的另一场战斗发生在下午 4 时，一队革命军包围了济生堂庙，那里约有五百名清兵。一支计有二百人的“敢死队”正面攻击清军，同时五百名湖南军到达后方。战斗只持续了很短时间，北方军就逃跑了，在战场上留下二百具尸体。

清军现在决不再容许发生像今天下午那样的抢劫事。这表明，在放火烧歆生路之前，清兵在一家店里逮住了两名抢劫犯。对案件调查了一会儿之后，犯人被拖出去，用他们自己的辫子将手反绑在背后，推到一块空地上，用刺刀刺，一犯倒地，另一犯却挣脱双手逃命。几个清兵紧追，他径直跳进一个小湖。这使清兵停下步来，站在岸上争论了一会儿，最后决定任他去。清兵走后，这两个当地人被送往医院，虽竭尽全力抢救，仍未能救他们的命。第一个人身上足有八处伤口，第二个有四处伤口。

昨天看见清军中的一名德国教练官，身着便服，在大智门的炮手中进行工作。

晚间，清军几次企图放火烧大智门地区的住宅，但未获多大成功。早晨 9 时后不久燃起了一场毁灭性大火。大火开始烧向城郊半中式的房屋，风助火势，加上灰衣军推波助澜，大火在 12 时至 1 时之间，已蔓延到大智门大街的边缘，严重危及礼和洋行的蛋白厂。这幢建筑物的屋顶烟雾腾腾，岌岌可危，一度似乎即将着火。预见到着火的危险，消防队赶到现场，向容易扑救的地方大量浇水，遂得极好效果。

汉口城镇不再是扬子江的骄傲，宛如一座死城。以往的大街人群密集，几乎难以从人群中挤出一条路来；如今，可以从街头至街尾骑自行车畅通无阻，不必避让。商店打烊，旅馆关门，钱庄、银行停止营业，几乎只剩下过去常在街头两旁设摊的小商败。这一切可从北方军的出现找出原因。工部局的巡捕、救火员以及商团队员全走了，电灯不亮了，这地方很快变成一片荒芜之地。人们完全不信任清军，又畏惧他们，据说他们打算尽快把这个地方夷为平地，这个想法已经传开。昨天的所作所为完全证实了这一点。

一队万国商团英国队队员，不得不承担起监督埋葬尸体这种令人厌恶的任务，死者都是在刚过去的二十四小时内死在医院里和在租界内中流弹而死的。工部局的苦力第二次就不肯从事这项工作了，清军和革命军也都不愿去碰这些尸体。

外国人在下述发生的一件事件中所受到尊敬的程度，是任何事情都比不上的。当两名外国人走进清军营地时，清军正好抓到一名奸细嫌疑犯，因为发现他没有辫子，正要将他推出去斩的当儿，那人见到外国人似乎获得了希望。他招呼外国人，拿出一封撕破了的信，证明他曾在美孚油公司工作过。他说他想去见他的老上司，想不到在去油库的路上被抓了。他用洋泾浜英语恳求把他从清军手中救出来。他说"他们要弄死我"。外国人将信和这人的陈述解释给清军——特别是给一名下级军官听，但他们声称他是密探。他们开始将他绑起来拖走。这人反抗着趴在地上，恳求宽恕。外国人竭尽全力想解救他，但一切徒劳。清军坚持说他"不是好人"，不断指明他没有辫子，就是他作恶的证据。最后，那人只得死去，就如所有落入灰衣军中的无辫者的命运一样，但他的"老爷、老爷"的叫喊声在外国人耳边回响。

1911年11月1日　星期三

我收到清军统领的一封来信，不许任何外国人走出租界。要求是合乎情理的，我相信所有英国国民将照办。凡忽视命令擅出租界者，应由军事当局逮捕。

签名：希伯特·葛福

(Hebert Groffe)

火烧汉口城

今天凌晨，清军火烧汉口城，只见熊熊火焰从十来处升起，整条马路烟柱滚滚。每隔很短时间就着起火。正在刮起的一阵猛烈的东北风推动火焰，将它们送出很长距离，只要火焰一接触高层建筑，就好像抱住了它，几分钟后，高楼就成了一只烈火燃烧的大火炉。已有好长一段时间没下雨了，每样物品都十分干燥。这个情景是骇人的，很快就可看出汉口城命运已定。阳光透过夹有可怕火光的烟雾照耀着，一想到在街上逃命的不幸居民们以及被人抛弃、听天由命的妇女老少，还有无谓牺牲的宝贵财产，包括一些华丽的商店内的东西、储藏在仓库里的大量货物，就令人情不自禁地会咬牙切齿。好像这还不够似的，清军炮队还不断朝着注定毁灭的汉口城倾泻炮弹。与此同时，各租界也都受到惊恐。清军在大智门十字路口和老高尔夫球场架设十来门大炮已有好几天，他们在那里以租界作掩护，避免受汉阳山上炮台和武昌的炮火袭击。革命军的炮火要想达到清军的这些炮队，必须穿过英租界，没有射中目标的所有炮弹都落在租界内。炮弹还在整天往下落。在这些落弹中很少有生路，幸亏没有一个外国人丧命。汉口城内的大火整天继续在烧，烧毁面积的速度是如此之快，以致当夜幕降临时，街道已有三分之二被烧毁。整夜火光冲天，照亮了方圆几英里的整个地区。但近黎明时分，风势减弱，大火开始平熄，各地区的火势被隔水墙阻止。在撰写本文时，对在汉口城较远一头的美以美会教会和由盲人所创办的戴维·希尔纪念学校之命运如何尚未确知。经教会医院布斯（Booth）医生的努力，今晨组织了考察队去救济无助的教会。清军炮队指挥冯将军答允从10时至1时不开炮，但未履行诺言，炮火一直持续到12时30

分。救济艇约在正午时分出发，一颗清军的炮弹在近处落下，接着是叛军命令船停驶。布斯医生说明了他们的使命，一些人允许船通行，另一些人则开枪阻止。本地的船员到舱下去了。但外国人在甲板上设法将船驶得稍远一些。洛克伍德·琼斯（Lockwood Jones）操纵驾驶盘，义勇队的菲帕德（Fipperd）和利卡特·帕尔默（Licut Palmer）上尉负责轮机。几发枪弹射中了甲板室。最后发现前进是不可能的了。只见教会的红十字旗子仍在飘扬。他们已经穿过武圣庙路约二百码远，看来处境不妙。在汉水另一边大火也在燃烧着，要想把这个代表团成员从那条路救出是绝对不可能的。在红十字会医院里，约有一百五十名伤员，学校里有五十名盲童。据估计，白天在烈火中燃烧的面积约为2.5英里×0.5英里。谁也不知道在这废墟上究竟躺着多少具烧焦了的老弱病残者的尸体。观察者除了烟山火海外，一无所见。

汉口城的大多数居民已经逃跑，但还有许多人开始沿着英租界外滩逃。英租界当局虽曾发布过命令，任何人不准穿过租界，但后来更改了这道命令。汉口城的各个出口处安排了义勇队翻译员，岗哨对大多数人放行，拦住的是那些疑有不良企图的分子。城内大火期间，伦敦教会将大批伤员转移至圣·约翰大教堂以备不测。

叛军采用各种方法使清兵倒向他们。在从战场撤退时，他们留下许多标语牌以打动清军的军心。

革命军统领黎都督向租界各国领事发出通知，如果清军炮队继续从租界后面向汉阳开炮的话，他将不得不从武昌炮轰他们，尽管租界从而会遭到危险。各国领事随即要求清军指挥张将军调走炮队。张将军应诺，他将立即照办，但到撰写本文为止，未见动静。

1911年11月2日 星期四

上午，由于布斯医生的努力，一大队外国人和本地红十字会人员，抬着担架开始沿马路走去，去看看医院是否依然矗立，如果还存在的话，打算抢救院内病员。一路上情景可怜，满目凄凉。一度繁荣的街衢，仅剩一堆火烧后的废墟；过去人群拥挤的地方，现在只见一些不幸的人趴在灰烬中，那里曾是他们的家园。男女老少的尸体遍地，其中许多已被烧成灰烬，所有尸体都有被邻近的野狗咬过的痕迹，这一切增添了恐怖的景象。在路的拐弯处，红十字会旗子清晰可见。无论怎么说，看得见的那部分院子还在。一路上只见一队队清兵，没有设岗，他们似乎都很自信，认为不会遭到革命军的攻击。

革命军一个不见，被灰衣军缴获的步枪是他们留下的唯一标记，而灰衣军多得不得了。最后，到达医院，很快就完成了伤员的转移。

傍晚，汉口城日清轮船公司货栈着火，显然全部烧毁。货栈里塞满货物，因骚乱之故，寄存者不愿提货。货栈里存放着大量日本的棉纱、布匹、粮食和上游运来的鸦片。我们在公司办事处得知，货物总值超过十万银两，但是否将会达到五十万两的价值，这就难说了。

昨天没什么战事。看来大多数革命党人已离开汉口城，尽管留下的少数革命军还在继续与清兵进行巷战。清军尽管应允撤走架设在大智门十字路口附近的大炮，但仍以剧烈的炮火轰击汉阳。汉阳和武昌的炮台回击，可是除了对英租界有影响外，房屋道路几乎未遭损坏。战火中，许多炮弹落在炮舰山鹬（Woodcock）号和夜莺（Nightingale）号附近。一颗落在山鹬号上的炮弹击穿了甲板，在厨师舱爆炸。厨师舱里的东西除了需要整理一下外，其它无甚损坏。两艘炮舰现已驶往安全处停泊。

由于水厂出了故障，整天开动了抽水机，使租界内的管道不断有充足的扬子江水供应，以防大火向租界方面扩展。

载有躲避炮轰的一些城内雇员的几艘大船原是抛锚停泊在下游，昨天已将船驶回。能再次上岸雇员们都感到高兴，可是，他们正好赶上炮轰。据我们所知，清军一等到在靠近英租界那端的城内烧到足够面积，就打算在那里安置炮队炮轰汉阳山。每发回击的炮弹将落在租界内，清军希望叛军要么不敢开枪，要么即开炮，他们将引外国炮舰之火烧身。

1911年11月3日 星期五

对方军队已在对江安定下来准备沉着应战。汉阳山上的大炮，与中国跑马场附近的清军炮队之间整天不断地炮轰。你一炮我一炮，但很难说双方究竟造成多大的严重损失。同时，隐蔽在两岸的步兵也不停地发出飕飕的炮弹声。夺取汉阳谈何容易。两旁是水，岬角剩下部分的四周几乎是不可逾越的环礁湖和沼泽地，一座与汉水平行的低山丘是陆上唯一的进路。革命军在这些低山丘上坚固设防。今天汉口城内还有几百名共和军，在未烧毁的房屋掩护下狙击灰衣军。另外，据说昨晚有些革命军退至十公里车站。凌晨，租界里的居民听到重炮炮声外，还听到嗒嗒的枪响。据说，有一小队冒险的黑衣军在夜色的掩护下在那里上岸，袭击汉口城。这一说法为来自革命军一边的报道所证实。武昌炮台也开了火。炮弹瞄准何方、目标是什么尚是一个谜。有些炮弹落在英租界。

昨天整个晚上城内继续大火熊熊，像以前一样，临近早晨时火熄了，新火又起，其中一些火势虽很凶猛，但着火处不如前几日那么多。刚过下午时，领事团就大火带来的直接后果对中国军事当局提出抗议。5时许，中国当局发表声明，声称火是城内匪徒放的，并命令清军立即行动扑灭大火；同时要求自来水公司尽力加大水压。傍晚，大火被抑制。大火吞噬了价值约一千万英镑的财产。一名在硚口观看汉口着火的外国人，并在大火后从这一端眺望城市的残迹，据他估计全城烧毁了三分之二。在硚口大约剩下二幢建筑物。

守在城口的英国义勇队接到命令，禁止任何携带赃物的人通行，但这项买卖好像仍是有利可图。人们说中国人不爱干活看来是谬论。走出汉口城的抢劫者所表现出来的冒险精神和干劲，使人刮目相看，凌晨起，他们就组成一支连续不断的行列涌出城。当铺和钱庄首当其冲受到抢劫者的光顾，一下子就被洗劫一空。在租界入口处，一堆堆从城内居民手中抢夺来的赃物渐渐堆高。棉织品、绸缎、皮货存堆，蔚为大观。最大的要算在海关那里一堆，好像有各种衣着用品，从苦力的粗料裤子到绚丽多彩的刺绣戏装。我们去一家当铺参观倒成了一次新发现。一支清军巡逻队在当铺前门整了队，说是来维持秩序的，他们对人群温和地微笑着，一面互相推挤着试图闯进去，想叫那些已经设法从中捞到什么特别贵重物品的清兵换换班。突然，一小男孩径直奔向负责巡逻队的一个军士。接着士兵的步枪上肩，对着屋顶放排枪，人群跌跌撞撞地涌出，跑得空无一人。这一行动似乎有些费解，直到一名清军军官挥着手枪逍遥自在地拐过弯角。他来到巡逻队前，祝贺他们在维持秩序中采取了极妙的方法，不过他一走，抢劫者就又回来猎取猎物了。

今天清军在铁路站逮住了三名抢劫者。清军让抢劫者穿上他们偷来的衣服，枪毙了他们。晚上抓了一批人绑在电线杆上，显然是在等待刽子手的到来。从租界起的下游足足有一英里半，清军都没有炮台，而且间隔很近。

白天，在清军营里抓到一名密探嫌疑犯，他被吊起来，供士兵们用刺刀当靶子刺，然后被石头砸死。

义勇兵以后在值勤时将穿上制服，小队将照这样一种方法重新划分：白天由抽得出身的人值班，晚上由白天抽不出身的人站岗。在这动乱时期，当一名英国义勇兵可不是挂挂名的，他们一直相当尽职。

1911年11月4日 星期六

清兵所进行的是中世纪洗劫式的战争，他们进行大肆抢劫，过去人们认为这对胜利军来说是许可的。黑衣军的行为则不在此例。

不少流弹，偶尔夹着炮弹不断落入租界，大多数居民都能非常侥幸地脱险。

白天有一千名湘军来到武昌与革命军会合，他们是乘火轮和帆船来的。另外有一千名来自南京。据传，为防止反叛，他们在南京就被缴械了。当晚有八名清兵因抢劫和企图开小差被枪毙了。抢劫者的首级悬挂在通往租界的各街头的柱杆上，以示抢劫期已告结束。

路过被焚毁的城市废墟的外国人，偶尔可发现几堆半烧焦的尸体，一堆有十八具尸体，另一堆有二十五具，包括妇女和儿童。他们的死因很难说，但看来很像是被猛窜过来的火舌烧死。

黎将军给红十字会捐助一万元，交麦克威廉医生负责适当分配。

法租界的巡逻队拦住一名携有大量贵重珠宝的清兵，没收了他抢来的东西，把人交给一清兵军官。军官回谢后要求退还珠宝，后交了出来。

一名外国红十字会工作人员在街头拐过弯，一个灰衣军立即向他开了一枪，没打中，那士兵显然误认他是敌人，因为那个红十字会人员在走近他时，对他正要想杀死的一个人郑重其事地打了招呼。这个兵是喝醉了。

1911年11月5日 星期日

今天收到袁世凯与武昌政府谈判的报道，条文如下：

立即成立责任议会制的完美立宪政府；满清皇族不得在内阁任要职；无条件赦免所有革命军官兵，有条件地赦免（用词含糊）政治犯。黎将军看了这篇报道笑了一笑，将它扔在地上，然而发了复文，复文说共和军进军北京才是谈判的时候。

前两天的战斗犹如“懒汉砍柴”，砍两下，歇一歇。旷野上的清军炮队炮击了汉阳山上的革命军，其频繁程度常足以表明他们仍留有发炮能力。下游隔江对峙的炮队频频交火。与之陪衬的是，拂晓前从十公里车站方向传来嗒嗒嗒刺耳的步枪声，听起来有板有眼似的。机枪也来凑热闹了。但这嘈杂声是否出于夜击尚属疑问。住在近处能了解情况的日本人说，炮火是由于发了假警报，清兵对几艘舢板的靠近想象有危险。

清军的炮队对敌方造成干扰与否尚不清楚，但革命军在京山的炮弹已有一二发成功地命中十公里车站的清兵营。一艘路过的船看到，几发炮弹正好落在铁路的路堤上，一发炮弹摧毁了一辆卡车，另一发击穿了车站上的一幢洋房。据报道，袁世凯的秘书王先生就住在那幢房子里。他现在正要迁居租界。据可靠方面消息，清兵想造一座浮桥渡汉水，但不等他们造好，革命军的炮火就将它摧毁了，所以未获成功。

大批清兵带了抢来的东西开小差。他们穿上从当铺弄来的便服离去。医院里的伤兵也要求穿便服，灰衣服他们穿厌了。

1911年11月6日 星期一

招商局的三个仓库在城内大火中被毁。离租界最近的四个仓库还在。

凌晨，一发炮弹击中了邮局，把两呎厚的墙穿了一个洞，穿过第二道墙，被第三道墙挡住。幸好要人命的弹头没有装牢，所以没有爆炸。

据报道，袁世凯大人于星期六离滠口去汉口，叛军的炮队向他乘坐的火车开炮。袁在火车上下令停车，回滠口。这天下午在洞庭路上，看到一个清军脱去军服这样不寻常的现象。他是个开小差逃命的兵，想在租界里找避难所。

今晚，三十名德国义勇队队员到英租界去，接替过度疲劳的义勇队巡逻兵，他们已连续值班四周。明晚法国义勇队将帮助英国人值半夜班。

1911年11月7日 星期二

由于敌对双方正在进行谈判，近几天来清兵停止了进攻。据一清军军官说，还要休战三天。然而时间并不浪费，因为运来了三门比以前使用的更大的大炮，架设在英租界后面的棺材山（Cottir Hill）上。据说这几门大炮将在猛攻汉阳时使用。最近已进行了近来最激烈的战斗。昨夜对汉阳几乎通宵进行步枪射击，清晨在十公里车站可听到排射声。虽然不断听到清军内乱的传说，但是对汉阳的战斗是渡过汉水在汉口城内清军中的一小部分叛军进行的。革命军迫使敌人先头炮队从硚口稍稍后退。

今天过河的登陆部队，除了少许狙击外并未遇到什么抵抗，因而守住了阵地。傍晚从连续不断的枪声判断，战斗又开始了。

在汉阳、武昌炮台和下游京口的炮队在过去的三十六小时以来向对面的清兵开炮，开一阵，停一阵。京山炮队向十公里车站的轰击相当成功，实际上清兵都已逃离车站，那里只留下很少几个兵，大部分已转移到美孚油公司油库后面的一个阵地去了。大部分列车和大量弹药也已带往大智门车站。从北方运来四十门新炮。共和军竭力守卫汉阳和兵工厂，又在直通蔡甸一带的几座山的小丘上筑了工事。

黎将军夫人于中午时分过河来到汉口，给住在红十字医院里的伤员送礼品。这些礼品将分发给每个伤员，不论他是老百姓、革命军还是清兵。

一颗子弹穿过一个舢板船工的头，又穿过他同伴的头，于是听任他们的船顺下游漂流而去。这便是那两个划舢板人的命运。这事就发生在英租界外，这是卡德摩斯号上的船员亲眼目睹的，他们果断地放下一只小船将舢板上的两个无援的人送上岸，再送往万国医院。这不是清兵方面的新招，多少天来一直是这样。安全地隐蔽在江边城内废墟里的灰衣军，向进入射程的每只舢板船开炮。

1911年11月8日　星期三

袁世凯的秘书今天正式发布通告：对武昌轰击即将开始。埋葬士兵尸体的承包价为有棺材的每具一元钱，无棺材的五角钱，由工部局的苦力承办，他们每天去医院。

下午看见无人管的一木筏顺江向下游漂流而去，显然是经过本城时筏上的人都被清军打死了。

1911年11月9日　星期四

由于沿江马路枪弹乱飞，促使江汉关的税务司为他的全体职员去寻找一个更安全的地方。海关署现在在汉口旅馆隔壁的厘金税征收处旧址。

尽管灰衣军答应撤除英租界后面的炮兵阵地，但棺材山上仍架设着三门大炮。

昨晚某时，显然从汉阳飞来的一颗炮弹穿透了怡和洋行仓库的屋顶，在茶末堆上爆炸。没有遭到什么损伤。

流弹与炮弹仍不时地继续向租界飞来。今晨一个华人就在怡和洋行外面被打死，另一个正走上江边台阶的华人被打伤。

今天又是排练日，就是改天要举行的那场大型音乐会的排练。夜间失眠的人以数枪声代替室内滴答滴答的钟声来捱过长夜。刺耳的步枪排射声和隆隆的大炮声代替了本来显得单调的一天。清军在干什么？革命军向他们进攻了吗？现在人们要问的正是这两个问题。要是问起叛军或清军他们的枪炮射向什么目标，他们似乎都不知道。确实约有二百名黑衣军仍被困在江西会馆，但决不是所有的炮击都是这个原因。闪光过后便可听到从武昌炮台传来沉重的隆隆炮声，紧接着便是隐蔽在招商局仓库废墟堆的清军炮队的还击。如果说炮兵忙碌则步兵更忙。步枪是连续不断地砰砰响，时而又一定可听到机枪刺耳的嗒嗒声，可是送往红十字医院的伤兵并不比往常多。使用的全是实弹，这是无疑的。如果在射击时去英租界走一圈，那么谁都不会否认这一点。清军的射击不只限于叛军，这也是可以肯定的。他们曾故意向几个受伤的老百姓开枪。几个曾在城内的红十字会工作人员说，一名灰衣军端起步枪故意向在废墟上找引火柴的老太婆开枪。还有两个男孩被残忍地打死在歆生路尽头，他们遭枪杀的“罪”，也只是捡煤渣而已。一外国人也差点儿遭同样的命运。他正站在太古公司浮桥上，“嗖”地一下，一颗子弹紧靠他的头顶飞过。子弹好像是从招商局的废船里发来的，但他没有等调查。

兵工厂双班制日夜开工。厂里有新旧大炮五百多尊，步枪五万余支，用来装备招募来的新兵。兵工厂每天生产六十支新式步枪、一千三百枚炮弹和五万发步枪子弹。

1911年11月10日 星期五

两个外国人走了四哩路，从硚口来到汉水这一侧。他们猜测清兵将沿此线路越汉水取汉阳，但大大出乎他们的预料，这附近几乎没有什么清军。除了从屋顶上飘扬着英国旗的英美烟草公司大楼向对岸不断开枪的一支强兵外，几乎看不见另有清兵。再有就是三五成群的灰衣军散在四处，约在二哩路的四周有这么四队，清兵就是这么多。在对岸黑衣军简直是成群结队，满山遍野枪炮林立。那个方园五哩的大型碎石料场，看上去犹如直布罗陀牢不可破的要塞。江上没有船，也没有舢板，因为船到了汉水上游十哩处的船落口后，黑衣军就不许它们再往前了。就目前所闻，清兵最远到过距硚口三哩的地方，并不像曾经报道过的那样，沿汉水一边有远征军。就凭那么些人要想渡汉水对抗那里的防卫力量看来决不可能。从硚口到自来水厂的所有房屋均已烧光，那里没有黑衣军，也没有到过黑衣军。当地的海关今天被烧毁。我们遇到的士兵都很友好。韩家店的村民已经弃家逃跑，但从汉口来的难民住进了这里的空房，村庄聚居的人数比以前还挤。几天前火烧的汉丰面粉厂正在遭劫，人们将机器拆成一块块拿走，另一些人在筛灰烬，想筛出谷物。至于该厂是如何着火的有三种说法：其中之一说是炮弹引起的；另一说法是难民烧的；也有说是看门人放的火，以便他们逃离岗位。在这一事例上倒没有人说是士兵放的火。

目前本地盛传清军舰队的所有管带都想参加革命。几名炮舰军官（不是随萨水师提督的那些）昨晚到汉口，他们是去武昌向黎将军表示效劳。

1911年11月11日 星期六

萨水师提督的三艘巡洋舰、三艘鱼雷艇及三艘炮舰今天在七里湾与阳逻之间起锚，顺流而下。巡洋舰上升了白旗代替龙旗。炮艇及鱼雷艇直到下午才起锚，他们是否换了旗还不清楚。萨水师提督今天离开他的巡洋舰，将他的舰旗转移到一艘小炮艇上去。昨天舰队启航时他就是在那艘小炮艇上。

前两天最重要的进展是黎都督为一方，与萨水师提督及袁世凯为另一方的谈判。革命军首领坚持反对保留清朝仍称大清帝国的任何协议。同时革命军一直利用长期拖延之机进行操练，并已进行了一次攻击。来自双方的报道说，一支黑衣军今晚渡过汉水并守住阵地。

从枪炮的喧闹声判断，战斗肯定很激烈，据报道，双方都有伤亡。

一行沿大马路走去的几名外国人尽管持有通行证，还是被清兵拦住了。清兵告诉他们说，叛军已渡过汉水，并占领了自来水厂。

1911年11月12日 星期日

外国人报道说，从招商局方向射出的子弹沿沿江马路飞来，有一颗子弹从两个中国人中间穿过，啪地一响落地，一个中国人屈膝倒下以为自己中了弹。领事团的抗议虽然未能生效。革命军炮队向几艘大船各发两三枚炮弹，但都没有打沉。

一辆满载一两千名士兵的列车于清晨抵大智门车站，他们从孝感来。

清军运来了二十余尊口径为十厘米的山炮，其中四尊安设在英租界后面的棺材山上，并据报道，清军还有两尊六吋的榴弹炮。

1911年11月13日 星期一

英租界已引起革命军炮兵的特别注意。汉阳山炮队、武昌城炮队以及江边的炮队同时开火，没有瞄准的炮弹纷纷落进租界里。有很多拖着驳船的汽艇往来于汉阳与武昌之间，运送的显然是兵和弹药。清军虽然整天很少行动，但恐怕他们会与这次调动有冲突，因而喧喧嚷嚷。炮火虽然对准招商局仓库和棺材山上的清军炮台阵地，但这两处地方都好像没有人一样。同时英租界的所有街道几乎没有不挨到炮弹的。一颗炮弹击中了天主堂医院，并在七号病房爆炸，将房间整个炸毁。炮弹从窗口穿入，击碎了所有的玻璃，打落了墙上的灰泥，并在墙上打了五六个大洞。当时一俄国海军军官正躺在这个房间的床上，竟奇迹般地躲过了危险。现在落入医院和毗连的修女院的炮弹约有十五枚。人们迫切希望炮战赶快停止。英国旗每天都是射击的目标。教堂、医院、孤儿院、商行均被攻击，甚至商船和炮艇也不幸免。人们要求我们以中立的名义忍受这一切。

武昌方面正在广积粮，因此如果一旦被围，叛军将有备无患。他们自称准备的粮食足以维持一两年。

清晨，由于猛烈的炮火，招商局一艘废船的船体下沉，现在只有桅杆露出水面了。外国人对此并不感到遗憾，因为这艘船不久前已被一队狙击手占领，他们总向租界射来子弹。

在武昌草湖（Thao Hu）门外抓住了两名女乞丐，她们被指控在附近的几口井里放了毒，被拉出去枪毙了。

1911年11月14日 星期二

星期日悬挂白旗的三艘中国巡洋舰向下游驶去，星期一到达九江仍悬挂着革命军的旗子。几艘火轮在船岸之间往返，表明船上的人与岸上的革命军在联系。从九江传来的报告肯定地说那些船已叛变。

……在它减速行驶时，一艘满载革命军的舢板靠近船边，结果认为没有必要上船就叫它开走了。

1911 年 11 月 15 日　星期三

城内传来非常详细的报道说，清军仍在抢劫几所仅存的房屋。据说他们闯进去胁迫居民交出钱财。另又报道说下级士兵几乎都不肯出战，他们满足于住在尚存的房子里过安逸生活。硚口附近有一两幢大楼今天晚上被烧了。

1911 年 11 月 16 日　星期四

最近来自下游的报道称，一艘炮艇在九江加入了三艘巡洋舰的行列，很明显是受革命军指挥。舰队的其他舰只都隐匿着，无法确定他们挂的是什么旗。据传，萨水师提督已在九江上岸。

听说为保卫天津，那里有五千名外国军队可供使用。至于汉口可供使用的人数包括各个国籍在内总共不到五百人。

在中国，现在的情况似乎有点混乱。在武昌是革命军被清军围困，清军又在南京坚守而革命军则竭力想攻克……

1911 年 11 月 17 日　星期五

两周的佯装交战后，两军已正式决战。在夜幕掩护下，革命军派遣大部队过汉水向清军炮兵阵地及大智门车站的营地进发。战斗在凌晨 1 时打响，好像在下午 3 ~ 4 时结束。前几个小时革命军勇猛前进，穿越旷野。他们像是在离韩家店上游一段距离的地方登陆，并作了很大的迂回，从西面攻击清军的防线。他们夺得了一直到跑马场路为止的一块阵地后才被阻止。待清军调动了军队才渐渐击退了黑衣军。一天战斗结束，两军所处的阵地大致与战斗开始时相同。双方都有重大伤亡。看到好几十名伤残的灰衣军退下来，估计伤亡足有二三百。

清军方面声称革命军自己估计三千人被全歼。据称战斗中死伤数百人，五百人在试图渡汉水时淹死。据传另一支革命军试图在阳逻登陆，以便从背后进攻清军。同时汉阳部队与敌人正面交战。阳逻的炮火相当猛烈，但至今尚未收到详细的战况报道。天亮后不久可以看见一些清兵从战线急急赶回，显然他们是探子。因为在一列火车来到歆生路车站，跳下一千五百名灰衣军以前很长时间，他们还没到达他们在车站的基地。他们随带二十挺机枪，但向西展开。灰衣军以整齐的队形向旷野上的革命军进击。几匹马拖拉的清军一组野战炮疾驰奔向阵地，向革命军步兵开火。这时战斗进入了转折点。这一阶段的战斗比以往任何时候更明显，清军优良的大炮占了很大的优势。他们至少有五个炮组遍布于旷野，三个最近的布置在英租界后面。这些大炮的炮弹落在汉阳山上以西的丛林小丘——梅子山上的炮手中间是不难的。我们曾看到一发炮弹正好在汉阳山上一炮位周围的炮手中间炸开了，在一阵开花弹飞过后，只见几个伤兵从阵地上抬下来。从另一面传来的只是微弱无力还击的炮声。确有一枚炮弹落在棺材山上清军炮队跟前几尺范围内，这是整个对抗中唯一看到的瞄得最准的一枚。事实上，向清军打来的炮弹大多数落在离清军还有半里之遥的地方，打的竟是如此的炮弹！就这样也只有不到半数的炮弹爆炸。武昌炮台虽然投入战斗，但成效甚微。

今晨清军有一两次将原来对准革命军炮队的开花弹炮口转向博学书院附近的一个阵地，据传那里驻有一路步兵。旷野上空只见炮弹爆炸时升起的滚滚白烟，可以看到三四枚炮弹同时爆炸。8时前后频频响起的步枪声，又重新时响时停，有时还听得见机枪嗒嗒的响声，尽管是距离较远，但很难确切地分辨。中午时分，子弹开始从城内飞往租界。清军一哨兵告诉一些打听消息的人说，革命军已过江，并还在进一步苦战。当旷野上的战斗停止时，这里的激烈炮火也同时止熄。很明显革命军没有达到目的。

午前，招商局的主要仓库起火了，显然是由于武昌发来的炮弹引起的。熊熊大火烧了两个小时，看来是全被烧毁了。被烧毁的库存中大概有大量的鸦片。

1911年11月18日　星期六

午前在沿江马路附近人们见到飘着革命军旗子的两艘巡洋舰和一艘鱼雷艇，不过已抛锚停泊。白天是断断续续的炮战和小冲突，这给战斗的双方一个检点前一天战斗伤亡人数的机会。清军方面有二百人失去战斗力，四五十人被打死。革命军方面据说死亡三四百人，大概是受伤人数的三倍。清军声称歼灭黑衣军数千人，这是言过其实，但好像他们确实已把进犯的军队赶过了汉水。革命军承认确有一小队被清军围困，并有数人被打死，另有二三十人在仓促登船时淹死。傍晚的喧闹的程度如同白天的安静。10时左右，沿县城一面的长江岸边开始了激烈战斗，这可从枪炮声中判断出。从龙王庙及招商局仓库那面射来的清军步枪及机关枪子弹雨点般地射向江中的某个目标，而革命军在汉阳及武昌的炮队也竭力向清军的这些坚固的据点开炮。英租界再次挨到炮弹。炮弹到处横飞，有打掉屋角的，有在房屋穿洞的，也有把平坦的草地炸得高低不平。夜战持续到清晨。

1911年11月19日 星期日

今晚5~6时发生了一个当前战争中可谓最令人激动的事件，同时也是激励革命军情绪的极为令人惊讶的意外事件。刚过下午，原先总挂萨水师提督旗子的那艘旗舰已驶抵阳逻，这已是人所周知的事。约4时30分有人看见它在溯江去武昌的路上。它显然在全速前进并一直靠共和军一方的江边行驶。沿江马路上聚集着很多人，等着清军炮队向它袭击，但没有袭击，也不需还击一炮，它却顺顺当当地驶向武昌。跟在那艘旗舰后面有一段距离的是一艘小鱼雷快艇，也挂着白旗。快艇为什么不与它的僚舰一起航行，其原因谁都猜不出。这是一艘清军炮队认为可以对付得了舰船，霎时间炮队的大炮齐发，京山炮台的共和军同时也给予还击。这使得激烈的气氛更加紧张。能看见清军炮台的炮弹在行进的快艇前方爆炸。一时间人们认为它可能会转向，可是并没有转向。在驾驶舱里想必有一个被革命军当作英雄的人物，他奉命去武昌，因此有了去武昌不成则沉船之意。他的部下也有同样的气质让舰继续前进。尽管子弹在船头船尾飞舞，炮弹在快艇上空爆炸，但它仍继续前进。快艇的烟囱喷出了火焰，接着不断听到它被击中了，又被击中了的喊声。快艇开始直冒蒸汽，好像锅炉被炸坏了，但它仍继续向前。可能一枚炮弹炸裂了机舱里的蒸汽管。它刚驶离射程范围，清军就停止开炮了。很清楚它已陷入困境，当它沿岸行驶时，几乎突然间减慢了速度，冒着团团蒸汽停泊在那里。与此同时，旗舰在武昌上游一侧急转弯，再在最近的小镇顺下游驶去。它一驶过最后一艘外国炮艇，它的大炮就响起来了，这等于用清楚明白的语言告诉清军炮台它是多么记得他们。只要它在射程之内岸上的所有大炮就对准它轰鸣，于是它又转身继续它要去执行的任务。清军炮台很快停止了射击。从旗舰转身却不远离江岸这一事实来看，或可断定它对清军炮队无多大畏惧。昨天的这场交战使整个局面改观，听说舰队靠不住了，就是来了，究竟能起多大作用还很难说。不知为什么，自这次萨水师提督亲临到此而遭惨败后，我们就对海军失去了信心，但海军表示，在新舰长的率领下，配备了懂得为什么而战并愿意为此作出牺牲的官兵，那么在还在进行的战争中海军仍能起重要的作用。

白天，有两艘装甲舢板顺流漂下，至租界的水面靠岸，船身全是遭受过猛烈炮火的形迹，其中一艘发现有人体残骸，在船板下面有摊摊血迹。这些船从哪儿来？船员的情况怎么样？仍然是个谜。

1911年11月20日 星期一

几名外国人视察了星期天战斗过的汉水河畔现场，然后去了博学书院。他们到了那里发现，书院的建筑虽遭到花弹、炮弹和步枪子弹的袭击，但只有一栋半西式住宅遭到严重损坏，清兵虽曾闯入里面，但经翻箱倒柜后就走了，显然没有偷去什么东西。那几名外国人经向邻村的人询问后获悉，有一佣人在一阵猛烈枪射时中弹受伤，总的来说那些兵还是规矩的。附近几个村庄上可作掩蔽的地方相继被双方占领，因为散在地上的子弹既有革命军的，也有清兵的。在中国跑马场与韩家店之间有六七具尸体，留下了在乡间广泛扩大战斗面的痕迹。通往中国跑马总会的马路被炮弹炸得坑坑洼洼。当这些外国人返回时在汉阳山下及硚口附近仍有枪炮声。

就一次非正式的视察所搜集到的情报来说，星期天舰炮的炮火在十公里车站造成的唯一损失是一门大炮被毁，烧掉了部分车站建筑物，以及一些大楼的墙壁被穿了几个大洞。

1911年11月21日　星期二

下面是一个外国人在战斗过后不久，经过汉水下游的报道：

我们乘小船经过新口向下游驶去的途中，看见一队队灰衣军在汉水左岸向下游行军。一队有的二十人，有的一百人。在与他们交谈中了解到他们是直隶军和鲁军，是袁世凯的军队。我们的船超越了他们。我们达蔡甸时，发现它仍在革命军控制下，不过除了在停泊着的二十来条战帆上有船员外，没有其他士兵。那地方原有驻军千人，但在我们抵达前据说已向上游出发，开往安乐(Anlo) 了。我们于星期六晚抵蔡甸，次日拂晓炮舰起锚向上游驶去。清军一直没有露面，直到星期天下午2时左右，来了约四十艘载满人的中国民船，他们有大量的弹药装备。到他们登岸时，革命军已无影无踪了。他们总共将近有一千人。整个下午，上游枪声大作。听说革命军在新口袭击后方。我们于星期一10时离蔡甸，当时清兵都在营帐里做早饭。迹象表明那天他们不会有进一步的行动。经汉水去汉口是不可能的，因为所有顺汉水下游而来的船只都要遭到双方炮火的射击。过了汉阳，我们遇到几千人的革命军大部队，他们在向蔡甸进军。

星期天，在猛烈的炮火下出色试航时挨过炮弹的那艘革命军鱼雷艇，今天又有一颗炮弹击中了它的弹药仓，幸好没有爆炸，否则该艇就难幸免了。

红十字会汽艇汉昌（Han Chang）号以及一艘更大的船在星期一被炮弹打中。汽艇正从阳逻回来，上载海容号巡洋舰的六名重伤员，由库克斯医生及一队红十字会人员照看。正当城内清军炮队开始向正在拖往租界的茶船开炮时，这艘汽艇正好在射击线上，一枚炮弹把它打穿了一个洞，但损坏不大。

1911年11月22日 星期三

观察者抱怨说战场距可用来观察的租界屋顶越来越远了。正在进行的某些战斗仍可看到，但显然战线已从三哩延伸到汉水上游约六哩远的地方。可以看见横排在旷野上直至汉口以西的清军大炮向江中发炮。近处的炮队时而又向汉阳山开炮，而且炮弹非常准确地在革命军阵地上空投下。但主要的战斗在远处，开花弹究竟是在汉水的远处还是在近处爆炸很难确切地辨别，有一些好像是在赫山附近爆炸，那是这一带高地防线最远的地方。沿这一带高地防线的革命军炮队也给予了还击。从武昌传来可靠的消息说，革命军与经蔡甸沿汉水南岸向下游运动的清军之间的战斗已经打响。据报道已有大批灰衣军被打死。

1911年11月23日 星期四

三周来最大规模的战斗，已于今晨刚过1点钟时打响。大批清军竭力想强渡汉水，夺取汉阳。天亮以前隆隆炮声及砰砰枪声一直不断。这次夜战，清军指挥官意欲打一场联合进攻战。周末从孝感派出约三千人的大军在上游二十五哩处渡过了汉水。星期一他们向蔡甸进发，其方案是他们到下游会合袭击汉阳。另一支部队于星期二在上游七哩处的舵落口渡过汉水。他们在汉水上架起一座浮桥，从而大批过了汉水。但他们都没能冲破革命军从汉阳以西沿小山冈低处防线布置的连绵不断的防守军。一个本地人（在战斗最激烈时在蔡甸的人）报告说，清军发起猛攻，用机枪扫射，但黑衣军像钉在战壕里一样坚守着阵地。他说清军损失惨重。在舵落口登陆的部队已被牵制。因此从汉口来的灰衣军不得不独自杀出一条路来。大批灰衣军已调到临近汉水下游的几个地方，但只在夜幕的掩蔽下行动，白天则躲在横穿旷野的堤岸后面近便的阵地里。当地人曾听到沿跑马场路上成千上万脚步声，看见路上密密地排满士兵，一夜又一夜地向汉水前进。据估计，为了这次的夜袭，在汉水附近调集了近万人。在夜幕的掩蔽下，弹药枪支也源源运往那里，还运去了几艘架设浮桥的平底船。据说沿马路铺设的轻便铁路作运输之用。星期三晚上，调动更明显了，所有可以打仗的人都送往前线，甚至平时在歆生路拐角处的哨兵也减少了。数列火车顺歆生路驶去，显然在那里卸了货。除这些活动外，夜格外寂静。午夜过后不久枪声又起，枪炮声几乎同时大作。到1点钟时双方所有的炮队齐发，犹如参加了“大合唱”——歆生路上及旷野以外的清军炮队；武昌、汉阳以及沿高地阵线向西的叛军炮队都参战了。同时从汉阳方向（显然是硚口的什么地方）传来一场最激烈的短兵相接的战斗声。战斗延续到黎明，天亮后就减弱了。过后枪炮声稀疏，炮声越来越少，只是偶尔听见枪声。武昌及汉阳的炮队几乎全部停火。但8时许，汉阳的大炮又开始向敌方炮队发射了几颗炮弹。炮弹落下的面很广，说明汉阳山仍未被攻克。据传一支清兵中计，在蔡甸被大批杀戮，今收到的本地报道证实了这条传闻。另有报道说，从舵落口开来的部队已被击退，伤亡很大。据说革命军在努力切断其退路。另又传说，清军已占领汉阳以西的两座较高的山冈，并拿下了部分革命军的炮台。当有人看见那些炮台又向汉水畔的清兵开火时，这一传说就不成立了。据估计清兵攻击部队有一千人失去了战斗力。革命军承认在前两天的战斗中伤亡约一千人。

刚收到的几份电报称，南京已被革命军占领。

1911年11月24日　星期五

昨夜及今天占领汉阳的激战又开始了。结果还很难说，但可以相当肯定地说清兵进展不大。沿汉水南岸而来的约三千人的一支部队仍被阻在第四个高地以西的一个小河湾那里。他们凶猛拼杀，给革命军造成很大伤亡。从一个革命军伤员那里搜集到的有关汉水上游之战的真相如下：他说清军向四座山冈中最后一座与舵落口之间的小河湾挺进。由于无法强渡过河，他们就亮出了白旗。当革命军向他们靠近时，他们就开了火，结果很惨重。一时间黑衣军被击退，但又重整队伍击退了灰衣军，缴获一挺机枪和大批弹药。黑衣军的指挥官战死在战场。双方弹药的消耗大得惊人。毫无疑问，在前两夜的激战中双方各折兵一万五千人。送入租界红十字会医院的伤员整天源源不断。

今天大批（约五千人）革命军在阳逻登陆。一批红十字会人员赴汉阳帮助那里的红十字医院工作。那边医院里的伤兵太多了，他们忙不过来，所以准备把部分伤员送往汉口。虽已送走了约二百名，但还得留下很多。这些待治疗的都是革命军伤员，送到汉阳医院的伤员总数大大超过一千名。就目前可肯定的言，绝大多数是在与从蔡甸来汉水的清军作战负的伤。清军开路前进直到一个称作三孔桥的小镇，那里有一条可越过的小河，那是在汉阳上游约十哩处。他们就在这里遇到革命军的狙击，激战了三天。据说许多清兵在试图渡河中淹死。后来他们又架桥过河，但被堵了回来。革命军的主要伤亡是机关炮造成的。这里的形势仍不稳定。清军既不能进，也未被逐回。

白天革命军舰炮的一颗炮弹在美孚公司一煤油库上爆炸，油库起火，火势蔓延整整烧了一天。大量滚烫的油涌到河里，该油库装有七十五万加仑煤油。

1911年11月25日 星期六
11月26日 星期日

攻占汉阳的战斗仍在进行。清军好像不遗余力要占领汉阳。目睹这一战况的人对清兵不顾重大伤亡，还是坚持攻城感到惊奇。绝对准确的消息无法获得，但从一本地人（他星期五夜路经蔡甸）那里得到的最可靠的消息说，当时清军仍在前天的阵地上。头三天战斗的轮廓现在越来越清楚了。清军攻打三个地方——汉阳、舵落口、蔡甸附近某地。在攻打汉阳受挫的同时，在蔡甸的部队被击溃。蔡甸的老乡们讲述了清军四散的残部返回的情景。老乡们说，其中有些清兵为打了败仗而痛哭流涕。第三支部队（在舵落口渡河的部队）在作殊死之战，而汉口四周的清军好像还在等待，希望联合进攻。星期六，火车运来了二千名援兵，以及一军列的弹药。革命军承认，星期五舵落口的部队使他们陷入困境。他们越过小河湾沿山冈前进。虽然拼死一战，但最后黑衣军还是聚集一起击退了敌军，重新夺回最后一座山。如果四座山全被攻下，汉阳的阵地就易被攻破。星期六清军官声称，他们士兵如今已夺下了这四座山，并表示坚信汉阳于当晚即可攻克。今天，看不到从那几座山冈一边的炮台发炮，而汉水这一边的清军也不以轰击去骚扰那些山冈，这个事实似乎部分证实了他们的声称。当天下午，清军打哑了距汉阳山最近的一座山丘（梅子山）上革命军炮队的炮火，而占了一些优势。只见从旷野上炮兵阵地发来的炮弹在山上的炮兵中开花，大炮一个接一个地沉默。另一支部队在阳逻下游附近登陆，星期六夜三千名从九江来的部队与他们在那里会合。这支部队星期日夜试图向铁路线进击，该铁路线已被清军占领，从而遭到清军的伏击，清军早已架起了一组机关炮，专等他们的到来。革命军遭到惨重损失，被击退了，在阵地上留下约二百具尸体。星期六晚 7 时许城内最漂亮的建筑之一陕西会馆被烧掉了。从汉阳山方面射来的一颗炮弹爆炸导致该会馆一木建高塔门、梯着了火，火焰很快蔓延，烧毁了整幢楼。

1911 年 11 月 27 日　星期一

清军攻克汉阳

今天，清军攻陷了汉阳城，赶跑了革命军，占领了兵工厂。同时攻下了龟山，山上有一所可俯瞰武昌城的指挥瞭望楼。这是清军顽强战斗一周的胜利战果。详细情况尚不清楚，清军的胜利好像是炮击赫山及梅子山的结果。从三孔桥传来频繁的枪炮声表明，革命军的行军路线并不沿整个防线散开。星期日夜，汉阳城附近的部队确实开始撤退，昨天看到有一万到一万五千人顺长江左岸行军。队伍从汉阳上游起点的地方一直拖到汉水上游约二十哩的金口。另外还有一艘火轮拖了十一艘大舢板，全部载满革命军。对这次突然的变化有多种解释，有的说是顽强抵抗，有的说是仓惶溃逃，一种说法是由于军官叛变了。无论怎么说，下了开拔令是事实。第一个带来打败仗的消息的是红十字会的一艘火轮，它是到汉阳去转移伤员的。在汉阳登陆时他们遇到一个革命军军官，他说最好马上回去，那里很危险，几乎所有的革命军都逃跑了，余下的也都投向敌人了，只有一小部分部队镇守龟山。几名红十字会人员来到城里，发现店门紧闭，很多人都逃掉了，这里一片惊恐。红十字会人员集中了约三十名伤员，把他们送上火轮。他们刚离开，向武昌下游那边驶去，枪弹和炮弹雨点般向那些逃窜的舢板射来——这是两岸的炮队向逃离的革命军及其他走这一条路的人射来的密集炮弹和子弹。接着是逃难船遭难。那些可怕的幸存者讲述这次灾难性的溃逃。这仅有的少数几个幸免者很难把整个情况都介绍出来，他们只知道在自己小范围里发生的事和自己的苦难经历。有人说是由于炮口转向了他们而被迫逃跑的，但战斗的进展情况如何，他们全然不知。

快到中午的时候，观察龟山的那些人看见一小队灰衣军冲上山顶，有一个兵挥动着红旗。红旗插在山顶后，整天留在那里。很多人误认为它是革命军的旗，然而这一边的清军炮队向山上和汉阳不打一枪一炮，说明这不是好兆头。傍晚从上游驶来一艘客轮，乘客的说法证实了向上游退却的报道。那些向上游退去的兵，解释说好像是守卫汉阳的二万余人中的湖南人。他们显然是向家乡退去，其中一些带了大包小包很多东西，每四人才带一支步枪。看见龟山后面几处起火，其中一处火势很猛。据清军指挥部公布，那天退却中击毙革命军五千人，但没有提到清军损失多少。据今晚从蔡甸来的一个可靠的本地人说，在他中午通过前线时，三孔桥那里的战斗还像往常一样激烈地在进行。清军把所有能用得上的兵力都用于攻汉阳，只留下约二三十个警戒哨守卫汉水上游的城镇。数百名乡民在三孔桥观战，但看不到多大情形，因为清军派出一队骑兵，将观战者拒之远处。

尸体漂流

中午时分，经过一阵枪炮弹雨之后，几十只舢板和大船出现在租界面前，他们顺流冲出汉水口。所有的船几乎都是任听漂流，有几艘已下沉到水准线以下。一看就清楚船上的人都已遭到残酷屠杀的命运，同时可以看见旁边漂流着无数的尸体。这些船虽然可以任其漂流不管，但租界立即放出了外国营救船追踪那些漂流船。从卡德默斯（Cadmus）号放下的一只舰载艇驶到一艘漂流船旁，看见三四名革命军紧抓着舷侧。他们原是跳下水利用这艘船当防护物来遮挡激烈炮火的袭击而顺水漂来的。营救队把他们带到英租界堤岸的浮桥旁，再把这些浑身湿透冻僵了的人送上岸去，然后再去捞掉入水中的人。捞起三四个死人和一二受伤者。红十字会的汽艇也出动了，忙于想办法搜寻伤员，如果把死的人也都收容起来任务就太重了，所以就把那些还有点气的人都收容到汽艇上，再把那些船上躺着挨过乱枪打的遗体的船拖往武昌那边，叫那里的革命军负责处理。礼和公司的一艘火轮也投入了营救工作，把几只漂流船拖向岸边，让那里的红十字会人员及义勇队员来处理这些死伤者。其中一艘船上是一家难民，年老的奶奶、爸爸、一个男孩及一个婴儿都死了。孩子的妈妈在划船时子弹穿过她的手、大腿和胃。她还活着，但很危急。一个小男孩经过枪林弹雨后却安然无恙，他与妈妈难舍难分。在义勇队员抬他妈妈时叫他上岸，他却不肯离开妈妈身边。当妈妈被送往医院时，他一直守在担架旁。又有一船平民引起红十字会人员的注意，那船是漂来或者是驶来靠武昌岸的。那些难民中有一个妇女和一个婴儿。妈妈一直用手护着孩子的头，但一颗子弹飞来穿过手将孩子打死了。有些漂下来的船是空的，船上的人显然都跳船落水了。此时救起不少头露出水面顺水漂来的人，这就进一步证实了上面的推测。为了安全起见，都把他们送到英租界工部局大厦。当天最可怕的事件是驶来了一艘战舰，上面全是死尸和伤兵，横七竖八躺在一起。那船本身就可说明一切经历。

那艘战舰的经历

最动人的情景之一，是礼和公司的火轮把那艘大军舰拖靠岸边，上面堆的不是死人就是伤兵，舰上的人谁都不想去操纵航向，而是任它顺水漂流而来。后来发现船上竟没有舵，也没有浆或其他操纵船的手段。当舰靠岸时发现上面有二十七具尸体和二十六名重伤员，还有二十二名幸免受伤的人。另有一个紧紧抓住船尾的人，外国人想让他松开手去救他，但还未靠近他，他就松手了，就这样外国人眼睁睁地看他淹死了。这些可怕的“货物”被卸在岸上，在场的外国人几乎都不想再看见类似的情景。这艘舰船的经历是由一个幸存者讲的。他说原先上船时他们有一百人。第七团的一个军士说，他们在米粮山战斗了四天四夜，从未间歇。所有的军官战死的战死，受伤的受伤，一团人只剩两个营的兵力了。他们被逐回长江岸边，仍一直战斗着，当他们退到岸边时，发现了这艘停在那里待修的军舰。他们就上去隐蔽起来了，其他部分的人也上来了。最后由于拥挤，他们把舰撑开了，任其漂流。这时清军已占领了汉阳山和汉水边汉阳山脚下的一座庙，所以清军立刻把所有的火力扑向舰上的人。他们在武昌那边的自己的炮队也向他们开炮，所以从汉阳到租界，一路上都在炮火的攻击下，船被打得到处都是洞，几阵枪炮过后就有很多人被打死。最后，他们被拖进租界。竟然还有人能逃脱，这倒是个奇迹。八团的另一个兵说，他在汉水河口的一个铁工厂值勤已经几天了，他们一直在战斗，从未间断。突然在午前发现，他们自己受到汉阳山炮火攻击。他们向长江上游撤退，以便重返自己的部队。他们认为首先要占领这艘舰，所以上了船而遭到了这可怕的经历。

当红十字会的火轮从河里营救顺水漂流的伤兵时，发生了一件怪事。一艘向武昌岸边漂流的船上面有好几个人，当火轮接近时看见很多革命军伤员躺在舱底。刚想登船，从堤岸后面跳出一群革命军，把枪对准火轮，俘虏了船上所有体格健全的人，命他们列队走下轮。他们可能是因为想开小差而被抓的。

1911年11月28日　星期二

清军未遭到抵抗，几乎没流一滴血就占领了汉阳。昨天的调查绝对证明不了那些漂流的避亡船，有几艘船上一半是死人，给租界居民留下的大屠杀印象是有根据的。一队视察汉阳的外国人在城里走了一圈，只看见了死人，还有一个从乡下进城来的受伤乡民在受红十字会人员护理，此外就看不见有战争的受害者。绝大多数伤员已被送往汉口或武昌，也可能有一部分死在战场。租界里的中国人直到深夜得悉汉阳失陷绝非捏造时，才相信清军占领了全城。一些外国人也曾对清军占领全城表示怀疑，对该城视察后才释疑团。

看上去蔓延很广的汉阳大火实际上损失很小，只毁了几家当铺。钢铁厂的有些建筑不见了，兵工厂的命运如何我们还未查明。

兵工厂对灰衣军来说已无多大用处，因为重要的机器早已在星期天夜间运往武昌了。同时一些技工也已领了工资被解雇了，每人另发额外津贴一百元，作为在需要时再叫他们回厂的引诱。

革命军的失败是由湘军和鄂军之间大大的不和所致，关于这一问题的报道已被平民中传来的消息所证实。湘军抱怨他们总是被派往前线打仗，即使他们占领了阵地，鄂军也守不住。星期日那天矛盾激化，当时清军进攻，情况已非常危急，最后湘军开始大撤退。到星期日夜，他们竟然已全部退到武昌岸边，开始从上游长途行军回家乡。

这样清军余下的任务就简单了。他们在水厂所在地附近，架起一座渡汉水的浮桥。在星期日夜他们就利用浮桥渡过了汉水，这显然是在汉阳守卫部队过长江撤退时进行的。清军向赫山进发，再到汉阳。共和军说，他们在离汉水有相当距离的内地，走了一条人们不常走的路线，奇袭了留在汉阳山的一小支部队，但现在看来，他们原可以选择任何哪条路线都可以到。

革命军几乎丢弃了所有的野战炮——就是他们用来想发射更远射程的那些差装备和敌人较精确的大炮。但他们好像在离去之前，把这些大炮都拆坏了。那些视察的外国人，今天看到在龟山缴获的十二门大炮，都没有炮闩。

那队外国人在视察时来到长江岸边，那里的清军炮队和步枪手正在向武昌开火。当外国人与浸礼会的一个看门人正在说话时，一颗子弹从武昌飞来打在旁边的墙上，并在一个外国人的面颊上像一把刮脸的刀片那样掠过，射中看门人的心窝，幸好这颗子弹冲力已尽，没有穿透他的衣服。

除了从汉阳越汉水向武昌发射的炮火，和汉口后面的炮台向武昌进行小规模的轰击外，今天在邻近地区并无战事。然而清军则在为围困武昌作准备。可以看见从汉口运送汉阳的部队和弹药，还运去二十余尊大炮（看来还不是较大的）。在五圣庙架了一座横跨汉水的浮桥，距长江交界处约一哩地。起初，桥板横排在货船上，后来有些就用帆布浮桥代替木板浮桥，一座相当平稳的桥就这样架起来了。这些外国人从汉阳回来的路上，就骑车过了这座桥。这是骑车过汉水的第一批自行车。

有关昨天在汉水上游九哩处与清兵交战的革命军的消息尚未获悉，恐怕这一小部与后方失掉联络，又没有弹药等物资补给，境况可想而知。

1911年11月29日　星期三

赫山周围躺着许多革命军伤兵，没吃没喝，从上星期日一战后就一直躺在那里。虽有上百人从他们身旁经过，但没人敢救护他们，唯恐触怒清军。越来越厉害的饥渴折磨可以想象，然而伤口的痛苦想必更加难忍。由于伤口未经包扎，打穿的皮肉其溃烂的状况难以形容。

在七里湾附近看见一些湘军与清兵一起领饷。一个清军军官说，他们是从革命军反正过来的。

一个从黄陂来的本地人说，几天前在阳逻登陆的数千名赣军正开赴那城。

今天过汉水，经过本地区的外国人发现，革命军沿南岸挖了几里长的战壕。据城内报告，现在由日本人守卫汉阳铁厂。

清军好像在着手计划筑铁路。在歆生路附近一线可以看见两辆卡车，一辆满载枕木，另一辆装铁轨。

1911年11月30日　星期四

灰衣军毫不隐瞒他们见到革命军伤兵就全部打死。今天希望能带几个伤兵回租界去的红十字会小队巡视了赫山周围的战场，只在一个小屋里发现一二个活着的伤兵。一个被打死的伤兵只是右小腿受点轻伤，但发现也是被近射程的子弹穿过头部打死的。他的同伴说清兵向他们中的二人开了四枪，但显然没有看是否把他们打死就走了，所以他才免了一死。红十字会小队就把他送往租界。

当灰衣军正要在红十字会人员面前枪杀另一个伤兵时，被一名人员阻止了。不久来了一个军官，那个要开枪的清兵埋怨外国人不该来干涉，然而这个军官却饶了这伤兵一命。

据说向家乡撤退的湘军，一路抢劫，恐怕在他们到达长沙时可能会闹事。因为到目前为止，那里的共和军首领还保持纪律严明。星期二这支部队的一些士兵招呼驶往长沙去的吉安轮，并向它开了好几枪。可能士兵们想搭船，但船不肯停下。从清晨起，汉阳山的清军炮队开始向武昌乱放炮，但从中午起又停了火。据说是由于和平谈判的关系，北京发出了暂时休战的命令。

1911年12月1日　星期五

今天中午时分，看见武昌上空布满了从蛇山后面升起的浓烟，省谘议局（革命军司令部）起火，并已烧倒。几乎可以肯定火是清军的炮火引起的，因为中国人跟革命军一样，在那里堆满了煤油。清晨，河堤上的一组大炮及汉阳山后面的炮队，向该大楼发射了数枚炮弹。到中午，一枚炮弹打穿了大楼，引起了火灾。革命军几次去扑火都未成功。幸好汉阳失陷后就决定转移司令部了，因此司令部里的大部分东西早已搬走了。造成的损失价值大约有二十五万两。

今天从汉阳来的一个本地人说，清军正忙于造大木筏，还说他们大肆抢劫，闯进住家，抢走值钱的东西。周围的村庄倒了霉，一群群清兵进村抢走了所有值钱的东西。

今天，成千的平民从武昌东门涌出来，为了让难民逃出来，城门大开。沿江边的门只准有通行证的人通过。城里的商店十有八家关了店门。

大批部队从城里调出，因为他们的营房已成为清军射击的目标。炮台仍派人守着，里面留有一大部分部队。

为谨慎起见，共和军印发了新的通行证，顶端印有两面共和旗。

1911 年 12 月 2 日　星期六
12 月 3 日　星期日

一名被当作密探而被捕获的外国人

一名外国人由六名清兵严密看守着，前面是一名军官和手执大刀的刽子手，于傍晚 7～8 时经过太平路口的哨所。这个外国人看上去非常恐慌，当从一个水兵面前经过时，他可怜巴巴地叫了起来："救救我吧，救救我吧，他们要砍我的脑袋啦。"这时一个会说中国话的人正好在场，他想挤到这个被捕人面前看个究竟。刽子手立刻警告他，不得再向前一步，他还用大刀挡住去路。当向军官打听后他才明白这个人是密探。这一行人沿歆生路走去。英方当局接到有关此事的报告后，派出两路人员，一路去歆生路，另一路去车站了解事实真相。

星期六宣布次日上午 8 时至星期三上午 8 时休战。表面上虽停了火，但双方对下一步的作战准备都没停止。

南京的失陷抵销了汉阳的陷落。双方的相对阵地与两周前差不多。

港内的英国和日本军舰收到革命军占领南京的无线电广播消息。南京陷落的标志是升起白旗。

黄陂及孝感的传教士来信说，那里打仗了，据说战斗很激烈。虽然一周前在阳逻登陆的五千到七千名江西革命军攻下了黄陂，但清军指挥部声称他们灰衣军又重新占领了黄陂。

1911年12月4日　星期一

星期天夜里，清军以刺探的罪名抓获的那个外国人被证实为一德国人，名字叫伯恩哈特，已被送交德领馆。今天下午受审，领事的结论认为此人并未刺探情报，只是搜寻用过的炮弹和其他一些战争遗物。接着他被驱逐出境。

1911年12月11日　星期一

今晨，被袁世凯任命为阁员的唐绍仪当了议和代表，唐在参谋的陪同下来到这里，引人注目的是，在旅途中他未带警卫。

1911年12月14日　星期四

今天，英军的约克郡轻步兵乘广胜（Kowng Sang）轮抵达这里。他们是因为当地英国人的不安而来加以保护的。英国侨民要求派一个营的兵力，但当局认为一百六十二名官兵的一支部队就足够了。这个人数包括二十五名炮兵，二十名机械兵，两尊十磅的炮及各种弹药装备。

1911年12月22日　星期五

一周来，人们对清军是否继续固守汉阳一直十分怀疑。清军公开从汉阳运来大批弹药，外国人说他们还看见相当大的大炮送到了汉口。另外大批部队从这里派往前线也是人人皆知的。12月9日夜，运走了四列军用物资，这是休战很长时间以来的第一夜。人们一致认为由于清军看出对他们来说进攻铁路比向汉阳进攻具有更大的危险，所以正在向祁家湾和黄陂周围调集兵力。这次进攻始终没有发动，因为和谈成功地进行到底。（1911年）1月1日最后一个清军撤离了他们在该区的阵地，回师北上去守北京，北京正处于南京革命军的威胁之中。清廷退出北京，使革命到此结束，黑衣军成了中国新的统治者。

辛亥革命先著记（之二）

杨玉如

第四章　武昌首义时之状态

第一节　战线统一　请将购械

刘仲文捐款获得后，两团体即于七月二十二日（9月14日）晚在雄楚楼十号开联席会议。干部各重要人均齐集。推仲文为临时主席，蔡大辅当记录。首由孙武报告云："我们湖北革命已有十余年历史，尤其最近三四年间，完全是由我们文学社、共进会两团体担负这个重要任务。幸赖我们众同志互相谅解，互相努力，才获得相当成就。现在我们是到了摊牌的时候，我们要向敌人进攻了。月余以来，军队的同志屡屡催促我们发动，我们因为湖北处在满清的腹地，武昌革命是生路也是死路，我们必须要计策万全，'只许成功，不许失败。'所以不敢轻于一掷。现在我们秘密筹备的工作，已经大体完成。尤其是仲文同志慷慨的捐出了五千元，我们的发动费也有了，准备即时动手。但是武昌革命是文学社与共进会双方的事，如果此一方动手，彼一方仍袖手，反之如彼一方动手，此一方反袖手，都是不能成功的。所以今天召集我们两团体负责同志会商，这是紧急的关头，希望切实讨论。”

刘尧澂云：“尧卿兄的报告很坦白。本人极表同情。武昌革命本是共进会与文学社两团体的事。我们两团体向来是合作的。不过以前的合作只算是消极的合作，现在我们要积极的合作了。我们已到‘箭在弦上，不得不发’的时候了。本人建议：我们既到了与满清拼命生死关头，应该把以前双方团体名义如文学社、共进会等，一律暂时搁置不用，大家都以武昌革命党人的身份和满清拼个死活。‘事成则卿，不成则烹！’就在这时候。我们全体同志要群策群力，冒险以赴，一切都不须顾虑了！”

刘仲文云：“尧卿兄的建议，本人极表赞成。现在我们要向满清强敌搏斗，首先我们的战线就要统一起来。我们都是湖北的革命党，都是想推倒满清的。有敌无我，有我无敌，我们武昌革命是整个的。以前那某社某会名词，到现在总结的时候，似乎过了时效。尧澂兄主张一律搁置不用，正可表现我们战线已完全统一了，这是极端重要的。本人亦有建议：以为不特团体名称要化除，就是从前所预拟的个人负责的名义，也是过了时效的，都应一概作废，重新改选。即如本人先前本蒙同志预推为湖北的大都督，刘晦述（英）为副都督，现在晦述不在此地，我不敢代表他；至于本人大都督的名义，今天我可当众同志面前坚决取消。我自量我的才识，万不能胜起义时的领袖之任，请大家原谅。”

蒋翊武云：“仲文、尧澂两同志的建议都是极合理极重要的，本人深表同情。我是文学社的正社长，现在团体名称既应化除了，本人的正社长名义愿即时取消，以党员的资格同大众努力。”

王宪章云：“我和蒋同志的意见是一致的。我的文学社副社长名义，亦愿即日取消。”

杨玉如云：“从今日起化除团体的痕迹，我们武昌革命战线才算真正统一了。但是大家都愿取消已往的领袖头衔，那末我们湖北革命不成了群龙无首吗？我以为谭石屏同志曾说过：‘责任可以分担，事权必须统一。’这是中部同盟会革命的原则。我们今天还须要预选一个主帅出来，或都督或总司令，以备起义时好负责指挥，庶免临时忙乱，请大家考虑。”

于是会众以玉如的提议亦颇合理，都表赞成。即就刘公、孙武、居正、蒋翊武等诸人中互相推选，无奈彼等皆谦让未遑，不肯担任。旋由居正提议：谓各同志如此谦虚，不争权利，较之洪、杨诸王相残，进步得多，这是我们革命的好现象。但事权仍须统一，组织要有重心。我们可否向中部同盟会找黄克强、宋遯初、谭石屏等来帮同我们主持，名义候他们来了再定，何如？尧卿首先赞同，谓我们两湖向来是一家，此次革命又是两湖同人领导的，但是发动地点在湖北。我们邀湖南的黄、宋来做主帅，一则可以表示湖北人谦让，二则可以利用他们的声望便于号召各省。仲文云：“这是个解决主帅问题的最好办法。不过克强因今春广州打击太大了，很心灰意冷。遯初为人又甚谨慎，恐怕不是我们一纸相召，他们就即时命驾的。我们必须推举代表赴沪专邀，方可有济，因为我们武昌的现状再不能迟延了。”大家均以为然，遂全体赞成通过，并即席公推居正、杨玉如两同志赴上海，专邀黄、宋等克期前来，以便大举。并由居、杨拨款千元向沪代购手枪，作干部临时发动之用。

同时并议决二事：（一）就武昌城内择要多开旅社，平时通声气，有事即为集合点。（二）就汉口租界分租密室，为制造发难时应用之爆烈物品及旗帜文告等，至经费则公开使用，由会计向银行兑取。

先是七月初，鄂方因川省风潮未靖，复下令四十一标第一营准备开宜昌、沙市，第二营准备开岳州，马队第八标第三营准备开襄阳，统限七月二十日（9 月 12 日）前出发。当此共图大举，新军可为干部者分调如此之多，其关系不在妨碍武汉发难，而在发难后清军南下，大减其抵抗力，故军事筹备人员对于部署必须补救。于是文学社干部与各代表在小朝街机关开会，讨论应付之策，以武昌一旦起事，调防各处同志应即时响应。遂指定四十一标第一营开宜昌者，由唐牺支负责，与往川之三十一标曹子清、胡冠六及三十二标叶正中联络，占领荆、宜；马队八标开襄阳者，由黄维汉、章裕昆负责，与往郧之二十九标第三营联络，占领襄樊；又四十一标三营左队开岳州，蒋翊武势必前往，其任务决定由王宪章、刘尧澂分担；尧澂驻社办事，故军中计划多由尧澂统筹，与军事筹备员不时讨论，拟具略案，凡各标营届时应负任务，预向各标营代表分别具告，临时依命令实行。

至共进会新军中组织：则由蔡济民为二十九标代表，黄礼堂、张鹏程、萧国宝为各营代表，杨宏胜、方殿甲、周楚材为三十标正副代表，江亚兰、殷占魁为三十一标正副代表，郭抚宸、祁占元、陈随福为各营代表，陈子龙为三十二标代表，徐万年、孟华臣（亦名发臣）为炮队八标正副代表，蔡汉卿、王鹤年、艾良臣、梅青福、张富国为各营代表，沙金海为马队八标代表，熊秉坤为工程营总代表，雷振声、方兴、金兆龙、徐兆宾等为代表，彭楚藩为宪兵营代表，李翊东（西屏）为测绘学堂代表，陈磊、赵师梅为工业学堂代表，陈洪九为法官养成所代表，张育万为方言学堂代表，刘鄂生、牛廷臣、方旭明为铁路学堂代表。其军学界负责人，大概如此，以后时有增加或更易，颇难备载。两团体阵容时时调整，都摩厉以须。

至传言军中组织：以二十人为一排，五排为一队，中设有排长、队长以管领之。又称标营队各有总代表，以十人为一分队，以三分队为一支队，以三支队为一大队。各队置队长一人，副队长二人。队长即以总代表担任，指挥其他各级队长；副队长则由总代表就代表中指定或由队长互推之，由各标营代表负责等等，不过事前个人一种提议或预拟之言，筹备中并无此强制规定。因革命事，先主破坏，变起非常，战斗时又变化莫测，只宜依靠各代表临时部署，随机应变，不能如平时行军，预定整齐划一之制令人严格遵守。

时革命怒潮已至沸点，军队同志在总机关催促发动者户为之穿。黄、宋来鄂无期，势不能久待。于是孙武、刘尧澂等乃于八月初三日在胭脂巷机关部召集联合大会，商决首义动员计划。是日军界各代表及干部各负责人均出席，总计到会六十余人。公推孙武为临时主席，赵士龙、李济臣负户外警戒之责。首由孙武报告上月雄楚楼联席会议两团体合并经过。随即商讨首义日期，经一致决定八月十五日（10月6日）。并迅即电知湖南焦达峰同时发难。孙武复提议临时总司令一职推蒋翊武担任，自愿任参谋长之职，以表示合并诚意，众赞成之。旋即分派各标营队代表担任职务如下：

（一）混成协辎重、工程两队总代表李鹏昇担任首先纵火为号，以其营房位于草湖门外塘角旧恺字营，地临江岸，南北两岸及城内皆可望见。同营混成协炮队总代表蔡鹏来率队响应，即以一支队由草湖门进占领凤凰山炮台；以一支队占领青山，邀击海军，由辎重两队分别派队掩护之。

（二）八镇工程第八营总代表熊秉坤担任占领中和门内楚望台军械所，因其营房位于楚望台附近。右旗八镇步队第二十九、三十标总代表蔡济民、方维等，测绘学堂总代表方兴等率队响应。与工程营会合于楚望台，协同进攻总督署。

（三）南湖八镇炮队第八标徐万年、蔡汉卿等率炮队由中和门进城，攻击总督署，由附近八镇步队第三十二标孙昌复、单道康等率队掩护。

（四）南湖八镇马队第八标及混成协马队第十一营留守步队由祁国钧等以一部警戒于城外，以一部进城担任传骑队。

（五）八镇步队第三十一标及混成协步队第四十一标留守部队，由赵士龙、阙龙等率领占领蛇山，掩护炮队，因其两部同驻左旗营房，与蛇山相接近。

（六）汉口驻军混成协步队第四十二标之一部，由代表林翼支等率队响应，进占武胜关。

（七）汉阳兵工厂驻军混成协步队第四十二标之一部，由代表宋锡全等率队响应，占领龟山炮台。

刘尧澂复与孙武协议：关于临时组织，据当时决定如下：

总理部　总理刘　公（此因刘公已取消都督名义，因假定为总理，将来仍拟更改，免与中山总理有侵越）

军务部　正长孙　武　副长蒋翊武　高尚志

参议部　正长蔡济民　副长徐达明

内务部　正长杨时杰　副长杨玉如

外交部　正长宋教仁　副长居　正　刘复基（尧澂）

理财部　正长李春萱　副长张振武

调查部　正长邓玉麟　副长彭楚藩

部员陈宏诰　徐移山　蔡大辅　赵士龙

交通部　正长丁立中　副长王炳楚

部员杨宏胜　陈人杰　钱芸生

参　谋　张廷辅　杜武库　吴醒汉　吴芝诚　吴炳楚

彭寿松　黄中瓒　刘长庆　萧国宝　王宪章

黄元吉　李济臣　王文锦　刘　英　刘　铁

宋镇华　王华国　杨载雄　李抱良　杨王鹏

徐万年　林　晓　张斗枢　唐牺支

秘　书　谢石钦　邢伯谦　费　榘　苏成章

军　械　熊秉坤

司　刑　潘公复

司　勋　牟鸿勋

司　令　马骥云

司　书　黄元斌　袁汉南　罗秉襄

会 计 梅宝玑 赵师梅 赵学诗

庶 务 刘玉堂 钟雨亭 李伯贞 刘燮卿①

第二节 总机关破露 三烈士就义

居正、杨玉如接受了总机关请将购械的任务。两人于七月杪抵沪，即径赴民立报馆，晤宋遯初、陈英士（其美）、谭石屏等，报告湖北近况，并请英士代购手枪，由湖北携来一千元付之。英士即允负责办理。次日在英士寓所（马霍路某号）召集上海总机关部会议，决定武昌、南京、上海同时发动。时山、陕、滇、粤、川、桂各省，都有代表在沪总部参与会议，闻居等报告皆喜，即密报本省准备继起响应。又由居详述武汉及长江一带事实，函报黄克强，专派吕天民携往香港，请黄速来。遯初、石屏均准备同时赴汉。不料胡瑛在武昌狱中亦暗派岑楼持书至沪，向遯初索炸弹，欲行个人主义，并极言湖北不能发难。遯初遂对居等之报告，疑信参半，致迟迟其行。迨八月初间武昌炮队

① 又《湖北革命知之录》载：推蒋翊武为革命军临时总司令，孙武为参谋长，刘尧澂、蔡济民、吴醒汉、杜武库、蔡大辅、祝制六、王文锦、徐达明为参谋，杨时杰、杨玉如任内政，丁立中、潘公复、查光佛、牟鸿勋等任秘书，杨宏胜任交通，李作栋任财政，邓玉麟传达命令，王守愚、陈磊为常驻军事筹备员，孙武、潘公复、李作栋为常驻政治筹备员，赵师梅、赵学诗、费孟谦等等绘制星旗；牟鸿勋、谢石钦、梅宝玑办理文告。《革命逸史》载：夏间开联合大会，分组各部。以蔡济民、吴醒汉、杨玉如、张振武等任参谋，居正、杨时杰任内务，查光佛、牟鸿勋等任交际，刘公、李作栋等任财政，蒋翊武、刘尧澂等任军务。复又议发难时以蒋翊武为临时总司令，刘复基副之。孙武为参谋长，蔡济民为参议长，王醒汉、徐达明、王宪章、张廷辅、王文锦等为参议，谢石钦、潘公复、丁笏堂、陈磊等分任秘书、干事等职。邓玉麟、李作栋任传达命令。居正《起义经过》载：推蒋翊武为临时总司令，孙武为参谋长。刘尧澂、秦洛民、吴醒汉、王文锦、徐达明、杜武库、蔡大辅、祝制六等为参谋。杨时杰、杨玉如等任内政，丁笏堂、潘善伯等任秘书。查光佛、牟鸿勋等任联络，刘公、李作栋任财政，杨宏胜任交通，邓玉麟传达命令。

暴动，汉口总机关急电居、杨回鄂；而英士之手枪及遯初之行止，均未办妥，乃决定居暂留沪，玉如先行返汉。

因八月初三日午后，南湖八标炮队三营左队正目梅青福、兵士汪锡九请假离营，同志孟华臣、张富国、赵楚屏、霍殿臣等设宴饯别，猜拳斗酒，兴致甚豪，笑声达户外。其排长某忽来干涉，致激动公愤，陡起冲突。由霍殿臣、赵楚屏为首率众夺炮出，奈撞针已卸，子弹库又扃闭，仓库不得入内。本营同志以非总机关命，附和者少，而管带姜明经急电镇司令部就近飞调马队来弹压。孟、霍等度势不行，遂逃至城内晤邓玉麟、胡祖舜、李翊东等，具以事告。[①] 是日上午，正刘尧澂与孙武等在胭脂巷机关部开各标营代表大会，商定起义计划与日期。炮队代表蔡汉卿、徐万年散会后回营得知其情，乃密令为首的霍殿臣暂避，余则一概归营应点，处以镇定。如官长追问，则委责于霍殿臣一人，万一究治多人，则事非得已，即立时发动。结果张彪恐事态扩大，未加深究，只以兵士酗酒滋闹，开除霍殿臣等一二人军籍了事。时孟华臣手臂受伤，血痕新裹，面带怒容，见玉麟、祖舜时，力斥各机关主持者筹备迁延，致军中坐失时机，责难备至。邓、胡等婉言劝慰，告以居正、杨玉如赴沪购械快回，及本日会议已有结果，克期发动，彼始怏怏而去。

自此事发生后，清吏防范愈严，侦骑四出。十三日军警突至雄楚楼十号捕刘公、杨玉如未获。是晚杨妻吴静玉饮药自尽，柩停江神庙。清吏听侦探谎报，云吴柩系党人装的军火，十六日（10 月 7 日）又派兵围江神庙厝屋，疑鬼疑神，草木皆兵。至此清吏颇虑军队不稳，遂加紧各标营侦察，以三十标三营多旗人，移驻汉口，保护租界。又探悉汉兴里设有革命机关，将捕拿。方

① 当时马队曾奉有追捕炮队逃兵之命，因内中多同志，故纵之使绕道入营，致无一人被捕。

殿甲得此消息，于十六日上午来总机关报告，干部同志遂将汉兴里机关所藏文册器物等搬至宝善里十四号，其办事人亦移居是处。此时牟鸿勋、谢石钦、苏成章、邢伯谦、梅宝玑等则拟办文告及对外照会；丁立中、李春萱则筹设中华银行及印行钞票等事件；彭楚藩则侦察官方情报及各军事要点设备情形；潘公复、陈磊等则分别在汉口总部及武昌胭脂巷、小朝街机关部制备炸弹；杨宏胜、艾良臣等则密购子弹及传递消息；费振华则刻军政府鄂军大都督印；赵师梅、赵学诗则摹画十八星旗图案；刘尧澂、蔡济民、高尚志、邓玉麟、方兴、钱芸生、胡祖舜、黄元吉、马骥云、赵士龙等则往来各机关襄办一切。不料十八日（10月9日）正午，孙武与潘善伯等在汉口总机关（宝善里十四号）内配制炸弹，[①] 忽刘公之弟刘同口含纸烟从外而来，上楼旁观，偶遗烟灰于配药盒内，一时火星迸裂，烟气弥漫，声震四邻。武炸伤头面，仓皇中由丁笏堂扑灭火线，汪性唐、陈光楚、李作栋等以被幅覆武面，急从后门扶出，送往同仁医院救治，余皆潜逃。俄捕闻爆炸声，鸣笛呼警来查，见系革命机关，力加搜索。刘公之寓在紧邻，公逃避他处，其弟同回寓。有人密告两屋相连。俄捕遂将同与公之妾及其亲友王可伯、谢坤山、陈文山一并捕去。刘燮卿匆匆自外来，亦被捕。所有被捕人员及所遗文告、名册、符号、旗帜，悉解俄捕房，立移江汉关道署，旋解武昌督署，并案讯办。严讯时有人畏刑吐实，于是武昌革命机关及其主要人物多被泄露。向晚瑞澂下令紧闭四城，飞调巡防营、守卫队、教练队分布街巷，据供分途搜捕，居民惴惴不安，可谓武昌最恐怖之一夜，亦即推翻专制之前夕。

① 此弹壳三枚，原系黄复生、喻培伦存留之物，能装炸药五六磅。干部已在督署左侧墙外租铺房一所，预备将此三枚，配全炸药，携至武昌作炸毁督署之用。

时邓玉麟以购物在外，幸未被捕，急渡江至小朝街机关部报告其事。接着邢伯谦亦仓皇来告。时蒋翊武于是日晨由岳州防次回省，正与刘尧澂、张廷辅、彭楚藩、杨宏胜、陈磊等商谈，忽见邓、邢等来报告汉口总机关失事消息，皆相惊失色。尧澂奋然云："事已至此，正是我们和满奴铁血相拼的时候了。与其坐而被捕，不如及时举义，成败利钝，非所计也。"翊武亦云："再无别法，只有前干，或可死中求生。"众意皆主急发。尧澂乃取箧内地图及方略示翊武，促渠以临时总司令名义起草命令，派人分送各标营，定于是晚发动。命令如下：

命　　令

（八月十八日下午五时发于小朝街八十五号机关部）

（一）本军于今夜十二时举义。兴复汉族，驱逐满奴。

（二）本军勿论战守均宜依守纪律，不得扰害同胞及外人。

（三）凡属步、炮、工、轻等军，闻中和门外炮声，即由原驻地依左列命令进攻：

（甲）工程第八营以占领楚望台军械库为目的。

（乙）二十九标二营由保安门向伪督署分前后进攻；一营前队出中和门迎接炮队，左队防守中和门，右队防守通湘门，后队助工程营占领楚望台。（三营出防不列）

（丙）三十标扑灭旗兵后，即向各要地分兵驻守。

（丁）三十一标留守兵分驻各城门防守。

（戊）四十一标三营进攻伪藩署及保守官，钱、善后、电报各局。

（己）三十二标留守兵由保安门进城援助二十九标二营进攻伪督署。

（庚）马队八标一营进城后，分配各处搜索，二营向各城门外搜索，以四十里为止。

（辛）塘角辎重第十一营于本夜十二时在驻地放火助威，藉寒敌胆。

（壬）塘角工程第十一营掩护炮队十一营由武胜门进城，占领凤凰山。

（癸）卫生队于天明时往各处收抬阵亡尸首。汽球队于十二句钟时在谘议局听遣（辎重第八营在伪督署守卫，谅不可靠）。

（四）炮队八标于十一句半钟即拔队由中和门进城，以一营占领楚望台，向伪督署及八镇司令部猛烈射击；以二营左右队占蛇山，向伪藩署猛烈射击，中队留守原驻地；三营占领黄鹤楼及青山一带，防守江中兵舰（我军占领时即射）。

（五）四十二标一营左队进攻汉阳城。前右后三队占领大别山及兵工厂，以中队为援队。

（六）四十二标二营占领汉口大智门硚口一带。

（七）四十二标三营右后两队堵塞武胜关，前左两队防守花园祁家湾一带。

（八）武昌弹药枪枝暂由楚望台军械库接济，阳夏暂由兵工厂接济。

（九）凡各军于十九日上午七句钟皆至谘议局前集合。但须留少数部队防守已占领地点（阳夏驻军不在此例）。

（十）予十二时前在机关部，十二时后在谘议局。

（注意）本军均以白布缠左膀为标志。

临时总司令　蒋翊武

这个命令外，还有另一道命令，就是：

南湖炮队于是晚十二时鸣炮为号，城内外各军闻炮声一齐动作。

所以送炮队命令的人最关重要。那时送这命令的是邓玉麟，本属可靠。无奈他不从保安门、中和门或望山门出去（或者那时各门已有阻碍，难于通行），而从文昌门往南湖，这已绕了一个弯，延长了路程。而和他同行的徐万年、艾良臣又都携有炸弹。

他们三人走近文昌门不远，看见城门口戒严，往来行人必须检查。他们见情形不妙，忙将所带的危险物，抛置道旁水沟内，始得混出城外，这不免又耽误了若干时间。所以抵南湖炮队营门时，已经十二点钟了，营门早已关闭。乃徒涉该营外濠，攀篱而入。斯时人多睡了，猝不及备，以致时间已过，信炮未发。所以城内各军，亦无动作（据说城内各标营的命令，亦未完全送到），这个命令就失了效力，而我们为民国首先牺牲的彭、刘、杨三烈士，就难免演流血的惨剧。

蒋翊武派人分传命令后，旋出外晤王宪章，料理来日一切事情。刘尧澂见各同志分途出而办事，独往龚霞初寓，稍谈片刻，即同回小朝街机关部。适有留声机过，即唤入高唱，藉资掩饰。未几彭楚藩、邢伯谦、陈宏诰、蒋翊武、牟鸿勋等先后来。惟王宪章来而又去。唱片至九时始停。彭楚藩取身边所存钞票数十元，分给在座各同志，每人七元，以备糇粮。久之时钟将十二点，外间寂然，而传令被阻，亦无消息。正惶惑间，忽闻敲门声甚厉。同志等知有变，尧澂即持炸弹下楼，甫及梯，军警已破门入，径登梯。尧澂掷弹中梯身，碎片反射，负伤扑下，遂被缚。其余诸人，越后墙登邻屋顶，人多顶塌，皆被捕。张廷辅妻住楼下，亦不见。翊武尚垂长辫，衣酱色旧布衫，外套紫色领褂，如乡学究，军警不甚注意，遂乘间逸去。宏诰与来捕之警官识，亦中途纵逃。是日杨宏胜与李济臣由胭脂巷胡寓搬运炸弹，装入提篮内，覆青菜其上，分送小朝街及宏胜杂货店内。向晚宏胜送信至工程营被营门守卫盘诘，胜因掷炸弹受重伤，遂亦被捕。

瑞澂见破获人士如此之多，大为震动。当命铁忠、双寿及武昌知府陈树屏在督署会审严讯。庭审时已四鼓，首提彭楚藩。彭原为宪兵营正目，身着制服，至则自承革命排满，大骂铁忠满奴不置。双寿犹欲好言诱供，乃谓尔是否去侦察，抑系党人？彭不理。略问年岁、籍贯，铁忠即令剥去制服，绑去候斩。彭且行且呼“黄帝万岁！民国万岁！”者再。复提刘尧澂，刘更厉声说：“我是革命党，要杀就杀，何必多问？”并痛诋清廷的残暴及官僚的腐败，滔滔不绝，铁忠等莫不失色。推出时，犹大呼“同胞呀！大家起来革命！”又讯杨宏胜，见其面被炸伤，焦如黑炭，问过姓名后，未讯一语，铁忠即令写就旗牌听斩。宏胜骂道：“好，只管杀！你们奴才们的末日就要到了！”至是开国三烈士皆为民族流血于督署辕门左端。至今伪督署废址虽改为雄壮之军事机关，其门外东偏墙隅尚存有碑文，题曰“彭、刘、杨三烈士就义处”。《革命实见记》篇首载有三烈士赞词：

龟山苍苍，江水泱泱，烈士一死满清亡，掷好头颅报轩皇（黄帝）！精神栩栩下大荒，功名赫赫披武昌。呜呼三烈士兮，汉族之光！永享俎豆于千秋兮，与江山而俱长。（赞一）

貌清而洁，骨侠而烈。促革命之动机，贡牺牲于祖国！湖湘钟灵，孕兹三杰。共和成立兮千秋万岁，永纪念夫鄂州血！（赞二）

时天已黎明（已到了十九日），先后提龚霞初、牟鸿勋略问数语，未有结果。陈树屏提议午后再审，遂退庭。

陈树屏、双寿见名册多军人，主张烧毁其册，胁从罔治，以安反侧（此计甚毒），惟铁忠坚持不可，并严令续拿余党惩办。于是复在三十标操场捕去张廷辅，又在同兴学社捕去赵师梅、赵学诗兄弟及熊楚斌等二十余人。陈子龙之妻亦被捕。一日之间，武昌各革命机关全被破获，被捕男女达数十人，皆披枷带锁，拘押候审。这是清朝专制淫威的回光返照，其消灭当在指顾间。

第三节　血战终宵　武昌首义成功

彭、刘、杨三烈士就义后，瑞澂、铁忠等犹欲大肆杀戮。八月十九日（正是武昌首义之日）下午又把龚霞初、牟鸿勋等由模范监狱提到总督衙门再审。会审官仍是铁忠、双寿、陈树屏三个。因上午初次审牟鸿勋时，双寿问道："你也是营盘里兵士么？"鸿勋道："不是的，我是两湖师范的学生。"双寿道："你读的甚么书？"鸿勋道："我读的扬州史。"陈树屏是两湖师范的提调，大约想"成全"鸿勋，随问道："这几天两湖师范正在考毕业，你不好好用功，出来做甚么？"鸿勋道："我是出来到扬州去会史可法的。"树屏向双寿道："这个孩子所答的都是疯癫话，大概有神经病吧。"遂丢开不问了。此时陈树屏就先问龚霞初："你们是约定几时闹事的？"霞初道："本是约定昨夜，不知道为甚么没有动手。"树屏道："你们约的是哪些人？"霞初道："我所晓得，你们捉的捉了，杀的杀了，其余没有别的人。"双寿问道："孙尧卿你认得么？"霞初道："不认得。"铁忠道："你说你是在报馆当过编辑的，那报上署名'古复子'的，你必知道，他的真名叫甚么？"霞初道："这个人会做文章，我也听人讲过，但是我不认得他，也不知道他的本名。"接着又问牟鸿勋、张廷辅等几句话。忽然有一戈什来（副官勤务兵之类），气吁吁地道："上面传下话来，一切罪犯仍解回监狱，不必再审了。"铁忠等面面相觑，摸不着头脑，低声说了几句，也就宣告退庭。大约是知道党人于今晚决定大举，他们的大祸也临头了。

是日瑞澂曾电奏清廷邀功，尚云"臣不动声色，一以镇定处之，因得弭患于无形，定乱于俄顷"。可笑他夸口太早了，无殊梦呓。其时谣言蜂起，多以搜去名册为口实。有云由巡防营及宪警包围按册拿人；有云搜去者为假名册，各标营汉籍士兵皆在内。风声鹤唳，人人自危，同志极为愤慨。所以防制愈严，谋反愈急。当时虽总机关办事人（如刘公、蒋翊武、杨玉如、蔡大辅、王守愚、丁笏堂等）不得不暂避外，而各营队分别秘密私议，藉故外出传递消息者，清吏实无法可以制止。加以各营队值日目兵，照例轮出采办，平湖、武胜各门限时开放，俾居民取水，以故城内外犹得通讯。所以蔡济民、吴醒汉在右旗与熊秉坤、金兆龙、彭纪麟、阙龙、方兴、方维等集议。济民云："名册已搜去，各处捕人甚急，总是一死，不如今夜起事，死中求生。"众皆谓然。遂决定是晚点名时发难，以枪声为号。并通知塘角纵火，城内外各标营同时出动。邓玉麟、李作栋日暮由汉口绕道渡江至南湖与孟华臣、徐万年等议定：闻城内枪声，即集合出发。胡祖舜晤见黄元吉、刘国桢商妥与各营队互通消息，一致行动。

"拍……拍……拍……"，这是工程营的枪声。"轰……轰……轰……"，这是南湖的炮声。火伞高张，大放光明，这是塘角辎重营与城内王府口的火光。我们的三楚健儿干起来了！我们的黄帝子孙站起来了！让我把各路的民族英雄们先后出动及与清军血战的情况，逐项分叙于下：

（甲）工程第八营在紫阳桥南约一里，与右旗二十九标、三十标及宪兵营接近，距左旗四十一标、三十一标亦不远。先是十八日杨宏胜送来子弹仅有两排，本营吕功超取其兄家所藏子弹两盒，分给同志。于郁文、章盛恺又窃排长方定国子弹五排益之。队长罗子清系前日知会会员，因革命风潮高涨，曾密询熊秉坤，暗示关切，终以势格，无所助力。惟排长陶启胜反对革命最力。是晚七时巡查，见程正瀛持枪装弹，金兆龙亦擦枪，问其为何如此。兆龙答云："准备不测。"启胜大怒，厉声道："汝辈造反吗？"随扭住兆龙，正瀛急发枪击启胜，启胜负伤逃。兆龙跃起大呼云："反！"时方兴在营外亦掷一炸弹，声震屋瓦，玻璃破裂，楼下林振邦、饶春棠、陈连魁等闻声皆起。代理管带阮荣发出而弹压，发手枪阻止，适启胜过其前，遂中枪倒地，同志章盛恺亦受伤。众遂击荣发，荣发逃，徐少斌要击毙之。于是熊秉坤放枪为号。右队队官黄坤庸挽本队士兵暂留营房内，吕中秋击之，坤庸死，弹贯司务长张文涛，亦死。是时马荣、罗炳顺等守楚望台，闻本营枪声，立即放枪以应。各队官兵既集合，左队司书周定原云："难既发，当速占楚望台，据军械库。"于是整队驰往楚望台。楚望台逼近中和门，军械库在此，存枪炮子弹甚多。闻初在德国购七米厘九毛瑟双筒枪一万余枝，继在日本购六米厘五枪一万五千支，后由汉阳兵工厂自造单筒六米厘五枪数万支，多藏储其内。平时由工程第八营守卫。自谣传八月十五日革命军起事后，张彪即派李克果、马祖全、成炳荣、刘绳武、张策平等，会同总办纪某负责监守。克果等即在四周设防御工程，工甫竣而变起。克果见声势汹汹，不可制止，相率走避。炳荣系士官毕业，为同盟会会员，声请参加起义，同志许之。本营官兵到台，与守台同志马荣、罗炳顺等会合，遂实行占领楚望台及军械库。队官吴兆麟是晚亦守台，熊秉坤以兆麟在本营资望较高，军事学识出其上，举大事必须能者领导，遂与同志等公推兆麟为临时总指挥。[①] 兆麟力辞不获，乃申言宜严守纪律，服从命令，违者必绳以军法，众皆接受。于是重整队伍，集合西南凹地，宣布立时措置事宜，其概要如下：

一、本营北有三十标，西有宪兵营，多为旗人，地位相逼，必乘其不备制之。马荣、金兆龙各带兵一排：马荣向宪兵营东面进，金兆龙向宪兵营西南进，即时出发扑灭之。

二、本营军械库为我军根据地，必须保守。曹飞龙带兵一排防御西北端；黄楚楠带兵一排防御东北端，皆向三十标猛烈射击。

三、炮队在城外，本有预约，宜促其入城。熊秉坤偕杨金龙、徐兆斌、汪长林带兵一队，先夺取中和门，以便炮队入城。

四、附近电线，一律割断。程正瀛、杨开云、孙元胜、罗炳顺各带兵六名前往割断。

---

① 工程营同志举吴兆麟为临时总指挥，如此不自私不揽权之举动，本一般首义同志同具心理，亦即武昌首义成功之关键。

五、陈有耀带兵三名往通湘门附近侦察。唐荣斌带兵三名往中和门附近侦察。

六、城内各营各派同志二人分途前往送信。

七、其余为预备队，在本营军械库西端集合待命。

八、俟炮队入城及其他各营出动后，会师进攻伪督署。

（乙）混成协辎重一营工兵炮兵各一队驻城外塘角，距武胜门（即草湖门）数里。是晚七时左右，李鹏昇、李树芬等携洋油灯一盏，往马房纵火为号。辎重营则集合队伍向武胜门进，工炮两队继之，破城门而入。余凤斋率大部分工辎队，掩护炮队，进占凤凰山，并搜索山后各处。当由塘角启行时，沿途炮车转动，轧轧有声，乡民惊问何事，答云："这是我们的事，驱满兴汉，老百姓不要惊惶。"李鹏昇最先行，别率数十人，绕城至通湘门入城而至楚望台，蔡鹏来旋亦到台。

（丙）二十九标与三十标同驻右旗。二十九标三营调往襄郧，留守者为一营二营，尚有三营留守队若干人。三十标一营三营驻城内。三营士兵满汉渗合。二十九标张鹏程奉队官吴长怀命，于是晚守通湘门。先是本日午后六时许，二营厕所内突有炸弹一枚爆炸，将厕前敞地陷成釜形，似由墙外掷入者，已震动右旗各营矣。及同志接到是晚发动消息，以塘角放火为号。[①] 向晚，纷纷在操场北外望，未久果见天空微现火光，正在相约准备，而工程营枪声已起，蔡济民遂率同志遽起，三营学兵杜武库、陈人杰等呼集同伍而起，济民声称出巡，率本排士兵出，张喆夫、李达武、谢超武亦起。济民率队行至营门前，见有枪弹从营外射入，当系工程营促右旗发动者，即大呼道："打旗人!"营内各同志皆应声呼"打旗人!""打旗人!"即三十标亦有呼者。呼声动天，旗兵无不人人慑服，莫敢较。济民遂出，径向楚

① 枪声为号，系各营发难之号。塘角放火，为城内外公同之号。

望台而去。钟仲衡、卢雅卿、方维、谢涌泉、陈伟、冯中骥、罗良骏、萧国宝、陈复元等皆出。第一营管带何锡蕃知为党人起义，未加阻难，但当时尚无参加勇气，暂避马房，观察动静。其本营同志则与二三营合，领取子弹，其随管带避马房者仍未出。后炮队入城，闻一营未出，即在中和门城楼发一炮，适中右旗一营营房屋脊，避马房者遂一律出动。

时旗籍官长守三十标营房，声言管带不准外出，各不相犯。吴醒汉趋前喝道："管带命令，固应服从。但不可不整队，以防不测。"言时声色俱厉，而四面枪声渐紧渐密，旗籍官长即默然退。马明熙、徐达明皆为排长，吹笛站队，遣同志闯入本标营军械库取子弹，气势汹汹，旗兵不敢与争。管带郜翔宸见势不能敌，遂率旗兵百余人开西营门窜走，于是三十标马明熙、徐达明各率本排往楚望台，吴醒汉、方维、谢涌泉亦率一部去。二十九标杜武库、高尚志、杨选青、夏一鸣、姚金镛、彭纪麟及留守胡效骞等各率一部往楚望台，马云卿亦率一部与张鹏程会合。

（丁）四十一标与三十一标同驻左旗。协统黎元洪亦在是处办公。三十一标已开四川。四十一标有三营之前后右三队及一二营留守若干人。又有本标与四十二标之讲武堂受训士兵百余人寄宿标内。当塘角火起，其管带张正基电话报告黎元洪，黎即命谢国超严防本营士兵行动。适见一人从外来递信（有云名周荣发，亦有云名周荣棠），元洪手刃之。又士兵周玉溪闻变夺门出，亦为元洪所手刃。及闻工程营已占楚望台，遂下令谓革命军来，不开枪，以好言相劝。后闻南湖炮队变，又下令谓革命军来，即避入营房。自此元洪亦离去办公室避匿。于是阙龙、胡培才、李文灿、邹栋、王世龙、顾鸿、梁栋、柳涤凡、李必胜、郑继周等齐集操场，阙龙大呼站队，右队队官胡廷佐应声出，吹笛集合。二营留守士兵廖湘芸、姚钧与队官李铭鼎同出集合。后阙龙、廖湘芸、姚钧、胡廷佐、李铭鼎等率队出长街协攻督署，最出力，邓飞鹏、胡春阳、杨震亚亦同去。管带谢国超逃，队官殷人骥亦逃。三十一标留守无多，其督队官某同情革命，惟排长何少雄多方阻难，目兵胡忠良欲杀之，为同伍所阻，遂与江光国、赵士龙等出而参加，队长胡廷翼同往。次日何仍顽抗，乃被杀。

（戊）测绘学堂在通湘门内，距楚望台甚近，有学生八十名。当自习时，工程营枪声爆炸声并起，继以群众欢呼声，学生颇惊惶。李翊东即起抗声道："今晚革命党起事，推倒满清。我即革命党之一，我早代表我们同学参加了革命的，现在快站队赴楚望台领取枪弹。"众皆曰诺，遂同往操场排队。适方兴自工程营携军刀二柄来，以一柄授翊东云："学堂中有满人者，请以此斩之。"翊东云："仅一松俊耳，不必杀。"方以为可。遂与翊东及朱次璋、甘绩熙、向讦谟、喻义（育之）等及全体员生驰赴楚望台。

（己）南湖炮队第八标是日下午接城内同志起事预约，邓玉麟、李作栋复在营守候，已有准备。其晚九时工程营发难，二十九标、三十标相继起，有若干部份集合楚望台，公推马明熙率队出中和门往南湖迎炮队入城；复派金兆龙、马荣率队在中和门内外，沿途掩护。而炮队同志，又自见塘角火光，群起准备，蔡汉卿乃赤膊呼啸而出，其队官柳柏顺出而阻止，汉卿飞腿蹴之，柳倒退数步，其他官佐皆退缩莫敢言。蔡遂与徐万年、孟华臣及同志多人往据标本部，继开子弹库，拖炮实弹，威胁各营队，集合者三百余人，遂偕陈国桢、李慕尧、黄驾白、范鸿江、王鹤年、陈天寅、刘天元、谢荻南、闵少斌、邹国勋、丁敬敏、金明山、史定邦等率炮十二尊，向中和门进，邓玉麟、李作栋亦改易军装同行。

（庚）三十二标驻城外武建营，其一营三营及二营之前后两队分调四川施南。留守者仅二营之左右两队及各学兵新兵共四百余人。十九日午后，标统孙国安由城内回，召集督队官许兆龙、队官楚英、赵怀仁等指示注意事项。向晚镇司令部电传警讯，标统命楚英率队警戒标营周围，时孙长福、单道康、戴鸿炳、张树棠、王时杰等以是晚发难事，密告许兆龙，因协议届时一致行动。及城内已发动，马荣、金兆龙等率队迎炮队入城，近抵武泰闸，楚英探悉大惧，而炮队复派金明山来催其出动，于是夏斗寅、段海山、梅明祥、黄义群等在左队吆喝，戴鸿炳等在一营之操场，放枪击伤本部卫兵，孙国安于是出走，楚英亦遁。单道康、孙长福、夏斗寅乃集合队伍入城，其随标统出走之官兵，亦于次晚齐回同受编制。

（辛）马队第八标混成马队第十一营同驻南湖，马八标二营管带马德才所部调防襄阳，留守者为吴连庆、孙长林之两营。当首义前夕，瑞澂曾调马兵一队及机关枪一队，保卫督署。混成马队第十一营管带为王祥发，亦有一部份出防于外，该标营之代表章裕昆、陈孝芬等早随军出防襄樊，临时由祁国钧、刘国佐、沙金梅、黄冠群、罗振东、彭世春等率队参加，担任传骑，并任中和门内外警戒。

据此武昌革命军八路的人马都群起动员，固已气壮河山，胜算可操。但是瑞澂、张彪的兵力亦还不弱，他有教练队一营、机关枪一队、消防队一队（此是原在督署守卫的），自闻新军不稳，十八日又调入巡防三营协守，镇司令部亦有卫兵若干人，又有驻平湖门的八镇辎重营，合计当有三千人左右。又有警察约二千人分驻城内。瑞、张既拥有军警五千人，故仍欲顽强抵抗。及接到工程营与塘角辎重营举事消息，张彪即令平湖门外辎重营入城，复派李襄邻、白寿铭指挥各军，分两路防守伪督署。

长街为敌左路防线，所以防武胜门入城与阅马厂西进的革命军，前线以辎重营（八旗）入城队伍为主，头道防线在王府口，分哨及于南楼。

保安门正街为敌右路防线，所以防城内及南湖方面之各标营的革命军。前线以巡防消防各队为主。头道防线在保安门，其保安门正街沿北叉路皆布伏兵，使革命军不得径达大街进袭督署。至敌警察则分布山后各处及长街以东各街巷，直达阅马厂、紫阳桥一带。

瑞澂等既负隅顽抗，布此阵势。所以我们革命军当然有一番血战。吴兆麟与最先到台的蔡济民、熊秉坤、李翊东、马明熙、张鹏程等筹议时，鹏程抗声道："长守楚望台不速攻督署，天明敌军集，我辈无噍类矣。"众韪其言。于是派李鹏昇率辎重兵一队，李翊东、方兴率测绘学生守楚望台军械库及通湘门。以外各军决定分三路向伪督署进攻：

第一路由紫阳桥向王府口搜索前进。

第二路向水陆街搜索前进。

第三路经津水闸向保安门正街搜索前进。

开始进攻时间为十一时左右。当是时，各标营尚未齐集阵线，敌人布防情形亦不明了。进攻队伍，工程营所分配的：第一路邝杰，第二路马荣，第三路熊秉坤，各率一队。此外第一路尚有二十九标蔡济民本排与兼领零星之队。第三路尚有三十标马明熙本排与兼领零星之队。二十九标张鹏程、三十标吴醒汉各一部亦向第三路前进。惟因开始进攻，人数无多；又南湖炮队初入城，尚未在蛇山稳固阵地，是以王府口、保安门两方面进攻队伍皆被阻，且有伤亡（次晨卫生队长陈雨苍报告紫阳桥尸首最多）。第一路邝部进至紫阳桥西，即遭敌严重袭击而退回楚望台，邝因此为众所诟詈，指挥吴兆麟欲绳以法，赖同志缓颊令戴罪图功，得免死。蔡济民则绕道王府口以北，因邝部未达王府西口，故济民搜索至长街善后局官钱局附近，不敢前进。第三路熊部伍正林所率支队进至津水闸被阻。吴醒汉、张鹏程亦率部出第三路者，醒汉率士兵余文家、张玉清、于起云、马开云等数十人行至津水闸，遇敌巡防队连放排枪，被击倒数人，马开云负伤。鹏程则抵保安门附近亦遇敌军，不支而退，幸此时各标营已全体出动，纷纷参加战斗者甚众。故革命军两路虽稍挫，而气仍雄壮，加以炮队亦在蛇山稳固了阵地，声势更震。于是各标营联合发动

“二次进攻”，并议定进至适当地点，即放火助威，兼为显明发炮目标。

二次进攻时已在是晚十二时后。第一路工程营邝（杰）部退，黄楚楠率队前进，二十九标姚金镛率部同进。张鹏程退出三路后，亦转向王府口进。四十一标出三佛阁，见王府口以北尚有蔡（济民）部，遂分为二部份：一部份由胡廷佐、左国栋率领，进占官钱、善后、电报各局，并攻取藩署。一部份则由阙龙与王世龙、郑兆周、胡培才、胡春阳、岳少秋、李宗义等率领，径向督署方面进。邓飞鹏、柳涤凡、刘岳中、任得胜等则负沿途警戒之责。工程营马荣仍在第二路，三十标吴醒汉、二十九标高尚志同向第二路进。第三路熊秉坤担任正面，其支队徐少斌等向恤孤巷、崔家院方面搜索敌军，而进保安门正街。陈国桢带山炮二尊向保安门方面城墙上放列，由曹飞龙率一排掩护。伍正林一部调往沿保安门城墙射击，未至正街，遭恤孤巷伏敌袭击，不能进展，运往保安门方面山炮二尊，遂致放弃，伍愤欲自戕，经同志阻止。二十九标胡效骞、杜武库、杨选青、夏一鸣等各部，三十标马明熙、徐达明各部，以及彭纪麟、徐绍儒各部，皆出第三路。据闻其时张彪亲在保安门城上指挥，令武装消防队两次向我军冲锋，皆不得逞。于是马荣、熊秉坤、伍正林、杜武库、杨选青、徐少斌、彭纪麟、胡效骞等商组敢死队百余人，向保安门冲击。马明熙、彭纪麟、胡效骞等为前锋奋勇直冲，敌稍却，杜武库、杨选青、夏一鸣等遂进至保安门城上，与城下我军相呼应。而三十二标又入城助战，力更雄厚。第一路方面，我军接战甚猛，敌无炮队为助，又见王府口以北通道，亦有我军进至大街，不得已，始撤去紫阳桥一带防线，退至王府口西头布置阵地。张鹏程直冲至西口与敌军鏖战，马云卿受伤倒地，势颇危，鹏程乃在西口觅民房纵火。当放火时，住户居民先出，助之燃烧，且有喜色。阙龙乘火势超至蔡（济民）部前冲击，越过王府口，时火焰漫延，敌气已馁。然镇司令部在大都司巷内，其巷口稍北，敌排列机关枪扫射。阙、蔡二部趁机关枪时作时息之际，息则前进，以故死伤不少；会工程营一部前进者，有壮士二人（惜佚其名，直谓之无名英雄）伏地蛇行，及至机关枪下狂呼跃起，先起者为敌人瞥见，受刃立倒，次起者趁敌举刃之际，迅转机枪纽回击（此真壮士），出敌不意，敌人乃如墙倒，死者十数人。阙龙等复乘之，遂击破大都司巷口一带防线，敌人纷纷向东辕门退。当此时，瑞澂已逃，潜登楚豫兵轮，偕行仅铁忠数人，其眷属已先走。[①] 辎重营残队一部份退往汉阳，亦在是时。张彪见残部队伍不能支持，督署难以久守，遂亦逃往汉口刘家庙。瑞澂逃时，责成张彪率军警固守。张彪逃时，更令以下官长领率士卒死守。其时我军水陆街的队伍，进至西口外大街上，亦在接近督署后面商店放火，与第一路前进之队会合。火光冲天，督署目标为炮队灼见，发炮渐准，署内员役群起恐慌，多越墙而遁。惟教练队由官长督率固守督署墙垣，向外密射，因此一二两路我军不能涌进。于是专人分驰至中和门与蛇山炮队，告以轰击目标：蛇山发炮，向火光之南；中和门发炮，向火光之北；加紧轰击，遂射中督署签押房。阙龙等竟冲至东辕门与敌人对击，阙龙负伤。王世龙遂从附近商店搜取石油一罐，木柴数束，跃至钟鼓楼亭前，且烧且注，虽弹如雨集，不稍避，不幸连中数弹而死，然火已延及亭楼了。时则第三路敢死队，节节击破敌军，三十二标相率偕进，城上之敌亦退至望山门下城，向西溃散。及钟鼓楼火起，照在署前二旗杆尖

① 当时瑞澂闻炮弹声猛烈，极惶恐，心惊胆落，不能自主。统领陈得龙在旁道：“卑职保护大帅。”瑞澂云：“炮弹厉害得很，设使落一颗下来，可不得了。”左右无言可答。少顷，果有炮弹落在督署，瑞澂慌了，忙呼云：“往哪里避？”陈得龙云：“往城外兵船上去。”瑞澂不敢往督署大门出，遂命差役等将督署后围墙打穿一洞，带巡防队守卫兵一排，潜逃出文昌门，上楚豫兵船，并传谕守文昌门兵士不准说出。

顶，我军炮队瞄准目标，不断轰击，凤凰山亦连发二大炮，署内轰毁数处，守兵已心惊胆落。然为掩护退却计，敌退至辕门内，犹施放排枪；其在大堂之敌则以机关枪向外扫射，我军颇有死伤。马明熙、彭纪麟、陈振武、林振邦、饶春棠、胡效骞、张得发、孙松轩、杨正全、徐少斌、纪鸿钧等十余人一拥而进，竟陷于半环形包围。纪鸿钧即取随带石油一箱，跃进厅房放火，因以身殉。[①] 俄而火燎及大堂，敌乃鸟兽散，争先逃走，践伤跌死者不可胜数。其未及逃者，皆放下武器，垂手受俘。时天已黎明，至此武昌全城均为革命军所控制。党人预备的十八星旗遂高插于黄鹤楼上，临风飘扬，与日月争光。

此辛亥八月十九武昌首义的胜利日，正公历 1911 年 10 月 10 日。

第五章　湖北军政府成立　举黎元洪为都督

第一节　黎元洪之机运

黎元洪字宋卿，湖北黄陂人。幼肄业北洋水师学堂，为其监督萨镇冰所器重，毕业后保为守备。甲午中日之战，北洋海军全覆，元洪时为定远舰驾驶，乃愤而投海，得救。旋经鲁抚咨送南洋候差，年余，始奉檄经修吴淞炮台。时张之洞署两江总督兼南洋大臣，极为赏拔。张氏旋奉旨还湖广总督任，乃调元洪为鄂军马队营官，递升至陆军二十一混成协统领。为人有“谨厚”之称，平素颇得军心。职位虽在第八镇统制张彪下，而声誉则远过

---

① 至张斗熙、宋厚德、赵道兴、李自新等在保安门正街战死或督署前阵亡，则不可考。

之。但黎氏思想太旧，对于革命潮流实格格不入。然何以武昌党人忽然拥渠为革命首领，尊之为首义都督，这无异拔出九渊之下，升诸九霄之上。在黎氏固属侥天之幸，而其促成原因，则不外下列几种：

（一）武昌党人鉴于太平天国诸王互相残杀之失，深以攘夺权位为戒。故起义前对于革命领袖，皆彼此推让，不肯担任。其预拟之领袖虽决定黄兴或宋教仁，奈二人皆远在别省（详见前章），故起义前主帅一席，早已虚悬。

（二）八月十八日汉口总机关武昌总指挥部均已破坏，领导诸人或逃或匿，或被捕杀，革命事业几近消灭。幸军队团体甚坚，组织上宣导甚久，革命高潮，已达顶点。所以十九日夜间，各营队同志不为清吏压力所屈服，均能按照原定计划，人自为战。迨努力达到目的时，实有群龙无首现象。即如共进会孙武、文学社蒋翊武未尝不可代主帅之职，而是时孙被炸伤，蒋已潜逃，势不可能，故诸同志不得不舍其旧而新是谋。

（三）当时革命党人以为中国人心理重视偶像，军人尤其重视军阶地位，倘不以一有“名望”的人作出来号召，则不易成功。所以十九之夕，虽暂推吴兆麟为总指挥，而吴只一队官头衔，似乎不够都督资格。所以一有人提起黎元洪来，均表示赞成，以黎系现任协统，为高级军官，恰合此选。

（四）辛亥革命种族仇恨成分居多，故满、汉界限极深。当时党人惟以满人为革命对象，汉人中即属官僚或不革命者，概不敌视。黎元洪虽无革命思想，然党人以彼同属汉族，终必表同情于革命，且彼军事学识均优，对兵士亦无恶感。当时掀天揭地的大革命业已开幕，对内对外急需有一主帅负责。我们若就现实解决问题，黎氏实为时势所必需，所以众同志一唱百和，群起拥戴。黎元洪遂不得不为开创民国的风云人物了。

八月二十日（10月11日）黎明，革命军既攻下督署，占领武昌。全城除以少数队伍在城内外分巡外，各标营围攻督署之队伍，皆回营休息，各由领率者加以调整，听候改编。

革命军自十九日晚首义，至二十日正午，大众皆枵腹奋斗，疲困已极，严守纪律，无一兵入民家之房，无一人夺民家之食。戎马仓皇，又无法归营用膳。吴兆麟即命工程营伙夫陆续作饭，送至各队伍接济，以慰疲劳。而伙夫等亦努力急公，忙送茶饭，不觉其苦。全军感激，引起相亲相爱之情感，士气益为兴奋。

另由同志蔡济民、李作栋、高尚志、陈磊、王子梁、邢伯谦、甘绩熙等多人，并邀请城中绅耆父老齐集谘议局筹商进行一切紧急应办各事宜。

时吴兆麟得马荣、程正瀛二人报告：谓二十一混成协协统黎元洪尚在武昌城内，现拿有黎元洪之护兵前来为证等情。吴兆麟当命马荣、程正瀛、汤启发、徐寿林等带兵一排，由所获黎之护兵作向导，带至黄土坡刘文吉（黎之参谋）家，先将其宅前后包围，然后开门而入，其势汹汹。刘之护兵问来此何为，大众谓来请黎协统的。护兵不敢指示，又不回答，于是大众直至卧室搜查，遂将黎获得。时黎身穿一灰呢长夹袍，状极惊惶，强向大众曰："我黎某治军素宽厚，你们何得来谋我？"众曰："非也，我辈非谋害统领而来，乃系请统领出而主持大计的。"黎曰："你们革命党人才济济，何用我为？"众曰："统领非去不可。"黎曰："你们要我往何处？与何人晤谈？"众曰："往楚望台与吴兆麟指挥见面。"黎曰："吴兆麟很行，有他一人，即足以当大事，固不须我也。"众不耐，乃有人曰："我等好意来请，乃尊重统领也。如坚执不去，则自取祸耳。"黎踌躇有顷，即曰："我去，我去。"汤启发乃令人急足往楚望台报告，徐寿林且为黎备马。于是黎同众人往楚望台，其执事官王安澜随行。吴兆麟闻黎至，即指挥部队鸣号举枪欢迎，一如统领之礼节。黎下马以笑容语迎者曰："诸位辛苦。"亦还礼如仪。时有一炮兵高呼："请统领下令作战!”王安澜劝黎勿应。炮兵拔刀将斫之，黎以身蔽之曰:“此吾执事官也。”吴兆麟急呵止之。黎徐曰:“总督署虽下，瑞澂、张彪在逃。一旦水陆进攻，既无援军，又无粮饷，你们有何准备?我曾学过海军，如海圻等军舰，武昌仅须三炮即可全毁。你们不知利害，我劝各自回营休息，再行商议。事情太闹大了，更不得了。”众皆气愤，不以黎言为然。邓玉麟乃语之曰:“统领固不知革命党之有准备也。我等早与湖南焦达峰约，数日内必起兵响应;京山刘英现在襄河一带准备军事，日内亦可发动。”熊秉坤亦曰:“藩库官钱局造币厂存款不少，粮饷亦不足虑。”黎犹有难色。何竹山乃趋黎前厉声曰:“实告统领，革命事本无万全之策，生死成败，在所不顾。援军饷糈固所必需，然不能期其必备，要看我们办法如何。我们此时已是天与人归，也是你千载难逢的好机会。劝你不必游移吧。”旋李翊东呼曰:“此地非下令之所，请至谘议局会商。”时亦有人强黎赴保安门一带察看防务。黎仍乘马往。归途过右旗第十五协营门，管带何锡蕃因黎劳顿已久，乃迎入协本部，款以茶点，何部并列队操场，留黎在其协部少息。熊秉坤虑其有变，乃曳邓玉麟衣，使促之离去。众始拥黎至谘议局，甫入门，即有人高呼曰:“都督到了。”黎竟默然。

斯时前清谘议局议长汤化龙，副议长张国溶、夏寿康，议员阮毓崧、沈维周、刘赓藻、胡瑞霖，秘书长石山俨等先已被邀在局。午后一时许，吴兆麟、李翊东、李作栋、蔡济民、徐达明、王文锦、吴醒汉、邓玉麟、高尚志、周定原、陈磊、陈宏诰、邢伯谦、赵学魁、苏成章、毕钟、向讦谟、高振霄、方定国、李国镛与前谘议局议长议员等，拥护黎元洪，齐到会议厅开会筹商大计。公推汤化龙主席。化龙首先发言谓:“革命事业，兄弟素表赞成。但是此时武昌发难，各省均不晓得，须先通电各省，请一致响应，以助成伟举。鄙见瑞澂自逃走后，必有电报到京。清廷闻信，必派兵来鄂，与我们为难。此时正是军事时代，兄弟非军人，不知用兵。关于军事，请诸位筹画，兄弟无不尽力帮忙”云。吴兆麟谓：“汤济武（化龙字）先生所说极是。武昌既已首义，瑞澂弃城而逃，必图报复，此必然之势。然武昌业已光复，军政学商各界均表同情。即以军事而言，湖北兵力虽不甚大，而在中国已为先进，声威所至，清廷必闻而破胆，只要能坚持数月，全国必闻风兴起。我们财政充裕，武器甚足，从速扩充兵力，以武汉军资丰足之地，努力整备，即清廷派兵来与我为难，比较上我胜算亦多。请诸君不要畏惧。此次革命非从前无根据地可比，我们既据武昌形胜，为天下中心，具有独立资格，不患不能达到目的。但首义后军民两政实繁，兄弟拟请在座诸位同志先生公举黎元洪统领为湖北都督，汤化龙先生为湖北民政总长。两公系湖北人望，如出来主持大计，号召天下，则各省必易响应”云云。众皆赞成，拍掌之声洋溢满座。惟黎元洪答谓：“此事体太大，务须谨慎，我不能胜都督之任，请你们另举贤能吧。”会众置之不理，因都督名义已决定黎氏，渠即不承认，亦拟强制执行。

第二节　组织军政府

于是同志等进商都督府部署事宜。即以谘议局为湖北都督府，先派同志若干人负守卫之责。黎元洪住议长室内，由赵士龙、徐邦俊等就室门外角楼监护，以甘绩熙为警卫司令，卫士多用陆军中小学堂学生。后绩熙他调，改高尚志担任。李翊东被推为都督府铨叙长，司赏罚。又以往来人杂，特设军法、侦探、稽查、间谍等处，规定徽章，以便出入易于分别，并推定若干人暂任文书、庶务。时李翊东持预拟之安民布告请黎元洪签名，黎犹不允，众乃大哗，翊东怫然，即援笔代书一“黎”字发出。午后则见武昌城内外遍贴湖北都督府黎元洪布告，往观者途为之塞，欢声雷动。至有艰于步履之白发老翁倩人扶持，拥至布告前，必欲亲睹为快，人心为之大定。旅汉外籍人士闻之，亦为震动，皆曰："想不到黎协统也是革命党。"残敌更心惊胆裂，易装潜逃者甚多。

是日大众又议决各重要事项列下：

一、以谘议局为军政府。

二、称中国为中华民国。

三、称中华民国年号为黄帝纪元四千六百零九年。

四、以黎元洪为都督，布告地方。

五、移檄各省并照会各国领事宣布满清罪状。

六、布告全国国民并军民长官。

七、布告湖北各府州县。

八、拟定军政府紧要谕令。

九、致书满清政府宰辅疆吏。

十、布告汉族同胞之为满清将士者，促其觉悟。

十一、军政府暂设四部：

（甲）参谋部。

（乙）军务部。

（丙）政事部。

（丁）外交部。

十二、设立招贤馆。

以上各事议定后，即分途托人办理。是晚得各方报告，谓陈得龙之水师巡防营在襄河者均集合汉阳小河口附近待命。铁忠嘱陈袭击革命军，陈惧不敢登岸指挥。

又大众商议先在藩库取银十万两到谘议局，派向一清为军需，分发各军队以便购买粮秣。一面仍以革命军总指挥名义命令各军队防御武昌城，并先传谕各城门晚间一律关闭，无论何人不得准其出入。兹将是晚所下命令列后：

革命军总指挥命令

（八月二十日午后六时于谘议局发）

一、据报闻瑞澂欲派兵袭武昌城。

二、本军今晚以战斗队形彻夜固守武昌城。

三、步队二十九标第一第二两营附炮六门，归姚金镛指挥，防御宾阳门、通湘门、小东门一带。

四、步队四十一标第三营及第一第二两营留守兵，并步队三十标留守兵，附炮六门，归胡廷佐指挥，防御汉阳门、平湖门、文昌门一带。

五、混成二十一协工程辎重二队附炮二门，归李鹏昇指挥，防御武胜门一带。

六、工程第八营附炮四门，归李占魁指挥，防御望山门、中和门一带及楚望台军械局。

七、炮队第八标归程国贞指挥，除派附属各部队外，其余在蛇山黄鹤楼、楚望台布置放列。

八、马荣带兵一队，防御谘议局。

九、总指挥在谘议局。

总指挥吴兆麟

注意本晚口号：义军　独立

是晚命令发出后，吴兆麟即偕蔡济民、徐达明、吴醒汉等到各城门查防防御情形，并劝谕各兵士务宜坚苦忍耐，严守军纪，夜间不可懈怠。尤须切实保护百姓，以不负革命初衷为要。

吴兆麟查毕，先返谘议局。蔡济民即往各监狱释放瑞澂所捕之革命同志。胡瑛出狱时，将狱中所有犯人一律带至谘议局集合，并云都是同志，可为我们效力。当编成间谍队，由胡瑛、陈宏诰带领作巡查街道事务。

是晚十时，接得程正瀛报告，谓“黎元洪又由其公馆转回协司令部。闻黎已安排家眷往上海，其自己因被监视，亦未说如何，但对于革命似不赞同。目下跟随保护兵士，除派六名保护黎之家眷外，余均跟至协司令部。诚恐兵力单薄，致有不测，究竟如何办理，请示决定”等语。吴兆麟即与张振武、李作栋、陈磊等商议，无论如何，决不许黎元洪逃遁。张振武云：“此次革命虽将武昌全城占领，而文武大员均已潜逃一空，未杀一个以壮声威。革命军对于清臣未免宽容过度。但革命非彻底将清廷余孽大杀一次，将来必为民国之祸，革命仍是有名无实。依我愚见，黎元洪既不赞成革命，又不受同志抬举，放其出去，恐其害人。好在我们用黎元洪之名拟的通电尚未发出，不如先将黎元洪斩首示众，以扬革命军神威，使一般忠于异族的清臣皆为胆落，实为直捷了当。且昨首义总指挥既是吴先生，就以吴先生为湖北都督，可以贯彻到底，早为成功，岂不妙甚？”吴兆麟道：“此事万不能行，兄弟资望太浅，即以湖北军队而论，多数尚未响应，而带兵官位居我上者，必不肯服从，即与我同级者，亦未必悦服，欲收新军全体来归之效，非借黎元洪资望不可。至于各省若闻革命军领袖系一裨将，必少附和。吾辈欲革命速成，借黎元洪之名以号召天下，一则使各省可表同情，二则使外人不敢轻视。望诸位同志勿怀二心可也”云云。张振武又道：“吴先生主张未必尽然。即以外国而论，拿破仑以一中尉而为欧洲盟主，只求才略，不在资格，中外皆然。”于时陈磊、李作栋等皆以振武之主张为是。并谓：“黎元洪素非同志，必不能为民国出力，用之何益？吴先生乃日知会老同志，出为首领，名实相符，计甚得也。”吴兆麟执不可，答云：“中国历史习惯向以成败论人，最讲资格；而本省人又最不钦仰本省人，所以满清成例，不用本省人在本省作官。兄弟官卑职小，决不能负此重任。如诸同志强我所难，我只有一走而已。”大众以兆麟坚持退让，又秘商一法：仍以黎元洪居都督名义，如黎决不干，即派兵看守起来。公举吴为湖北军政府总理，代行都督职权。吴更不可。谓：“军事紧急，只可帮忙，他事非其所长，万难负责，望诸同志不要多费研究，仍以黎元洪为都督，明日即请其到谘议局，派兵看守可耳。即彼不作一事，亦无妨碍。”大众均不得已，勉强赞成。于是吴兆麟即令程正瀛等俟天明即请黎元洪到谘议局深居，不得再出。

中和门外陆军中学学生约千名，是日午前九时整队荷枪入城，随即派守各机关。三十二标步队及八标马队各一部分由其标统孙国安、喻化龙强率逃往郊外者，给养起居，均感困难，皆有怨言，亦于是晚回营，全体加入革命军。

先是十八日总指挥部命令原以四十一标留守队进攻藩署，并保守官钱、善后、电报各局。后因发难之初，敌军势力颇盛，各标营集中围攻督署，四十一标士兵多至督署前鏖战。及督署攻下，王府口方面后防队伍皆转向偕四十一标履行任务。胡廷佐率队占领藩署，见一人私劫库银一锭，廷佐立斩以徇，故库银不损丝毫者，廷佐之力也。蔡济民所领之队亦联合其他部队攻入善后、电报等局，张鹏程、王殿甲、张诘夫、马骥云等与焉。

二十一日（10月12日）吴兆麟、蔡济民、李作栋、徐达明等同往藩库、铜币局、官钱局点验款目：计藩库实存银一百二十余万两。铜币局存银元七十余万元，银八十万两，铜元四十万串。官钱局存铜元二百万串，官票八百万张，未盖印者二千万张，银元票二百四十万张，库银二十万两，银元三十万元。总计存款约四千万元。点清后，令胡廷佐负藩库责，刘绳武负官钱局责，夏维善负铜币局责。武昌战事止于十九日夜间，及明晨而秩序大定。故商户照常营业。是日武昌商会会长吕逵先组织地方保安社，逵先人甚开通，表同情于革命，由其协助政府维持，人心更安。

都督府组织伊始，部署多未就绪。三十标旗兵管带部翔宸率残部百余人，匿在城内，是晚忽由大东门窜至蛇山，进袭谘议局。张振武更衣将走，李翊东喝曰：“汝更衣何往?”张惭而反。

吴醒汉、蔡济民、李作栋、刘熙卿等护黎元洪避蛇山麓，李翊东指挥测绘学生数十人拒之，旋加入陆军中小学生，遂击溃部部叛兵。

原工程营后队排长方定国充都督府卫队司令官，与蔡登高、张振标常伺于元洪左右，时相密语。定国奉令派兵肃清残余旗兵，辄不如命。李翊东、陈磊等已疑之。二十二日（10月13日）傍晚，有大汉手持提灯，以手条付定国，定国阅后即碎咽之。被翊东察觉，拘问大汉，发觉为旗人，黄元吉立毙之。旋严询定国，定国无以对，细讯，辞连蔡登高、张振标，并攀多人，翊东立枪决此三人，余未究。当翊东喝令拿问定国时，定国手提大刀，握住枪柄，守卫相顾莫前。翊东遽提其领扣，定国瑟缩不敢动，可知当时革命党声威，颇足慑服叛逆。

都督府最初由蔡济民、邓玉麟、谢石钦、蔡大辅、吴醒汉、张廷辅、高尚志、徐达明、王宪章、陈宏诰等组织谋略处，筹划并处理一切军政事宜。二十一日刘公入府，二十三日（10月14日）居正自上海来，蒋翊武自襄河返，参预机要。汤化龙则长民政兼领秘书事。以黎、汤故，旧日军官佐及政学界附从者日多。其始也，黎虽被举为都督，诸多顾虑，尚未治事，首义干部亦多虚心，但求事之有成，少有成见。都督以下文武职官多由推举，制度兴废，悉从众议。二十四日（10月15日）谋略处改为参谋部，以杨开甲为部长，杨玺章、吴兆麟副之。孙武长军务，蔡绍忠副之。孙因伤未能任事，推张振武为副部长代行之。旋又成立军令部，以杜锡钧为部长。首义干部李作栋、马骥云、蔡汉卿、潘公复、熊秉坤、黄元吉、方兴、李翊东、钱芸生、赵士龙、徐万年、邢伯谦、陈磊、胡祖舜等，悉凭个人热心兴趣与需要以执役，以一人而兼办数事者有之，以数人而合办一事者有之。二十六日（10月17日）军政府召集会议，议决职官薪给自都督以下，每人月支洋二十元，军队饷章另定之。同时由居正等提议，议订

《军政府暂行条例》，计六章二十四条，军令、参谋、军务三部仍旧，民政部更为政事部，内设外交、内务、财政、司法、交通、文书、编制七局，以夏寿康、张国溶、胡瑞霖、阮毓崧、刘赓藻、石山俨、舒礼鉴、黄中恺、沈维周等为正副局长，首义干部少有预焉。但组织未备，又有更动。九月四日（10 月 25 日）复开会议，政事部废，文书局隶军政府秘书处，外交、内务、财政、司法、交通、编制六局一律正名为部，并与军令、参谋、军务三部，直隶军政府都督之下。其改订条例计四章十五条如下：

中华民国鄂军政府改订暂行条例

第一章　总　则

第一条　中华民国人民公约推倒满政府，恢复中华，建立民国，暂组织军政府，统辖政务。

第二条　军政府由起义时公推都督一人，执行军政一切事宜。

第三条　军政府都督代表军政府人民施行职务，除关于战事外，所有发布命令关系人民权利自由者，须由都督召集军事参议会议决施行。

第四条　军政府恢复土地所有建设各事宜，暂由都督谘询参议会议决施行。

第二章　组　织

第五条　军政府都督置僚属如左：

（一）秘书员　（二）顾问员　（三）稽查员

第六条　军政府设置左列各部，直隶于都督，各担责任，执行主管事务。

（一）军令部　（二）参谋部　（三）军务部

（四）内务部　（五）外交部　（六）理财部

（七）交通部　（八）司法部　（九）编制部

第七条　都督所属秘书顾问各员，由都督自行任用。稽查员由起义人公推，请都督任用。但各部部长得兼充参议员。

第八条 各部部长暂由都督委任。部长、副部长以下，由各部长、副部长分别请用或委用。

第九条 关于行军重要地点，由都督酌设镇守部，其组织法临时酌定。

第三章 权 限

第十条 军政府都督所置僚属权限如左：

（甲）秘书：（一）办理各部文书事件。（二）保管文书关防事件。

（乙）顾问：随时应都督之谘询，并得自建议。

（丙）稽查：（一）稽查各部及各行政机关。（二）稽查各军队。

第十一条 各部权限如左：

（甲）军令部：掌承都督命令，有发布军令、编定调遣军队、纠举军官及检阅军队之权。（乙）参谋部：掌定作战计划一切事宜。（丙）军务部：掌关于军务行政事宜。（丁）内务部：掌关于内务行政事宜。（戊）外交部：掌关于外交行政事宜。（己）理财部：掌关于财务行政事宜。（庚）交通部：掌关于交通行政事宜。（辛）司法部：掌关于司法行政事宜。（壬）编制部：掌编制军制以外一切法规。

第十二条 各部权限如有异议时，由都督召集参议会解决之。

第四章 附 则

第十三条 都督僚属及各部细则另定之。

第十四条 本条例依都督批准之日为施行之期。

第十五条 本条例如有修改时，须都督僚属各部正副部长十人以上之提议，由参议会议决。

至是公推冯开濬为内务部长，周之瀚副之。停战后冯辞，杨时杰继；杨去，部改为司，周汝翼为司长。胡瑛出武昌府狱，被推为外交部长，杨霆垣副之。胡转任烟台都督，王正廷继；王任参赞和议代表，夏维崧继，江恒源副之；部改为司，伍朝枢为司长，胡朝宗副之。胡瑞霖为财政部长，陶德琨副之；胡、陶去，李春萱、潘祖裕继。汤化龙为编制部长，张海若副之；汤、张去，徐声金、李逢年继。旋又成立交通、司法两部，以熊继贞、张知本为部长，傅立相、彭汉遗副之；彭去，夏道南继。其后内务部建议设立教育、实业两部，以苏成章、李四光为部长，查光佛、牟鸿勋副之。秘书事务初未置长，陈寿熙、李廉方（原名步青）、冯亚佛、李基鸿、蒋文汉、陈重民、金振声、萧日昌、饶汉祥、宋康复、王世杰、段树滋、杨霆垣、胡朝宗、欧阳葆真、方作舟、瞿瀛、胡吉陔、范熙仁、梁柏年、周龙骧、阮毓崧、范叔衡、戴祥云、刘钟秀等为秘书。杨玉如自京山还，覃振随援军自长沙来，郭泰祺自外洋至，亦先后任秘书。停战后军政府自洪山迁昙华林，公推杨玉如为秘书长，未几杨因公赴京，陈寿熙继；陈调职，饶汉祥继。蒋兰圃、黄元吉、朱树烈、胡祖舜等为军事参议官。彭养光、赵鹏飞、万声扬、李国镛、夏寿康、张昉、黎澍、熊瑞棻、鲁鱼、张大昕、余大鸿、孙发绪等为顾问。钱芸生、冯中兴、黄祯祥、耿毓英、沈尚元、钟振声、李振铎、周拓疆等为参议。邝杰、张盘、王安澜、萧慕何、王镇华、唐仲寅、曾进等为副官。邓玉麟、李翊东、聂豫、刘度成为军务部参议；邓升统领，夏道南继。刘玉堂为长江上下游总稽查长，蔡济民、牟鸿勋、谢石钦、苏成章、梅宝玑、陈宏诰、钱守范、高振霄为各部总稽查处总稽查。牟、苏调职，甘绩熙、丁人杰继，丁复为内部稽查处处长，陈庆章副之。曾振汉、潘铎、余振中、杜渐、姜钟煜、方震中等为稽查。蔡汉卿为全属总稽查部部长，王子英副之。杜邦俊自东还，任总参议，夏斗寅、涂汉鼎、刘鼎铭、刘天元、陈得森、江子超、陈瑞兰等为稽查。鲁俊英为会计处长，雷金龙为庶务处长，冯昌言为书记处长，冯去，刘世勋继。程汉卿初为执法官，旋扩充为执法科，程为科长，李范一、黄子琴、吴小昉、廖文阶、黄源汇、彭子丹、陈鸿诏、高鸿绂等分任执法检查职务。李次璋为测量局长，范义侠、喻育之、萧鸣鹤、李南星等为局员。汉阳兵工厂总办，驻军反正时为曹国勋，军政府以萧佐汉为提调；战争进行，曹去，总办由萧升任；萧去，刘庆恩继。总稽查则为刘德荣。汉阳钢药厂总办为李重任，李去，冯仁佺继；提调为罗一安，罗去，孙绍基继。武昌电报局长为章盛恺，汉口电报局长为于郁文。毡呢厂总理为张正基，军装制造厂总理为徐移山，被服厂总理为张融。布麻丝纱四局监督初为王国栋，王因案伏法，费榘继。胡石庵创办《大汉报》，军政府亦刊行《中华民国公报》，牟鸿勋任社长，刘复、朱峙三、张祝南、蔡良臣等为编辑，是为最初有力之宣传机关。江夏县废，存府，以陶凤集为武昌府知事，下新河设临时外交办事处，以路邦道为主任。

后因战争进行，军政各机关漫无节制，众议以同盟会孙总理有监察权独立之说，因组织总监察处，以为军政府最高监察机关。某日由都督召集会议，公举刘公为总监察，谢怀霞为秘书长，徐万年为稽查部长，曾尚武副之。刘斌一为参议部长，曾振汉副之；其后公任北伐左翼总司令官，移驻襄阳，此机构遂废。

是时所有在武汉之新军，除步队四十二标第二营及辎重第八营外，均已为军政府所有，声势更为浩大。于是吴兆麟即用黎元洪为湖北军政府都督名义，先通知武汉各军队自行解除总指挥之职。以后对于各军队俱用都督名义直接命令之。兹将所发命令列下：

湖北军政府都督命令

（八月二十一日午后二时于谘议局发）

一、据各方面侦探报告，瑞澂在楚豫兵轮，率楚材、江清二兵轮在日本租界下面停泊。张彪率辎重第八营在刘家庙，似有图袭武昌之势。

二、本军政府自本日起，拟防御武昌省城汉口及汉阳兵工厂。一俟军队组织就绪，即向京汉铁路前进，占领武胜关。

三、胡效骞率步队二十九标第二营即赴汉口，防御大智门一带。

四、吴胜元率步队四十二标第一营防御汉口各街市，但派一队沿街游击。

五、宋锡全率步队四十二标第三营，固守汉阳兵工厂。

六、姚金镛率步队二十九标第一营，炮六门，仍防御通湘门、宾阳门、小东门一带。

七、胡廷佐率步队四十一标第二营，炮六门，防御汉阳门、平湖门、文昌门一带。

八、李鹏昇率混战协工辎二队，炮二门，防御武胜门一带。

九、谢元恺率步队三十标第三营，炮四门，防御望山门、中和门一带。

十、程国贞率炮队继续前任务。

十一、段天一率混成协炮队一营防御凤凰山。

十二、李占魁率工程第八营防御楚望台军械局。

十三、张福麟率马队第八标在混成协营房内待命。

十四、王祥发率混成协马队一营在谘议局待命。

十五、本都督在谘议局。

都督黎元洪

注意本晚口号：四方　响应

以上命令发下后，各队伍均赴防地，严为防御，武汉秩序如常，秋毫无犯。武汉百姓极为欢悦，谓革命军真是仁义之师，众兵士真是爱国军人。于是一人传十，十人传百，无论老幼男女，俱表欢迎。一种庄严悲壮之气，有非笔墨所能形容者。

是日午后六时，各同志集合谘议局再开会议，因各部人员均未规定，办事殊多紊乱。拟暂增加兵力四协，每协成立后，各招补充兵一团。先将参谋、军务、外交、政务各部人员及协统四员举定。当此军书旁午，宜速规定，以利进行。兹将所举各部人员及四协统之姓名列下：

一、参谋部：正部长　杨开甲　闻先亦曾推张景良

副部长　吴兆麟（兼）　杨玺章

二、军务部：正部长　孙武

副部长　蒋翊武　蔡绍忠办事，张振武兼蒋职。

三、政务部：正部长　汤化龙

副部长　张知本

四、外交部：正部长　胡　瑛

副部长　王正廷

步队第一协统领：吴兆麟

步队第二协统领：何锡蕃

步队第三协统领：成炳荣

步队第四协统领：张廷辅

以上人员举定后，各部即按当时情形组织之。至于军队组织，仍照前清新军制度。

诸同志都抱定爱国热忱，议定军官及各部一切办事人员，一律对于军政府尽义务。每月各职员仅支夫马费二十元。兵士每月支十元，头目十二元。

是晚汇集各方面送到军政府报告：有谓瑞澂率同海军及陈得龙所带之巡防营协攻武昌城者；有谓张彪带领队伍由青山、洪山二方面袭击武昌者；又有谓城内藏有旗人甚多，联络奸细，作内应者；更有谓清廷已派兵南下来攻民军者。一时满城风雨，谣言百出。军政府内部办事人员至晚多潜出在外，其在内者，不过吴兆麟、李作栋、李翊东、张振武、胡瑛、牟鸿勋、蔡济民、陈

磊、徐达明、吴醒汉、蔡汉卿、向一青、杨玺章、黄元吉十数人而已。当晚大众会议，议定即出布告，晓谕人民，使之安心乐业，不得妄听谣言。又绝对禁止妄杀旗人，遇事皆要遵守法律办理。即或拿获旗人与奸细，亦须禀明都督，然后由都督转交军法处依法究办。又一面传知各机关及各军队，凡外来文武官绅以及各界热心志士，均须敬礼接待，以期广揽人才，帮助民国。又赶办公文，派人分送各府州县及各驻扎在外之新军，与水师巡防各种队伍接洽，劝其一律反正，倘有迟疑观望者，一经查出，定以汉奸治罪。

二十二日黎明，军政府派蔡德懋率炮队一营及胡廷翼步兵一队，到武胜门外两望占领阵地，向楚豫、楚材、江清各兵舰射击。午前八时已到该处沿堤布置放列。蔡德懋命各炮兵向各兵轮测准开始射击，各兵轮亦向两望还击。炮战约两时之久，射击极形猛烈。中外观者如堵，见革命军炮战精神极强，将楚豫、江清击伤，向扬子江下游败走，皆为鼓掌称赞。

第三节　光复阳夏　黄州反正　刘英起兵京山

阳夏驻军原为第二十一混成协步兵第四十二标，黎元洪直属之部队也。第一营驻汉阳，前队分防黑山及钢药厂上码头，左队驻兵工厂，右队分驻龙灯堤及钢药厂下码头。第二营驻夏口之居仁门营房，前右两队之一部分防大智门一带。第三营防护京汉线南段自孝感至郑州一带。

二十日上午九时，夏口驻军得悉武昌已为我军占领，纷纷集议反正。第三营代表赵承武因密令其副代表石占奎潜赴汉阳，邀约第一营同时动作。一面公推林翼支任临时指挥，从事布置一切。并密发同志子弹，以占领刘家庙火车站为目标，决定是晚十时正式宣布。翼支遂各授以任务，以“直剑”二字为口号。迨午后六时，该营管带陈钟麟忽通传各队，令各派步哨，以防敌袭。并云河南陆军一营事前被瑞澂电调赴援，即将抵汉，各队预备茶水接待等语。同志闻之咸抱不安，相集讲堂，筹议应付之策。赵承武义愤勃勃，不可遏抑，遂即持枪向天连放数响，飞奔出营，大呼曰："敌至矣，敌至矣。"于是全营为之震动。左队同志先出响应，后队亦渐次集合于操场。赵承武复对众宣示临时约法三章：（一）挟私报仇者斩。（二）争权夺利者斩。（三）扰害商民者斩。众赞成之。时统带张永汉早有戒心，偕管带陈钟鳞已闻警先逃矣，赵遂率同志追捕。翼支因整备队伍，拟与出防大智门之前右队会合，依照原定计划，进占刘家庙。令丁振凯率一部同志先发，既至大智门，则前右防兵已鸟兽散矣，留守寥寥无几。众疑其受张永汉之指使，或已同车北逃，均主沿铁路穷追。适胡光瑞收合江汉关卫队及汉防警士兵约百人接踵而至，相率向刘家庙火车站进发，约距半里许，忽见赵承武回报曰：河南陆军确已抵汉，本队不能轻进。盖赵于营中觅捕张永汉不得，已先本队到过刘家庙，故云。胡光瑞亦以众寡不敌，主张暂退大智门，时已午夜一时矣。迨行甫半途，接奉翼支命令，调队赴汉阳协助第一营掩护龟山炮台，直至翌日四时，始奉命复返夏口，巡查街道，保护商民，改编队伍，准备作战。

先是十八日汉口机关破坏，武汉风声极为紧张。副代表邱文彬时驻汉阳，得报，即往晤正代表胡玉珍，商定先赴夏口侦察情形，再定方针。途间适遇文学社副社长王宪章，见其形色仓皇，以手势约至大生典巷内，询悉省城事败，王固因张廷辅被捕而走避来汉者也。邱遂匆匆回营，分赴各代表处筹商举义方略。一面派密查袁金声渡省城侦查一切，此二十日上午以前事也。午后二时，忽有辎重第八营管带萧安国所部之辎重兵约三百余人，马队若干骑，声称奉瑞制台、张统制令，前来保护兵工厂，提取枪械子弹，同时派来铁舰一艘，停泊码头，气势汹汹，肆行恫赫。时司守卫之责者为第一营之左队，周拓疆其队官也。周以守护兵工厂负有专责，不能轻于放弃，因之彼此相持。周见其来也忽忽，明知武昌有异，然以众寡悬殊，姑以口舌周旋，来者亦无如周何。久之忽用好言就商于周曰："实以告君，我等自昨夜至今未得一食，请烦代筹给养及宿地如何?"周当以钱二百串文与之，令其自购面食，并指定龟山南端小教场为其宿营地，来者始悻悻而退。时袁金声已由省城回营，始悉武昌已入我军之手，萧安国所部之众即昨夕为我军所逐，受瑞、张指使，以图劫夺兵工厂者。胡玉珍得报，即与同队之王缵承、祝制六、朱璧珍、孙业张、黄振中、黄全斌、黄家麟，后队陈建章、郑兆兰、袁金声、宋自新、罗广顺、彭星垣等商定即晚十时举义。一面通知驻赫山之前队梁炎昌、张大鹏、邱堒墉及驻兵工厂之左队邱文彬、戈承元、张步瀛等积极准备。布置既定，届时胡玉珍在龙灯堤营房发令站队，集合营众，宣布革命宗旨，分给子弹。当举右队队官宋锡全为指挥官，即以右后两队分编四大排：一令胡玉珍、陈建章率领至兵工厂佯击，以助左队之声威；一令宋自新率队至回湾校场充独立步哨，以防辎重兵袭击；一令彭星垣、袁金声率队向夏口第二营前进佯击，促其响应。其时夏口已先二小时反正矣。黄振中、栾瑞超率一排守备营房，并派李春山通知前队，令于钢药厂下码头至针钉厂码头一带设立步哨，警戒襄河沿岸。复派王缵承准备次日伙食，清理各队军装，以为招兵之需。又派朱璧珍、韩洪发连夜渡江，报告军政府。钢药厂方面梁炎昌得令后，即与张大鹏、邱堒墉等夺取本队子弹，立时占领全厂，于赫山附近设步哨，并派任鸿钧率一排向五里墩小教场袭击辎重兵。兵工厂之左队由戈承元将平日私藏之子弹数百粒分给谢开山、罗春臣、姜安桂等，令在厂之西门发击号枪。邱文彬、张步瀛、王家麟、朱承堃等在内应之。驻厂巡警俱无抵抗，厂中职员悉已逃避。盖原充总办王寿昌早与革命党人相默契，至此已暗示意向于厂员矣。邱等占领兵工厂后，立开储弹库与炮厂，率所部搬运出厂，背龟山设戍。戈承元则任守护司令官，派石仲文、史大章、鲁国荣等率一支队会同前队派出之任鸿钧夹击辎重兵，胡玉珍等即会同林翼支所部，登龟山，设炮位，悬旗帜，时已二十一日午前八时矣。嗣据探报：谓汉阳知府已逃，有旗人童英者，在署放火。遂由张步瀛等率兵一队前往弹压，当场将童拿获，解由邱文彬讯明枪决。一面出李亚东于狱，军政府即任为汉阳府知事。而萧安国所部之辎重兵与张彪所派之铁舰，亦相率逃往刘家庙。

阳夏既复，林翼支奉命驻汉。是时汉口有匪人乘机劫抢者，当经拿获十余起，就地正法。复经胡光瑞、丁振凯、曾广生等分别会同警察及自治员，亲到各冲要地带演说革命宗旨，商民悦服，人心乃定。于是汉口商务总会蔡辅卿、刘仁山、黄锡山等愿筹巨款，以助军需。遂禀呈都督委胡光瑞、丁振凯、曹星源、曾广生等四人设处经理其事，担任接济阳、夏两处军食。首由江汉关拨铜元五百串文作为开办经费，并于处中组织粮饷队，以便输送。宋锡全所部则驻汉阳，以戈承元为兵工厂守护司令官，王金山为兵工厂总理，郑兆兰任军械官兼理厂务。当拔升机器各厂领工张德芳为全厂总监工，枪厂领工余庆鳌为枪厂监工。一面召集炮厂匠目曾得胜、枪弹厂匠目张喜生、炮弹厂匠目董绍荣等到厂，由郑兆兰宣传革命宗旨，命速招集工众立即复工。一面检查厂存军械，有枪七千余支，枪弹约五百万粒，山炮有一百五十余尊，炮弹六千颗，此就已制成者而言。至于尚未完工之枪炮弹药及存储之钢铁铜铅各项物料，骤难统计。当即报明军政府核办。旋奉都督命：改委曹国勋为兵工、钢药两厂总办，萧佐汉充兵工厂提调，罗一安充钢药厂提调，而王金山仍襄赞其间。厂工达三千人，日夜工作，故能于阳夏战争剧烈之消耗外，尚能供给湘、赣军及各路援军之需，盖得力于该厂也。

同时军政府以夏口地域重要，诚恐战端一开，内而军需孔亟，外而交涉频繁，非有适当机关，不足以资因应，佥议设驻汉军政分府，就近处理。时詹大悲、何海鸣由夏口礼智司狱中甫被释出，都督即札委大悲主其事，海鸣副之。所有前委胡光瑞、丁振凯等经理军需事务，悉归并分府，此八月二十二日事也。大悲奉委后，当即假汉口旧江汉关道署为办公处，分设司令、参谋、军需、军政、军械、军法、交涉、稽查八处。其重要职员有吴崑、马骥云、温楚珩、王尔康、余楚善、胡仰、邹廓、梁维亚、尹亚一、吕丹书、罗衡九、潘江、蓝寿鼎、戴锡麟、魏之纲、郭寄生、刘润生、李文辅、李中杰、王光汉、潘锡九及其他人员约八十人。未几都督以大悲不谙军事，组织过当，即将军政分府取消，改为驻汉鄂军支部，仍以大悲为支部长，专办运输粮秣械弹接济前敌事宜，殆一变相之前敌总粮台也。

又有详述该军系由汉阳先发动者云：四十二标一营分防兵工、钢药两厂，营部驻龙灯堤，在两厂中间，其左队驻兵工厂，前队驻钢药厂，秘密负责同志以胡玉珍为主。营部负责者，书记王缵承，左队邱文彬、张步瀛等，前队戈承元、张大鹏、梁炎昌。当武昌总指挥部破坏，汉阳未接消息。十九日晨，管带汪炳山下令各队采办员限上午十时归营，并有种种规定，禁令颇严。胡玉珍适为采办员，将米蔬由伙夫挑回，自往汉口交通处范明山寓探讯，遇副社长王宪章逃至，告以破坏详情，谆嘱准备速动。下午六时回营，值日长责以违令，罚禁足一月。其夜十二时，玉珍私至王缵承棚，据实密告，尚不知武昌是时已发动也。次日星期，奉令士兵得在操场休息，采办则以司务长代之，即分驻各队消息亦不易通。忽有李金山同志奉派督送帐棚至大校场，据回报云：辎重营无枪官兵露宿其处，询其来由皆不答，同志颇以为疑，然亦无由探其真相也。其日正午，袁金声同志奉派送营部公文至标本部，缵承嘱其细探消息。金声递公文后，急渡江往武昌探之。下午四时半，回报汉阳门紧闭，城上荷枪士兵左臂皆缠白布，城外遍贴布告，署都督黎。于是玉珍、缵承等知武昌已得手，商定是晚举义。适同志黄家麟值日守卫，玉珍乃便衣逾后墙出往汉口，与二营同志赵承武等商洽，并约王宪章来议事，缵承则通知左前两队同志于八时半举义，各占领其防守之厂及厂外山隘。及宪章、玉珍先后至，议事有顷，玉珍鸣枪为号，右后两队齐至操场集合，即进子弹库取子弹分发，管带汪炳山逃。时队官宋锡全在大营门与黄家麟谈话，欲起而制止，家麟即将预置白布一副系于锡全左臂，笑语曰："你不要糊涂！"锡全素机警，即抽佩刀作指挥状。玉珍正向队伍演说，即曰："宋队官日知会党员也，才学为本营冠，平日待士兵尤和平，吾辈此后皆听其指挥。"众皆欢呼。旋左队、前队先后报告，左队由邱文彬鸣枪集合，率队搜查枪厂、炮厂、子弹库，随即布哨龟山周围，并推倒山脚围墙，运枪炮子弹至山上，又拖大炮三尊安置山顶。时夜深天黑，宿大校场之辎重营残队闻声，派人至山腰探问，文彬漫应曰"放哨"。一面急足催龙灯堤及赫山速派队来合剿，一面分队经栖贤寺包抄其左翼，自率数十人向山下冲击，辎重营残队未抵抗而逃。前队戈承元、张大鹏等则驱散钢药厂厂警，代以士兵，并分队往赫山布哨，两队长官相率逃走。兵工厂总办王寿昌遁往上海。于是设司令部于公务厅，设指挥部于龟山上。次晨七时许，见有敌舰一艘满载士兵由刘家庙上驶，至黄鹤楼前转舵，直向龟山方面而进。我军炮手王子卿、左福斋、雷声燮发炮击之，敌舰亦回炮，及我军之炮击中其船尾，敌舰急向青山下游逃去。后闻敌舰为瑞、张运兵拟进据兵工厂者，此数炮关系武汉安危。邱文彬常言龟山数炮重于武昌工程营一枪。

其二营驻汉口居仁门，标本部在焉。先是胡玉珍与赵承武等会商同时举义。承武约其派队来汉放枪威胁，及汉阳已占两厂，乃由曾汉臣等率队往居仁门外向空放枪，承武即集合同志发动。队官林翼支、排长吴胜元亦出而指挥，管带陈钟麟走避，时二十一日晨也。三十标二营多旗兵，驻歆生路余庆里，见风声恶，相率遁去，管带任光耀亦逃，其余百余人由商会出面接洽，留其保卫歆生路，至是与四十二标联合，分防汉口。是日上午十一时许，一二两营各派代表集议于兵工厂，胡玉珍、邱文彬、赵承武、王缵承等皆主张军事领袖宜重资历声望，众韪其议，公举宋锡全为统制，驻守汉阳；林翼支为协统，驻守汉口。王宪章、黄振中、王殿一（原队官）、黄柱国（原排长）为标统，陈建章、戈承元、蒲志斌、宋玉廷、赵承武等为管带，邱坤庸、张仲威、朱旭东、王家麟、袁金声、陈得元等为营附。龟山炮队以左福斋、王子卿为队长，邱文彬、梁炎昌为正副参谋长，王缵承、黄家麟、张步瀛等为参谋，胡玉珍以参谋名义担任联络。郑兆兰为兵工厂厂长。其后呈报都督核定，稍有更易，委宋为协统，林为标统，汉口共三营：第一营朱振汉，驻余庆里；第二营祝雄武，驻居仁门；第三营赵振武，驻汉防营内。汉口五方杂处，当二十、二十一两日，治安无人负责，匪类乘机抢劫纵火，花楼即有钱店二家被抢，南城硚口、后城马路等处皆有行劫者，此以二十一日为最甚。汉口官钱局各钱庄及典商同时被劫。各处纵火，商团救不胜救，由商会代表向都督府请保卫，当派兵二百名来汉，获抢匪三人，就地正法，势稍安静。时硚口方面则由兵工厂司令部派张步瀛率队前往镇压，毙抢劫者二名，抢风亦息。官商与居民稍有迁徙，江轮索票价甚昂，码头常有男女老幼衣物被劫或缺船资者，坐地饮泣。及各标营部署已定，吴胜元、胡光瑞、丁振凯等由四官殿出而弹压，余庆里驻军亦会同梭巡，秩序遂逐渐恢复。未几军政分府成立，与商会协商维持，更定种种条规，保商安民。其时汉口商会会长蔡文会（辅卿）、副会长李紫云维持市面颇有力，紫云尤明干，商民颇称许之。

黄州为鄂东门户，密迩省城，受革命影响最早。八月二十三日，该处得武昌起义消息，全城即为骚动，巡警罢岗，原驻防营亦变。标统张禹臣逃，变兵焚其标署。缘张尝积欠弁兵饷银，数逾千两，已归无着，职是谋变，遂蜂拥县署，县知事亦无踪。时有自治局议员左项辅归自武汉，得状，约总董冯锡恩、董事邱沅、绅耆朱泽霖等就知县署商议维持地方秩序，并报告武汉光复实现，讵议未终而变兵至。项辅曾参加庚子自立军之役，田桐、詹大悲亦素相识，固同情革命者，至是见有机可乘，乃召该防营队长姚某，什长马某、徐某商谈，询悉其由，慨允筹发欠饷，并晓以革命宗旨，劝其归顺民军。姚等从之，即取泰来布店白布两匹以为旗帜袖章之用，一面由自治局召集全城米商借米四十担，一面提取同春典存款当十铜元二百串文，银元四百元，以应防营粮饷急需。同时遣地保王某急足晋省报告军政府。黎都督以黄州为鄂东重镇，治乱所关至巨，特委黄楚楠、彭汉遗前往招抚，李持中、梅宝玑、方孝纯、殷子衡、吴贡三、黄巨川、刘子通、满莘儒、刘东青等先后往助，设署于旧协署，黄自兼防营统带，委姚、马、徐三人为管带。知府麟振早逃，以前府经历高孝炜任黄州府知事，前戎粮厅县丞谢琦任黄冈县知事，戎粮厅县丞一缺，由左项辅任之，招抚军民，地方以安。后北伐进行，右翼总司令李烈钧驻节黄州，即以该处为攻守基地。

刘英字晦述，湖北京山人，前清诸生，与同里宋镇华（字晋东）及其弟刘杰、刘铁等均醉心革命。英曾赴日本习法律于明治大学，先后加入同盟会、共进会为会员，属于激进一派。戊申返国，密与孙武、刘公、杨玉如、彭汉遗、潘公复、邓玉麟、黄申芗等谋义举。在会党中极负声望，襄河一带为其势力所及，谈湖北革命具有地方实力者必首推英。共进会尝推为军政府鄂军副都督。湖南焦达峰、河南王天纵均与有联络。庚戌，托名办理地方自治，结纳尤多。辛亥春，孙武、刘公、杨玉如等密设总机关于武汉，召英至武昌，筹商多时，值三月广州革命失败，共进会即议决由湖北首先发难，湖南与襄河一带即日应援。时英与焦达峰均参与会议，极表赞同，并各受任务，分途进行。七月初，英在乡正力为经营，忽传闻革命由湖南先动，湖北响应。英颇不谓然，即遣宋镇华至省察看，并寓书孙、刘、杨等云：“……春间在胭脂巷二十四号议决我们湖北首先举动，湘省应之。近何以变更前议，弟颇不解。原武昌襟带江汉，绾毂南北，形势为天下最，义师一举，东南各省必争先响应……且他省如动，鄂当北兵南下之冲，恐事未集而兵已压境矣……倘我省毅然发难，英虽不敏，必先树一帜于上游，上拒襄樊之敌，下为武汉声援，成则同为幸民，败则同为齑粉。”孙、刘等以英所得消息实系误传，由玉如复书解释，慰勉有加。并托镇华回里时面告武汉革命已至成熟阶段，促英积极准备。

先是杨玉如由沪回汉不久，雄楚楼住处即被军警查抄，其妻亦暴卒，玉如颇悲愤；至八月十五日起义之期又过，玉如更抑郁无聊。刘仲文、孙尧卿、邓炳三等诸同志多方慰藉，意稍解。十六日（10 月 7 日）尧卿忽向同志提议请玉如往京山晤刘英，告以武汉革命即时发动，促英准备援应，并可令玉如乡间游历，略遣悲怀。同志皆以为善。商之玉如，亦慨然允诺，尧卿并给玉如手枪一支，子弹数十粒，由炳三教以用法，俾玉如旅行防卫之用。玉如拟俟机潜赴武昌探视其女一面（时杨女寄养渠姨母处）即起行，不料十八日总机关破坏，革命遭此遽变，同志皆星散，此时玉如幸不在宝善里，故未被捕，得息，即往新大方栈刘玉堂处告知。刘已先闻耗，派人四出探听，玉如即促刘亲往租界同仁医院探视尧卿伤状，逾时回栈，云：“尧卿伤虽重，但均系皮肤，内部无损，生命决无危险，现神智尚清，亦能言语。闻兄在我处，命我劝兄速往京山催呐述发难，省城恐怕糟了。”玉如此时亦无门可投，只有履行前计划，向刘英处相商。即由玉堂雇一小舟，星夜从天门往京山，二十一日晚始抵永滗河刘家榨房内，向刘英兄弟及宋镇华等报告汉口失事详情。英忿然道：“武汉经营数年，机关甚多，这次破坏，伤人必不少。但是我们革命党是杀不尽的，民国这块招牌是要从血里淘出来的。现在我们只有干了，不管省城破坏如何严重，革命就是做的破坏事业。他不破坏我们，我们也是要破坏他的。兄弟们赶紧干起来吧。”玉如极端赞助，谓：“满清专制政府对待我们汉人，专以屠杀为不二法门，这二百六十余年我们汉人积的血债，也要和满奴彻底清算一次了。现在革命潮流，汹涌澎湃，民主的气运如旭日方升，君主的末光已奄奄一息。我们革命党人不止是杀不尽，我们革命的锋芒，满清终久是当不住的。至于发动地点，省城与乡镇无大区别。秦始皇是君主专制的鼻祖，他雄踞关中，以为是子孙帝王万世之业，那知经陈胜、吴广两位英雄领导，以戍卒九百人在渔阳发难，不久就把他金城千里打垮了。就是前此太平天国起义，也不是在广西省城，而是在小小一隅的金田村发动的。现在武汉虽已破坏，晌述兄是武汉党人中坚份子，如果领导在座的各位英勇同志，投袂而起，焉知今日湖北的京山，不就是昔日广西的金田吗?”众闻刘、杨二人言，皆异常兴奋，一个个磨拳擦掌，都有剑及履及之势。于是日夜筹备，二十四日已集合壮士千余人，即袭击驻该处之襄阳巡防营，歼其弁兵，取其枪枝，二十五日晨(他所纪载以上日期均误)，兴汉灭满之旗帜又高竖于永澨河畔。二十八日进兵天门，戮清知县荣濬于市，士民称快。二十九日发表布告，文曰：

黄帝纪元四千六百零九年八月二十九日，湖北荆襄国民军代表刘英、杨宝珊（玉如原名）、朱镇华、刘杰等，谨宣告于我伯叔兄弟姊妹同胞之前：我同胞苦满人虐待久矣。自明季失政，满奴以东胡贱种，乘我国有流寇之乱，窜入关内。偷窃我神器，屠杀我人民，奸淫我妇女，积尸成邱，流血成渠，自古夷狄乱华之惨，未有甚于此时者也。二百年来，我同胞不忘国仇，屡起义师，徒以汉奸揽权，自残同种，故未能即时恢复。方今满酋溥仪，口尚乳臭，雏毛未干，徒倚赖贪鄙无耻之奕劻，与淫乱宫闱之寡妇，荼毒生灵，摧残士气；假设立宪，以剥民财；滥借外债，以重民累。饿莩载途而不恤，利权损失而不顾；以致四海骚然，天怒人怨。我军政府痛满奴之暴虐，惧汉族之沦亡，用是纠合中国十八行省，同时起义，必使光复旧物，扫除腥膻。今武昌、汉阳、汉口、汉川等处已经恢复，不烦一兵，不折一矢，我同胞一旦得睹天日，快何如之。英等奉军政府命，召集雄兵十万，战将千员，由京山起义，直捣天门。仰赖军政府威灵，我国民奋勇，天邑即时克复，满奴荣濬，已膏斧钺，枭首示众，士民踊跃欢呼，群相庆祝；义师所至，秋毫无犯，士农工商，各安各业，勿庸惊疑。外人教堂教士，皆当妥为保护，如有扰害，军法不宥。呜呼，我汉族复兴之日，正胡儿命尽之年，黄帝子孙，其速奋袂以起，布告同胞，咸使闻知。

刘英号召力颇大，起兵数日，已麇集二三千人，当即编整部伍，在天门县署与同志等会商进取所向。斯时由武汉逃回商民已众口宣传武汉已为民军光复，各处插的是九星旗，都督是黎元洪，汤化龙为民政长。惟武昌革命党人姓名，鲜有道及者。英颇诧异，谓杨玉如曰：“武汉既为民军所有，何以军民两首长都不是我党的人？黎元洪是满清的将官，汤化龙是宪政党，他们是几时革命的，是何人推举的，我们十年辛苦为谁忙？仲文、尧卿、翊武、尧澂等未必都牺牲了吗？此时真相未明，我们的队伍是直抵武汉抑或暂时驻此？”玉如道：“这都是十八日以后的变化，我也茫然。但现在商民都说插的是九星旗，你知道这旗帜是我们共进会预制的，可见武汉确实为我们革命党占领了。黎元洪做都督，大约是我们军队同志推戴的。但是满清还掌握着全国的统治权，我们只得了武汉一隅，他是不甘心放弃的，他必定派兵来和我们有一番血战。黎、汤革命与否是内部事，容易解决；现在军事要紧，你的队伍人数虽多，枪械太少，勇气有余，训练不足。我意你暂时不必直趋武汉，急应分兵向襄河一带仙桃镇上下驻扎，只派三五百徒手兵，同我下汉领取枪弹，从速搬运上来，好将队伍整理充实，俾将来作我们战守的基本，你以为何如?”英深然其说，即派宋镇华率领数百人同玉如下省，驻汉阳城内镇南殿、刘猛将军庙等处（他纪云“刘兵到时汉阳已失陷”，实误）。时汉口刘家庙已有战事，玉如即与宋过武昌，至军务部接洽军械，部中即时拨发若干，交宋运回。后英所部改编一标，由英弟刘铁统带，归并安襄郧荆招讨使季雨霖指挥，英遂摆脱军职。

第四节 宣示中外 传檄各省

军政府成立，即以中华民国鄂军政府都督黎名义，布告全城，文曰：

今奉军政府令告我国民知之：本督所持宗旨，排满复汉四字；先得鄂省根据，北上破竹乘势。凡我义兵到处，尔等勿用惊疑，本督为民除害，用特先举义旗。须知堂堂大汉，何颜屈膝满夷，请读明末历史，无不血泪沾衣：扬州屠城十日，嘉定杀戮孩提，此外十八行省，到处血肉横飞。兹仇兹恨未雪，中心一日不离；彼昔食吾之肉，吾今寝彼之皮。告我父老伯叔，同胞姊妹兄弟，皆当同心协力，恢复我汉土地。凡尔投诚军界，尤宜恪守军律，以外绅商学界，照常安居贸易。又有紧要一言，尔等各宜知悉，列强居留内地，更应保护严密。土匪流氓煽惑，从中趁势抢劫，设有汉奸傀儡，立即斩首不惜。自此示谕之后，各宜凛遵勿逆。

同时颁布刑赏律令十六条，文曰：

本都督驱逐满虏，恢复汉族，凡我同胞，皆宜谨守秩序，勿违军法。所有刑赏各条，开列于后：

藏匿满人者斩。藏匿侦探者斩。卖买不公者斩。伤害外人者斩。扰乱商务者斩。奸掳烧杀者斩。邀约罢市者斩。违抗义师者斩。

乐输粮饷者赏。接济军火者赏。保护租界者赏。守卫教堂者赏。率众投降者赏。劝导乡民者赏。报告敌情者赏。维持商务者赏。

二十五日（10月16日）复颁军令八条：

一、军队中上自都督下至兵夫均一律守纪律，违者斩。

二、无论原有及新募兵士人等，有三五成群不归编制者，以及至编制内擅离所在易装私逃者斩。

三、擅入民家苛索钱财及私行纵火者斩。

四、军队中各干部如有不遵约束者斩。

五、官兵不受调遣及违背命令者斩。

六、擅自放枪恐骇行人往来者斩。

七、兵士中如有挟私仇杀同胞者斩。

八、如在当铺强当军装物件者斩。

同日又颁紧要谕令二则。

其一：

一、宪兵务分别派人分途巡查。

一、巡查专以军纪风纪为主旨。

一、巡查如遇有冒充军人到处劫抢以及扰害商民情事，当即扭至执法处审办。

一、各协标营官兵，一律不准私自出营到处散游，新兵尤宜注意。

一、暗号务各记明，如经查问不对，定即扭送执法处惩办。

一、本都督不时亲诣各协标营审查，倘有不遵军纪情事，定以军法惩治。

一、夜晚无命令，不准携枪擅入民家搜索。

一、各协标营务各设置风纪卫兵，以维持军律。

一、凡在街梭巡兵士，非有官长领带者，务即各回原营。不准三五成群在街闲游，如违，定以军法从事。

一、各协标营业已编练成立。仰各级官长督率老兵将现招新兵迅速切实训练，并演说此次革命宗旨及大概情形，俾资鼓舞。

一、各协标营迅将火夫招齐，并将炊具赶紧整理完善。如无铜锅，可赴善后局领取。

一、各官兵武器装具亟应整顿齐全，而饭锅水瓶，尤为紧要。

以上各条，各协标营官兵应即凛遵。倘有违犯，定即分别重惩，决不姑宽，勿谓本都督言之不预也。切切此谕。

其二：

时当军事紧要，凡我同胞具有热血，务宜鼓其义勇，共襄盛举。保国即所以保身家性命，万勿以一己意见而贻九仞一篑之虞，合衷共济，汉业立成。

一、外间谣言不可信。

一、满贼之假电报不可信。

一、本军起义，极有节制，商民莫不心悦诚服。军人努力同心一时，投效者以千万计，商民亦愿输粮饷，兵力充足，粮饷充实，万无不胜之理，惟军商最宜和洽。

未几，清军南下，谣言四起。军政府诚恐军心玩怠，作战不力，因先后发布下列各谕令。

其一：

一、各军士于战斗时，务须确见有敌人，方准放枪，以免糜费子弹。

二、于战线上虽敏捷，必有沉着之性质，方有济于事。

三、战斗之胜败，全在乎精神。各军士务必鼓舞志气，将满奴灭尽。

四、军队赖乎军纪，各军士务必服从上官命令，方得服从之效果。

其二：

刻下传闻北洋来兵，实系谣言。深恐无知之人，无故惊扰。须知本军政府现已编成陆军三镇，并急招募新兵。战守之计已定，各省均已响应，大局绝无可虑。为此示谕一切人等：各安生业，不得互相疑惧，倘有藉此造谣生事煽乱民心者，一经查获，定即严惩，决不宽恕。

其三：

为示谕事。照得大汉起义，战胜攻取，端赖旧军教授有方，新军勇气百倍。近闻各营时有谣言，谓北来大兵，实属无稽。南面半壁，独立已成，正待直捣黄龙。彼满奴自顾不暇，安敢越雷池一步。且北洋之兵，多属汉族，深明大义，万不致与我为难，夫何疑惧之有？愿我同胞齐心努力，杀尽满奴，恢复汉土。如有故造谣言，妄生事端，定交执法处拟罪重办。又闻各营兵有至土娼处取乐者，夫当卧薪尝胆之时，尚敢嬉戏以误事乎？一经查获，立即治罪。其勇往直前束身自好者，亦有重赏。为此示谕各标营一体知悉，勿造谣言，勿作无益，共建奇勋，张我汉力，是所深望，切切勿违！特示。

复颁发示谕豁免常关税、百货统捐及本年下忙钱漕，文曰：

父老苦清苛政久矣。元洪倡义武昌，天下响应，亟应将湖北境内一切恶税，先行豁免，以安我父老而为天下倡。谨开列于左：

一、除盐烟酒糖土膏各税捐外，所有统捐局卡，一律永远裁撤。

一、本年下忙丁漕概行蠲免。

一、本年以前积欠丁漕概行蠲免。

一、各属杂捐，除为地方所用者外，概行豁免。

武昌占领，阳夏反正，二十二日军政府即以都督黎元洪名义照会驻汉各国领事，宣示革命宗旨。文曰：

中华民国军政府鄂省都督黎为照会事。我军政府自广东之役团体溃后，乃转而向西，遂得志于四川。在昔各友邦未遽认我为与国者，以惟有人民、主权而无土地故耳。今既取得四川属之土地，国家之三要，于是备矣。军政府复祖国之情切，愤满清之无状，复命本都督起兵武昌，共图讨满，推倒满清政府，建立民国。同时对于各友邦益敦睦谊，以期维持世界之和平，增进人类之幸福。所有国民军对外之行动，特先知照，免致误会：

一、所有清国前此与各国缔结之条约，皆继续有效。

一、赔款外债照旧担任，仍由各省按期如数摊还。

一、居留军政府占领地域内之各国人民财产均一律保护。

一、所有各国之既得权利，亦一律保护。

一、清政府与各国所立条约、所许之权利、所借之国债，其事件成立于此次照会后者，军政府概不承认。

一、各国如有助清政府以妨害军政府者，概以敌人视之。

一、各国如有援济清政府以可为战事用之物品者，搜获一概收没。

以上七条，特此通告各友邦，俾知师以义动，并无丝毫排外之性质渗杂于其间也。相应照会各领事，望转贵国政府查照。须至照会者。

各国领事即以电告各本国驻北京公使，奉令“除非保护租界利益及侨民生命财产必不得已之事，可与间接商办外，不得与革军政府公文来往”。嗣因我军占有武汉重镇，举动文明，秋毫无犯，尤其对于租界利益及各国侨民生命财产之安全，保护周至。当瑞澂、张彪残部占据刘家庙车站，清廷援军亦将陆续南下，我军政府派夏维崧、李国镛持文往晤驻汉领袖领事俄领敖康夫，要求限令清军离开租界三十里外作战，以免损害外人生命财产，并希望各国严守中立。同时我军武装人员间有出入租界者，我军政府得报，立即出示禁止，邮政海关电报有关条约亦不侵犯，各国领事派员晋谒黎都督。二十六日俄领袖领事召集驻汉各国领事会议，决定严守“中立”，布告租界居民知照。文曰：

驻汉英俄法德日领事为布告严守中立事。现值中国政府与中国民国军互起战争。查国际公法：无论何国政府与其国民开战，该国国内法管辖之事，其驻在该国之外国人无干涉权，并应严守中立，不得藏匿两有关系之职守者，亦不得辅助何方面之状态。据此：本领事等自严守中立，并照租界规则，不准携带军械之武装人在租界内发现，及在租界内储匿各式军械及炸药等事。此系本领事等遵守公法、敦结交谊上应尽之天职，为此剀切布告，希望中国无论何项官民，辅助本领事等遵守，达其目的，则本领事等幸甚，中国幸甚。谨此布告。

西历一千九百十一年十月十八号

八月二十三日由都督出示招募新军，文曰：

本都督议定暂编步兵四协、马队一标、炮队二标、工辎各一营、宪兵队军乐队各一队，为与满政府对敌施行之准备。将来节次扩充，本都督自应随时规划进行。凡我同胞，皆宜本尚武精神，抱汉人立国思想，踊跃应募。凡往日具有军事阅历、军人资格或留学东西各国者，均可即时亲来编练处报名，听候依次查验，以便编列入伍，按给军饷，一切优待自与满政府苛待汉族军民大异。为此剀切晓谕，俾我同胞阖众周知，切切特示。

二十五日又议扩充步兵一协、工辎各一营，未几又议扩充步兵三协、马炮各一营、机关枪一队、敢死队二队、独立将校决死团一团、学生军一标。

都督示谕后，因满运告终，人心思汉，应募者极为踊跃，数日之间，即已足额编成。兹将各官职姓名列下（前四协统领姓名与二十一日大众推举者略有更动）：

步队第一协统领　宋锡全　原吴兆麟。二十四日吴奉调专任参谋部副部长，宋继之。宋后，蒋兆鉴继。

第一标统带　黄振中

第二标统带　梁邦辐　原林翼支。林升第三协统领，梁继之。

第二协统领　何锡蕃　十月十三日何调职，刘炳福继。

第三标统带　姚金镛　姚调参谋部，刘炳福继。刘升统领，胡效骞继。

第四标统带　谢元恺　夏口阵亡，胡光瑞继。

第三协统领　林翼支　夏口失陷，林出走，成炳荣继。汉阳失陷后窦秉钧继。

第五标统带　刘廷璧

第六标统带　胡廷翼

第四协统领　张廷辅

第七标统带　胡廷佐　胡汉阳受伤，张诘夫代。

第八标统带　王华国　原王文锦，未到差，王华国继。停战后华国升统领，周承勋继。

第五协统领　熊秉坤

第九标统带　杜武库

第十标统带　杨传连　原杨载雄。载雄升统领，杨传连继。汉阳失陷后，伍正林继。

第六协统领　杨载雄

第十一标统带　杨选青　杨违令正法后，尹奎元继。

第十二标统带　单道康

第七协统领　邓玉麟

第十三标统带　朱振汉　后冯国贤代。后祁国钧代。

第十四标统带　黄申芗

第八协统领　罗洪升

第十五标统带　刘佐龙

第十六标统带　李树芝

马队　第一标统带　王祥发

第二标统带　刘国佐

炮队　统领　姜明经

第一标统带　尚安邦

第二标统带　蔡德懋　夏口阵亡，董占元继。

第三标统带　柳柏勋

工程队第一营管带　李汝魁

第二营管带　杜世鑫

辎重队第一营管带　孙鸿斌

第二营管带　胡祖舜　时名恢汉，停战后胡回军政府，李鹏昇继，改编为步兵第五协十标一营。

机关枪队　队长　沙金海

敢死队第一队队长　方　兴　九月二十八日方辞，金兆龙继。

副长　徐兆宾　夏口阵亡，金兆龙继。金升队长，陈新龙继。陈辞后，蒋楚杰继。

第二队队长　马　荣　夏口阵亡，程正瀛继。

副长　程正瀛　程升队长，后继未详。

独立将校决死团

团长　金鸿钧

副长　李汝奎

学生军　统带　刘绳武

第一营管带　田化龙

	第二营管带	赵士龙	
	第三营管带	佘子祥	
荆襄水师	统领	赵均腾	
长江水师	统领	陈孝芬	陈去，何锡蕃继。
宪兵队	队官	邓贤才	后扩两营，邓为司令。
军乐队	队官	（未详）	

武昌首义，奉黄帝纪元为正朔。八月二十六日，军政府乃筑设礼坛于府前之阅马厂空场，以太牢玄酒之仪，由都督黎元洪主祭，昭告黄帝。是日坛前设燎火，坛上设香案玄酒，太牢用小黄牛，赞礼官立香案左，读祝官立香案右。全军站队，军乐队奏军乐首章，都督率各上级将校升坛。南面，都督中立，将校旁立；都督就香案位，亲上香，献牲酌酒；都督就位跪，将校同跪；全军立正举枪，都督及将校俯伏；祝官兴，都督及将校免冠行四叩礼，读祝官跪就香案右读祝文；读毕，祝官授爵于都督奠酒，都督率将校整冠兴，全军枪放下；都督立坛前发誓词毕，全军举枪三呼万岁，军乐队奏军乐之次章。礼毕，都督率将校下坛，全军整队归伍。

祝文辞

维黄帝纪元四千六百零九年辛亥秋八月朔越二十有六日，代表鄂军都督黎元洪率同全军人等，谨以太牢玄酒之仪，恭奠于先黄帝在天之灵：伏以黄帝开中华文明之国，演神明奕禩之祚，绵衍至今，越四千余岁，达四百兆人，圣神功德，丕著环球，崇报歆飨，理固宜然。不料满清异种，横侵政权，二百年来，惨无天日，我族痛心疾首，久思光复故物，克缵先烈，卧薪尝胆，匪伊朝夕。兹幸义旗一举，不崇朝而克复全鄂，邻邑响应，不旬日而底定东南。众志一心，务以歼除异种恢复神州为目的。元洪德薄智浅，仰托先皇灵爽之凭，近赖同志进行之锐，誓必达到目的，循序布宪，足与环球各国并驾齐驱，使我五千年文明古国，于历史上发异常光彩，子子孙孙永保幸福。维我先黄帝实式鉴之。尚飨。

誓师辞

维黄帝纪元四千六百零九年　月　日，鄂军都督黎元洪，谨以牲酒昭告皇天后土而誓于师曰：我祖黄帝建邦于中土，世世先哲明王，缵衍厥绪。爰迄有明，不康于政，遂丧厥宗主。丑虏满清，辱我华夏，二百余年。先祖先宗，礼乐文教，靡有遗存。钦尔有众，克振义军，丕扬我大汉之烈，光复土宇。予小子实有惭德，辱在推戴，敢用玄牡，昭告于皇天后土，与尔军士庶民，戮力协心，殄此寇仇，创立民国，建设共和政体。尔惟克奋英烈，赏乃无疆之休。予亦报于汝功，其或不达，而有后至，予亦汝罚。嗟尔有众，尚钦念哉，决不食言。

檄全国文

粤维我祖轩辕，肇开疆土，奄有中夏，经历代圣哲贤豪之缔造，成兹文明古国。凡吾族今日所依止之河山，所被服之礼教，所享受之文物，何一非我先人心血颈血之所遗留，故睹城邑宫室，则思古人开土殖民之惠；睹干戈戎马，则思古人保种敌忾之勤；睹典章法制，则思古人贻谋教诫之殷。骏誉华声，世世相承，如一家然。父传之子，祖衍之孙，断不容他族实逼处此。何物满奴，敢乱天纪，挽弓介马，竟履神皋。夫满奴者非他，黑水之旧部，女真之遗孽；犬种兽性，罔通人理。始则寇边抄掳，盗我财物；继则羡我膏腴，眈我文绣；利我国土，遂窥神器。惟野蛮之不能统文明，戎狄之不能统华夏，少数之不能统多数。故入关之初，极肆凶威，以为恐吓之计。我十八省之父老兄弟诸姑姊妹，莫不遭逢淫杀，靡有孑遗。若扬州，若江阴，若嘉定，屠戮之惨，纪载可稽。又复变法易服，使神明衣冠，沦于禽兽。而历代相传之文教礼俗，扫地尽矣。乃更焚毁书籍，改窜典册，兴文字狱，罗致无辜。秽词妖言，尊曰圣谕；戴仇养贼，谬曰正经。务使人人数典而忘其祖，是其害乃中于人心风俗，不但诛杀已也。鸣呼同胞，谁无心肝，即不能忆父老之遗闻，且请观夫各省驻防之谁属，重要职权之谁掌，其用意可揣知矣。二百六十余年，奸淫苛忍之术，言之已不胜言，至此时则发之愈迟而出之愈刻也。今者海陆交通，外侮日急，亦有家室，谁不图存。彼以利害相反，不惜倒行逆施。故开智识，则为破其法律；尚武技，则为扰其治安。于是百术欺愚，一意压制，假立宪之美名，行中央集权之势；借举行新政之虚说，以为搜括聚敛之端。而乃日修园陵，治宫寝，赉嬖佞，赏民贼，何一非吾民之膏血。饥民遍野，呼吁弗灵，哀鸿嗷嗷，是谁夺其生产而置之死地？又日矜其“宁送友邦，勿与华族”之谬见，今日献一地，明日割一城；今日卖矿，明日卖路。吾民或争持，则曰干预政权，曰格杀勿论。甚且举吾民自办之路，自集之款，一网而归之官。鸣呼！谁无生命？谁无财产？而日托诸危疑之地，其谁堪之？夫政府本以保民，而反得其害，则奚用此政府为？况乃秽德丑类，有玷声华者耶？本政府用是首举义旗，万众一心，天人共愤，白麾所指，瓦裂山颓。深望我十八省父老兄弟，戮力共进，相与同仇，还我河山，雪我国耻，永久建立民国共和政体，与世界列强并峙于太平洋之上，共享万国和平之福，又非但宏我汉京而已。将推此赤心，振扶同病，凡文明之族，降在水火，皆为同胞之所必怜而救之者。鸣呼！机不可失，时不再来。想我神明贵胄，不乏英杰挺生之士，曷勿执竿而起，共建殊勋，期于直捣黄龙，犁庭痛饮，则我汉族万世之荣光矣。我十八行省父老兄弟，其共勉之。

黄帝纪元四千六百零九年八月二十四日布

宣布满清皇室罪状檄

为吊民伐罪，誓众出师，昭告于天下曰：呜呼！皇天不造，降乱中邦。满清以塞外胡种，窃据神皋，越二百六十有七年。覆我宗社，乱我陵寝，杀戮我父母，臣妾我兄妹，丧昧人道，罔有天日。九万里宗邦，久沦伤心惨目之境；五百兆臣庶，不共戴天履地之仇。阅及近兹，益逞凶悍，毒屠诛杀，不遗余力。举天下之膏血，尽贶四邻；割神州之要区，归之万国。淫凶酷虐，炽于其前，刀锯鼎镬，随于其后。立足无地，偷生何从？罪恶滔天，奇仇不赦。普天同愤，草木皆兴问罪之师；动地兴悲，鱼龙亦感风云之会。况复黄炎神胄，忍堕狱城；爰举国民义兵，歼除大盗。择日出师，当天誓众，铙歌初唱，汉帜齐张，江南既克，两粤旋恢。义师已据武昌，南军直来湖上。戈矛十万，同挥贱虏之头；子弟八千，共啖胡王之血。山河依旧，先人之庐墓可亲；冠带奚存，九世之仇雠宜复。凡我同志，努力前驱，挥日扬鞭，一荡中原之腥秽；擒王克敌，重瞻上国之衣冠。驱胡群于关外，定霸图于亚洲。内洗三百年灭国之耻，外当六十国逐鹿之冲。义戈所指，天地廓清，民命堪怜，秋毫无犯。须知为国复仇，并非许民作乱，守万国公同之约，勿害邦交；值七雄并峙之秋，各尽天职。呜呼，黄冠草履之民，谁无尊视之血气；四海九洲之内，何非故国之山河。秉尔白矛，报尔先德，重新九鼎，再奠神京。灭此朝食，与诸君同为黄龙之饮；建兹民国，俾万邦共睹赤日之光。一念血诚，千秋伟业，传檄天下，用布愤言。

昔拓跋氏窃号于洛，代北群胡，犹不敢陵轹汉族。满清入关，恐汉人心存光复，凡属要害，悉置驻防，监视我汉人之耳目，使汉人永远降为满清之奴隶而后快。心如蛇蝎，行同虎狼。其罪一。

清廷昔创一条鞭之法，谓以后永不加赋。乃未几而厘金之制兴。近更变本加厉，苛税如毛，割吾民之膏，吮吾民之血，使吾民死于囹圄，葬于沟壑者，盖不知几千万。外窃仁声，内存饕餮。其罪二。

流寇肆虐，遗黎凋丧，东南一隅，犹自完具。清廷谓“汉人死不尽，满人不得安”。于是下江南，所过城邑，肆意屠杀，读《扬州十日记》、《嘉定三屠录》，凡属汉人，当无不涔涔泪下也。汉人何罪，尽膏清兵之刃。其罪三。

前世史书之毁，多由直笔书其虐政，苦在旧朝，一无所闻。清廷恐人心思汉，焚毁书籍八千余通，自明季诸臣奏议外，上及宋末之遗书，靡不焚烧。令汉人忘祖，永习为奴。其罪四。

世奴之制，普天所无。满清窃据中国，视汉人如猪羊。汉人小有过失，即发八旗，永与满人为奴。有潜逃者，罪及九族。雍乾时东南名士，如庄廷铣、戴名世、吕留良、查嗣庭、陆生楠、汪景祺之家族，发往胡域者数十万家。背逆人道，苛暴齐民。其罪五。

满清为灭绝汉人计，严其刑罚，苛其条例。吾民一触其网罗，则有死无生。历观数年来寻常私罪，多不覆按，府电朝下，囚人夕诛。好恶因于郡县，生杀成于墨吏。私刑毒杀，暗无天日，刑部不知，按察不问。遂令冤魂屈鬼，呼天无所。其罪六。

犬羊之性，父子无别。胡酋以盗嫂为美谈，以淫妹为法制。其他淫蒸，史不绝书。使华夏清严之地，一变而为狐狸之乡，遗臭中原，传笑万国。其罪七。

垂狗尾以为饰，穿马蹄以为服，衣冠禽兽，其满清之谓。入关之初，强汉族蓄尾，不从致死者遍天下，至今受其束缚，贻九州万国羞，使吾汉官威仪，夷为牛马。其罪八。

又致满清宰辅重臣电

满政府诸执事公鉴：夫兵凶战危，古训昭昭，本都督才虽不敏，曷尝罔知；然所以如此披甲厉兵枕戈待命者，实以祖仇所在，人心所趋，事势有不得不然耳。夫中原之土地，皆我汉族祖若宗，暴霜露，斩荆棘，以有此神州大陆也。中原之人民，皆我黄帝之苗裔，万世一系之血统也。中原之政教礼俗，衣冠文物制度，皆我圣哲贤豪之脑力之心血所组织而庄严之者也。历代相承，未之或易。虽中间蒙古以夷猾夏，不百年而朱明即起而恢复之。降及末叶，闯贼篡窃。伪朝假应援之美名，标讨贼之大义，破走闯贼，遂据燕都。于是衣冠文物之邦，沦于胡虏；华夏神明之胄，陷于腥膻矣。本都督每读史至此，未尝不掩卷太息，椎心泣血也。

及观多尔衮致史可法一书，犹云“我朝抚有燕京，得之于闯贼，非取之于明朝。”噫，斯言也，将谁欺？欺天乎？譬之一室之内，有家贼盗窃，主人不能钳制之，同里之人，起而援助，未始非为义勇，及入其室，家贼甫除，旋乘其隙，而驱逐其主人，盘据其家室，攘夺其财产。其为害也，较家贼有什百千倍者，而犹曰我得之盗贼，非取之于汝家，有是理乎？伪朝之盗窃中原，得毋类是耶？

呜呼，杀父之仇，不共戴天，《春秋》之义，有死无二。我汉族痛念祖国沦亡，欲光复旧物。奈天不祚汉，卒至许多忠臣烈士，流涕饮血，一死以报国，若文天祥、史可法、黄道周辈，不亦大可哀乎？他若顾亭林、黄梨洲、王船山三先生，皆以明末大儒，怀复仇之大义，转徙流离，一不得遂，窜于荒山穷谷间，著书立说，以终其身，盖亦足悲矣。

夫《春秋》一书，内中国而外夷狄，所以严夷夏之防也。伪朝以夷乱华，盗窃神器，即能一视同仁，无分畛域，而我炎黄帝胄，尚欲复仇雪耻，殄彼胡虏；况乃假袭其政教，更易其衣冠，变乱其礼俗文物制度。各省要隘，遍设驻防，文字兴狱，株连无算。其任官也，内而阁部，满奴十居八九；外而督抚，汉族十仅二三。其收赋也，汉族抽捐纳粮，取尽锱铢；满奴坐食公饷，用如泥沙。其定制也，满汉显分尊卑，无通婚之典。其颁律也，满杀汉族，罚金二十四两；汉伤满奴，赔抵殃及妻孥。诸如此类之不平等，难以枚举，此仁人志士所以益愤惋而不平者也。

犹幸洪、杨起义，志在恢复，东南半壁，无复贼有，汉家山河，将复我旧。讵料曾、左、胡、李诸巨奸，不辨救民爱国之义，误解食毛践土之言，群为伪朝效走狗，竞先驱，出死力以战胜疆场，自残同种。大江南北，蹂躏何堪设想；湘、楚兵弁，死亡不可数计。血流漂杵，肝脑涂地，戕同胞以媚异族，久为天下讥讪。此凡有血气之伦，莫不引为遗恨者也。

厥后胡后垂帘，秽乱宫禁，奕劻专政，卖官鬻爵。英明贤哲之士，党锢海外，卑污恶劣之徒，弹冠朝中。犹复标榜维新，大肆搜刮，敛民膏而侈修宫苑，借外债而抵卖路矿。虐政密如蛛网，生民坠于涂炭，人神同嫉，天地不容，以致水旱迭臻，彗星示警，祸乱无已，盗贼纵横。天人之向背，不待智者而后辨也……

其尤奇者，昏庸贪狠之瑞澂，竟声言鄂军悉不足恃，勒缴枪弹，转给旗兵，昼夜防禁，如临大敌。本无事也，而彼故为惊张，以震骇耳目，加以网罗无辜，立予极刑。我同胞素怀光复之志，值此残暴之秋，于是振臂一呼，挥戈直捣，义旗甫张，而满奴以窜，而汉奸渠魁以逃，时八月十九日事也。此固过我汉族之义勇奋发有以致之，要亦见伪朝命运之已尽。当此之时，天地为之开颜，山河为之含笑。野叟老妪，庸人孺子，为之踊跃欢呼，声闻数十里。天心与人事相倚伏，人事与天心相感召，天与人归，千载一时。我祖若宗含垢忍辱，屡欲报复之而不遂者，今乃始得见之矣。

本都督既承同胞推举，不能不和衷体国，以坚同仇之志，伸讨贼之义，推翻专制政府，建立共和国家，上为祖宗雪耻，下为生民请命。各省檄文未传，而群率响应；列强通告甫达，即默认战团。我军气愤风云，勇撼山岳，天堑不难飞渡，投鞭足以断流，驱逐小丑，人自为战，逐北军前，所向无敌。现在倚戈立矛，迭请北渡黄河，直捣燕京。本都督默念伪朝亦属人类，岂忍大加诛戮，无奈众军士深恨胡虏，誓必殄灭无遗。诸执事倘笃念诸族，厚爱逆竖，当忠告渠已窃据中原几三百年，坐享福禄已十余世，此时宜懔止足之戒，即日取消帝号，退为公民。则民国政尚宽大，将来或可作虞宾之待，诸执事庶可免灭族之惨，本都督亦不愿居屠杀之名。若其眷恋栈豆，徘徊穷城，汽笛一声，大军瞬息云集，天戈所指，丑虏必无噍类。胜负之数，无待蓍龟，惟诸执事实图利之。（下略）

同时檄告各省督抚疆吏，文曰：

黄汉与满贼不两立，吾不杀彼，彼必杀吾。本军政府爰举义旗，剿除满贼。军兴以来，义声所播，万姓欢迎。贵大臣亦黄帝子孙，虽暂任封疆，未必不见疑于鞑丑。现岑（春萱）袁（世凯）已事可知矣。而岑之此次赴川，主和平办理，已不容于满贼，故今日起用袁氏，无非使吾自戕同类，而满贼坐享其成耳。贵大臣深明大义，洞烛奸谋，此中利害，当已尽知；即不为一身计，独不为子孙计之乎？华族兴亡，在此一举。幸贵大臣勿拘君臣小节，而贻万世殷忧。盍归乎来，共襄汉室，拯同胞于水火，复大汉之山河。为此檄告。

又传檄清军招抚将士，文曰：

天运辛亥　年　月　日，中华国民军鄂军都督黎，奉军政府命，布告于我国之为满清政府逼迫，以为其军之将校及兵士者：

我辈皆中国人也，今则一为中华国民军之将士，一为满清政府之将士。论情谊则为兄弟，论地位则为仇雠，论心事则同是受满洲政府之压制。特一则奋激而起，一则隐忍待发耳。是我辈虽立于反对地位，然情谊俱在，心事又未尝不相合也。

然则今日以后，或断兄弟之情谊，而变为仇雠，或离仇雠之地位，而复为兄弟，亦惟我国民之为满洲将士者己自择之。

自国民军起，移檄天下，民族主义、国民主义，炳若日月。凡为国民，无不激昂慷慨，敌忾同仇。诚以国民军者，以国民组织而成，发表国民之心理，肩荷国民之责任，以主义集合，非以私人号召，故民归之如水就下。我国民之为满洲将士者，非其本欲，特为满洲所迫，不得已而为之。此时满洲政府方又用“以汉人杀汉人”之手段，驱之与国民军为敌。愿我国民细思之，本中国人而当满清兵，以奴同胞为职，抚心自问，宁能勿愧乎？

我国民勿谓为满洲尽力，乃所以报国也。中国亡于满洲，已二百六十余年。我国民而有爱国心者，必当扑灭满清，以恢复祖国。倘反为满清尽力，是甘为仇雠，而与祖国为敌也。其身分为奴隶，其用心为枭獍，岂有人心者所忍为乎？

我国民又勿谓既食满清之禄，当忠于所事也。须知中国者，中国人之中国；及为满洲所夺，收中国人之财赋，以买中国人之死力。中国人效力满洲而食其禄者，譬如家财既为强盗所夺，复为强盗服役，以求得佣值，境遇既惨，行为又贱矣。是故我国民之为清政府将士者，须以大义自持，知托身满洲政府之下，乃由一时之束缚，当怀脱离独立之志。际此国民军大起之日，正宜倒戈以向满洲，而与我国民军合为一体，方不失国民之本分也。

彼满洲以五百万民族，宰制四万万汉人，而能安坐至二百六十年者，岂彼之能力足以致之？徒以中国人不知大义，为之效力，自残同种，令满人得以肆志耳。试观满洲入关以来，每遇汉人起义，辄用汉人剿平。杀人盈野，流血成河，皆汉人自相屠戮，而于满人无所损。举其大者，如嘉庆年间汉人王三槐等举义四川，湖南、湖北、陕西诸省相继响应，满清政府，势垂危矣，八旗之兵，望风奔溃，禁旅驻防，皆不可用。乃重用绿营，招募乡勇，于是汉人杨遇春、杨芳等为之效力，屠戮同胞，死者千万。川、湖、陕诸省，遂复归于满洲主权之下。又如咸丰年间，太平天国起义广西，东南诸省，指日而定，西北则张乐行等风驰云卷，天下已非满清所有。其督师大臣赛尚阿、和春一败涂地，事已无可为。及汉人曾国藩、左宗棠、胡林翼、李鸿章等，练湘军淮军，以与太平天国相杀，前后十二年，汉人相屠殆尽，满人复安坐以有中国。凡此皆百年来事，我父老兄弟想皆熟知者也。

汉人不起义则已，苟其起义，必非满人所能敌，亦至明矣。所最可恨者，同是汉人，同处鞑虏政府之下，同为亡国之民，乃不念国耻，为人爪牙，自残骨肉。彼杨、曾、胡、李、左诸人，是何心肝，必欲使其祖国既将存而复亡，使其同胞已将自由而复奴隶乎？

自经诸役以后，满人习知以汉人杀汉人为上策。故近来怵于革命之祸，日谋收天下之兵权，以满人任统帅，以汉人供驱役。一旦有事，则披坚执锐，冒矢石，当前敌，断头流血者，皆汉人；而策殊勋受上赏者，则满人也。我国人之为满清将士者，苟一念及身为中国之人，当知助满洲杀同胞为天下所不容，可无待踌躇而断然决心者。

且我国民苟助满洲，岂止国家之罪人而已，即为一身计，亦无所利益。满洲之待汉人，不过视同奴隶，即为尽力，亦毫不爱惜。嘉庆时川湖之役，绿营乡勇，立功最多，事后八旗受上赏，绿营诸将，仅沾余唾。至于乡勇解散之后，困穷无聊，半世当兵，战功尽为八旗所冒，口粮复为上官克扣，出营之后，工商诸业，早已荒疏，无以谋衣食，穷而为盗，则被杀戮。于是蒲大芳等怨望作乱，杨芳、杨遇春念其战功，诱以甘言，使之降伏。而满洲政府震怒，黜杨芳职，使率蒲大芳等远戍伊犁，其后密使人尽杀蒲大芳等数百人，无一留者。

咸丰、同治间，湘军遍于十八行省，所至努力破敌。敌军既尽，湘军解散，克扣口粮，饥寒不免，其至丰者，不过给三月口粮，不敷归家川资。因此流离者，父母妻子终身不得相见。而他省之人，以其当兵杀人，畏之如蛇蝎，视之若寇仇，见其落魄，又斥为流氓。穷无所归，则相聚结会，以相依赖。而满洲政府恶其结党，捕拿杀戮，不可数计。是故川、湖、陕之兵氛告清〔靖〕，而乡勇失所，太平天国既覆，而湘军无归。乃知满洲政府之用汉人也，犹农夫之用牛也，既尽其力，则杀而烹之，无一毫人心相待。此其故何也？盖以同胞杀同胞，实为天下至贱之事，不惟为万国所鄙弃，同胞所切齿，即满人亦未尝不轻贱之，以为汉人相杀，乃其种性如此，宜其甘为奴隶，万劫不复。既存轻贱之心，故对待之手段刻薄如此。即使身居重镇，屡立战功，而偶忤廷旨，缇骑立至。其他将校受文官呵叱驱使，甚于仆隶。至于兵士，所发口粮，不足一饱，而一有战事即责其死敌，是视之如虫蚁耳。世人见满洲刻薄寡恩，不重军人，皆知叹息痛恨。岂知欧美日本各国所以尊重军人者，以其为国努力，倚若长城，故军人之名誉，军人之身分，皆为社会所尊重。至于满人使中国人当兵，非以为国家之干城，不过专防家贼，故其军人以拥护国仇为天职，以诛戮同种为立功，禽兽之行，宜为世界所不齿。我国民之为满洲将士者，若犹有人心，当不待劝告，而决然倒戈反正，惟恐不速也，何用迟回审顾为？

意者或误会国民军之旨，以为国民军既与满洲政府为仇，则凡为满洲将士者，皆所不容，虽欲反正，奈无路可投何？然同是汉人，地位虽殊，情谊固在。且国民军当未起义以前，处满洲政府之下，与我国民之为满清将士者，固无所差别也。嗟呼，宗国之亡久矣，举我同胞悉隶于满奴之下，不能互相庇翼，而使寄食于仇雠，又不能速拯之出于水火，斯已大负国民矣，何忍复较前售，自相携贰乎？

为此布告天下，凡我国民之为满洲将士者，若能顾念大义，翻然来归，军政府必推诚相与，视为一体。其以城镇乡村或军旅反正者，及剪除敌军心腹将校来归者，暨以器械粮食来归者，皆为国立功之人，当受上赏。其军至即降者，亦予优待。此皆赏典、恤典、略地规则等所一一规定者。其各激发忠义，以涤旧污，以建新猷。若犹有包藏祸心，怙恶不悛，甘为国民军之蟊贼者，则是自绝于中国，其罪不赦。

方今民族主义、国民主义，磅礴人心。举国之人，皆知明理仗义，固非若昔日人心否塞之时。军政府首举义师，肃将天讨，期与四百兆人平等，以尽国民之责。亦与昔之英雄割据有别，固将使禹域之内，无复汉奸之迹。其满洲将士，有敢奋其螳臂以相抗拒者，必尽剪除，毋使漏网。特虑其中容有心怀反正而迟疑未决者，亦有身拥兵权，心怀助顺，而观望取巧，思徐觇国民军之强弱，以为进退者，凡此皆不胜其祸福之见，故就义不勇。今开诚布公，明示是非顺逆之辨，其各自择，毋得徘徊。檄到如律令。

旋通饬全省改建共和政体，文曰：

照得军政府愤满清占据中华，政治昏乱，外侮日亟，横征暴敛，敲骨击髓，强夺吾民之财产，钳制吾民之思想，斥志士为乱党，目公论为嚣张，逮捕株连，杀人无算。本军奉军政府命，特于八月十九日倡义，征讨民贼，驱逐满清贪污残酷官吏瑞澂、连甲、张彪等，克复武昌、汉阳、夏口等处重城镇。元洪不才，谬膺推举，为中华民国军政府鄂军都督，勉图报称，光复旧物。查旧日满清流毒之由，在于政体专制太甚，民气不扬，以致利无由兴，弊无由除。现已创立民国，亟应将全鄂地方改为共和政体，与民更始，共图富强。所有各厅州县政务，仰各自治公所妥筹办法，移请各该地方官施行；各该地方旧治官吏，应一律呈缴伪印，听候支配录用，不愿者缴印后听其所之。如官吏有人地相宜，民间倚重者，准该自治公所具禀详叙情由，连同伪印，赍送来辕，经本都督核夺，颁给民国新印，即留原任，以从民望。各该公所应办事务，以警政民团为第一要着，应即日兴办警察以维持秩序，清查奸宄，惩治痞徒，保卫闾里为主；团练以驱逐乱民，抵御外侮为主。均不准藉端讹诈，扰累无辜，并于外人生命财产，切实保护，以重邦交。为此，谕仰该自治公所各员知悉，迅将警察、团练二项开办方法，及旧日官吏伪印，并愿否投效情形，刻日禀复，勿得迟延贻误。有敢与旧吏结党，勾通满清政府，反抗义师，违误新政，或乘机扰害良民，擅作威福，或官吏有志投诚，而该公所人员竟阻挠挟持者，大兵一到，必以军法惩办。该员等为桑梓造福造祸，皆在今日，幸勿观望徘徊，坐失机会也。切切此谕。

第六章 阳夏鏖战

第一节 刘家庙大捷

先是瑞澂逃至楚豫兵船，即开泊刘家庙，旋复泊至德租界码头，欲图挽救。苦于无兵可调，遂与左右计议，张大其词，电奏清廷，谓湖北新军结合革命党全体叛变，恳乞即派重兵来鄂平此大乱；一面又派人分途散播谣言，谓北京已派大兵南下，革命党不日即可消灭。其由军舰电奏清廷，略谓：

武汉革匪创乱，十八日拿获各匪，正在提讯核办，不料革匪余党勾结工程营、辎重营，实于十九夜八钟响应，工程营则猛扑楚望台军械局，辎重营则就营纵火，斩关而入。瑞澂督同张彪、铁忠、王履康分派军警，随时布置，并亲率警察队抵御。无如匪分路来攻，其党极众，其势极猛。瑞澂退登楚豫兵轮，移驻汉口，已电调湘豫巡防队来鄂会剿，并请派大员多带劲旅赴鄂剿办。

张彪自到汉口刘家庙后，即与四十二标统带张永汉、辎重营管带萧安国商议，均无办法。于是派张永汉到日本租界请日人寺西秀武（时寺西为湖北军事顾问）往刘家庙，代为计划。寺西云：“为张统制计，惟有两策：（一）请统制集合现有两营多兵力（即辎重营一营及四十二标第三营马队一队），许以重赏，亲自带领，由刘家庙渡江到青山，绕至洪山，乘夜至宾阳门诈称响应，革命军必欢迎入城，然后袭取谘议局。胜则奏请皇上自请处分，皇上必将功抵过，所有失职之罪全加于黎元洪身上，败则一死而已。（二）如不能行上述策略，即改名换姓，潜往日本。一面派人登报，诈称统制已死。”张彪似以前策为然，但终无勇气实行。因慑于革命党声势，恐舟中之人皆成了敌国，计遂中止。旋闻清廷派陆军大臣荫昌统兵南下，张彪即嘱萧安国飞报荫昌，谓张统制现带有可靠军队数营，在汉口刘家庙枕戈待命，一俟大臣大兵南下，即合力进攻武昌。

湖南驻岳州巡防营管带王鼎华、夏占魁所部十九日即奉瑞澂电调援鄂，二十日乘轮下驶，二十一日该轮假悬白旗，混过武昌，午后抵刘家庙。河南混成协统带张锡元所部两营及崇欢巡防一营亦奉调于二十二日到达刘家庙。时张彪率辎重第八营（营长萧安国）、第四十二标残部（统带张永汉）及八标马队数十骑（队长朱名超）驻守其地，引领待清军之至。

其时萧国宝、姚斌、熊世藩、李国梁四人奉令密探敌情，并拟游说萧安国归顺，安国乃令捕获枪决（国梁发辫未除被释），姚、熊立毙。国宝身中数枪，诈死于地，深夜潜归。原第四十二标军医王伟亦任间谍，被讯枪决，投尸江流。此数人之死事虽轻微，然其为民国牺牲，实与战死国殇无异。

当时报告清军南下，由陆军大臣荫昌统率，前敌军统冯国璋先率第二镇至信阳城内设粮台，司令部拟设彭家湾。第二镇统制马龙标，协统王占元、鲍贵卿。后又派第六镇南下，统制吴禄贞。第四镇统制王遇甲先来，其军队尚未行。又称清军由京汉车南来军队尚不多，沿途观望，武胜关向南架有大炮，闻即永平秋操军队。又称荫昌之先锋队抵武胜关者一标，统带马继贞；抵信阳者一标，统带贾德耀。又称统制吴禄贞、王遇甲及协统李纯、鲍贵卿、王占元、陈光远陆续南下，自彭家湾以下各站皆贴有布告。信阳城内为总粮台，所存粮秣极多云。

黎都督以北洋军队久经训练，大军云集，湖北新军非其敌也，颇形恐慌。而军政府又缺乏知兵之人，每接报告，皆多束手。于是经众议决：将第一协统领吴兆麟（时防御汉阳）调回军政府主持参谋部，以第一标统带宋锡全继第一协协统。

惟是时民气之盛为从来所未有，虽屡接清军南下之报，一般军民均不畏死，并存轻视意，以为汉人而作汉奸，来此抗顺，如此贱种，即为全国唾弃，故大有灭此朝食之概。

先是豫抚宝芬接武昌新军首义电，即调巡防营自卫，将协统应龙翔看守（以应系湖北黄陂人），派张锡元代其职，即令率三营赴汉应援。锡元沿途探听，人人皆称革命军举动文明，及至汉口，见革命军声势浩大，已扩充至四协，瑞澂兵舰又被击退，即外人亦盛称之，以故不敢动作，又虑革命军攻击，遂派人讲和。军政府派李国镛、毕钟等携洋数千元往豫军犒赏，锡元诈称愿降，惟不受赏赉；一面密电豫抚请示。二十二日晚，军政府开会决议收降办法，仍派李、毕等送达。其办法：（一）先通电声明响应，并出布告。（二）开往武胜关布防。（三）本军政府担任粮饷接济。（四）响应后扩充为一协，枪枝由本府补充。张接函后，颇迟疑，虽表面未拒绝，然声称俟准备妥当再行动作。军政府觉其有诈，一面防御，一面仍虚与委蛇，而密报已探知其诈降之意实为掩护清军南下也。

八月二十四日，军政府预备扫荡汉口敌军，其晚开会决议，由都督发布命令。

湖北军政府都督命令

（八月二十四日午后八时于武昌谘议局发）

一、综合各方面情报，满清政府派陆军部大臣荫昌率兵由京汉铁路南下，其先头部队约一标今日约抵武胜关附近。张彪所率马队一队、辎重第八营仍在汉口刘家庙附近。但河南军之两营自到汉口大智门附近，对于军政府非诚意归顺，似欲掩护荫昌之军队南下。

二、本军政府拟先击攘汉口之敌，逐次向北进攻，以阻止清军南下。

三、步队第二协统领何锡蕃率该协马队一营、炮队第一标（欠一营）、工程一队、敢死队两大队于明二十五日在汉准备击攘刘家庙大智门附近之敌，逐次向北进攻。

四、步队第一协统领宋锡全率该协及马队一队、炮队第一标之一营，明日防御汉阳兵工厂及汉阳各要地，并派一部保护汉口市面，且须接济汉口战斗部队之弹药。

五、步队第三协统领成炳荣率该协及马队一队，炮队第二标之一营、工程一队，明日防御青山至两望一带。但须广远搜索武昌省城下游一带之敌情，以防敌兵渡江。

六、步队第四协统领张廷辅率该协及马队之一营（欠一队）、炮队一营，明日防御武昌省城。

七、步队第五协统领熊秉坤迅速整顿该协为预备队，准备赴汉口增援。

八、其余防御武昌各机关之部队明日仍续行前任务。

九、各部队粮秣给养均由各部队自招输送队办理。

十、本都督在武昌谘议局。

都督黎元洪

以上命令发下后，各部队均按照命令各自准备。

但此命令未发以前，步队第二协早占领汉口，其司令部设在汉口铁路外刘家花园，所派马、炮、工、敢死各队已先分送派往汉口，听何锡蕃指挥。该协是日所发宿营命令列下：

军政府第二协命令

（八月二十四日午后四时于汉口刘家花园发）

一、在大智门刘家庙之敌约共一标兵力，着灰色服装，似在该处占领铁路掩护清军南下之势。

二、本协今晚拟在汉口新停车场附近宿营。

三、步队第三标统带姚金镛率该标在刘家花园附近宿营。派前哨警戒右翼自法国租界车场，左翼至刘氏堤防西端一带。但须派一部占领汉水故道。

四、其余各队之宿营地如左：

协司令部	在刘家花园
步队第四标	歆生路西北端
马队一营	跑马厂
炮队第一标（欠一营）	跑马厂东端附近
工程一队	新停车场南端
敢死队二队	跑马厂南端

宿营司令官步队第四标统带谢元恺，警戒集合场各宿营地前端。

五、今晚粮食由各部队派员在汉口市街补充。

六、本协统在刘家花园。今晚九时各队须派员来领命令。

统领何锡蕃

何锡蕃于发布命令后，细思士兵勇于杀敌，固属可嘉，各级军官多由目兵升充，指挥虽未能尽善，而对士兵维持甚热心，夜间亦分途训导，勉可对付。惟势在急于进攻，新募士兵过多，不易指挥，诚恐在战场上发生危险，即向都督辞职。都督认为不可，而军政府同志不知兵者，群议纷起，有谓何胆小畏战；有谓不应派何担任前敌；至有谓何为张彪旧部，恐误戎机。惟临敌易将，最犯兵家之忌，而命令已发，万难收回。幸参谋部主持者了解何之用意，力为解说。于是公推吴兆麟、徐达明、蔡济民、吴醒汉、甘绩熙、陈伟、耿丹、高尚志八人到汉监视，帮同指挥，并持都督函，加意慰勉，遂与何商定进攻事宜。续发命令如下：

军政府第二协命令

（八月二十四日夜十二时四十分于刘家花园）

一、军政府综合各方情报，满清政府派陆军大臣荫昌率兵由京汉铁路南下，其先头步队约一标，今日抵武胜关附近，但在汉口之敌情，同前宿营命令。

二、本协明二十五日拟先攻击在汉口之敌。

三、黄冠群率马队一营，明早九时以前，由宿营地出发，搜索刘家庙大智门附近一带之敌情。

四、步队第四标统带谢元恺，率该标明早九时以前，在新停车场附近集合，且向北警戒。

五、步队第三标统带姚金镛，率该标（欠一营）明早九时以前，在农务试验场集合，且向北警戒。

六、炮队第一标统带蔡德懋，率该标明早九时以前，在跑马厂东端森林附近选择阵地，以能射击刘家庙大智门附近为要。

七、李忠孝率工程一队，附属炮队。

八、其余诸队为预备队，明早九时以前在跑马厂集合。

九、本协明早九时在跑马厂东端。

协统何锡蕃

上命令发出后，各部队即赶紧筹备。各兵士皆带子弹六十枚，又派人在汉口市面定馒头二万个，时则外人已探知民军准备进攻。张彪、张锡元亦多方探听消息。锡元一面电冯国璋请援，一面与彪在刘家庙以南占领阵地，并挖战壕。同时军政府则悬赏缉拿清吏，其赏格张彪一千元，敌军主将五百元。此时张彪部下约一营，河南新到军队约二千余人，主力分驻刘家庙停车场及造纸厂附近。萨镇冰率舰队楚有、建威、楚同、楚泰、江利停泊日本租界下游（后二十七日来汉者尚有建安、苏亨二舰），时派建安、湖隼、湖鹰、湖鹗及辰、宿各雷艇，游弋于汉阳、武昌间之江面。我军渡江颇陷入困难状态中。

八月二十七日午前，第二协队伍依命令指定地点集合，向北警戒，并派探分途搜索敌情，当经何协统偕吴兆麟等实地察看地形，加以研究，发布进攻命令如下：

一、前面之敌，步兵共约一标，在刘家庙以南占领阵地。其后方之敌，尚未见到来。

二、我马队一营，经汉水故道前进，搜索刘家庙之敌情，本协即时进攻前面刘家庙以南之敌。

三、步队第四标统带谢元恺，率该标即时出发，沿京汉铁路向刘家庙以南之敌前进攻击。

四、步队第三标统带姚金镛，率该标即时出发，与步队第四标左翼联络前进，攻击刘家庙以南之敌。

五、炮队统带蔡德懋，率该标及工程队即时在跑马厂附近布置放列，以射击刘家庙附近为要，援助我步队进攻。

六、其余诸队为预备队，归胡效骞指挥，随步队第四标后行进。

七、本统领在法租界西端车场。

先是前一日我军有进至车站附近者，与张彪驻刘家庙残队发生斥候战，敌稍有死伤，即退。我军亦未追击。二十七日两军正式交战，其上午三时开始行动。据观战者称，我军步兵约二营，由后城马路向歆生路后面去，前一营颇整齐，后一营则未经训练者。其后有炮兵一队，携五生的炮四尊，野炮一尊，此当为二协姚金镛所率之第三标及炮兵一队。是队行后，第一协驻汉之林翼支一标亦出发，其余庆里朱振汉一营，因军服未全，有着便衣者。第一协本以守汉阳为主要任务，但战时则兼负接济械弹之责。其林翼支一标又驻汉口市街，当开始与南下清军接战，人人具有灭此朝食之慨。林标职司汉口守卫，当然出而协攻，此当为预备队，或为别动队，在左翼姚标之西北面布防。其正面进军，以炮四门，步兵一千三百余名，向敌根据地江岸火车站出动，此当为二协谢元恺所率之第四标及炮兵一队。其炮队排列于跑马场，步兵受其掩护，沿德日租界后面铁路线，向刘家庙方面挺进。上午八时，肉搏至车站附近。其时敌马队一部，与张彪残队、河南军一部共约二千人，分为左右二队，作攻势防御战。敌由江中军舰开炮掩护，战斗约一小时，至上午九时许，我军稍却，退于大智门附近。炮队一部退至汉口市街后方。据观战者称，是日黎明时，车站附近我军甚多，皆下伏；跑马场南端有炮二尊，在平原上，军官数人以望远镜指挥发炮，表尺在二千米达以上。其跑马场北端沿稻田一带，皆火线界，进至友仁义社西北端，战线最剧烈地也。距此千余米达，敌一大队伏其左方树林内，其大部分在丹水池一带，布横线阵，地势颇利，炮弹难以命中。我军进愈逼，战愈烈，势几不支。上午十时许，我军一军官率士兵数十人，自右冒死进攻，锐不可当。其前锋因之乘势勇进，敌乃急退，奔据铁路乘车遁。我军遂集众成团而追之，敌车忽停，车窗中乱枪齐发，我军颇有死伤，猛进之军官遂中弹死。此军官即林标三营管带赵承武是也。此为首义同志捍卫民国最先牺牲之一人。敌复有支队由左侧来攻，我军乃大挫，死伤亦众。陆续退至大智门一带。时毕钟立大智门车站大呼曰："同胞何处去，何处是同胞去路。"林翼支在跑马场南端涕泣劝阻，后詹大悲赶至歆生路，更加慰勉。于是逐渐复返，集合前进。是役敌死亡二三十人，我军死亡相等。同时武昌方面我军步兵一标、炮四门，在长江下游南岸向敌之兵舰轰击，彼此对击，从上午六时至九时。我军炮系购自德国者，火药不良，缺爆炸力，遂停止。

是日正午，何统领据马队探悉敌步兵约二百余人，由丹水池向刘家庙之敌右翼增加，并占阵地，料系敌之后方援军驰至，非先击败前面之敌不可。于是命敢死队二大队，分在第四标第三标之后面展开，督同前进。午后一时许，前线逐次前进，占领农务试验场以北，彼此对击甚烈。我军新兵不善用地形，行进迟缓，死伤颇多，渐有动摇。老兵及敢死队竭力鼓导，奋勇前进。至午后三时许，前进约五百米达，敌利用散壕不退，敢死队遂全体加入火线。炮队一部又前进占领阵地，向敌右侧不断猛击。战至下午四时，敌有火车一列，载步兵一标、炮兵一队，向刘家庙前来。初我军后退时，稻田中伏百余人，并有铁路工人多名，起而毁路，顷刻毁十余丈，敌车将至刘家庙，加速火力而进，我炮兵连轰二炮，未中。又一炮擦车顶而过，车仍驶行不已。及行近毁路处，我炮队瞄准火车，各炮齐发，轰然一声，车头脱轨，列车尽倒轨外，敌纷纷逃出，死伤无算。我军群起奋击，齐声喊杀，沿途人民亦奔赴驱敌，炮声、枪声、驰骤声、叫喊声、欢呼声，混为一片。敌乃如鸟兽散，其在散壕接战者，闻声四顾，见援军大溃，遂亦急退，直至三道桥而止。是役敌死四百余，伤者无数，我军亦死伤三百五十余人。敌之列车所载武器衣被粮食约一标军需以上，尽为我军所有。军政府得此捷报，遂令所获军需物品，尽赏于战斗各部队，以示鼓励。

清军退至滠口时，天已黑，两军各在三道桥之两端对峙宿营。

是日午后六时半，第二协统领一面命部队宿营，一面将本日阵中日记，呈报都督。惟各部队尽全日之战斗，尚未晚餐。而汉上市面商民，见民军战胜，人人欢欣鼓舞，共相庆祝。商会即购买馒头、罐头、酒肉等项，送至战线犒赏。又备红彩布多件，送于各部队兵士，以祝战胜纪念。旋汉口军政分府大放鞭炮庆贺，市面亦然。而武昌、汉阳各处人民，莫不额手称庆，悬旗挂彩，表示光荣。武汉各报纸当发号外，遍传是日革命军之大胜情形，《大汉报》更逾格赞扬。转瞬武汉三镇附近之居民，都知民军善战，为国前驱，对于民间又秋毫无犯，无论老幼男女，皆与革命军一致，箪食壶浆以迎之，于是民军精神为之大振。

次日（八月二十八日）晨，我军以步兵约二千八百人，炮、工、马各队合计三千余人，开始进攻。总指挥何锡蕃，其始一如昨日攻势，大炮数门，布列跑马场附近，在炮兵掩护下，以马队为先锋，步兵右翼沿铁路线，正面及左翼则散布于铁路线外村落与田野。进攻目标，为刘家庙方面敌方防御阵地（约日租界北面二千五百米达）。敌在丹水池一带布横阵，分左右两翼迎战，更出支队包抄我军后方。我军于战前已得确报，乃别出一军伏中途，断其包抄之队。而以两翼卷攻其左右，炮队轰其中坚，更出散队纷击之。上午七八时，仅有前哨小冲突。敌舰则于上午十时开向上游，对我军略加炮击，惟不及昨日激烈，仅一二小时即停止，驶返下游，故我军进攻益利。敌不支，纷纷窜入棚户内，凿孔开枪。我军伤四十余人，排长吴桂林阵亡。炮队管带尚安邦，敢死队长方兴、马荣，见之大愤，亲率壮士百余人，绕道潜达其旁纵火，时风色正顺，顷刻火焰飞舞，棚户尽成火山，敌乃大乱。至下午一时左右，我军炮兵阵地已进至日租界北面极近地点。二时半，我军前锋抵刘家庙江岸车站，敌之豫军逐渐溃退。我军遂于三时占领车站。敌弃甲曳兵，退至二道桥，豫军遗弃帐幕粮食货车约十辆，火车头一辆，山炮及弹药若干，向刘家庙车站北约七千米达沙口方面溃走，主力则退沙口西北约七八千米达滠口车站。我军以马队一营追击沙口退敌，炮队则以刘家庙为阵地，轰击滠口方面退却之敌军主力部队。豫军之马队亦惨败，弃马百余匹，投降者亦数十人。于是我军留步兵半数一千二三百人在刘家庙，助马队进击敌军；其余半数则护运战利品，而树星旗于火车头上，以所得货车载战利品凯旋。林翼支又以兵绕出姑嫂树，旁击向滠口方面溃敌，敌死伤亦多，并捕其军官三人，毙管带一人。刘家庙附近人民，莫不雀跃欢呼。其代运战利品至歆生路余庆里，多有不受酬者。

是日晚第二协发布命令如下：

一、据探报清军败退于三道桥以北滠口附近。

二、本协今晚在造纸厂附近宿营。

三、步队第四标谢统带，在一道桥以战斗形彻夜，但派一部于二道桥为前进哨。

四、其余各队宿营地如左：

协司令部　造纸厂西南端。

步队第三标　造纸厂北端。

马队一营　造纸厂南端。

炮队第一标及工程一队　造纸厂西端堤防附近。

五、宿营司令官步兵第三标标统姚金镛。

六、各部队给养，以汉口商会与军政分府所办之粮秣在刘家庙车站领取。

七、本协统在造纸厂西南房屋内，今晚十时以前，各派队员来领命令。

统领何锡蕃

瑞澂所乘楚豫兵舰，昨晚尚停泊下游六十华里之羊楼，是日下午五时，与江利同时下驶。其他兵舰六艘，则停泊于下游三十里之草水矶。

同日萨镇冰、瑞澂有电报告清廷军谘府。文云：

洪密。窃二十七日六点钟，津兵第二起坐火车到站，尚未下车，突有匪众二三千人，径扑刘家庙车站，希图掩袭津兵。张彪立率湘、豫、鄂各军迎剿，击毙悍匪二三百人，无辫者居其大半，夺获大炮六尊，枪械无算，匪众败走，我军伤亡二十余人。时镇冰督率兵舰雷艇，防护江岸，以杜省匪接应。瑞澂在楚豫兵轮游弋江面接应。突有匪众炮队，由武昌江岸开炮，奋击楚豫兵轮，意在制瑞澂死命。楚豫开炮还击，连中两炮，匪队始退。惟因我军兵力甚单，不能痛追，仍饬照旧严密防守。不料三点钟后，匪众大股拥至，内有快炮二三十尊，弹落如雨。北洋炮队未到，步队全军遽向滠口退去。众军因之夺气，亦各退却。镇冰兵舰因恐误击我军，转向后湖，用炮击匪后路，共放三十余出，伤毙匪众不少。七点钟后，张彪探得刘家庙驻匪无多，复率湘、豫、鄂各军回攻，击败匪众，复将刘家庙占住，惟津兵不奉命令，不肯前进。此我军击败匪众并刘家庙失而复得之情形也。伏查此次匪众先乘津兵初到，径扑车站，其谋极为狡悍，幸得当时击退，津兵毫无损伤。午后复起大股炮队来攻，势尤凶猛，津兵炮队未到，步队辄行先退，以致各军夺气。幸张彪奋不顾身，复率湘、豫、鄂诸军乘夜回航，仍将刘家庙占住。惟本日伤亡甚众，兵力愈单，津兵折回，别无援应。瑞澂等惟有督率将士，竭尽血诚，能守一日刘家庙，即尽一日之责。惟陆军既单，兵轮又乏煤米，瑞澂之船更无米无油，势成坐困，危在旦夕。仰恳天恩迅催荫昌立即前来，或派炮队先至，救此危局，不胜迫切待命之至。

此电去后，瑞澂以津兵不用命，粮尽煤绝，复单衔电军谘府请援。文云：

辰密。二十七日革军攻扑车站，官兵迎敌获胜，津兵退回不肯援应，刘家庙失而复得各情形，业经电奏在案。据闻城中以谘议局自治会为机关，以报馆报纸为煽惑，各处响应。瑞澂自二十日、二十一日两日率兵舰进攻武汉不克，遂与张彪督饬豫省张锡元所带陆军二营，湘省王鼎华、夏占魁所带巡防两队，及萧安国辎重八营，张永汉步队两营，崇欢巡防队一营，朱名超马队三十余人，特别警察队一百余人，驻守刘家庙车站，再三开导抚慰，并发给各弁目记升奖札，许以先支薪水，苦守七日以待津兵之至。不期津兵既到，叛众来攻，反向滠口退去。当时津军如果协力助剿，汉阳纵难遽复，汉口必可夺回。失此机会，良可深惜。现在豫、湘、鄂战后余兵，为数不过二千，虽经瑞澂督同张彪勉励将士，死守刘家庙，昼夜不懈，而力竭精疲，子药垂罄。荫昌至今未到，津军不遵瑞澂命令。若匪由汉口进兵，形势利便，敌多炮队，我尽步骑，强弱悬殊，断难支持，张彪等虽持必死之心，刘家庙终无保全之理。现在各处电报久已不通，所有电奏，去电先犹可托铁路南局译发，前日又复断绝，故改送九江电局拍发。瑞澂孤身率同幕僚数人，在舰游弋接应，切望大兵迅集，恢复城池。不料津军迟迟不到，到者只有马步而无炮兵，且不遵瑞澂命令，无兵无饷，呼应不灵，智力俱穷，徒深焦愤。萨镇冰所统兵舰雷艇，子弹无多，米煤垂尽。瑞澂所乘之楚豫兵舰，机器油已用罄，煤已只敷半日，武汉皆无可购办。前派委员四处采办米粮，或因路途阻隔，或竟消息全无。如此情形，将至坐以待毙。瑞澂死不足惜，特念兵舰为水师利器，若为匪得，为害滋深。不得已，与萨镇冰商明，暂将楚豫兵舰开赴九江，赶紧购办米煤等物，运往接济。惟黄州、武昌县、大冶县、田家镇处处有匪，上下隔绝，转运甚难。仰恳天恩饬下提督张勋，迅将浦口巡防队派拨一半，迅往武穴以上，节节扫荡，以通运道而分匪势；并恳荫昌、袁世凯迅速南下，督兵进援，俾刘家庙驻守湘、豫各军，不致覆没，得以规取汉口、汉阳，恢复武昌省城，瑞澂亦得交卸督篆，稍轻担负，不胜迫切待命之至。再汉阳镇水师兵变，总兵张有亮闻已从贼，昨已商请提督程允和，先行设法招抚，以剪匪翼。合并陈明，谨乞代奏。

第二节　冯国璋焚烧汉口

武昌首义，清廷张皇失措。既无知兵人才，又无可靠军队，于是不得不起用袁世凯。遂于首义后三日，即简授世凯为湖广总督，并节制调遣各军。兹将世凯可调遣的军队，附志于次，计近畿六镇及二十镇将领与原驻地。

第一镇统制　赵国贤　驻南苑

第二镇统制　马龙标　驻保定府

　　协统　王占元

　　协统　鲍贵卿

　　标统　马继贞

第三镇统制　曹　锟

第四镇统制　王遇甲

　　协统　陈光远

　　协统　何丰林

　　标统　蒋廷梓（炮队）

　　标统　张九卿（马队）

　　标统　刘起垣（步队）

　　标统　李厚基

　　标统　吴长植

　　标统　臧致平

第五镇统制　张怀芝　驻山东

　　协统　贾宾卿

　　协统　张树元

第六镇统制　吴禄贞

　　协统　李　纯

　　协统　周符麟

第二十镇统制　张绍曾　驻滦州

在九月六日开始犯汉口的第四镇一部分，王遇甲自统率。第二镇一混成协，王占元指挥，标统马继贞。第六镇一混成协，李纯指挥。马队标统贾德耀。步队标统吴鸿昌。河南步队张锡元指挥。管带朱凤藻。军统先荫昌，继冯国璋，后段祺瑞。总司令部先设信阳，继设孝感，再设滠口，复移刘家庙与大智门。其后犯汉阳的，王占元率约一团，由蔡甸进；李纯率约一混成协，由舵落口进。何丰林率敢死队约一千人，由正面渡河，绕道仙女山进。

汉口刘家庙方面之敌，业经我军驱至三道桥北，屯滠口一带待援。军政府年少气盛的同志，主张乘敌新败，迅即前进，直取武胜关，相约多人往造纸厂察看，要挟何锡蕃指挥下令进攻，并分赴其部队内，鼓吹速进。敢死队长徐少斌（一名兆宾）激于公义，奋勇一试，于是挑选队伍：（一）敢死队二大队，（二）步队一营，（三）炮队一营。谢元恺为司令，徐少斌为前卫司令。其余二协各队皆准备接应。大约二十九日午后一时，少斌率敢死队第一队为前卫，马荣率第二队继之。步队一营为预备队，炮队一队在二道桥沿堤布列，掩护各队前进。少顷，少斌即率队行至二道桥北，开始射击。滠口方面之敌不还击，少斌即率队猛进，进至三道桥中间，敌以机关枪多架，堵塞隘路口，对我扫射，少斌当即中弹坠水而死，同时阵亡十余人，伤二十余人。而我之山炮威力，又远不如敌，遂于午后四时皆退回造纸厂。

有谓是日下午四时，我军进至谌家矶造纸厂，见敌斥候，相距约九百米达，即猛攻之。敌退走三道桥，遗弃机关枪一尊，及军械无算。

一说是日下午三时后，我军进攻三道桥，谢元恺率队乘车由刘家庙出发，以辎重第一营为前卫，炮队第一标第一营为中队，附属前卫。步兵四标三营为本队，距前卫六百米达续行。前卫司令为辎重营管带孙鸿斌，前卫则以一大排为尖兵，由胡队官指挥。二三两大排为前卫本队，距尖兵三百米达，中队距前卫本队五百米达。鸿斌率尖兵先进，约半点，见敌之斥候出现于造纸厂前，相距约八九百米达，我军进行乃稍缓。忽枪声起，我军右翼将校斥候长李某，率士兵十余人猛攻之，即击退其斥候。再进，又得斥候长孙某报告，敌有二队据二道桥，我军乃稍住，由鸿斌派人驰告本队中队，准备开战。一面指挥前卫尖兵散开，利用铁路沟堤为掩护，开始射击，而炮兵亦占领阵地开炮，枪炮飞弹，如风扫叶。然皆各据地势，莫肯突进。忽见前方树林中有人攀树而上，旋匆匆而下，手持望远镜，返身向中队驰去。未几炮声大作，一弹坠入敌阵，烟尘起处，敌军纷纷四窜，前卫乘之而进，敌遂退出二道桥，占一山阜，转而对抗。我军地势稍劣，遂有数人受伤。继而我军后援驰至，并力合击，敌乃再退至三道桥外。当敌军溃退时，我军有壮士八人，逐敌二十余人至一林内，白刃相接，后竟徒手奋搏。夺其机关炮一尊而返，但死二人伤二人而已。而敌之二十余人则死伤过半。时方六时，我军未越桥而入滠口，即吹号停战，退回原防，闻次日敌前哨又进至造纸厂了。

战事紧张日甚，何锡蕃屡欲藉故辞退指挥职务，军务部有人提议以张景良代何。黎都督以景良系留日士官毕业，颇赞同。二十八日晚，军政府遂决定改派张景良为汉口指挥官，准何锡蕃辞职。何遂如释重负，而张竟贸然登台，设司令部于刘家庙车站，用萧开国为参谋。国家新造，强敌压境，而临阵重要将官，竟轻率更易如此，且所易之将又不强健。张景良虽被推为参谋部长，而军事向不与闻。前二十四日夜，常入都督室，抱都督膝痛哭，语无伦次，似有神经病，同志欲杀之，经都督保免。至是日忽声请杀敌立功，军政府竟允所请，两军对垒，视为儿戏，汉口败亡之机兆矣。

是晚军政府又派步队第四协到汉增加，以第五协担任武昌防务。

同时召集军事会议，由参谋部提出研究问题如下：

一、满军在汉败退后，固守三道桥北端。陆续向祁家湾、滠口等处增加队伍，欲图恢复，势所必然。现在海军尚在阳逻，如不响应，颇为我害。惟三道桥隘路，我既进攻不易，敌人向我进攻亦难。按以上情形，我军或攻或守，此应研究者一。

二、满军兵力集中之后，连合海军向我进攻，此意中事。但是彼之目标，或攻武昌，或攻汉口，均未可知，此应研究者二。

三、如满军向汉口进攻，必利用海军协助。但是正面隘路，彼难前进。如由孝感经新沟绕攻，则我背后必受危险。应如何防御，此应研究者三。

四、如满军向武昌进攻，用海军掩护，由何处渡江，我应如何阻止而防御之，此应研究者四。

五、如满军此时无力攻我，或暂时防御，或我先向彼进攻，以击退滠口之敌，此应研究者五。

以上五端，望大众先判断敌情，比较我军胜算而决定之。于是大众逐一讨论。与其防御待敌攻我，不如乘敌未集中完备，先行进攻，倘能将滠口之敌军击退，则我前进一步，有一步的好处，并可藉以壮我声威。

军政府因此议决对清军进攻，遂由都督发命令如下：

军政府都督命令

（八月二十八日午后十一时半于谘议局）

一、在汉口败退之满军，其步兵约两标，附有机关枪，已占领三道桥北端滠口附近一带。又据侦探报告，黄陂、孝感、祁家湾各车站，满兵亦陆续派兵南下增加。其海军共计在阳逻有五只，司令官系萨镇冰，连日派员疏通，尚未妥协。闻满清有令海军协攻我军之举。

二、本军政府拟乘满军集中未完备以前，先攻滠口附近之敌。

三、张景良为汉口指挥官，率在汉所有各部队，明日准备进攻滠口之敌。但攻击计划及命令，须先呈报军政府。

四、部队第一协统宋锡全，率所属队伍，防御汉阳。但须设法接济我军汉口进攻军队之弹药。

五、步队第三协统成炳荣，率所属队伍，防御两望及青山一带，但须派炮队在青山附近占领阵地，阻止海军前进。

六、步队第五协统熊秉坤，率该协防御武昌省城。

七、本都督在谘议局。

都督黎元洪

以上命令发下后，各协应照命令内所指示任务，各自筹备实行，以期协力动作，方可达到进攻目的。不料张景良自受命令后，毫无办法，昏头昏脑，竟将都督命令全文抄转各部队，而各部队以为指挥官必是先将都督命令抄给我们一看，使我们知道全般情形，以后指挥官必再有命令给我们，使我们如何进攻的。孰知景良竟不另下命令，自己乘马亲往各部队，与各带兵官晤谈，就说照都督命令向前进攻。各带兵官云："都督命令是给指挥官的，不是给我们的。应由指挥官准都督命令，另下一如何进攻命令与我们，我们方好照指挥官命令内指示任务施行。"景良因各部队如此回答，才返刘家庙与司令部人员商议另拟命令，迟至次日正午，命令尚未发出，各部队竟在汉各原地待命。

时军政府早已传知各协，将输送接济等事，好为预备。又令军政分府在汉组织粮台。詹大悲、何海鸣等派参谋吕丹书，偕同叶达三、黄之根三人，在刘家庙设第一粮台，在大智门设第二粮台，存储粮秣子弹，以便接济各战斗部队。又派罗锡炎为运输子弹队长。各事皆准备就绪，至上午十一时，尚未见张景良报告。军政府不知景良是如何布置，特派杨玺章、蔡国光、蔡济民、徐达明四人到汉调查。杨等到刘家庙晤景良时，始知其毫无计划，状甚惊慌。杨等语景良："都督给有命令，何以指挥官不转令各部队准备进攻。"景良无以对。吕丹书在旁云："即请杨副参谋长代指挥官下令。"景良自无异议，于是杨玺章即代张景良拟以如下之命令：

指挥官命令

（八月二十九日午后三时于刘家庙发）

一、在汉败退之满军，其步兵约两标，附有机关枪，已占领滠口附近一带。但黄陂、孝感、祁家湾等处，满军亦陆续增加队伍防御。海军计兵舰五只，在阳逻停泊，似有与满军协攻我军之势。

二、本军拟于明日进攻滠口附近之敌。

三、部队第二协何统领，率该协于明日拂晓先派一部步队潜进，占领三道桥以北，掩护其余队伍陆续前进，向敌之正面攻击。

四、步队第四协张统领，率该协（欠第七标）于明日拂晓出发，由藤子岗前进，向滠口之敌右翼攻击。

五、炮队第一标蔡统带，率该标于明日拂晓占领第一道铁桥堤防，布置放列，以能射击三道桥以北，援助我军前进为要。但须派一部于第二道桥堤防，占领阵地，亦向三道桥附近射击。工程一队附属炮队。

六、其余步队第七标及敢死队为预备队，在造纸厂西南端集合待命。

七、我明日拂晓在丹水池。

指挥官张景良

是晚都督又通令各协一律准备，以便协助汉口部队进攻，又专令第三协在青山炮队，阻止海军上驶。如汉口队伍攻过三道桥以北，该协即应派一小部队由青山渡江，扰害敌之背后。是晚各部队拟定轻装前进，大致均准备就绪，直待拂晓动作。

翌日拂晓，第二协合谢元恺之一标，潜行由三道桥陆续赴滠口。清军步哨，已经发觉鸣枪。该标队伍猛进，业将敌之步哨刺死数人。旋进至三道桥北端，敌用机枪扫射，谢标死伤甚众。复用冲锋喝进，敌仍不退。惟所有队伍均在桥上成纵队形，既不能展阔，又不能前进，被击死于水中者不少。于是即退回二道桥堤防占领（后检查人数，共死二百余人，伤七十余人）。

少顷，天明，敌用炮队与机关枪向我堤防队伍猛击，谢标遂仍退回原地。两军各在三道桥两端用炮射击。至于第四协队伍，由籐子岗附近用船渡至滠口右岸，亦因地势低洼崎岖，碍难前进，且因清军防御严密，当在该处停止。旋因正面步队退却，遂亦退回原防。

一说我军与敌先在三道桥接战，敌不支而退。我军越桥进至滠口，与敌大战，敌降者甚多。

又有谓我军渡过沙口铁桥，与敌在沙口西北约八千米达之滠口车站前，以铁桥为界，自上午十时接战，至下午三时占领其车站，敌之大部队伍退屯祁家湾与万家店之间。是役敌我死伤皆轻。

张景良令我军在造纸厂以战斗【队】形彻夜，发布防御命令如下：

一、敌人在滠口一带陆续增加军队，现用机关枪炮队堵塞三道桥北端隘路口。

二、本军本日拟于造纸厂一带防御。

三、步队第二协占领造纸厂附近，右翼至造纸厂东端，左翼至三道桥南端。

四、步队第四协（欠第八标之第一营）占领阵地，右翼与步队第二协联络，左翼至藤子岗附近。

五、炮队第一标占领第一道桥堤防附近。但派一部占领戴家山，以能射击三道桥北端一带为要。

六、工程队附属炮队。

七、马队警戒我军左翼。

八、步第八标之一营及敢死队为预备队，在造纸厂西南端集合。

九、本指挥在造纸厂。

是晚黎都督令参谋部召集军事会议。提出进攻困难种种理由，经大家讨论良久，佥谓与其进攻徒遭损失，不如暂在三道桥南端据险以守，整顿一切，再筹画前进。于是决定暂取守势。由都督传知武汉各部队，赶紧施行坚固防御工事，严密防守。

是晚军政府电促刘英所部数千人，由襄河星夜来援。

军政府又接得北京政府消息，清廷下诏罪己。袁世凯已就湖广总督职，由项城县起程到彭家湾，换荫昌督师，并奏保姜桂题、段祺瑞、冯国璋三人为统兵大员。军政府闻袁世凯甘为异族用，大众颇注意，同志中有谓“袁此次出山无甚关系，彼既是汉人，如有一线天良，决不能为满奴出力，若能夺荫昌兵柄，与民军一致，我辈亦可利用”。惟黎都督云：“袁世凯是个野心枭雄，自小站练兵即得军心。北方人只知有袁宫保，不知其他，彼之声势，非荫昌可比。”说话之间，微露恐惧之色。同志中又有谓吴禄贞是第六镇统制，此次南下抗顺之师，有一部分系第六镇队伍，彼乃湖北人，又系革命同志，可电其响应。大众极以为然，遂用都督名义，拟电通知。

九月初一日（10月22日），我军得荫昌变更作战计划，分三路来攻之报。其一由铁路沿线进攻刘家庙为主攻；其二由府河、新沟出蔡甸攻汉阳，以为侧击；其三由阳逻偷渡青山下游，直逼武昌，以为助攻。自信阳至黄陂、孝感，京汉路南段附近之各城池，都扼要分兵布守，而其主力仍在祁家湾、滠口一带，距刘家庙不过三十余里。左有武湖，右有西湖，后有蒲湖，三水环列。清军扼守甚力，我军不易进攻，因亦暂取守势。遂由都督调第五标刘廷璧所部，防守青山，第六标胡廷翼所部，防守两望。并令驻汉阳之第一协统领宋锡全所部，严防汉阳襄河上游，慎密保护兵工钢药两厂。同时驻夏口之第三协统领林翼支得探报，悉清军之一部，已由祁家湾、黄河潦向我军左翼运动，林即令所部工程营丁振凯率部住舵落口拒之。比至，获敌探四名，讯据供称由荫昌大本营派来，敌主力部队确在祁家湾一带，约达二镇以上，指挥官为王遇甲、张彪等。

初二日午前十一时，在三道桥之敌，忽增加生力军约步队两标，进展至造纸厂附近。我军以步队第三标及敢死队任前线，令炮队第三标第一营之中右两队，占领铁路两侧阵地放列，相持至午后三时，我军复加机关枪队，及炮队第二标第三营右队，由管带罗某指挥，占领左翼阵地，试行扫射，清军大败。我军马队队官王炎斌亦阵亡。机关枪队队官陈咏裳，第一协队官李希濂，军需处员陈振华等受伤。是夜两军各以战斗队形警戒于二道桥之南北段，彻夜枪声不休。

初三日拂晓，战事复起，清军初不利，我军进至三道桥。适清军新到十生的大炮数尊，放列于戴家山陈家墩，俯瞰射击。我军伤亡甚众，不支，纷纷乘火车而退。旋占领刘家庙北端约一千米达之横堤以抵御之。其后清军子母弹火力奏效，我军受其威胁，复退至刘家庙车站防线。郑树森等受伤。是日我军从楚望台军械所检出旧式子母弹野炮四尊，由炮队第一标第一营中队以人力曳至前线，占领姑嫂树西北约一千米达阵地，一面以炮队第三标第一营管带陈殿甲所部，增加于刘家庙之前线，清军始不得逞。我军复于刘家庙以东筑设副防御工事两道，以资防守。午后二时，清军来袭，相持至三时余，我军反攻进至造纸厂，颇占优势。讵左翼有着灰色军服之清兵一队，绕道前进，我军疑系友军，猝未及防，以致侧面受攻，死伤颇多，遂退回刘家庙。清军亦退保头道桥造纸厂之线。

初四日，荫昌自孝感电军谘府报告战情。文云：

洪密。连得前敌报告，称初一日下午，匪约二营，向滠口三道桥进扑至头道桥，甫下火车，我山炮猛击，匪遂败走。初二日下午，第三协派步队一大排，过三道桥监视桥梁，见有匪炮四尊，占领刘家庙造纸厂一带，击我步队。第四镇山炮还击掩护，步兵遂退至头道桥。初三日午，我军侦探由滠口进至造纸厂刘家庙一带，搜索敌情，见匪约一大排向我军射击，我侦探还击，毙匪正副队长各一名，并获执照手枪手簿等项。又第三协派步队一队向三道桥前进。匪炮忽从造纸厂西北方变换阵地，我军仍猛击，匪遂败退，状极狼狈。余续详。荫昌。支。

初五日拂晓以前，在阳逻之海军，偷入谌家矶（因青山炮队瞭望疏忽所致）。黎明，海军各舰复由谌家矶开至造纸厂江岸，向民军防御阵地侧面猛击，其效力颇大，遂将我散兵壕内及其附近之兵，击死五百余名。民军在此，危险万分，旋即后退。而在滠口之清军机关枪队，当由隘路前进至第一道桥，见民军退却，复用机关枪扫射，水陆夹攻，民军不能抵御。清军即占造纸厂，并掩护在后之清军陆续前进。民军不得已，节节后退，遂退至大智门附近始占领阵地。海军见清军通过三道桥隘路，其掩护任务已达，旋即转向阳逻停泊。

是晨清军因海军掩护，得以通过三道桥。第一步即占领造纸厂南端，以掩护其炮队过桥，至造纸厂西端附近布置放列，即向民军射击。一面掩护其步队前进，直至占领刘家庙始止。

是日午前十时，民军自造纸厂退至大智门附近方占领阵地。各部队即在此整顿队伍，大众愤恨已极，因死伤官兵六七百名，遗失子弹粮秣以及军需物品无算。各部队长官，侦察海军已退，都要誓图报复。

是日正午，民军拟定反攻，即在大智门早餐后，努力准备，但不知指挥官张景良退至何处。于是谢元恺自告奋勇，谓："指挥官是不中用的东西，我愿率同志打前驱，请大众跟我前进。"于是各部队长官先自行集合，共同拟定于午后一时开始反攻。谢元恺打前锋，步队第二协在右，步队第四协在左，齐向刘家庙攻击，士气极盛，进行亦速，锐不可当。清军在刘家庙用机关枪及步炮队顽强抵抗，弹如雨注，民军仍节节猛进，勇往直前。将近刘家庙五六百米达，各部队均上刺刀，由谢元恺先令号兵吹冲锋号音，大众鼓起精神，齐声喝杀，直冲至刘家庙与清军肉搏。清军不支，当即后退。民军遂将刘家庙恢复。

民军占领刘家庙后，复拟向造纸厂追击，因清军利用造纸厂掩护，以机关枪、管退炮反击，民军亦因此日苦战太疲，如再穷追，死伤过重，且天将昏黑，挽日无戈，遂决定在刘家庙占领阵地防御。

是晚各队在刘家庙以战斗队形彻夜，终夜两军枪火未息。清军惶恐异常，惟恐民军扑营，自由向三道桥潜逃者甚众，其将领王占元、鲍贵卿等，特令卫队机关枪在三道桥隘口阻止。又闻冯国璋命通过三道桥的队伍，务要忍耐坚守，效韩信之背水阵，只许前进，不准后退。如再有后退者，即以军法从事云。

是晚接得在造纸厂附近人民报告，谓清军最怕民军喝杀，民军一喝，清军即惶恐不知如何应付。又怕民军冲锋，白刃相接，均谓民军灵敏，清军笨拙等语。

兹将是日死伤之数列下：

一、步队第二协谢元恺标，官兵死五百余人，伤一百八十余人。

二、步队姚金镛标，死百余人，伤七十余人。

三、步队第四协杨传连标，并吴元胜之一营，共死一百四十余人，伤九十人。

四、炮队蔡德懋标，死五十余人，伤七十余人。

五、其余敢死队、工程队、输送队等，死一百余人，伤五十余人。是日激战，共计死伤一千余人，闻清军亦死伤相等。

同时各部队皆将经过战况，报告军政府。是晚军政府召集军事会议，大众谓海军甚为可恶，宜先解决在阳逻之海军，拟运大炮至阳逻附近，将海军轰沉。旋有人劝阻，谓海军仍是中国武装，如尽击毁，未免可惜，不如仍用黎都督名义，向萨镇冰下一警告，促其反正。一面通知各处，不准卖给兵舰煤粮。后海军受困，遂开往下游，行至九江，即为湖口、马当炮台阻止，遂投降。

军政府又以成炳荣所部青山炮队，瞭望疏忽，致海军为害，实属有亏职守，欲置成以军法。经多人缓颊，始记大过两次，令成炳荣戴罪立功。

军政府因汉口战斗各部死伤太众，特派步队第五协往汉增援，又派敢死队队长方兴、杨云开两队，亦往汉督队。

又因张景良无能，特派姜明经往汉协助张办事。都督又与大众商议，复增兵一协，杨载雄为协统，担任武昌城防务。是晚发于各部队之命令如下：

军政府都督命令

（初五日午后十一时于谘议局发）

一、满军约一混成协，今日由刘家庙退占造纸厂附近，其滠口及武胜关以南各车站，仍陆续增加军队。但海军仍到阳逻停泊，我军政府拟派炮队驱逐，一面通知各处不准接济海军粮煤。

二、本军政府拟明日击攘造纸厂之满军于三道桥以北。

三、汉口指挥官张景良，统率在汉各部队，明日攻击在造纸厂之敌。

四、步队第一协协统宋锡全，明日须派一部援助汉口进攻。其余所率各队，仍固守汉阳。

五、步队第三协协统成炳荣，明日率所属各部队，仍防御青山至两望一带，但须派炮队刻刻防御海军上驶。

六、步队第六协协统杨载雄，率武昌所有部队，防御武昌城。

七、各部队给养，仍由自行就近筹备。

八、本都督在谘议局。

都督黎元洪

以上都督命令发出后，军政府又派员与张景良接洽，请其谨慎从公，与各部队好为会商，一致行动。目下大敌当前，万不可再事疏忽，自取咎戾。景良唯唯。是晚由景良发下进攻命令如下：

指挥官命令

（九月初六日午前二时于大智门发）

一、敌人兵力约一混成协，已占领造纸厂附近，其滠口及武胜关以南，仍陆续增加军队。但海军仍在阳逻停泊，已由都督拟派炮队驱逐，并通知各处不许接济海军粮煤。

二、本军拟于本日拂晓，攻击前面造纸厂之敌。

三、步队第二协何统领，于本日拂晓，率贵协由刘家庙出发，其进攻区域，右翼自江岸起，左翼至刘家庙车站西端一带。

四、步队第四协张统领，率贵协于本日拂晓出发，其进攻区域，右翼与步第二协连络，左翼至戴家山附近一带。

五、步队第五协熊统领，率贵协于本日拂晓在刘家庙南端集合为预备队。

六、炮队第一标蔡统带，率贵标及工程队，于本日拂晓在刘家庙以北附近占领阵地，援助我步队进攻。

七、马队黄管带，于本日拂晓率贵营警戒我军左侧。

八、敢死队第一、第二两队，于本日拂晓在步队第二协后面协助进攻。第三、第四两队，在步队第四协后面协助进攻。

九、本指挥官本日拂晓在刘家庙。

指挥官张景良

初六日拂晓，清军乘我军未前进时，一由造纸厂，一由姑嫂树，分两路附机关枪多杆，亦向民军攻击。民军各部队已在刘家庙一带占领阵地，两军以火力相持射击，极为猛烈。民军谢元恺令该标前进，其余亦随之前进，惜民军新兵多不善利用地形，被清军机关枪扫射，死伤颇众。至午前十时，火力益形猛烈，空中子弹飞过之声，如风卷木叶，瑟瑟作响。民军无机关枪，又无管退炮。民军所用之山炮子弹效力不大，清军管退炮效力甚著，两军在刘家庙与造纸厂相持。清军由滠口陆续向前增加兵力约一镇以上，火器又较民军精锐，又系久练步队，善利用地形，秩序较民军整肃。而第一火线布满机关枪，民军迭次前进，均受伤过重。是日两军相持，战斗最烈，但刘家庙附近地势平坦，民军伤亡极多。午后五时，清军用炮队援助机关枪，由姑嫂树、戴家山方面前进，向民军侧击。民军步队第四协统领张廷辅受伤，该协左翼伤亡太多，遂往后退，而与左翼接近之队伍亦随之后退。惟敢死队在后督队，不准退后。无如新兵过多，既退之后，秩序渐乱，不易指挥，在战线上极为散漫。且协统受伤，其部下各级军官，亦难负责维持。战至天晚，火力渐息，民军各部队陆续向大智门新停车场附近退却，占领阵地宿营。清军即前进占领刘家庙附近一带。

是晚黎都督闻刘家庙复失，清军逐次增加，我军受此挫折，士气未免沮丧，加以张廷辅受伤，更受打击。于是军政府即召集会议，兹将议决事项列下：

一、步队第四协协统张廷辅受伤，以谢元恺代之。谢元恺之标统，以胡效骞代之。

二、派尚安邦率炮队两营往汉增援。

三、通电湖南、江西两省，速急派精锐队伍来鄂援应。

四、派工程营与敢死队，多携带工作器具到汉，帮同各部队筑设坚固堡垒。

五、派游击队往黄、孝扰敌后方，牵制其南下兵力。

六、电知上海《民立报》，速请黄兴来鄂，以资镇慑。

七、汉口所有部队，迅速整顿，明日必须固守原阵地，如有机可乘，则向敌逆袭。

八、多印白话，数满清罪恶，派间谍到满军中散发，以启惕其军心。

九、电请陕西出兵，袭满军侧面。

十、通电各省促其响应。

初七日（10 月 28 日）我军在大智门新停车站防御。上午七时向昨日为敌所夺之跑马场进击。德法两租界后方，成为剧烈战场。敌以重兵压迫我军于法租界后方球场附近，复用机关炮威胁沿铁路线前进之我军。并布野炮四门于日本火葬场后方，猛烈轰击。另出步队约一千人，迂回三义桥方面，企图直扑我军阵地，其炮弹不断飞炸于大智门车站后方村落。八时半，是处大火起。我军虽陷于恶战，仍固守不退。其在歆生路一带者，谢元恺令士兵匿于掩堡内，俟敌近三百米达处即冲出肉搏。正午，敌渐逼近，我士兵一齐冲出喊杀，声震全市。其炮队复瞄准连发排炮助战，敌不支，稍却。然以近郊空旷，敌随退随以机关枪殿后扫射，我军死伤者多，而气不稍馁。下午三时半，我军守球场者，因敌之野炮猛轰，继以步兵进逼，遂撤至歆生路。敌又占领球场，旋将野炮由火葬场移至跑马场南端，续取攻势。五时，我敢死队向大智门反攻，亦不利。是日我军死伤亦重。盖六七两日我军死伤约二千余人，新兵及勇猛者居多数。当时旅汉各国侨商，亦甚敬佩民军之勇敢善战，故中外合作组织红十字会，到战地收尸。今汉口球场各烈士之坟，即是役阵亡官兵也。伤者则收容于英租界两处医院及仁济医院。是晚我军仍在原阵地宿营。

至江防方面，是日六时半，我军在南岸列野炮多门，向停泊江岸车站附近敌舰开炮，萨镇冰以海筹、建威、江元、楚同、楚有、楚泰、楚豫及水雷艇三艘，编成舰队，双方对轰。炮声隆隆不断，我之炮弹常飞落敌舰前头，其越过者则落于江岸车站敌军阵地。对轰约二十分钟，敌舰遂下驶。先是昨日下午三时，萨向英国东洋舰队司令官通告，称次日下午三时以后，将炮击武昌、汉阳二处，难免不危及租界。英国韦提督命各国船舶暂时投锚下游，日海军司令川岛通告日侨妇孺乘船避险，地为阳逻下游。信号在旗舰樯顶挂 B 旗，当 B 旗尚未升起时，萨之舰队除留炮舰四艘外，海容（萨坐舰）、海琛（沈司令坐）、海筹溯江而上。

三时二十分，开始击南岸我炮兵阵地，且战且上驶，对轰约一小时，敌舰发弹约三百发，至四时十五分，殿舰海筹先后中弹四枚，遂皆遁去。

初八日晨六时，敌发动攻势，置大炮八九门于大智门车站附近，轰我军在跑马场附近及右侧铁路沿线之炮兵阵地，我军亦善应战。当敌至歆生路向新马路张美之巷街头进攻，我军奋勇击退之。嗣因敌炮猛轰不已，仍退回原防，而以士兵隐伏歆生路一带屋后，敌近即击，多奇中。敌遂以野炮数门，进迫考尔夫球场俱乐部，猛烈轰击，我大别山头亦发炮应战，三处炮火齐飞，致歆生路一带及其后面起火。当是时敌在江岸车站者，有第二、第四两镇之兵，合计约一万五千人，尚有五镇、廿镇在南下中。袁世凯、荫昌则在信阳，敌巡洋舰海容、海琛、海筹停泊阳逻下，楚豫、楚同、楚有、楚泰、江元、江利六艘，停七里河口。敌之火力既优，人数亦较众。我军虽连战连退，然精神振奋，与敌作殊死战，日领报告其政府，极称壮烈。敌既占歆生路，将步兵五千及马队一营，分二方面前进，其一攻我军守华商跑马场者，另一部分攻我军守歆生路后方铁路沿线者，敌攻势益猛，我之炮火效力愈微，遂向玉带门方面退却。

代理第四协统领谢元恺，我将领之最勇敢者也。至是与蔡统带德懋会商，拟统率在汉各军拼命转守为攻，直驱敌于三道桥以北，各部队亦同意。遂令敢死队持大令督战，退者斩。元恺冒敌之十字火网，奋勇前进，各部队随进，德懋亦更换炮兵阵地，前仆后继，所向披靡。虽敌之预备队加入前线，亦不能阻，遂狼狈退回歆生路，而以机关枪与重炮猛轰为掩护。不意德懋更换阵地，目标太显，敌炮集注齐发，弹如雨下，我炮兵多有死伤。德懋见阵地不良，方欲停止放列，不幸中弹死。时元恺攻至距敌最近之地，奋不顾身，亦被敌之机关枪扫射而死。众见蔡、谢二勇将先后阵亡，士气大沮。未几何锡蕃协统亦受伤，敢死队队长马荣、工程队长李忠孝，皆以激战阵亡。我军忠勇将士牺牲之烈，未有甚于此时者。时已午后五时许也。其在市街后方村落交绥者，一进一退，战况亦烈。其地人烟稠密，敌随处纵火，遂呈混乱状态。汉口各报纸亦于是晚停刊。计是日下午二时前之伤兵人数，收容于武昌红十字病院，及汉口三医院。敌我共达九百人。其死亡及重伤，此二日间横卧于战场者无算，可谓惨矣。

是晚甘绩熙回军政府报告，各同志闻谢元恺、蔡德懋、马荣、李忠孝等同时牺牲，皆凄然泪下，极为悲愤。指挥张景良则不知所之，汉口军政分府于后城马路侦知其藏匿所，清军前第八镇参谋刘锡祺亦在是处。因迫令同到分府谈话，经詹大悲严讯看管，后皆枪毙之。都督当召集紧急会议，派姜明经代理指挥，姜称病不敢往。不得已，由各部队暂维现状。

初九日都督派吴兆麟、蔡济民渡江视察，指导防御事宜，以熊秉坤、胡效骞、甘绩熙、杨传连、伍正林五人，分区防御。敢死队亦分五队督率。又令尚安邦编成炮队，布列于歆生路堤防后，工程队附于炮队，赶修掩堡。林翼支标为预备队，蔡济民、杨玺章、王安澜、周定原等分途督察。

上午敌炮击兵工厂，我军散布者向大智门方面袭之，敌不支稍却。歆生路前面，屋多树密，敌派侦察队搜索，我军伏民房后者，俟敌近即枪击之，时有俘获，故敌不得猝进。及正午，敌以猛烈火力，向各房屋树林射击，逐渐前进。午后二时，进至堤防前面，我军步炮齐击，其地无掩蔽，敌乃后退。而我炮队管带孟广顺，不幸中弹而死，时我军指挥由宋锡全暂代。锡全将守汉阳队伍抽调七成，与林标残部合，由张步瀛率领，王缵承督战，藉铁路线掩护，与敌相持。

时清军已渐次达汉口街巷，满布机关枪于民房楼上，并遣多数游击队窜入民房，纵火抢劫。又闻冯国璋曾照会驻汉各外国领事，谓汉口障碍甚多，进攻困难，拟将全镇房屋烧毁，以便施行攻击；倘有侵害外人财产之处，清国政府愿赔偿损失等语。各领事接得照会，极不谓然，舆论大哗，谓各国已严守中立，关于租界附近不得侵害，并云民军起义后，始终保护中外人民之生命财产，真是文明义师。惟清政府至今仍是野蛮，不顾舆论，无怪中国各省皆与之反对。

是日驻汉鄂军支部长（军政分府改名）詹大悲走九江，其部址江汉关旧道署饷糈弹药储藏甚多，悉焚之。后胡祖舜收拾江汉关余烬，检出受火铜元，装炮弹箱十八箱，运缴军务部。连日我军惨败，荫昌与其总参谋长易乃谦，即飞电告捷。

黄兴在海外接武昌首义电讯，即兼程回国，九月初七日抵武汉，各同志热烈欢迎。与黎都督晤谈甚洽，军政府群以战时总司令一职推兴担任。盖“千军易得，一将难求”，武昌党人，虚席以待此君久矣。兴乃党中健者，早以身许革命，责任所在，亦未遑多让，见汉口军事紧急，初十日晨，即偕杨玺章等往汉口视察。都督先令制丈二“黄”字大旗两面命人高举前导，军士闻黄司令来，精神为之一振，即清军震兴盛名，常私语曰：“是曾在广东欲杀张都督（鸣岐）者，乃真将军也。”亦群相戒备。

是日设总司令部于汉口满春茶园，一面命杨玺章、蔡济民等检查汉口队伍，兹将所检查之军队开列于后：

一、步队第二协　兵额约两千人

协统　何锡蕃伤　以罗洪升代

标统　胡效骞

标统　姚金镛病，以刘廷福代

二、步队第四协第七标　兵额约一千人

协统　张廷辅

标统　胡廷佐

标统　杨选青　（官兵均不在汉口）

三、步队第五协　兵额约两千余人

协统　熊秉坤

标统　杜武库

标统　伍正林　督队官　方汉农

四、步队第一协　林翼支一标

五、马队一营　管带　黄冠群

六、炮队约一标

标统　尚安邦

七、工程队一营　管带　李占魁

八、敢死队约二大队　队长　方兴　队长　杨金龙

九、季雨霖之团防兵一千余名

据检查以上各队人数，第四协欠第八标，林翼支一标只有百余人。黄总司令一面通知黎都督，一面问林翼支何以缺额如此之多。林云："兵士系在汉口附近招募，夜间有潜自归家者，以致数额难稽。"黄曰："何不严办？"林无以对。

是日敌我保守原来阵地，敌之步兵散布铁路线，其炮队则布列玉带门后方及大智门两旁与我军对击。我敢死队俟敌进至一百米达时，骤起冲锋，敌死伤甚多。当上午十一时半，我军向济生堂进击，敌则对新马路附近短屋内潜伏我军一齐射击。经我军猛冲，敌即退，而以机关枪炮还击。时两军距离不过二百公尺，敌之大部队沿铁路线西侧向玉带门方面进者，虽有接触，但无激战，因市街时被狙击，敌损失颇大。及晚，敌遂在英租界背面及中国市街后方村落二三处，举行放火。又胡祖舜辎重营是日奉令赴援，祖舜到汉，仅得与王安澜、杜武库一晤。惟见前线部队零乱，无人负责，祖舜即就所部从事歆生路口、张美之巷口及徽州会馆以下之线布防，并派队巡查街道。参谋甘绩熙、高建翎等群守满春，敌尚未深入街市。

黄总司令在汉口检查军队完毕，即发如下之命令：

总司令命令

（九月初十日午后九时于汉口满春茶园发）

一、满军仍占领大智门新停车场附近。

我湘军已有步兵两协，业已出发，不日来鄂援助。

二、本军今晚拟在原占领阵地，以战斗队形彻夜。

三、步队第二协警戒线，右翼由歆生路后城马路起，左翼至查家墩以东火车站之堤防一带。

四、步队第五协警戒线，右翼与步第二协连络，左翼至玉带门一带。

五、其余各队之集合地如左：

步第七标在满春以北空地。

马队一营在满春西端。

炮队一标在满春西北端附近。

工程一营在满春北端附近。

敢死队二队防御满春本司令部。

六、步队第一标及季雨霖标，警戒汉口市街各要地。

七、各队给养用前军政分府预备之粮秣。

八、本总司令在满春茶园。

注意：今夜口号——复汉

总司令黄兴

十一日（11月1日）晨，黄总司令正与杨玺章等商进攻事宜，准备下令击敌，而敌已于午前六时由王家墩来攻。枪炮齐发，我军依堤防固守，预备队亦向前线增加，总司令率敢死队督战，不准后退，退者斩。午前十时许，敌分布机关枪扫射，渐与我右翼接近。我右翼受伤者多，稍后退，敌遂放火，焚歆生路房屋，使我军失其掩蔽。又乱发炮，于是我右翼不得不节节再退。其正面及左翼则藉抬救伤兵，亦陆续退。总司令手刃数人，而士兵竟潜向两侧而退。至午后二时，人数大减，总司令遂下令退玉带门一带。五时许，皆退集于此。敌节节放火，烧一段则进一段。正午火愈炽，汉市中心，满春附近化为焦土。入夜火势更烈，居民狼狈逃走，其状甚惨，火势将延及四官殿。歆生路之敌加紧压迫，徽州会馆以下之敌，亦出没于怡心茶楼附近，转瞬该茶楼亦被焚。敌有时隔岸向汉阳放枪。时江岸已无船只，昨日赴援之辎重营，拦得驳船二只，先将械弹马匹运回，至五时许，武昌开一小轮来拖去。时汉口商场四官殿西北端数处着火，烟云蔽空。我军纷纷退走，除机关枪队与步队目兵百余名尚在张美之巷抵抗外，其余前线空无一人。驻汉阳守护兵工厂之第一协统宋锡全与胡瑛、王宪章等密议，携饷银二十余万元，舢板船六十余艘，小火轮四艘，装载枪炮弹药，竟于夜半退走岳州。后由黎都督电请湘都督以临阵脱逃罪处死刑。王宪章偕走，被扣留，汉阳府知事李亚东亦弃职去。

十二日总司令命各队仍守后堤至玉带门一带，又派查光佛通知甘绩熙、杨传连、伍正林，防御张美之巷附近。午前七时，敌在歆生路、刘家花园一带，以炮轰击，并向兵工厂及都督府发炮，故意扰乱，扬言分攻武昌、汉阳；一面仍在市街节节纵火，随风所煽，愈焚愈烈。居民号泣逃命，惨不忍睹。火延烧至马王庙沿江一带，打扣巷、龙王庙、沈家庙等处，火光亦大。敌至初九日起纵火，至本日更盛，教堂亦有被焚者，外人啧有烦言。所余者上仅硚口至遇字巷一带，下仅张美之巷至花楼一带而已。午后一时，敌派步队一队，并机关枪队，由王家墩向我左翼攻击，行至距玉带门六七百米达地，我预备队及敢死队潜扰敌之右侧，冲出猛击。敌不支而退，我军亦回原防。是时敌我隔河对峙，惟间常发炮互击。至午后六时，总司令命各队守原阵地待援，万不得已，得渐退汉阳，沿襄河布防。总司令即往武昌与都督商善后事宜。

军政府召集会议，总司令报告计有六点：

一、前日往汉口督战，本期反攻，以图恢复，惟各队新兵过多，秩序混乱，难以指挥。

二、军官程度太低，多不上前指挥。

三、各队战斗日久，伤亡过多，官与兵均甚疲劳，一闻机关枪声，即往后退。

四、兵士多在武汉附近招募，夜间私自回家者众，战斗员减少。军官因其仓卒召募，难以查实。

五、我军全系步枪，无机关枪，较敌损伤更重，炮队又系山炮，子弹不开花，射出距离亦近，效用不及敌之管退炮远甚。

六、敌系北洋久经训练之兵，极有纪律，又善射击，惟冲锋时不及我军灵敏，每喊杀时，敌即后退，我所恃者惟此。

此次在争夺战中，因参战受伤者，居正在大智门一带伤面部，季雨霖指挥团防时，飞弹由胸侧洞背而出。连日死伤人数，敌我相等，各死伤有二千余人。在济生堂后双洞门内外，垒尸成冢者八九处，至于汉口商民损失房屋财产，则不可以数计矣。

按，当时论者有云，汉口之战，民军虽受挫折，而战略上已获莫大之胜利，所以者何？盖民军当日所虑者，诚恐清军以海军掩护，由青山以下渡江，进攻武昌。若武昌不守，则民军失根据地。汉口、汉阳自不战而亡。无如清军暮气甚深，汉奸行动，早为全国人心所不容，即抗顺之袁世凯，亦毫无把握。自桧以下，不问可知，其不暗渡武昌，而专攻汉口者，乃天夺汉奸之魄，使之昏迷。民军虽失汉口，即令再失汉阳，原无碍于大局。因民军作战，利在持久，一则可以作各省同志筹备光复之气，一则可以待邻封同志精锐之来援。况汉口有极大市街，依托掩护，逸以待劳，持久之力，明如指掌。加以刘家庙初次开战之役，民军大捷，士气极旺，全国人心为之大快。清军败退，极形恐慌，后虽来袭，不敢猛进。其胆既怯，其气已馁。设当时民军以守为攻，不图急进，抱定“持久战”之计划，汉口稳如长城，即汉奸袁世凯亦不敢贸然出山。天下传檄而定，亦未可知。惜民军昧于“持久战”之理，妄主急进，以致失败。但民军失败原因，不可不细为推究：（一）为姑息养奸，不肯将抗顺之海军击沉，致于大捷之后，三道桥以南之坚固防御线，受海军侧击，壮敌之气。（二）民军虽勇锐无匹，而武器不及清军之利，因缺乏机关枪，又无管退炮，弃险攻人，徒招损失。（三）民军大将谢元恺、蔡德懋等，攻敌阵亡，以致各队军官胆寒，新军无人维持。（四）自骄轻敌，取败之由。民军初胜，即存骄气，新集之兵，不教而战，专取攻势，不顾防御。而不知兵之同志，从中鼓噪，不知危急存亡，徒死无益，新兵又无秩序，何以胜久练之师。（五）蒋翊武等任意扩充势力，求遂其私，以致军中日益紊乱，老兵分散。军队愈多，则指挥力愈薄，甚至军队毫无限制，以新兵充军官者有之。种种缺点，不胜枚举。设非各省响应，派兵援助，仅湖北一省之力，清廷孽数，尚不知何日能终也。

海军降顺　三镇光复，八月二十一日，清廷即命海军提督萨镇冰，统率海军，协助荫昌陆军进攻夏口。二十六日，萨乘楚有兵舰抵汉，海容、海琛、海筹三战舰，建威、建安、江元、江贞、江利、楚同、楚泰、楚谦、飞鹰各炮舰，湖隼、湖鹰、湖鹗，及辰字、宿字各雷艇，亦陆续驶汉。我军颇受威胁。夏口陷落，清军得其助力不少。黎都督因与萨有师生之谊，当其抵汉之初，寓书招致，不报。战争进行，我军受海军之害甚巨，有人献议以炮火集中轰毁之。黎以海军为国防所必需，建设匪易，毁之可惜，复修一函，晓以大义，促其归顺。同时致楚同、楚泰等各船主一书，勉其诛锄内奸，共成义举。其时海琛舰员有张怿伯者，素与驾驶二副杨庆贞、三副高幼钦、见习士官阳明、水手头目李春清、一等水手刘文才、号手王春山、海容正电官金琢章、海筹正电官何渭生、枪炮二副沙训龄、教练官佘振兴等，早思乘时而起，以舰禁往来，意志难达，因临时编订密电码十二种，藉通消息，由是取得联络。九月二十一日，海琛、海筹、海容及江贞、飞鹰、楚豫等舰皆自动离阳逻下驶，中途海琛士官阳明遽取龙旗投之江，代以密制之巨幅白旗悬于舰尾，其舰长黄钟瑛，固预得其默许者，不之究，余舰继之。各舰舰员之满籍者，皆知大势已去，避匿舱中不敢出，飞鹰帮带吉升投水死。各舰行抵九江，军政分府马都督毓宝电武昌黎都督报告，并请示处置。文曰：

黎都督鉴：本日（九月二十一日）午刻十点，有海琛、海筹、海容三战舰到浔。据各船主云，系因水涸，奉萨统制谕，命驶东下，并云萨统制与贵都督已有接洽。该船通竖白旗，并向浔军政分府请领国旗。惟窥其意，尚欲下驶。现在南京尚未克复，该舰仍想东下，不可不防。现已由浔将三舰扣留，暂不准下驶。究应如何处置，及该舰需用煤米等，可否由浔供给，敬乞迅示遵行。浔军政府叩。

旋复来一电，云三海舰已悬民国军旗，炮闩及紧要机关，业经拆卸收藏，满籍人员，均护送往沪。黎都督得报，即电马都督，请派员优待萨镇冰；一面派李作栋携带汤化龙私函，赴浔与汤芗铭及杜锡珪、李烈钧、马毓宝等会商，并请其派舰西上赴援。而萨乘江贞舰下驶时，已先由黄石港换乘渔船，至九江英领署借宿一夕，翌晨乔作商人赴沪矣。浔军司令部赓即电黎报告，云已派定第二舰队由汤芗铭指挥来鄂助战。文云：

黎都督鉴：敝处已派定海战队第二舰队海容、江贞、湖鹗三战舰，并附步队二队，归汤芗铭指挥，决定于二十七日午前十时由浔来鄂助剿。二十八日可到，请将左列诸件，于本夜十时以前迅详电复。

一、彼我两军情况，两军特别标帜，并各部队之位置，尤为紧要。

二、请给第二舰队司令官训令，便宜进行。

三、请预派定得力军官，俟第二舰队到鄂时，即乘小火轮，或本身到海容军舰，与汤司令接洽，商议进剿。但须给予该军官正式公文，并以“满军”二字为暗号，以蓝军旗为号，以防奸细。

四、前决定派出之挺进队，因南昌内乱，未即实行。现已调复皖军回浔，如无来鄂助战之必要，敝处拟即派第一舰队海筹、海琛、湖鹰三舰，附以皖军，编为陆军，即日攻取金陵。如何办理之处，并希电复。浔军司令部。

其后改派海容、海筹、海琛援鄂，二十九日下午，由汤芗铭、杜锡珪率抵武昌下游之青山。黎都督派李作栋、李国镛等携款犒赏，令其攻击三道桥之敌，清军受创甚巨。我三海舰亦有死伤，有一海舰且中数弹，几兆焚如。时届初冬，江水日涸，三海不能久留，因驶上海。其余舰艇仍留助战，并派杨承禧与其舰队司令马烦玉商筹作战任务。

第三节　汉阳奋斗

是时清廷见各省已陆续响应武昌，汉口虽有小胜，仍惶恐万状，因下诏罪已。又谕开党禁，解散皇族内阁，组责任内阁，授袁世凯为内阁总理大臣，仍节制湖北海陆军。又谕亲贵不许预政，奕劻、载泽、载洵、载涛均免职。又决定实行君主立宪，拟具信条十九条，宣誓太庙，布告臣民。凡此皆欲挽回人心，但不过为袁世凯造机会，武昌革命军置之不理，反愈战愈奋。

九月十二日，汉口有十数处起火，风猛火烈，极为愁惨。清军亦未进攻，徒以炮队不时向武昌、汉阳威吓。但自倡义以来，大战已经两旬之久，民军与武汉市民，见炮火射击，已属司空见惯，不甚恐怖。军政府仍令汉阳兵工厂开工，各机关照常办事，藉资镇静。我军在汉口各部队，见清军纵火延烧，已成燎原之势，市民迁徙殆尽，一切粮秣给养，极感困难，遂陆续向汉阳退却，利用襄河一带壕堑，以为防御。兹将是日退至汉阳军队揭示如下：

一、步队第一协统领蒋肇鉴，其兵力约一千余人，防御兵工厂。

二、步队第四标统带胡效骞，其兵力约三营，共一千二百人，防御汉阳赫山、割丝口一带。

三、步队第四协统领张廷辅，其兵力约两标，共两千人，防御汉阳南岸嘴至兵工厂一带。

四、步队第五协统领熊秉坤，其兵力两标，约两千六百余人，防御汉阳十里铺、锅底山一带。但派有一部警戒琴断口、三眼桥。

五、炮队两营，一营在大别山，一营在赫山，归曾继梧指挥。

六、工程一营，管带李占魁，分配步炮队，构筑防御工事。

七、步队第三协统领成炳荣，仍守青山原防，其余均在武昌补充编练。

先是黄兴抵鄂后，武昌党人，对黄期望甚殷，曾讨论黄任职名义问题。新来的同盟会同志，如田桐、宋教仁等，及略含有区域观念的，如蒋翊武、杨王鹏等，以兴代表民党，欲公推为湖北、湖南大都督，或称南方民军总司令，以便统辖各省赴援的民军。而军政府首义各员，如刘公、孙武、蔡济民、吴醒汉、杨玉如、吴兆麟等，仍欲兴属鄂军都督名下，只用战时总司令，不冠南方二字。某日密议时，吴兆麟与杨王鹏大起辩论。吴谓："黄廑午（兴旧号）的职任，万不可影响黎元洪地位。因黎氏虽非同志，但在湖北军界资深望重，此次大众公举其为都督，并非黎氏本愿。且起义时大众说他浑厚，外人均依其名义，认民军为交战团，各省陆续响应，群来电推崇，颇表敬仰。若一旦将其更动，中外必生疑团，视我辈有争权夺利之嫌，不顾大局，此不可者一。黄廑午为革命巨子，海内皆知，此次来鄂，大众热忱爱戴，如趁此在湖北立功，将来达到革命成功目的，再由同志公举为全国首领，前途远大，天下归心，区区都督虚名，又何足计较，此不可者二。前日廑午抵鄂时，已由大众公推为总司令，由黎都督命令发表，是黄已在黎下，忽以大都督名义节制黎都督，在黎原无可无不可，如有人代鸣不平，岂不立起内争，此不可者三。若黄之大都督发表后，黎如辞职，届时各省及外人群来质问，我辈如何答复。即云我辈公意，当此军事紧张之际，忽主将辞职，各方必疑我军不能容物，好恶褊狭，此不可者四。进而言之，湖北军人中同志此次倡义，自拥黎登场后，对黎绝对服从，以表示一德一心，只知杀敌，不问权利，因与黎发生好感。若一旦更换都督，大众顿生疑虑，必不安心，恐与黎接近之人藉此挑拨恶感，或至偶起纠纷，反令廑午面子不好，此不可者五。目下大敌在前，清军时派间谍侦察民军缺点，并图煽惑军心。因民军举动文明，民军又协力一致，清军无隙可乘。如民军内部发生变化，是与敌以隙，自取败亡。回忆洪、杨之在南京，奄有中国大半，势力不可谓不雄，人才不可谓不多，卒因权利之私，自相残害，以致功败垂成，我辈同志此时应以洪、杨覆辙为戒，此不可者六。总之此时急宜团结军心，维持现状，不可更张以生内乱。我非反对黄廑午之为大都督，实情势有所不可也”云云。时杨王鹏不以吴言为然，谓：“江西革命军始以吴介璋为都督，更以马毓宝，未见中外人质问与内部反对，湖北反去电欢迎。况我辈公举黄廑午为大都督，于黎的位置原无妨碍，试问将来推倒满清后，中国不举大总统乎，岂以各省即以有都督即算完事吗?”吴云：“各省情形不同，湖北是首义之区，关系全局，所以各省皆以湖北为重心。外人仅照会湖北为交战团，与他省之大小轻重有不同耳。”时在座者多以吴兆麟话理由颇充分，默表同情。杨玉如并劝王鹏重视现实与环境，不必坚持己见，恐牵一发而全身动。王鹏不悦，又欲与玉如争辩，宋教仁即起立云：“此事不过征求大众同意，我们原无成见。因黄廑午实行革命多年，声望甚好，诸同志欲推其为首领，藉以号召，俾达迅速成功之目的，并无他意。我们初来湖北，对于湖北军队情形不熟，既有利害冲突，即作罢论可也。”于是大众复决定举黄兴为战时总司令，所有各省军队，均听其节制调遣，并效汉刘邦聘韩信为大将故事，请黎都督聘黄兴为总司令，登坛拜将，郑重其事，使各省来鄂军队均听指挥，以便作战。大众均以为然，遂将此举报告黎都督，黎极表赞同，遂择定九月十三日吉期行拜将礼。

九月十三日午前八时，都督府前建一将台，黎都督传知各机关人员及武昌军队长官，并派军队一标，准于正午齐集军政府，请黄兴登坛拜将，于坛之四角树立军旗，中立一“战时总司令黄”六字大旗，气象庄严。届时军乐队毕至，文武咸集，黎都督偕各机关人员先登坛，发表大意曰：“本都督代表中华民国四万万同胞，及全国军界袍泽，特拜黄君兴为战时总司令，于本日此时就职，率我军民，推倒满清恶劣专制政府，光复汉族，建立良善真正共和，共谋人民福利。我将士皆当诚心悦服，听其指挥，群策群力，驱除鞑虏，以卫国家。中华民国幸甚，同胞幸甚”云云。说毕，即请黄兴登坛受职，并由都督将关防、聘状、令箭等项，亲交黄总司令。当时黄兴在将坛上向大众演说云：“此次革命，是光复汉族，建立共和政府，无如虏廷仍未觉悟，派兵来鄂，与民军为难，我辈宜先驱逐在汉口之敌，然后进攻，收复北京，以完成革命之志。今日承黎都督与诸同志举兄弟为战时总司令，责任重大，实难负荷，但大敌当前，不敢不勉。因念军人以服从命令为天职，以艰苦奋斗为己任，兄弟愿从黎都督与诸同志后，直捣虏廷，恢复神州，虽捐躯糜踵，均所不惜”云。言毕，大众鼓掌，欢声雷动。齐呼中华民国四万万同胞、黎都督、黄总司令万岁。互相致敬，礼毕而退。

黄就任后，即往汉阳西门外昭忠祠组织总司令部，分参谋、副官、秘书三处。李书城为参谋长，杨玺章为副参谋长。后加派吴兆麟为副参谋长，姚金镛、吴醒汉、甘绩熙、徐达明、宾士礼、高建翎、金龙章、夏继善、邹燮斌等为参谋，日人萱野等为军事顾问，王孝缜为副官长，高尚志副之。田桐为秘书长，万声扬、黄中恺、萧骥等为秘书。蔡济民为经理部长，蒋翊武副之。陈磊为金柜科长，孙德成为稽查科长，胡鄂公为侦探科长，谢震华为庶务科长，王安澜为粮台总办。胡祖舜任全军后方勤务，湘军来援之兴汉营及新编之输送标，归其指挥，以归元寺为本部。所有部队，黄总司令以命令指定防区如下：

一、第四协统领张廷辅率所部七标，防守南岸嘴至兵工厂东端一带。

一、第一协统领蒋肇鉴率所部一标，防守兵工厂附近，并派一标驻徐家湾。

一、步队第四标第三营，驻守徐家湾至琴断口一带。

一、步队第十标第三营，驻琴断口。

一、步队第十一标、炮队独立队、机关枪队及水师第一标散卒，防守赫山。

一、炮队第三标第一营驻梅子山，并分派一队驻高庙南端。

一、令步队第十标之一营，附炮兵二队，由第五协统领熊秉坤率驻十里铺及归元寺附近。

总司令通令各地防军筑设防御工事，于高地作盖沟及站沟两种，并令各部队分别建筑赫山、高庙、梅子山、十里铺及龟山、兵工厂、南岸嘴各处工事，挖壕筑堡时，雇用民夫数千人，不加督率，而工作昼夜不辍，当时人心倾向，于此可见。

时有敌一队用帆布船将由黄金堂渡河，被我军炮击，其伤亡以及被俘者约二百人。

九月十五日，总司令部署已定，防御工程正在赶修，总司令乃偕参谋等数人巡视，自大别山麓，由右翼南岸嘴经十里铺，至左翼三眼桥。据报自孝感至新沟，昨已有敌之小部出现，因派侦察赴蔡甸、新沟搜索。

十六日，湘军第一协，皆受训练之新军，秩序尚整，调赴十里铺防御。上午六时，我军之炮以汉口济生堂附近为目标，开炮击之，敌未应战。十时左右停。兵工厂守兵对汉口方面之敌，亦尝枪击之。下午六时，我军武昌炮击江岸车站，连续三小时，敌亦未还击。其晚敌乘夜以火车运军需，我大别山炮即击之，且与汉口市街之敌隔河时以步枪互击，因敌扰害我防御工程，隔河夜袭，故我军还击。敌在考尔夫俱乐部附近之炮兵阵地，移至刘家花园西面柳树繁茂之堤防上，并设臼炮四门于花园西北小丘上。又领事团因敌烧汉口，提出严重照会，敌冯国璋则诿称我军炮击所致。

十七日，据报敌运来重炮，并架桥材料，已到汉口；又在大智门及招商局附近设管退炮位，专击武昌。我赫山之炮击硚口方面之敌，同时汉阳、汉口间亦不时以枪互击，又武穴田家镇炮台皆降，九江炮台亦由南昌派来军队扼守。

十八日，据报汉口有敌一万余人，其续到五千人抵祁家湾，又有一标由萧家港南下。昨晚十时，大别山兵工厂附近，我军与汉口之敌隔河交绥。先步枪互击，后我军炮击敌之歆生路炮兵阵地，敌应战，炮声隆隆，久之犹闻缓慢声，至今晨始息。及上午九时，炮战复起，先由敌在刘家花园之炮向兵工厂开炮，我大别山之炮还击之。下午一时稍停，至三时复有稀疏炮声。总司令于下午三时发布命令如下：

民军总司令官命令

（九月十八日午后三时于汉阳昭忠祠）

一、满军在汉口兵力约一万余人，在汉口刘家庙至硚口附近，又于上关及花楼一带并赫山对岸，均构筑掩堡，沿江岸设有炮位。又由孝感至新沟方面，有满军出没，清廷派袁世凯南下，现已抵孝感。冯国璋在大智门。

又迭接上海、浙江、江苏、广西、安庆来电，均已宣布独立，拟派兵应援武昌。

二、本军拟在汉阳南岸嘴至三眼桥附近一带防御。

三、步队第四协统领张廷辅，率该协于南岸嘴至兵工厂附近占领阵地，且派一部掩护我右侧。

四、步队第一协统领蒋肇鉴，率该协占领阵地，右翼与第四协连络，左翼至钢药厂西端附近。

五、步队第四标统带胡效骞，率该标与步队第一协连络，须于赫山至割丝口附近占领阵地。

以上各队须利用时间构筑强固防御工事。

六、湘军第一协统领王隆中，率该协及工程第一营，在十里铺、锅底山附近占领阵地。但须构筑强固防御工事，且派一部警戒琴断口、三脚桥附近。

七、炮队团统领曾继梧，率该团须于大别山、赫山、仙女山、扁担山附近选占阵地，以能射击汉口龙王庙至玉带门，及琴断口、三眼桥附近为要。

八、步队第五协统领熊秉坤，率该协在七里铺为预备队。

九、各部队给养，派员在归元寺粮台领取粮秣。

十、予在汉阳昭忠祠。

总司令官黄兴

同时训令粮台司令及辎重第一营管带，按照在汉阳本军所辖各部队，准备粮秣，以便各部队派员领取，并须先在本司令部计算各部队报来人数，妥筹办理。

十九日，据报敌第四镇全部驻汉口各要地，第十混成协全部驻孝感，第五镇一协全部晨八时抵孝感。又据乡民报告，敌一支队似由新沟向蔡甸前进，因此司令部派祁国钧率马队一营，步队一营，赴蔡甸附近防敌渡河。

是日湘军第二协统领甘兴典，率队抵汉阳。该协原系巡防营，多徒手，缺乏训练，由司令部给发枪弹。

敌运大炮数尊往硚口，我大别山炮击之，敌亦以炮击，各有微伤，其后汉阳、武昌两处与敌常互相炮击。午后敌驻江岸者复以炮击我青山驻军，我军开炮还击，遂毁其炮位，我两望炮队击江岸车站之敌，中车站附近列车起火。

二十日上午四时，敌南下官兵在江岸车站，因误传我军往袭，与第二镇火拼，互有死伤。

是日黎都督发出通电，请独立各省共同组织临时中央政府，以一军权。致各省都督电如下：

大局粗定，非组织临时政府，内政外交，均无主体，极为可危。前电请速派妥员会议组织，谅达勋鉴。惟各省全权委员一时未能全到，拟变通办法，先由各省电举各部政务长，择其得多数票者来鄂，以政府成立照会各国领事，转各公使，请各本国承认，庶国基可以粗定。敝省拟中央临时政府暂分七部：一、内务，二、外交，三、教育，四、财政，五、交通，六、军政，七、司法。其首长之条件，以声望素著，中外咸知，并能出而任务为必要。盖非此不足以昭各国之信用也。现除外交首长多数省分已举伍廷芳、温宗尧二君外，其余各首长应请协举，电知敝省，候汇齐后，一面电聘，一面通告，时事迫急，希即会议举定。再财政首长，敝省拟举张謇，并闻。万祈速复。

旋各省都督皆复电赞成。

是日袁世凯派蔡廷幹、刘承恩（湖北襄阳人）来武昌都督府，与民军媾和，并携有袁之公函，据称“如能承认君主立宪，两军即息战，否则仍难免以武力解决”。都督当即派员招待来使，并复书袁世凯，讽其抛弃君主，赞成共和，此不过为临时所行政策。复书如下：

慰庭宫保麾下：迩者蔡、刘两君来，备述德意，具见执事俯念汉族同胞，不忍自相残害，令我佩佩。前承开示四条，果能如约照办，则是满清幸福。特汉族之受专制，已二百六十余年，自戊戌政变以还，曰改革专制，曰预备立宪，曰缩短国会期限，何一非国民之铁血威逼而来！徐锡麟也，安庆兵变也，孚琦炸弹也，广州督署轰毁也，满清之胆早经破裂。然逐次之伪谕，纯系牢笼汉人诈术，并无改革政治之真心，故内而各部长官，外而各省督抚，满汉比较，汉人之掌握政权者几何人，兵权财权，为立国之命脉，非毫无智识之奴才，即乳臭未干之亲贵。四万万汉人之财产生命，皆将断送于少数满贼之手，是而可忍，孰不可忍。即如执事，岂非我汉族中最有声望最有能力之人，何以一削兵权于北洋，再夺政柄于枢府？若非稍有忌惮汉族之心，己酉解职之候，险有生命之虞。他人或有不知，执事岂竟忘之？自鄂军倡义，四方响应，举朝震恐，无法支持，始出其咸同故技，以“汉人杀汉人”之政策，执事果为此而出，可谓忍矣。嗣又奉读条件，谆谆以立宪为言，时至二十世纪，无论君主国，民主国，君民共主国，皆莫不有宪法，特其性质稍有差异，然均谓之“立宪”。将来各省派员会议，视其程度如何，当采择何等法治，其结果自不外“立宪”二字，特揆诸舆情，满清恐难参与其间耳。即论清政府叠次上谕所云，试问鄂军起义之力，彰德高卧之力乎？鄂军倘允休兵，满廷反讦执事究有何力以为后盾？今不见起义只匝月，而响应宣告独立者，有滇、湘、黔、蜀、赣、皖、苏、杭、闽、粤、桂、秦、晋，沪上归并之兵轮及鱼雷艇，共有八艘，其所以光复之速而广者，实非人力之所能为也。我军进攻，窃料满清实无抵抗之能力，其稍能抵拒者，惟有执事，然则执事一身系汉族及中国之存亡，不綦重哉。设执事真能知有汉族，真能系念汉人，则何不趁此机会，揽握兵权，反手王齐，匪异人任；即不然，亦当起中州健儿，直捣幽燕。苟执事真热心满清功名也，亦当日夜祷祝我军速指黄河以北，则我军声势日大一日，执事爵位日高一日。倘鄂军屈服于满清，恐不数月间，“飞鸟尽，良弓藏，狡兔死，走狗烹”矣。执事犯功高震主之嫌，虽再欲伏隐彰德，而不可得也。隆裕有生一日，戊戌之事，一日不可忘也。执事之于满清，其感情之美恶如何，执事当自知之，不必局外人为之代谋。同志人等，皆能自树汉族勋业，不愿再受满人羁绊，勿劳锦注。至疑鹬蚌一层，读各国报纸自知，鄂军举义价值，比拟似觉不伦。顷由汉口某领事处得无线电，刻北京正危急，有爱新氏去国逃走之说。果尔，则法人资格丧失。虽欲赠友邦，而已无其权矣。执事又何疑焉。窃为执事计，闻清廷有召还之说，分二策以研究之：（一）清廷之召执事回京也，恐系疑执事心怀不臣，欲藉此以释兵权，则宜援“将在外君命有所不受”之例以拒之。（二）清廷果危急而召之也，庚子之役，各国联军入都，始召合肥入定大乱，合肥留沪不前，沉机观变，前事可师。所惜者合肥奴性太深，仅得以“文忠”结局，了其一生历史，李氏子岂能终无余憾。昔者孟子之学，全在“保民”。元洪本一武夫，罔识大义，惟常奉教于孟轲，其心得除“保民”外，无第二思想。况执事之识解，经验能力超出元洪等万万哉。所虑者执事历世太深，观望过甚，不能自决。须知当仁不让，见义勇为，无待游移。孟子云：“虽有智慧，不如乘势；虽有镃基，不如待时。”全国同胞，仰望执事者久矣。请勿再以假面具示人，有失本来面目。是则元洪等之所忠告于执事者也。余详蔡、刘两君口述。

是时黄总司令正在汉阳与袁世凯对垒，恐军士苦战已久，为袁系传播和平之说所摇动，特通传手谕警告，此亦战略所必需者。通谕如下：

自鄂军起义，不旬日间吾同胞之响应者已十余省，足见天命已归，满贼立亡。乃虏廷不揣时势，不问民心，出其狴犴之卒，敌我仁义之师，是实妄干天诛，于我何妨。汉口之战，我师屡胜，继虽小挫，军家胜败，自古常然，不必介意。现鄂军大整，湘军来援，恢复之功，当在旦夕。顷据保定侦探何某来报，虏廷已命袁世凯为内阁总理大臣，仍统陆海军队，袁世凯甘心事虏，根据初九罪己诏，倡拥皇帝之邪说，先运动谘政院，遍电各省谘议局，有云“政府十分退让，吾人只求政治革命，不屑为已甚者”云云。现袁已派心腹多名，分道驰往各省，发布传单，演说谕众，冀离间我同胞之心，涣散我已成之势。设心之诡，用计之毒，诚堪痛恨。我同胞光复旧宇，义正词严，既为九仞之山，何惜一篑之覆。自不致为所动摇。然恐妖精善蛊，致荧众听，故此密谕同胞，速饬密探查拿前项演说之人，销灭传单，俾鼠窃之技，无由而施，大局幸甚。

二十一日招商局趸船有敌军数百，见江中有船经过，以及渡江之船，辄开枪乱击以为乐，多有受伤者。我军武昌、汉阳两处即开炮击之，趸船上敌军死伤甚多。

下午三时半，我武胜门旧炮兵营，炮击招商局仓库附近之敌，极准确，同时敌在刘家花园外之炮队向大别山上炮击，我军以炮还击，武昌亦以炮援助。我赫山则以炮击企图渡河之敌，炮声断续达旦。向来我军之炮每不炸裂，是日自午迄夜，炮弹炸裂者多，敌损失甚大。又据报，敌马队数百人，步队约三千人，企图在毛陈渡架桥占蔡甸之金牛山，又于硚口南端及歆生路附近，构筑炮垒，由北运来野炮甚多，陆续增加于战线上。又有步队约千余人，由新沟南下，午后已抵油榨坊附近。是日军政府因第一协疲于久战，调在武昌之第六协换防。午后四时，总司令发布命令如下：

一、综合各种情报，敌主力仍在汉口至孝感附近一带。另有一部似由新沟南下。

又接九江来电，海军均已反正，拟不日来鄂，协攻满军。

二、本军拟仍在南岸嘴、三眼桥附近一带防御。

三、步四协统领张廷辅，率该协仍在原阵地防御，并须利用时间，加筑防御工事。

四、步五协统领熊秉坤，率该协（欠第十标）右翼与步四协联络，须于兵工厂至钢药厂之间占领阵地。

五、步四标统带胡效骞，率该标于钢药厂及赫山西麓占领阵地，须与第五协联络。

六、湘军第一协统领王隆中，率该协及工程第一营（欠二队）右翼与步标联络，须于割丝口至琴断口附近占领阵地。

七、湘军第二协统领甘兴典，率该协及工程第一营之两队，于美娘山、三眼桥至扁担山附近占领阵地。并与湘军第一协联络。但须派侦探搜索蔡甸方面之敌情。

八、炮兵团仍占领原阵地，以能射击汉口新停车场至东亚制粉工场一带并三眼桥附近为要。

九、步六协在七里铺，同第十标在归元寺附近，为预备队。

十、各部给养仍派员在归元寺领取粮秣。

十一、余在昭忠祠。

注意：各部队须按规定防御配备略图构筑工事。

令下后，总司令亲赴视察，并派参谋副官到各部队协同指示防御工事。连日以来，敌之汉口方面炮队，日夜不断向兵工厂及归元寺射击，但无大损害，又时用民船在赫山附近一带，企图渡河，俱被我军击沉。我之兵工厂仍日夜兴工。时日人大元偕浪人多名投效，愿为我侦探敌情，经司令部聘用。

二十二日，军政府派季雨霖为安襄郧荆招讨使。据法商报告，敌约二百人，搬运刘氏机器厂材料，在后湖堤筑炮台。又敌第一线在硚口、龙王庙一带设炮兵阵地，有野炮十六门。另派一支队出新沟经蔡甸，企图渡河。

二十三日，敌续到队伍凡二十四车，皆灰布衣，驻大智门外，时游行至花楼，劫掠铺户。敌在招商局设四炮于屋内，向汉阳射击。我凤凰山炮还击，及汉阳之炮击毁其炮位，遂停止。又在硚口设炮台二座，并设行军铁路一条。王家墩、罐子湖等处，亦置九寸口径大炮三门，并以水塔为瞭望台。据日探报告，敌主要炮兵阵地在水电厂满春茶园及刘氏堤防附近，步兵阵地在龙王庙至玉带门一带，刘家庙及大智门亦分布步炮队伍。又据报敌兵两营，在汉川虾蟆潭掳民船四百余只，向蔡甸方面进。

二十四日，昨晚大风雨，至午未停，寒气逼人，大战传说甚盛。敌在招商局趸船存储，被我凤凰、大别两处之炮击沉。天昏黑，敌军大乱，其上午一时四十分，日租界后方铁路线外，敌哨误会放枪，一时敌人惊扰，枪弹四飞。约一小时，兵目死者十六七人，人民中流弹死者二人。上午九时，日驱逐舰神风上驶至七里沟，被我两望之炮阻止。昨有国际贸易公司小轮一艘，亦因擅自开驶，为我击沉。其襄河两岸悠闲之枪炮声不断。下午四时，我蛇山黄鹤楼及旧炮兵营与大别山之炮，开始轰汉口市街之敌，及其华商跑马厂炮兵阵地。武昌有一炮弹落汉口马王庙附近，起大火，黑烟为烈风所煽，遮盖汉阳，五时半炮停。

二十五日，袁世凯奉清廷上谕组织内阁，时清军之在夏口者，其主力渐移置蔡甸方面，刘家庙预备队不过二千人。黄总司令得报，即拟乘虚袭击，以遮断清军后方联络。即晚派遣专员勘定琴断口为渡河点，令工程队准备架桥，另组征发队，征集船只，以湘军第一协统领王隆中所部为右纵队，以湘军第四协统领甘兴典为左纵队，以步兵第五协统领熊秉坤所部第十标、敢死队方兴所部、广东先锋队杜林所部为预备队。其后方任务，密令辎重第二营管带胡祖舜，派遣督队官李鹏昇，率所部枪弹炮弹各队，及兴汉营输送标第三营，预在十里铺停驻待命。其先期动员命令如下：

第一军命令

（九月二十五日午后十时于昭忠祠）

一、此较我军劣势之敌军主力，驻扎汉口中国街，其右翼自玉带门停车场起，其左翼至龙王庙附近，敌马兵在东亚制粉厂附近出没。

二、我军拟明晚由东亚制粉工厂附近潜渡，歼灭敌军，另有一支队自龙王庙附近上岸攻击。又另有一支队经长丰垸到三眼桥附近，攻击大智门附近之敌军。

三、汉阳守备队于明日午前十点占领阵地，自南岸嘴起，至赫山西麓止，于午后十点钟须攻击敌军，并准备潜渡。

四、炮队团各炮队射击开始，临时命令。

五、右纵队于明日午前十点钟撤警戒线，至该协司令部集合，于午后八点钟在琴断口开始潜渡，至午后十点钟集合于裕隆制粉工厂北端，须向玉带门停车场前进，午后三点钟为架梁渡河之掩护。派步兵一营，占领裕隆制粉工厂东方八百米达村落，掩护队于其纵队通过警戒线时，撤其阵地，须复归该协。

六、左纵队于明日午前十点钟撤警戒线至该协司令部集合，于午后九点钟在琴断口开始潜渡，至午后十点钟之间，集合于裕隆制粉工厂北方约五百米达三叉路附近，须向华商跑马场附近。

七、预备队于明日午后四点钟集合于锅底山东北花园之南端，俟左纵队潜渡毕，随该队渡河，于东亚制粉工厂附近集合。

八、工程第一营架梁完工后，须派一部监视桥梁，其余指挥琴断口附近船只，依步兵自然掩护，向下流开行，为襄河左岸部队随处渡河之准备。

九、余现在昭忠祠，于明日午后二点钟自昭忠祠出发，到锅底山东北花园附近。

注意：

一、白布斜背为我军标识。

二、我军用白旗。

三、凡我军所占之地约以举火为记。

二十六日，黄总司令令步兵第一协掩护工程队，以所征发船只，就琴断口地方，架设浮桥三座，限即晚八时以前竣事。令第十一标统带杨选青，率所部于本部渡河时，由南岸嘴强渡龙王庙，以为助攻。别遣一支队由武昌青山潜渡刘家庙下游，袭击清军后路，以为牵制，其他部队各依命令实施。是夜十时三十分，我军已接续渡河，时值连日阴雨，路湿气寒，清守兵多潜处民房，燃火取暖，我军潜渡侵入防线，群始警觉，仓皇走避，秩序大乱。我军进击，其前线达居仁门以至歆生路一带。清军各地防兵渐渐增援，抵抗甚力。我军因道路泥泞，前进阻碍，所有部队联络渐失。右翼几至不支。预备队先后增加，勉强支持，而左翼湘军第二协先行溃退。清军乘势包围，以致牵动全局。龙王庙助攻部队以清军据险扼守，未能如时登岸。武昌下游进攻，亦未得手。总司令以时机已失，无可为力，遂令退却。时已二十七日午前六时矣。翌日军政府以第十一标统带杨选青临敌不前，挥泪斩于府前。湘军第二协统领甘兴典作战不力，旋于汉阳失陷后逃回长沙，亦经黎都督电请湘督杀之。

我军退回汉阳，仍令严加戒备。二十八日清军向美最时洋行购办枕木数百株，在由夏口三眼桥至姑嫂树间之湖面上，架设桥梁，长达十余里，同日以小船数只，满载积薪，将以渡河，被我军第十一标二营管带尹奎元察觉，报由第六协统领杨载雄，令善泅水者三人潜渡，以火焚之。是日黄总司令防守命令如下：

第一军命令

（九月二十八日午后三时半于昭忠祠）

一、据探报云，敌人似由赫山、琴断口、蔡甸各处渡河。

我九江军第二舰队明二十九日可抵武昌省城附近。

二、本军今晚拟以战斗队形准备通夜，防敌渡河。

三、步队第四协张统领，率该协占领南岸嘴至兵工厂西端，今晚严密警戒。

四、步队第五协熊统领，率该协今晚警戒右翼兵工厂西端起，左翼至梅子山西北端约六百米达高地西麓止，须与步队第四协连络。

五、步队第六协统领杨载雄，率该协今晚占领阵地，右翼与步队第五协连络，左翼至割丝口西端附近。

六、湘军第一协王统领率该协及步队第十标第三营今晚防御琴断口及割丝口至锅底山附近。

七、湘军第一协王统领，率该协之一标，防御三眼桥，其余一标在马家湾集合听调。

八、若有敌袭，各队须竭力固守原阵地。

九、炮兵团今晚在各原阵地布置放列。

十、工程第一营今晚在十里铺集合。

十一、其余各队，均在归元寺集合待命。

十二、辎重第二营在归元寺听调。

十三、余在昭忠祠。

总司令官黄兴

二十九日，清军第二、四两镇各一部，以甘、陕事急，调回信阳，在夏口前线新沟作战者，约在二镇以上。午后三时，一部在新沟架桥，其步兵一标，炮兵一营，马队一队，由油榨岭向汉阳行进中。午后四时，其大队已抵马家湖，别一部已占领城头山。

是日晨天未明，我来归之海军海容、海筹及水雷艇湖鹗，已驶进阳逻。上午十一时，汤芗铭、杜锡珪率三艘至青山附近，与刘家庙敌交射。下午三时，海容悬革命军旗，意气扬扬，从容上驶，直达黄鹤楼下。有大型小轮开至其侧，由舰卸下机关炮，其后湖鹗继续上驶，敌众炮齐发，湖鹗沿南岸以全速力进，忽有敌炮一弹中其机关一部，蒸汽迸发。又有榴散〔霰〕弹二发，在艇上炸裂，然湖鹗仍开入租界对岸之水域内。未几海容沿江而下，将出租界水线，忽炮火一闪，继之全部炮门齐开，猛射敌之炮兵阵地，复进至江岸约五百公尺地，连续轰击，其炮弹皆在刘家庙车站周围炸裂，于是敌在江岸各处炮兵阵地，尘沙飞扬，村落起火，车站后面火焰尤甚，海容遂以堂堂姿势，悠然下驶，时下午五时半也。后据报海容舰上死一人，伤三人，其烟囱虽有弹痕，但仅二弹中其舷侧，损害极微，敌方则有炮一门全毁，车站被焚，死伤官兵三四百人。

是日晚军政府命七协往汉阳增援，由标统黄申芗率往。

三十日上午七时，清军约一混成协，复由新沟渡河，驻蔡甸乐善堂厘金局，另一支队占领舵落口，在城头山者造有炮垒多处，在硚口上下游者，备有帆布船数十只，其主要炮位分配于玉成公司、刘家花园、水塔、歆生路。襄河北岸，亦列炮十数尊。午后一时，敌水陆并进，声势甚大，我军合力抵抗，俱被击退，颇有死伤。是日总司令防守命令如下：

第一军命令

（九月三十日午后五时于昭忠祠）

一、据侦探云，敌之主力仍在汉口一带，其一部已由新沟渡河，向蔡甸方面进发。

我九江第二舰队，昨日在刘家庙附近，击死敌兵约六百余人。我步队第十四标之一营，本日午前十一时，由汉阳东门出发，赴沌口附近，掩护我右侧背。

二、本军今晚拟仍固守汉阳，以战斗队形过夜。

三、各部队今夜须竭力固守，仍在阵地。

步队第四协，右翼由兵工厂西端起，左翼至梅子山西麓高地止。

步队第五协，右翼由南岸嘴起，左翼至兵工厂西端止。

步队第六协，右翼与步队第五协连接，左翼至割丝口西端止。

湘军第一协，右翼与步队第六协连络，左翼至琴断口及锅底山附近。

湘军第二协，占领三眼桥附近，竭力固守，拒止蔡甸方面之敌。炮兵团仍占领各阵地放列。

四、工程第一营续前任务。

五、若有敌袭，须竭力固守原占领阵地。

六、其余各队仍在各驻扎地准备集合听调。

七、余在昭忠祠。

总司令官黄兴

十月初一拂晓，清军以水陆两路，分向我军左翼三眼桥、琴断口方面进攻，时守琴断口者为湘军第一协，相持五十分钟，湘军不支，清军由灰面厂渡河，进占琴断口。时驻美娘、仙女、扁担、锅底诸山之我军力拒之。八时，敌马队一营复向三眼桥冲锋，我军马队管带周洪胜率部竭力抵御，队官颜忠伟身受重伤，坚守不退。旋步兵援军亦至，三眼桥得以无恙。

是日军政府以汉阳战事吃紧，令军务部调各机关炮兵老人高元佐等四十九人，令赴前敌，黄总司令即以增防汤家山，金兆龙所领之敢死队亦与焉。是日所下作战命令如下：

第一军命令

（十月初一日午后六时于昭忠祠）

一、敌之主力仍在汉口一带，其一支队由新沟渡河，到蔡甸附近。又琴断口附近有敌步兵约二百人，炮两门，已被我三眼桥步兵击退。

我舰队现在青山附近，今晚与青山支队向刘家庙进攻。

我部队第十四标二营（欠二队）炮队一队，已占领沌口附近。

同第三营本日由汉阳出发，赴蔡家岭附近掩护我军侧背。

我九江军步队四营，炮十门，明日可到武昌。

二、我军今晚仍固守原阵地，拟会合九江军并舰队，准备攻击。

三、各部队今晚以战斗队形宿营，仍须竭力固守原占领阵地。

四、给养仍由归元寺粮台供给。

五、余在昭忠祠。

注意：

一、我南岸嘴至割丝口之各队，今晚准备战斗，俟我青山支队攻击。

二、我炮兵团准备今晚射击。

初二日午前八时，三眼桥方面之清军开始于桥西蒋家渡架桥，被驻汤家山之我军炮队击退。九时复以死士千人，浮水而渡，同时琴断口方面之清军，袭击我军防线，并以大炮轰击锅底山一带，其潜伏三眼桥之敌，经我防守梅子山炮队管带陈殿甲猛烈炮击。军务部员邓衍祥，及胡濂溪、秦洪发、谢万富等受伤。是日总司令作战命令如下：

第一军命令

（十月初二日午后六时于昭忠祠）

一、敌之主力仍在汉口一带，其一支队已到琴断口附近，与我三眼桥军队战斗中。

我青山军并舰队，拟于今日向丹水池、刘家庙附近协攻敌人。

我九江军今日可在武昌附近援助青山军进攻。

我广东、广西及湖南各军，现已集中完备，预定向武昌进发。

我安徽军预定向河南进攻。

我沌口、蔡家岭之部队，仍在原地防御。

二、本军拟以一部渡河，援助青山军进攻，其余仍在原阵地防御敌人。

三、炮兵团仍在各原阵地准备射击，援助我军各队。

四、步队第四协，准备由南岸嘴至兵工厂附近渡河，向汉口中国街一带进攻。

五、步队第五协，准备由兵工厂至梅子山附近渡河，与步队第四协连络进攻（船只由标雇定）。

六、步队第六协，仍在各原占领阵地防御。

七、湘军第一协王统领，率所属各队，竭力固守原阵地，并须制止三眼桥方面之敌。

八、工程第一营，及徒步马队，均属湘军第一协，受王统领指挥。

九、湘军第二协甘统领，率该协固守三眼桥一带。

十、预备队仍在原阵地集合待命。

十一、给养仍由粮台补充。

十二、辎重第二营仍在归元寺预备听调。

十三、余在昭忠祠。

初三日，清军以连日进攻三眼桥不克，即移主力于琴断口方面，猛攻美娘山，占领之。我军马队第二标第二营管带祁国钧，率所部七十余人，冒险冲锋，各军继进，夺清军标旗一面，机关枪两尊，毙其指挥官一员，摘下肩章，祁两腿受十一伤不退。湘军第四十九标二营管带杨万桂，率所部二十四人，奋勇登山赴援，美娘山因此失而复得。我军亦受伤甚多。同时硚口一带之清军，复于龙灯堤至赫山对岸，用民船十余只，强行渡河，我军炮兵击退之。是日湘省复派统领刘玉堂率所部一协来援，总司令增加前线，所下作战命令如下：

第一军命令

（十月初三日午前十一时三十分于昭忠祠）

一、据各种报告，汉口之敌，似欲由硚口上流一带渡河，与三眼桥方面之敌合力进攻。

我青山军舰队，拟于本日向谌家矶及刘家庙实行攻击。

我武昌军今日派步兵一标，赴汉阳增援我军。

二、我军今日以一部迎击硚口上流一带与三眼桥方面之敌，以一部防御南岸嘴至赫山一带，并准备渡河，援助我青山军。

三、步队第四协（欠第七标）仍占领南岸嘴至兵工厂一带，准备渡河，向汉口中国街进攻，援助青山军，该协第七标即向美娘山赴援。

四、步兵第五协，仍占领兵工厂至梅子山附近，准备渡河，与步兵第四协连络进攻。

五、步兵第六协占领原阵地竭力固守。

六、湘军第一协统领，率所属各队迎击割丝口以西及三眼桥方面之敌，并须派一部竭力驱逐美娘山附近之敌兵。

七、炮兵团司令官，务须令各阵地炮队竭力援助我军步队。

八、步队第十三标朱统带，率所属各队，与湘军第一协王统领协力驱逐美娘山及三眼桥方面之敌。

九、湘军第二协仍在马家湾集合听命。

十、辎重第二营胡管带，须令枪弹、炮弹、粮食各队，陆续补充前线。其余仍在归元寺集合听调。

十一、给养由粮台补充。

十二、余在昭忠祠。

是日军政府以清军进攻汉阳日急，特令第三协统领成炳荣，率第五标统带刘廷璧、六标统带胡廷翼、炮队统领姜明经，率山炮一营，由海琛、海容掩护，于午夜由青山渡江，行至五通口，向谌家矶方面行拂晓攻击，断其后路，以分其势。翌晨四时许（初四日），安全抵达目的地，即向谌家矶进攻。我海军亦于天明发炮，向丹水池一带清军射击，毁美孚洋油栈及火车五辆。清军骤不及防，退至二道桥，适水潦初退，泥深没胫，清军以机关枪及野炮扼守桥端。三道桥清军炮兵发炮助攻，我军遂退回五通口。次日（初五日）第五标第一营附炮一队，复由五通口进，据腊村嘴一带。清军不支，退至三道桥附近，沿桥一带沙滩长达里许，徒涉维艰。时有我军壮士三百余人奋勇攀桥梁以渡，清军以机关枪御之，我军死伤甚多，并被俘去三名。乃退伏桥畔芦苇中，相持约三时许。清军复以火车架机关枪至，注射芦苇，我军壮士伤亡殆尽，复退五通口，傍晚渡返青山，成炳荣以任务未达被撤职。

初四日，清军进攻益力，各方前线危险万状，黄总司令令广东先锋队加入汤家山之线，由社会党杜林指挥，协助金兆龙所率敢死队作战，一面调湘军第一协第一标赴三眼桥方面应援，而该标士兵以从战七昼夜，疲困过甚，翌日（初五日）纷纷回湘。同时我军中有为清军间谍者，暗将各地地雷火线截断，并擅悬敌旗。炮兵王某且停炮不发，湘军统领刘玉堂、总部督战员张鹏飞疑之，检其身畔，得清军饷单一纸，刘、张立将王枪决，其管带张振臣执解军政府，以通敌有据斩之。自是清军得势，相继占领美娘山、汤家山、扁担山、仙女山、锅底山、磨子山各要点。军政府各机关军事人员，参谋副长杨玺章，稽查部长蔡汉卿，军务部副部长张振武，参议夏道南，科长胡干城、胡捷三、李华模等数百人，乃渡江督战。时参谋甘绩熙建议挑选敢死队夜袭扁担、磨子各山，以挽回颓势。总司令颇然其说，甘乃与朱树烈立往各部队挑选，卒由辎重第一营管带孙鸿斌，及某营管带韩某各挑选数十人。陆军中学学生亦有数人愿告奋勇，合得百余人。即日午夜一时，由甘绩熙、朱树烈与孙、韩管带等率领前进，首袭磨子山，甘、韩率尖兵三人摸索而上，敌军前哨数十人骤不及备，而我敢死队亦接踵而前，所有敌人尽被歼灭。时山上庙内尚有多数敌军，仓卒出庙还击，且战且逃，移时该山为我军所占领。时扁担山之敌已有戒备，机关枪弹发如雨，而琴断口之敌探照灯亦四射侦察，孙鸿斌管带率领援军赶至，与甘等遇于磨子山畔，孙为流弹所中，举援军以授甘，湘军统领刘玉堂又奉令率兵来援。同时某营管带周秉武亦以所部来会，即并力抢夺扁担山，一齐喊杀而上。清军以来势勇猛，莫敢当锋，相率弃械向美娘山逃。我军又将扁担山领占。时已天明，甘以后脑手臂各负创伤，如再夺美娘、仙女各山，须有炮兵赴援，因还报黄总司令，而刘统领、周管带则担任死守既得之扁担山。时敌军在美娘山者以大炮轰击，刘统领不幸阵亡，其部众相率惊散，扁担、磨子两山遂既得而复失。

初六日，我军退守十里铺及赫山之线，清军乘胜进逼，侵入十里铺西端，复以一支队于赫山附近渡河。同时各路炮兵分击我军阵地，我军不支溃退。参谋副长杨玺章，第三标二营管带王殿甲，第八标一营管带龚义亭，军务部员萧钟晋，督战员李儒清、王佐才等皆阵亡。钢药厂总稽查杨承禧，独立将校决死团团长龚葆棠、副长戴高，第十三标统带冯国贤、管带谢涌泉、李亚新、田兆霖，督队官吴廷萃、陈佐黄，队官谢连奎、雷云龙，排长夏连邦、王文仙、王志轩、罗琦，军需何少山，以及机关枪队官兵韩得富等，目兵张得胜等，轻重目兵胡钧庭等，共五六十人均受伤，湘军死伤亦多。其时黄总司令亲在前线督战，敌军炮弹落近数武，亦不少动。辄由随从人员强曳以避。英勇之气，令人钦佩。惟兵无训练，多不用命，时引为恨。每见一方败退，他方多自由撤走，甚至奉令增援部队，睹状不复前进，且有向后撤退者，故一败而不可复振。是役保定入伍生萧展舒、卢本棠、蓝文蔚、潘祖信、万耀煌、张笃伦、晏勋甫、晏道刚、梅铸、谢履、余鸿勋、张森、李文恭、钟相毓、廖河清等，及聂世鑫、袁于勤率领之决死队，先后来鄂参加。留东振武学生高冠英、傅鹏海、杨澄源、张乃威、赵启瑞、刘以东等，籍皆山陕，远道来投，英勇赴敌，时仅二日，赵、刘即告失踪。傍晚，黄司令始自前线撤退至城内汉阳府署，旋即渡江，所有溃兵散布于汉阳城南，途为之塞，纷纷争渡。驻归元寺粮台王安澜、胡祖舜，急以电话报告军政府及军务部请示。一面挑选僚属中知炮科者数人，曳三生的山炮两尊，放列于寺后北端高地，以示抵抗。一面奉总司令令抢运所储械弹于汉阳县署。时四协统领张廷辅率所部残卒扼守大巷口一带，久之援军不至，各自撤退。归元寺粮台，王安澜纵火焚之，声震数里，枪炮弹药粮秣损失不计其数。迨至午夜，汉阳遂告不守。

后集合战报，计自九月二十八日至十月初六日，在汉阳战斗，我军共死军官一百三十七人，伤八十五人，目兵死二千六百九十三人，伤四百人。

时有留日士官生萧钟英，不忍见汉阳之失，摇动武昌，危及大局，自组敢死士若干人赴汉阳决死战，其友龚国煌劝其保身留为国用，钟英不可。径渡江赴铁厂码头登岸，持枪杀敌，敌死伤颇多，后敌以机关枪扫射，钟英及敢死士皆阵亡。壮哉。

是日下午一时，敌对我军渡江而逃者猛烈射击，死者无算。下午二时，九江援军约三千人，由小轮多艘，各曳民船，满载士兵，抵阳逻，由海容、海琛在上游掩护，于翌日下午登岸。敌则在七里沟筑掩堡防之。

冯国璋攻陷汉阳，清廷传谕嘉奖，赏给冯二等男爵。

第七章　停战议和　全鄂光复　各省响应

第一节　守城布防

十月初七日，战时总司令黄兴自汉阳退回武昌。兵工厂所储械弹材料及机件，凡能搬运者，悉由军务部派员会同该厂总办萧佐汉连夜潜运武昌，设立分厂于铜元局。湘军自汉阳水陆两路撤退回湘，鄂军则陆续由沌口上下游渡江。多数麇集武昌郊外，听候整理。军政府当召集紧急会议，黄兴谓："此次汉阳之役，非军队不多，非防御阵地不固，又非弹药粮秣不充足。其所以致败的原因，第一系官长不用命；第二军队无教育；第三缺乏机关枪。有此三缺点，故每战失利。自一次败退后，各兵士一闻机关枪声极为惊慌。各长官亦畏避不前，屡次鼓励，皆不收效。最可惜的，鼓励一次即多热心勇敢之士告奋勇前进，敌人用机关枪扫射，前者死，后者即退，所以致败。若前者仆后者继，战未有不胜的。现在武昌均系战败的部队，恐不能再用。为今之计，只有弃武昌而攻南京。若得南京，再组织北伐精锐军队以图恢复，亦未为晚。"会众以黄兴意欲放弃武昌，多不谓然。时范腾霄出席演说，大意谓："武昌为首义之区，动关全局，若不战自退，各省势必动摇，虽欲卷土重来，天下谁复再与共事。况有长江天堑，据险以守，敌焰虽张，当非旦夕可图。阳夏之役，以我未经训练之师，当彼精悍之众，尚能相持四十余日。今各省纷纷响应，分电乞援，必多劲旅，胜负正未可知，何可轻言放弃。"于是大家一致主张固守武昌。孙武、张振武尤为愤慨，张并大声喝曰："武昌是我们首义之地，我们当与城共存亡，无论如何，不能言退。倘再有言退者，即杀之。"大众即鼓掌表同情。黄兴见大众反对，即到黎都督室内，面向黎云："既大众不赞成弃武昌，死守待援，亦是一策。我一人先往上海，如将南京克复，我即带两万精兵来援武昌。"故是夜黄即乘轮东下。时参谋长李书城已偕汤化龙、胡瑞霖、陈登山、黄中恺及其他诸人先一日行矣。

黎都督委蒋翊武为护理战时总司令官，孙武并派胡捷三、叶于松、邢伯谦、刘龙群、胡光瑞等，分途收容散兵，整编队伍，守御武昌。

参谋部正部长杨开甲辞职，黎都督即调充顾问。以吴兆麟为参谋总长，以姚金镛为次长。又步队第三协统领，已更换窦秉钧。

是晚武昌城谣言甚多，谓满军要袭武昌城。又谓满军已派汉奸多人混入武昌城内，在各机关投效，以便乘机内应。黎都督传知各城门严行警戒，城内特别戒严。

清军汉口炮队时向武昌城射击，百姓惊慌，各机关人员胆小者均潜匿。

汉阳失后，武汉人心悲痛异常。甚至车夫舟子皆相视对泣。自此武汉三镇无一人力车上街。而襄河及大江两岸，上自金口，下至阳逻，帆船遂至绝迹。清军至此，亦知人心之不可侮。虽咫尺武昌，不能飞渡，清军势力，亦于是乎穷。

初八日午前八时，军政府召集会议，议决防御要点如下：

一、由各协分划募兵区域，赶速招募新兵，补足编制。

一、调查现有枪炮弹药，及防御应需军械器具，暨服装粮秣等项。有不敷者赶速筹办。

一、于沿江一带增加极大副防御，并于铁丝网上装置极烈之电流。

一、暂将沿江一带防御地段，划分为三区，各专责成。

甲、由青山至大堤口为第一区。

乙、由大堤口至鲇鱼套为第二区。

丙、由鲇鱼套至金口为第三区。

一、各区防御地段，即筑急造掩体。以后逐渐加工，务达极坚固之程度。

一、派兵舰于上下游往来游弋，以防敌乘夜暗渡。

一、分电反正各省，火速派兵来援。

黎都督初七日分电各省乞援电：

敝处血战六昼夜，敌兵恃火器较利，抵死进攻。汉阳城恐不能守。我军拟坚守武昌城中待援，事关大局，危急异常。恳立刻分别遣派海陆军队星夜兼程来援。盼切。

又初八日通电云：

连日汉阳剧战，因我军力单薄，半系新募之兵，不能支持，只得退保武昌。窃思武汉关系中国全局，武汉危，即全局难保。元洪当督率将士，誓以死守，以维大局。惟敌人以全力争武汉，同胞必以全力援助，方能取胜。恳迅速调拨老练之兵，携带枪弹，并机关枪新式炮，星夜来鄂援助。或另分兵他出，以牵敌势，统希裁夺施行。并祈示复。

长沙谭都督复电（七日到）：

汉阳不利，当调集兵舰扼长江上下，武昌乃可固守。湘当与桂、粤合谋进援，已电商胡、沈都督矣。特复。

又湘电（八日到）：

迭电均悉。鄂、湘一家，安危同系，现在桂军已于初七日在永州出发，兼程赴敌。敝军已电请广州胡都督、福州孙都督，整顿海军，联合吴淞军舰，直攻天津，以击敌军之尾。并请孙都督派精兵由海道来援。又电请贵州杨都督出兵铜仁，与我军会合取荆襄，出沙洋，以击敌兵之腰。更请桂林沈、王都督，南宁陆都督，加派老练之兵与敝省会师，克期赴援。尚望坚守武昌，以图合剿。决不存畛域，贻误中华大局。

又湘电（九日到）：

汉阳军情紧急，拟请浔都督派精兵二千，由黄州登陆，直出黄陂孝感，以断北军铁道。并派兵轮保护上岸，并请粤都督迅派精兵，带足饷械，由海道赴鄂助战。敌情如何，并望示复。

九江马都督复电（八日到）：

钧电催派海筹赴鄂助战，均经转催安庆。顷准皖都督李咨称：上游水浅，海筹不能上驶，已转电驻沪徐总司令速派江楚兵轮，兼程赴鄂助战等语，特闻。

又浔电（八日到）：

连接汉阳警电，焦急万分。现已召集各处原有老练之兵约二千人，惟缺大小轮拖送。乞贵处速拨小火轮或小兵轮或商轮来浔拖运。并请多备五生七炮弹底及其底火，又毛瑟枪德国八十八年式，日本三十三年式三种子弹，以便应用。再海筹兵舰因水浅不能上驶，并闻。

又浔电（九日到）：

准南昌电，已续派步兵一标赴鄂。阳日（七日）出发，又电调萍乡袁赣二州军队自湘至鄂助战，特闻。

南昌彭都督复电（九日到）：

敝处现派刘懋政领步队一标，准十一日乘轮赴鄂助战。惟该师或由水路运抵汉口，或绕道黄州，抄敌左侧，以何处为集合点，均须先期知会，以便接洽。

镇江林都督复电（七日到）：

镜清、保民、联鲸、楚观、江元、江亨、通济、楚同、楚泰、飞鹰、楚谦、张艇、虎威、江平各舰艇，由敝处联络一律归汉。今日下午二时，在军政府开陆海军联络大会。矢志合攻金陵，并于军政府添设海军处。每舰艇公举司令长，组织完备，一致进行。

又镇江电（八日到）：

阳电悉。兵舰渐归，已令全数上驶。并速电催沪上三海军舰。又电闽、粤运兵北上，以为牵制。刻南京城外炮台已下，刻日可破，即移水陆师援武昌，望坚守以待。

又镇江电（十四日到）：

南京内容已有头绪。兹同黄之根与大家议决，不日即派大队水陆并进，援助湖北。请坚守勿懈。并请将湖北战用地图专送数分来。

上海陈都督复电（八日到）：

阳电悉。武汉垂危，自应赴援。除由敝处饬南琛准明日上驶，并向安庆代为乞师外，已电商浔分府立派海筹、海容、江贞三舰前来济助矣。

杭州汤都督复电（八日到）：

各省已水陆赴援。浙江于两三日内亦勉备一协上驶。南京昨已下，请公力障东南，维持全国。

清江浦蒋都督复电（八日到）：

虞、阳两电均悉。前据歌（五日）电，即复征调队伍，厚集炮兵，谅邀明察。现敌军兵将北窜，势甚可虑。拟一面截堵窜兵，以牵敌势。一面赶集队伍并与联军协同援鄂。

全州赵统领复电（八日到）：

阳电敬悉。马队及步队已于江日由全开拔。余亦陆续前进。本部今日抵全，拟蒸日出发，迅赴前敌，惟弹药自桂由河道输运，较军队颇迟。沈都督于明日抵全，并闻。

蒙自赵统领复祥复电（十一日到）：

阳电敬悉。拟即先遣一混成协由黔入湘，会合荆、襄兵队。并电达蔡都督随遣大兵由川东下。兼电两粤联合南边诸省，星夜赴援。并祈坚守，固我根本。

海军黄司令钟瑛电（十八日到）：

泰、同两舰已遵令开上阳逻，装配弹药。江贞随上驶，以观动静。尚有谦、观两舰，到时即令上驶，协同陆军动作，掩护江岸。此间布置各事已与楚泰马管带交接清楚。若有调动之处，可由其指挥。江水已涸，海筹运动不便，湖鹰机器极损，拟再调他舰及雷艇湖鹏来鄂。

蒋护理总司令设司令部于洪山宝通寺。吴兆麟为参谋长，派参谋张其亚为武黄司令官，率学生军一队，驻防武昌县城（今鄂城）。并节制黄州防营以为屏蔽。是日黄陂县为我军游击队占领。

江西援军统领冯嗣鸿，率所部一协，驰抵黄州。黎都督命驻阳逻仓子埠一带待命。

初九日午前十时，蒋护理总司令发布防守命令如下：

一、敌人在汉阳一带似欲图攻武昌。

我游击队已占据黄陂县城，拟会合江西军攻敌侧背，毁坏铁路，以断其联络。

我舰队现游弋阳逻经木莫港至武昌一带。

我广东、广西两军已向武昌行进中。

二、本军以主力固守武昌城沿江一带。并派一部占领白虎山及金口附近。

三、步队第三协统领窦秉钧，率该协固守凤凰山（青山东北）经青山两望北端一带，特须搜索凤凰山以下各要地之敌情。

四、步队第五协统领熊秉坤，率该协固守两望至砖瓦厂一带。并须与步队第三协连络。

五、步队第六协统领杨载雄，率所属队伍，固守阵地。右翼与步队第五协连络。左翼至大堤口附近。

六、步队第七协统领邓玉麟，率该协（欠第十四标）固守武昌省城沿江一带。须与步队第六协连络。

七、工程第一营李管带，指挥第一营及第二营，固守鲇鱼套至造纸厂一带。须与步队第七协连络。

八、步队第四协统领张廷辅，率该协固守阵地。右翼与工程营连络。左翼至祁阳会馆附近。

九、步队第一协统领蒋肇鉴，率该协固守阵地。右翼与步队第四协连络。左翼至吉祥宾馆附近，特须搜索中新州以上各要地。

十、步队第二协统领何锡蕃，率该协（欠两营）防御武昌城。但由武胜门经平湖门至望山门一带须多派兵力。

十一、步队第八协统领罗鸿升，率所属掩护两望炮队。

十二、步兵第十四标占领东湖门及沙子岭附近，格外搜索当面之敌情。

十三、炮兵协统领姜明经，指挥所属炮队，占领凤凰山、黄鹤楼及沿江一带，须能射击汉口及汉阳之敌。

十四、马队第一标及第二标统带，率所属队伍，须于本日午前到洪山宝通寺集合。

十五、其余步队第三协之两营为总预备队，限于本日午前到洪山宝通寺集合。

十六、卫生队及野战病院，均利用武昌省城内外各医院，开设疗伤所。

十七、各队大接济队，均在所属各队宿营地集合待命。但粮秣之补充，均由各队按平日方法办理。

十八、辎重第二营，限于本日午前到洪山集合待命。

注意：

一、各部队按占领区域雇用民夫，协同筑设防御工事。

二、右命令如不转攻势，务须常川严密防守。

三、各部队对于来袭之敌，不到有效射击距离内，不论昼夜不行射击，总以节省子弹为要。

四、炮队如未见敌人渡江或夜袭，勿庸炮击，总以常川监视敌人为要。

五、各部队除监视哨外，总须集团兵力以便应援。

是日清军由汉阳方面向上游运动。其侦探已出没于沌口、簰洲之间。军政府因令部队第八协立即开赴金口设防。同日并派舰队司令官加派兵舰三艘，分泊阳逻木莫港及武昌县一带游弋，以资警戒。

清军占据汉阳后，日以搜查民军为由，居民被抄掠一空。

第二节 和议开始

初，济南孙宝琦（山东巡抚）曾通电各省云：

建设共和政体，原为国民要求幸福。同类相残，大非初志。近者南北意见，尚无归宿，停滞日久，战源方长，万一牵及外交，为患更巨。前因清廷召集各省代表，曾经电达鄙意，请联合各省公电袁内阁，首先提议共和，不知此电已否照发，有无复电。顷顺直谘议局来电，欲另择地点，速开临时议会，解决危局，此策颇善。而组织议会最简便之方法，莫如仿德国联邦参事之制，先立上院，以为国政基础，其会员由各都督府派代表人充当。若未经独立省分，则招令各谘议局派员与会。其会地即宜于京津酌定一处，使北方易于加入。凡国体政体问题，皆可于此议决。如此则议会兼有临时政府之作用，外交易于缔造。而会员兼收未独立各省在内，异日以全国意见要求逊位，可免兵戈而收胜利。较之武力从事，保全实多。虽或不能尽快人意，惟义军之起为真理，非为意气。谨效忠告，倘蒙采纳，请商实行，中国幸甚。

苏州程都督通电云：

孙都督电敬悉。敝处前日通电，请孙文君回国组织临时政府。计邀明察，惟事机急迫，未能久持。孙君未回以前，临时政府事务，仍由黎都督暂摄。至孙都督所称，敝意宜声明如清廷不私君位，宣布共和，可派员赴鄂会议，即请黎都督主稿挈衔电告各省。如表同意，乞径电武昌为荷。

长沙谭都督来电云：

顷致孙抚台电，其文曰：两电均悉，维持和平，甚佩苦心，汉苦满虐，普天同愤。故起义未五旬而全国响应。人心如此，岂公婉言调解所能挽回，闻鲁已举公督师，即当奋然改图，直捣幽燕，共成大业。顾乃依违不决，贻误事机，明达如公，甚所不取。会议地点，已确定在沪，不能移我就彼。清廷如肯逊位，当即停战，宣告中外派员赴鄂定议。否则征北之师已编成，不日出发。乞将此意电达清廷为盼云云。谨此录闻。

黎都督致各省电：

顷接济南孙君宝琦来电云：清廷二十五日上谕，各省应举代表赴京，公同会议国事等语。宝琦前经电奏确定共和政体，现在全国军民意见相同，万无更变。拟请由程都督联名电致清廷，如承认不私君位，宣布共和，仍当承认北京为中央政府。各派员赴京，会议优礼皇室，制定国法等事。否则谈判无可开端，惟有另行组织临时政府以维大局。乞即酌核电复等语。当即电复，其文曰：确定共和政体，优待清皇室，可谓识时之论，极佩。惟国体既变，形势亦迁，何以仍当承认北京为中央政府。雪楼（程德全）既经江苏公举为民国都督，已与清廷断绝关系，何独请其联名，均所未解，尚乞明白赐教。再山东于何时宣布独立，公在民国军政府被举何职，深切瞻念。并望电复等语。特此奉闻。

黎都督致各省电：

据驻汉俄领袖领事敖康夫君照会敝军政府，报告北京外交团来电，其文曰：汉口领袖领事敖康夫鉴：各国外交团代表，对于清国政府感情颇恶，因其残杀无辜，致令各国愤怒，现各国代表拟请鄂军政府担负汉口交涉全权，并将与中国政府要求重大赔偿云云。特此奉闻。鄂。江。印。

长沙谭都督复电：

江（三日）电悉。各国外交团已不承认清政府，急应赶派全权大使，致聘各国，宣布宗旨，联络感情。伍、温任外交部长，不能远出，道远尤稽时日，拟由贵处电商各省都督，公推孙文君为全权大使，就近赴各国交涉，俾其承认为独立国。孙文君在外有年，必胜此任。乞核夺通电各省为盼。

上海陈都督来电：

顷接闽都督孙江电称：各省公推武昌都督府主行中央军政府所辖一切事件，伍廷芳、温宗尧二君为全国外交总、副长，驻沪办理全国外交事件。闽代表潘祖彝、林长民，不日即可到鄂等因。合亟转呈，希即查照。

黎都督致上海居正、陶凤集二委员电：

会议期定十月初十日，已通电各省，想均悉。除秦、晋尚不通电，湘、粤代表业已抵鄂外，现桂、赣、浔均已复电。全权委员拟不日来鄂，君等与沪接洽如何，伍、温、张三公暨苏、浙代表何日首途来鄂，盼电告，以便欢迎。

致苏赣浙等省都督电（辛亥十月初九日）：

汉阳一变，武昌戒严。然已防守慎密，请勿念。刻有驻京英公使电汉领事，提议停战议和之举，南京军情未识如何。请告徐统制，如此间议决停战，则取宁之师，本当同时停战，事机如何，手腕须灵活。特先电闻，余俟议决再告。

初十日各省军政府来电，公举湖北军政府为中央军政府。

同日又接山东来电，孙宝琦取消独立。

清军龟山炮队开始向武昌射击，以军政府所在地谘议局为目标。武昌城内外深感敌炮火威胁，商店闭市，人心恐慌。惟军政府重要职员仍照常办公，力持镇定。

十一日敌炮轰击更烈，午后一时，军政府楼下西侧忽中一弹，死卫兵一人，都督黎元洪因率杜锡钧、杨开甲、萧慕何、邝杰等少数职员，仓卒出走。未几军政府军装室又中一弹，致兆焚如。都督遂拟退驻葛店，即晚驰抵王家店暂宿。时总监察刘公及各部总稽查处苏成章、谢石钦、陈宏诰、梅宝玑、高振霄等得状，立即议定由刘公以总监察名义出示安民，并通令各军暂归节制调遣，坚守武昌；谢石钦、苏成章、陈宏诰等分往各机关，切禁擅离职守，并巡视各重要街市演说，人心以安。

是日驻汉英领葛福提议停战三日。先是，袁世凯奉清廷谕旨组织内阁，保皇党杨度与新自狱出之革命党汪兆铭，发起国事共济会于北京，谋开和议。清资政院表示赞同，院长李家驹征询袁世凯意见，时袁以清室大势已去，民军势不可侮，欲利用时局，操纵双方，以遂私图，因默许之，并以道员刘承恩为鄂籍，且与黎都督有旧，密嘱刘寓书于黎，达其意旨，为首义党人所拒绝。

继刘复函黎，始允与面谈。袁遂密派刘与海军正蔡廷幹，携手书南下谒黎，只以双方意见距离甚远，不得要领而返。因袁世凯蓄志谋清，又恐我军不能就范，故先以全力夺取汉阳，以挫其锋。十月初七日得报我军果败，袁乃乘机运动驻京英使朱尔典，授意于汉口英领葛福，提议停战三日，以便红十字会掩埋战场尸骨为词。日、美、法、俄、德诸领事先后赞成，同时我军军政府外交部亦奉命向英领隐示认可。惟条件磋商，冯国璋提出者有“民军兵船须将机关下交英国水师收管”之语。我军认为侮辱，不予接受，同时亦提出“满军须退出汉口十五里以外，及满军所据军火应由介绍人英领事签字封闭之”等语，以相对抗。因此局部和议稽延数日，至十一日午后三时，驻汉英、俄各领署接北京使团电告，就袁世凯与我方提出之条件加以斟酌，公推万国商会会长盘尔根（亦译名盘恩）渡江，正式与我军军政府接洽，时黎都督已起节离城，以军务部长孙武代表磋商妥协。但须调用印信，而印信适为职掌者随都督携去。时机迫切，不及禀报，孙武乃令军务部秘书张汉仆，别镌一颗代之。一面援照最后议定规约，通令各军停战，遂开全国议和之先声。其最后议定停战规约五则如下（此系第一次停战期限）：

一、停战时各守现据界限，彼此不得稍有侵犯窥探。

二、停战之期限，订于十月十二日早八点钟起至十五日早八点钟止，计三日。两军不得在期内开战。

三、军舰不得藉停战之期泊近武汉南北岸，以占领优胜地位；须至青山以下停泊，至停战期满为止。

四、停战期内两军不得添兵修垒及一切补助战力等事。

五、停战之约须有领事官画押为中证人，庶免彼此违背条约，以重公法。

十三日两军既经停战，南京亦已克复，士气大振。都督黎元洪移驻洪山，时清军军事行动尚未全停，午后三时，约有兵一旅之众向沌口方面行进，我军总司令部得报，乃令第七协统领邓玉麟，率所部开赴金口，分防簰洲一带，与第八协联络。

十四日军政府以停战期促转瞬将满，因召集总司令以下各将领会议作战方略，复决定将现有军队编成三区两支队，划地防守，其编成如下：

第一区之编成　司令官窦秉钧，步队第三协，步队第六协，马兵十名，炮队未详。

第二区之编成　司令官何锡蕃，步队第二协，马兵六名，炮队（由大堤口至鲇鱼套及城内凤凰山、蛇山、黄鹤楼各炮队）。

第三区之编成　司令官张廷辅，步队第一协，步队第四协，马兵十名，炮队（由鲇鱼套至石咀），工程第一营，工程第二营。

金口支队之编成　支队长罗鸿升，步队第八协，马兵十名，炮队（由石咀以上至金口），督战敢死队第一营。

簰洲支队之编成　支队长邓玉麟，步队第七协，马兵十名。

总预备队之编成　司令官王安澜，城内新编各部。

是日蒋护理总司令发布防守命令如下：

护理总司令官命令

（十月十四日午前八时于洪山宝通寺）

一、综合各种情报，敌人主力仍在汉口、汉阳一带，其多数马兵侦探，在簰洲附近出没。

我马队第一标在李家桥附近。

我马队第二标在油坊岭南方狭隘处。

我江西第一支队于明早由青山出发向黄陂方面行进。

其第二支队已由南昌出发，向阳逻前进。

我广西援军已行抵湖南。

我湖南军现已集中完毕，拟向武昌进发。

我第二舰队泊于黄州附近，其第一舰队已由安庆向武昌行进。

二、我军仍拟固守武昌城并沿江一带。

三、第一区司令官率所属队伍明日午前八时占领青山至大堤口一带，并须利用时间加筑防御工事。

四、第二区司令官率所属队伍明日午前八时占领阵地，右翼与第一区连接，左翼至鲇鱼套附近，须严守各城门。

五、第三区司令官率所属队伍明日午前八时占领阵地，右翼与第二区连络，左翼至石咀附近，并须利用时间加筑工事。

六、金口支队长罗统领率所属队伍明日午前八时占领阵地，右翼与第三区连络，左翼至金口附近，但须派一部占领大小军山附近。

七、簰洲支队长邓统领明日午前八时，在簰洲附近防御敌人，并须与金口支队相连络。

八、其余为总预备队，受王安澜指挥，在宾阳门左旗集合听调。

九、余在洪山宝通寺。

护理总司令官蒋翊武

同时令舰队司令官派兵舰三艘，开往上游金口一带游弋，一面命荆襄水师统领赵均腾于煤炭港、东江脑、坪坊、峰口、柳关、新堤、黄陵矶及蔡甸附近之邓家口、簰洲对岸之青滩等处，酌派水师扼要分防。

十六日英领提议继续停战三日，双方同意。（第二次停战期限）

清廷调冯国璋任禁卫军总统官，以段祺瑞南下继任督师。

各省公推鄂军政府为中央军政府，以黎元洪为中央大都督，对外代表各省，复推任伍廷芳为议和代表。黎大都督因分电各省各推举二人来鄂，会议组织统一政府事宜。

十七日江南新编援军一镇，由黎天才统率抵鄂。广东来电报告，已派定步兵一标，炮兵二营，机关枪三队，将取道上海赴援。

十八日午后十一时，准清廷议和专使唐绍仪电请续行停战十五日（三次停战期限），自是即入全国议和之局。是时清军驻防汉阳方面者，为陆军第一镇，驻防夏口及信阳州一带者，为陆军第二、第四两镇。驻夏口之清军官兵，于停战后纷纷乘外国商轮逃去，军政府得报，乃改派护理总司令官蒋翊武为清军招抚使，驻汉办理招降事务，战时总司令部撤消。复由各部总稽查处召集首义于部会商武昌防御计划，一致推定谭人凤为武昌防御使兼北面招讨使，仍以洪山宝通寺为使署。

十九日中央大都督黎元洪由行辕迁回省城，以昙华林东路高等小学堂为都督府。

二十一日谭人凤复辞职，使署取销，各军统由黎大都督直接指挥。是日李烈钧率皖军一标赴援，黎大都督令驻阳逻待命。

黎都督致各省通电（辛亥十月二十三日）：

现虽停战议和，然不可不极力筹划，一旦决裂，自当立即开战。敌既厚集兵力于汉上，我亦不能不厚集兵力以为对待。敝处筹议至再，仍当以援鄂为急。方略既定，自应趁此停战机会，各省援兵一律于开战期前到鄂，始可决定进攻计划，敢祈诸公派遣援兵，即日出发。总之能战始能守，能守始能和，我军计划，但当从战守着想，和则视为意外结果。尊处如何筹划，即盼电复。

杭州汤都督复电（十月二十四日到）：

漾电以和备战，诚为至计。管见以鄂吃紧，我援兵多，难保敌不分锐至皖北，直捣我腹地。本月十日已分电赣、皖，请从寿州取道一直上周家口，以断铁路，即略信阳，以攻郑州粮台，分攻入汴，以通秦军，而使晋军北向，无言及此者，今不可不顾及矣。鄂既集湘、桂、赣之兵，必可无虞。粤军日内可过沪，即应溯江扼浦口，恐将有反侧子为患于清、徐之间，其时和议亦必受要胁，不统一之危孰甚也。

致各省都督（十月二十五日）：

敝处军事计划，颇以北伐道远，时久天寒，我军诸多缺点为虑，不如但以水师北行，聚于烟台，相机进止。陆师则分三路：（一）聚粤、浙、苏各军于武昌附近，力攻黄孝。（二）编江北、皖北、粤东西兵利用洪泽湖河道，逾太和，占领周家口。趋郾城，截断敌人联络线。（三）湘、桂军由金口威胁敌人右侧。如此则敌人三面受敌，两汉不击自破。且此计划旬日即可集事。战期迫切，望各都督速筹见教。

清江浦蒋都督来电（十月二十四日到）：

据徐州漾电，敌军溃兵盘踞车站云龙山等处，复有土匪占据丰县。同日据安庆电，敌军三路攻颍，太和已失，势甚危迫。敝处现编步队三营，炮队两队，暨同驻淮镇军镇江林总司令官及步队两营，机关枪一队，即日开往宿迁。一面剿灭溃兵，一面堵截北敌。查清江浦居南北要冲，非厚集兵力不足以固东南门户。现清廷违约进兵，我军万不能坐视，拟请拔北伐军队，分一支会同徐州各军进攻山东，分一支联合临、淮关各军直捣开封，俾首尾不能相应。鲁、豫一下，北京不战自溃。是否有当戎机，请卓裁示复。

复清江浦蒋都督（十月二十六日）：

敬电悉。仰见计划周详，莫名钦佩，豫中父老，至今未脱苛政，想望旌旗，不知何似。尚希时惠捷音，以慰企望。

各机关及各部队长官，开会公举吴兆麟为战时总司令。黎都督认可，即饬令就职视事。

二十六日，飞鹰兵舰载运新自日本购办之飞机一架来鄂，黎大都督令派刘佐臣于南湖置飞机场以管理之。

二十九日，广西援军一协，由统领赵恒惕率抵长沙，同日与南武军统领张其锽所部，一并向武昌行进。时清军驻夏口刘家庙野炮队陆续向北运动，据闻其新作战计划，以阳夏为第一防御线，武胜关为第二防御线，各于要地密置防御工事。欲以一小部牵制武昌民军，大部调回豫境，以控制西北各省。中央军政府因以电告议和代表伍廷芳及各省都督，揭发其奸，俾便预防。

辛亥十一月初四日，黎大都督召集鄂省及各路援军将领，开军事会议，讨论军队配置及停战期满之攻守方略，因决定将现有兵力区分左右中三部，以利作战，其命令如下：

一、据各种情报，敌军主力占据汉口、汉阳一带。其炮兵阵地，在汉口刘家庙、四官殿、龙王庙，汉阳，大别山及东门等处，另有一支队占据黄陂附近。

二、本军拟暂固守武昌附近及沿江一带，俟各省援军齐集，准备完善后转取攻势。

三、皖、赣援军为右翼军，归前皖督李烈钧总指挥，务于初五日午前八时占领黄陂甘露山至滠口之线。

四、湘、桂援军为左翼军，归赵恒惕总指挥，务于初五日午前八时占领黄陵矶至薛公堡之线，相机进据蔡甸。

五、武昌军队为中央军，派杜锡钧充总指挥，仍防守沿江一带。

六、黎天才之军与广东援军，概于黄州集中。

七、楚观、楚同、楚泰、楚谦诸兵舰，编为第三舰队。由楚泰马舰长指挥。但右翼军李总指挥官有临时指挥之权，其第一舰队之江贞兵舰，即直接受李之指挥。

八、右翼军给养，由阳逻兵站供给。左翼军给养，由本府另设兵站分别供给。

九、前由海筹兵舰提存葛店之子弹五十万接济右翼军，即由李总指挥通报提用。至左翼军接济之枪炮子弹，另行筹给。

十、予在都督府。

大都督黎元洪

第三节 荆宜襄樊等处光复情形

（一）唐牺支之策动 荆、宜据武昌上游，滨临长江，席建瓴之势。自古武昌战守形便者，必争荆、宜。宜昌尤扼楚、蜀咽喉，与沙市并为通商口岸。先是川路风潮扩大，鄂督派三十二标二营两队，与四十一标一营，驻宜昌分防，军中革命同志，只得随营照原计划进行。时与武昌总机关通声气。四十一标代表唐牺支，自接武昌首义消息，则与军界邓金标、黄汉卿、胡云龙、柳克伟、柳林香、蒋方仁等（皆牺支队中头目），警界严午桥、张举武，学界唐伯庄、何大嘉等开秘密会于东山寺，决定响应武昌。旋由牺支亲赴巡防营，与三十二标排长沈岳乔、彭邦栋、欧阳超等联络起事。

当时瑞澂、张彪皆有秘电至宜昌，饬各属严密防范，并分调巡防营赴援，各机关戒备甚紧。因此各界尚存观望心。经各同志奔走呼号，始渐渐默契。而驻宜统领崇欢，警备尤严，然自知无抵抗力，内实畏惧，遂于八月二十六日借援瑞澂之名，率其一部下窜，同志曾追缉未获。

辛亥八月二十七日晨，唐牺支密遣四十一标左队，配置于荆宜道行台之侧，后队一排，配置于府署附近。更于各城门要塞，分派哨兵。三十二标沈岳乔，则于是时梭巡城外，彭邦栋守盐局，杜锡贞守银行。支配就绪，即派代表赴川路弹压局，联合关克威，直向其管带杨正坤索取弹药，杨即逸去。岳乔又探知四川转运主事黎迈，有多数枪械弹药上运，急派队分水陆二路追获弹药甚多。于是正式宣布反正，道府投诚。即于是晚不发一弹，不扰一民，光复宜昌全城。川人在会党中有革命组织者均来会合。先是川人赵玉龙、向竹安等，因事监禁东湖县狱，闻武昌首义消息，即暗遣心腹运动地方死士，及往来川、楚会党，预定二十八日夜集合起事。先劫新军枪弹，后分戮伪官，谋独立，不意我新军已于先一日起义，故相率来归。

次日（二十八日）晨，宜昌各处遍悬九星旗。商民欢呼，耳目一新。公推唐牺支为司令官，设司令部于旧镇署，内分设参谋处、参军处、军需处、庶务处、粮台处、书记处、招待处、交涉处。以张鹏飞、杨柱臣、关克威、沈岳乔为参谋官，胡义龙为参军官，戴治康为军需官，胡建勋为庶务长，李春澄为粮台官，丁荣学为执法官，袁国纪、孔宪治、李一为书记官，何大嘉、杨华五为招待员，鲁全经为交涉员。并派多人分赴各州县劝令反正，缴销伪印，颁发新印。各州县无不望风归顺。

是时武汉战事已起，荆州旗人负固抗义，亟需募勇备战，而练兵以筹饷为先，于是照会宜昌商会总理曹耀卿，及商界有资望者，共同担任筹饷。曹耀卿即以旧土局为鄂省粮饷筹办处。商民踊跃输将，军饷有着。后奉黎都督电开曹耀卿兼充土膏筹饷等局总理，吴镜海充川盐局总理。其旗人在宜者先后查获，唐司令谕令除参将倭和及在逃统领崇欢之家属，不得不治罪外，如前川盐总办李儒、前官钱局委员英勋，归顺者概免其死。其后和议告成，即予释放，并酌给赡养之资。至于川、归间之修路工人，约五六万，多有由北直一带而来，虞其乘隙“骚扰”，唐司令电请都督拨发铜元七万串，会同川路总理李稷勋及宜昌商会，酌给工人川资，分别遣散，并递送回籍。而择其体质强壮，稍明时事者，补充士兵，其后攻克荆州之决死团，此次挑选之工人颇居多数。又因川、宜连壤，入川之三十一标音问阻隔，谣诼纷传，唐司令于九月初十日，派管带阮桂芬率兵一营，往巴东驻扎，以防不虞。阮军抵巴东后，夔府绅商各界遣代表欢迎其入夔，后夔府起义，实得阮军支持之力。

辛亥九月十四日，唐牺支司令官派参谋关克威率兵一营，招抚当阳等处，知事等率众欢迎，时宜属光复各县要地，已先后派队扼守。惟荆州为旗人驻防，有将军都统等统率，唐司令屡次派人招抚，迄不奉命。又函英国税务司、日本领事，劝令投诚，俾得和平解决。该将军等亦无正当答复。嗣据报襄阳道喜源有联合荆州旗兵侧击汉阳之举，唐复贻书劝降，亦置若罔闻。于是唐司令不得不诉诸武力，即委参谋杨柱国办理宜昌善后，而自率沈岳乔等从事进攻荆、沙策划，克期出兵，及准备就绪，决定进攻事宜如下：

一、参谋关克威，由当阳进攻荆门，隔断荆州与襄阳之交通线。

二、管带邓金标，率一大队，由当阳河溶夺取八岭山，向荆州方面进行威胁，使攻荆州之我军易于进取。

三、管带欧阳超，率一大队，用船只输送至荆州之江口集中，即由江口登陆，占领阵地，袭击荆州。

四、标统喻洪启，率一部分由小轮于黑夜输送至沙市，占领金龙寺一带阵地，使敌人四面受攻，有兼顾不及之势。

五、标统喻洪启为总指挥官，所有攻荆各军一律受其节制。

六、参谋沈岳乔，装造炸弹，并协同喻标统相机进取荆州。

上列任务业经实施，乃于九月二十九日拂晓，遣侦察队侦察敌情及一般地势，所得大要如下：

一、敌之主力约二千余人占领阵地，由八岭山（距城四十里）至秘师桥（距城十五里）一带，炮兵阵地在八岭山南端，其步哨第一线在马山万城堤（距城二十里）一带，于筲箕洼（距城五里）则有若干敌骑出没。

二、八岭山置炮，可扫射马山江口方面，可侧射秘师桥前方，马山前方系一开敞地，万城堤更居高临下，且有河流一带成天然障碍。

三、敌主将恒龄，系其都统。军事学颇有研究，部下指挥官多系学堂出身，军队较精者系新军一标，枪炮十分充足，开花弹亦多。

八岭山、万城堤等地，原为荆州保障，敌已有种种设备。唐司令得此报告，知昼攻不易，乃决计夜袭，选定夜间攻击之进行目标，颁布命令，以管带邓金标、参谋胡冠南率一部于二十九日夜间十一时左出马山方面，向八岭山袭击。十一点四十五分，欧阳超率一部向万城堤偷渡河川，进袭梅花桥，直攻秘师桥等处。届时敌步哨惊觉，枪炮齐发，我军冒险进行，因阻于河流，未能飞渡。然其沿河对岸之步哨，已被击散。邓军亦同时猛力进攻，于三十日晨克复八岭山。敌军死者约百余人。十月初二三日，仅有斥堠冲突，敌约有一营坚守万城堤，欧阳军于初三夜间分数处渡河，偷渡万城堤之河川，先派敢死队百余人直入敌营。敌人尚在睡梦中，仓卒惊遁，奔向梅花桥方面。其守堤敌军，经我军进攻，斩首及击毙者数十人，夺获毛瑟枪十余枝，旧炮二尊，子弹、军装尤多。初五日拂晓，更进占梅花桥（距城三十里），时则敌军防御地逼迫于戴家湾西南山地及秘师桥一线，我军各部在八岭山及梅花桥一带已能互相联络进行。而喻洪启一标，又已由宜拔队前进。关克威占领荆门，歼敌六十余人，割断荆、襄之联络与外窜线。是晚唐司令召集会议，决定总攻击事宜如下：

一、欧阳超军于梅花桥进攻秘师桥。

二、邓金标军俟欧阳超军进攻若干时分后，于八岭山方面侧出击敌之右翼。

三、由宜昌到着之喻洪启一标，直于沙市方面登陆，相机进击敌城之公安门（即其东城门）。

十月初六日拂晓，敌军骤集三千余人，以一部固守戴家湾西南山地，一大部直向梅花桥进攻。枪炮齐发，其势盛张。我欧阳军拼死抵御，而敌之开花弹亦未开花，相持约数十分钟之久，会八岭山我邓军出其侧面，冲破戴家湾西南山地之敌哨，敌军防御梅花桥者其后路有被袭之势；又我喻军已占领沙市，敌亦不能直向其西门退却，于是敌即退至东门外草市土门头一带固守。是役我军伤亡数十人，敌则伤亡五六百人，其中以新军最多。草市土门头一带，河流四出横亘，战争颇受地形限制。唐司令乃开军事会议，决定如下之策略：

一、关于敌之通道，均予遮断，杜其粮秣一切之进入。

二、每夜抽调小部分游击兵，使敌军日就疲劳。

三、我军休养数日后，再行总攻击。

是策既行，敌乃益困，米糖之外，盐尤缺乏，始向城内居民搜索食粮，并取其木具供燃料。汉人不堪其苦，因请教会马修德司铎与将军交涉，悉数迁出，其产物则听满人掠取而已。汉人既出城，敌再无从搜刮，而我军更向城内肆行射击，且置炮于金龙寺方面加紧击之。十六日，司令命喻统带为进攻本队，其晚进袭草市，而以其他部队于金龙寺及御路口方面助攻，牵制敌军。敌不得已，全数退入城内。我军遂占领草市土门头一带。当此时汉阳已失，我军恐敌人或有侦知，更加固守，遂于十九日下攻城命令。其大要如下：

一、置炮兵阵地于金龙寺，在我步兵未接近前即行搜索，并诱其兵力悉数向东南两门转移。

二、参谋沈岳乔，指挥欧阳超、邓金标两营，于炮兵开始射击后一小时至西门，使用土囊填塞城河，谋以炸弹轰城。

三、参谋张鹏飞，会同本日到着王正雅所统湘军前卫司令官汤仁三，先密进秘师桥，待炮兵开始四十分时，向正北门攻击，兼用云梯。

是晚各军照以上计划，各于其所取方面动作。又因驻防旗人与汉人分城居住，旗人住处皆在东南小北三门，炮兵瞄准目标，连发数炮，一弹中将军署二堂，一弹中北门，其余亦多中旗人住处。其时我军攻西北两门虽未即下，然开战以来，敌之协领及指挥死伤者不少，其气已馁。城内旗民死伤亦多，以恒龄主战，相率哭诉其门，向之乞命，恒见人心如见，无可挽回，因以枪自杀。至此将军连魁、左都统松鹤知大势已去，因令荆州知府程道存截指作血书，由商会转达唐司令，以示投降诚意。一方仍乞马修德介绍民军，重议投降条件。马与童月江往返周旋，遂议定二十二日清军先缴枪二千枝作为保证。二十三日，连魁等遣派协领四员代表赴马司铎教堂接受投降条件，计六款：

一、缴出军械、火药及一切之军用物品。

二、荆州城内旗民均须遵守军政府法律。

三、驻防原有公田公产一律没收。

四、旗民生命财产，民军一律保护。

五、旗民中极困苦者给恩饷六个月。

六、民国各种学堂旗民亦准投考。

以上六条即日起实行。同时约定十月二十七日民军进城接收一切。

是日平明，唐部由南门登城树九星旗，清军举手为礼。湘军自东门入，连魁、松鹤奉印立道左，导王正雅入将军署，沿途旗民伏地欢迎。二十八日，唐牺支自宜昌至，设荆宜司令部于道署办理善后。荆州遂为民军所有。唐司令据实呈报黎都督。旋奉令委任唐牺支办理荆沙善后事宜，并节制荆、宜、施、鹤四属军队及民事财政等，改设荆宜施鹤总司令部，取销宜昌司令部。兹附录呈报都督如下：

窃牺支遣兵攻荆，由管带欧阳超占据江口、万城，邓金标占据八岭山，喻统带占据沙市各情形，前已禀报在案。欧阳占据万城后旋即迅占离城三十里之梅花桥，与邓金标互为声援。初六日午前六点钟，满兵五路突至，约三千人，欧率一营兵士死力攻击，邓复合力并攻，幸获全胜。随即进占离城七里之贝子桥，而满兵仍占据正东离城二里之草市。十七日夜，遣喻统带率领各营队进攻草市，复大获胜。满兵即退入城内闭门不出。牺支恐日久生变，复于十九日督率各营队向南门开炮轰击，并命沈参谋督率邓金标、欧阳超二营合攻西门。张参谋会同王正雅统带之湘军，径至北门，使用云梯及布袋实土，为登城之计。奈满军防守甚严，城郭坚固，终属无效。但彼粮道断绝，不能久持，因于二十日晨伪将军连魁、都统松鹤即函请法国马司铎、日税务司致意乞降。牺支仰体宪台招降纳顺至意，未便固执不允，只以先缴军械一事与马司铎磋商。至二十三日始在马司铎教堂受降，限定四日将枪械一律缴齐，迎军献城，降约呈电。惟人心叵测，不能保无他变，连日仍令军士加意戒严。此攻荆降荆之大概情形也。其指挥出力员弁，容后详细汇呈，以凭核奖。惟降约内有保护财产及发给恩饷两款，揆之荆、宜财政，实难筹发，拟于满人特别殷实之家提出经费，设立工厂，俾贫寒满人进厂工作，以资谋生；并由司令部出具股票，以作发给恩饷之资。庶几款有由出，经济不致为难，言行相符，信用不致有失。可否照准之处，理合缕呈申报都督，伏乞查核施行。

（二）季雨霖之经营　襄阳上通秦陇，下控荆鄂，西连巴蜀，东接南阳，自昔视为军事重镇。武昌首义，清吏安襄郧荆兵备道喜源得报，盘踞襄樊，谋与荆州驻防将军连魁等互通声气，资为犄角，负隅反抗。军政府秘书陈重民等建议于都督黎元洪，请简派知兵大员，率兵溯汉水北上，规复襄樊，进窥宛洛，以为偏师，黎都督可之。适前日知会会员季雨霖归自宛平，新任军政府顾问，清季曾任湖北陆军三十一标三营督队官，以日知会案与刘敬庵等被逮下狱，卓有声誉，军事学术亦优，遂被任为安襄郧荆招讨使，议派步队第十五标刘佐龙所部一标及炮兵一队随行。季奉委，即派胡金山、耿世全等为侦探，先遣出发。时夏口新败，汉阳战事吃紧，原派遣刘佐龙所部不能抽调。季恐迁延日久，有误事机，爰于九月三十日率领职员及随行官佐六十余人，由水路绕汉阳侧背北行，经沌口，得驻军督队官李某部卒数十人俱行。十月初三日抵达沔属仙桃镇，置行辕于某善堂，以谢超武为军事参谋长，李仪吉副之；李廉方、耿毓英、张英、李凤鸣等为军事参谋；高仲和为民事参谋长，邢子文副之，施化龙、陈雨苍、吕丹书、江竟飞等为民事参谋；秘书长由高仲和兼，陈重民副之，李蕙田、谢捷、毛殿瀛、毛凤池等为秘书；童绍基为军需科长，施宪武副之；耿毓英兼庶务科长，杨炳文副之；谢经德为稽查科长，阙龙副之；文宗祥为书记科长，周炳炎副之；陈雨苍兼卫生科长，张天骥副之；张难先为顾问兼管收支。同时以下列文告晓谕各属。文曰：

照得我鄂军起义以来，沿江各府厅州县，早经一律收复。凡我军民，同登衽席。即川、黔、湘、赣、滇、桂、闽、粤、苏、浙、秦、晋诸省，亦经次第独立，重见天日。乃安、襄、郧、荆等处，近在咫尺，反久沦化外，受制异族。兹以北京将下，虏酋欲逃，而南来汉上满军，亦以粮乏弹缺，溃散殆尽。本招讨奉大都督命，统率雄军西上，凡各府厅州县地方官吏，以及各地方自治公所绅董等，务体我中华民国军吊民伐罪之意，于大军未到之前，速将满清印信关防缴纳更换，以便听候录用。我军民人等亦当知我军志在驱逐胡虏，复我河山，其各安乃业，勿庸惊扰。如有不逞官绅，敢行勾结匪党，以反抗我义军者，大兵一到，定即捕戮不贷。

其时刘英、梁钟汉等，早经据有天、京、汉、沔之地，李亚东由汉阳出走之后，亦在襄河收集散亡，计图恢复。旋结合士卒百余人，溯河而上，逐水师游击周耀廷于仙桃镇而代之，率部驻龙华山。刘英原奉令驻守汉阳赫山，因夏口战争失利，亦以所部移防仙镇，令其弟刘铁驻永漋河，刘杰守岳口，钱明汉屯张截港，互为声援。原任侦探耿世全、胡金山先遣到仙，结同党数十人，并吸收李亚东部过半，自号先锋队，与刘英同驻茧丝局。季使至，李亚东首先将残部缴纳，季遂改编为驻襄第一营，以胡玉珍为管带，授李以顾问职。时原派刘佐龙一标与季随行者，已有李荣升一营，于十月一日出发，亦行抵仙桃镇。奈因汉阳失守，刘佐龙留省未赴，且拟调李营回，致李荣升徘徊歧路，颇觉进退两难。时张难先向季使进言，谓："李营在省，应受刘标统调遣，在仙，则当受招讨使节制，宜先安李营之心，作为我们基本队伍。再梁钟汉部近在汉川，汉阳失，与省方隔断，可说之来归。刘英曾用副都督名义，为黎元洪所忌，其部下正惶惑观望，散于襄河一带，可往商洽，使受本部节制。三者合军力乃厚，盍急图之。"季使嘉纳其议。于是先说服李荣升使受命。继由难先往商梁、刘，阙龙、章裕昆亦同奔走。梁即率部来仙，季以其部改编为驻襄二、三两营，以陈占胜、梅占春为管带。刘亦慷慨承诺，愿举所部归附，旋即驰赴岳口，整军待调。至是襄河下游各部，收零为整，统一团结，军威大张。招讨使署分三处，刘英为参谋长，及师次沙洋，唐牺支攻荆州未下，季使率偏师援荆，以难先留守。后荆州降，合委李亚东为荆州府知事，季使即回沙洋，筹款修襄河溃堤。

先是清襄阳道喜源，以武昌系新军首义，故只倚赖防营嫉视新军，早将二十九标三营管带张楚材移防安陆，使与郧阳本部隔离，俾免后患，致马队章裕昆与张营班长郑炳贤、张信谋占襄阳计划，未克实现。及张营抵安陆，楚材竟徘徊于敌我两方之间，欲藉独立以自固其优越地位，乃威胁同来之防营刘温玉部离城而去。及马队八标三营排长白星垣率马队一排亦至，遂商定九月二十七日在安陆独立，张楚材自为大总裁，白星垣为副总裁，郑炳贤为参谋长，张信为敢死队长。又收扰害天门之钱明汉、柴占奎为管带，拥众近千人。清安陆府知府桂荫与其夫人富察氏，自缢于府学宫崇圣祠。

辛亥十一月某日，招讨使季雨霖率部至安陆，见张楚材态度暧昧，既已反正，乃自称大总裁，民军实无此官制，亟思设法纠正，令其就范；因思李廉方、曹进与张楚材有旧，请其斡旋收编，并许畀楚材以重要军职。讵楚材与星垣约李、曹会议时，多方支吾，李、曹察其有异志，诡言归与招讨使商后定期再议。其晚与雨霖密议，乘楚材等猝不及防，即密调部队潜入城内图之，限即刻入城，占领指定地段，以战斗【队】形待命。城北部旷阔，多山阜，房屋甚稀，南部户口较稠密，不便用兵，楚材部分驻城中心及南部。于是李荣升部分由东门、北门入城。北门入者占领从岵山，东门入者占领府城隍庙及旧县署附近山头。刘铁部由西门、北门入城，西门入者占领阳春台山头，北门入者倚李部右翼占领阳春书院山头。胡玉珍营分为零星支队，藉夜巡为名，分驻从岵街左右山地及中心各街巷要路。胡与钱明汉前在四十一标时相识，亲率数人往钱处接谈。及包围布置就绪，各处枪炮齐发，胡佯作惊异状，挽钱明汉手同出察视，参以劝诱之语，中途强其偕往招讨使署。钱见沿途皆季招讨兵，即屈服。柴占奎闻声出而抵抗，当被击毙。张部从睡梦中惊起，相率溃走。但与白部已有若干内附者，后并入季部。楚材则潜逃天主堂内。此事发动至速至密，计划亦甚周，故二三小时即戡定。招讨使署重要职员尚多未知。钱明汉前在天门谋害刘英参谋李济臣等多人，遂处死。事定，即委阙龙为协统，刘铁、李荣升分任标统，整军向襄阳进发。

原武昌首义前，二十九标三营与马队八标分防襄、郧。马队于八月十四日抵襄阳，时驻军实力，巡防统领刘温玉所属三营约千人，城守营约百人，道署卫队约百人，马队驻城者亦仅百人。旋武昌总机关派谢远达至，黄维汉、刘建一等驻城六十里双沟，章裕昆约其来城会商，及二十二日发生纸币风潮，始探悉武昌首义消息。未几汉阳协部联络员朱碧珍、萧国藻亦至，裕昆向其管带孙长龄陈说反正，无效，乃偕谢等四人返武昌。后有马队士兵张国荃商之同队李秀昂、许志清，以洪门关系，与巡防通声气。延至九月二十六日，乃杀巡防营管带，收编其队伍，其晚下樊城，攻襄阳，其锋甚锐。秀昂极勇，率壮士若干人攀城垣而入，杀守城哨兵，开门迎队入城。道台喜源、统领刘温玉、管带孙长龄乘夜遁走。张国荃遂为总司令，李秀昂为协统，并以光化县知县黄仁荚组军政分府，兼署襄阳道。招讨使季雨霖至，乃改编张国荃部，国荃与李秀昂均委为协统，黄仁荚解职去，委李廉方为襄阳府知府，总司令部取销。

其后议决北伐，陈报都督，向河南南阳方面出兵，以曹进为总指挥，李廉方为襄阳卫戍司令，兼署襄阳道。

北伐分三路进，张国荃由左路取郑州，阙龙出右路取唐县，雨霖自当中路，取新野。曹则亲攻柳堰驿。李廉方留守，分令各属规复，无一邑不就范者。

李秀昂收复襄阳本有功，惟粗犷骄悍，国荃颇曲就之。雨霖到，恣肆如故，及分路出发，秀昂逗留不行，遂于誓师次日，密令阙龙捕杀之。适秀昂乘马过阙部门前，阙与军法官刘正声同时各放一枪，皆命中，即坠马死。

次年二月二十日，北伐军三路同时告捷。忽奉都督电，和议成，速班师，遂遵令回省，后改为第八镇，以季雨霖为统制。

（三）施鹤招抚经过　施、鹤僻处边隅，万山起伏，常有桀悍之徒啸聚其中。施、宜相距较近，若施、鹤有事，宜昌首当其冲。旧驻巡防一营、陆军一营，武昌首义后，其态度不明。宜昌虽定，但荆州待讨，无兵力远及施南，故唐司令一面电劝陆军管带李汝魁反正，一面派稽查员张渭滨前往招抚。渭滨于八月二十八日前往，及到施后，见李管带接唐司令电犹疑信参半。因其时李接瑞、张伪电，尚指民军为匪党也。施南交通不便，外间情形自不免隔膜，经渭滨恺切明告，李管带始布置一切，集合绅学商各界，于九月初七日悬挂十八星旗，出示安民，追缴道府县伪印，地方安堵如常。不意十三日，忽有曾楚藩、徐占龙等，伪称奉都督命赴施调查，因故与李管带龃龉，竟于是晚将李枪毙，而推巡防营管带朱扬武为驻施司令。朱自为司令后，百端搜刮，唐司令鞭长莫及，地方由其荼毒蹂躏者数月，民不堪命。迭经施、鹤士民赴省控诉，黎都督遂委冯仁佺为施鹤安抚使，办理善后事宜。仁佺到后，力陈施、鹤不必驻扎重兵，请将施鹤司令部撤销，归并唐司令节制。旋奉令照准所请办理，施、鹤七属遂渐次底定。

（四）鄂军举义资州　辛亥夏秋间，川人反对铁路国有风潮甚烈，成立保路同志会，意图独立。各地相继告变。清廷特派端方为督办铁路大臣，带兵查办。端因请调湖北陆军第十六协统领邓承拔，率第三十一标统带曾广大所部一标，及三十二标第一营之右后两队随行。该军官兵多隶党籍，奉调之日，正湖北共进、文学两革命团体积极谋举义旗之时，三十一标代表李绍白、田智谅、赵振民等，俱不愿往，架枪待发，犹愤愤然作谋变语。武昌革命总机关居正、杨玉如、邓玉麟、黄元吉、胡祖舜等，入营送行，席地抚慰，卒付以沿途伺机先谋端方之任，并相约种种互通消息方法，李等始怏怏就道。七月某日各队会合于宜昌，端方因受清廷电催，不得已因分队从水陆两路前进，曾广大率第一营为前路，邓承拔率第二营为中路，以第三营为后路，溯川江西上。

时李绍白、田智谅等，与各营代表王志强、赵振民、孙斌、陈道行等数十人，行抵万县，即与三十一标第一营督队官陈镇藩密议本军趋向，比以行军在途，诸无准备，未敢轻动。行抵重庆时，有人主张俟端方船泊登岸乘机击之，陈等以为重庆巡防军及巡警尚未取得联络，蠢尔暴动，恐事不济，未果行。

迨抵资州，牒报隆昌、荣昌、资阳、简州、威远一带俱为川人同志会占据，端方乃令曾广大率所部第一营前右后三队，星夜往攻威远。曾广大以同志会系热心为国，颇具同情，率队抵距威远三十里之高市场驻扎，出示招抚以缓之。其时成都已有独立运动，端恐为其所乘，又分电威远之曾广大、自流井之陈荣钟，各率队集中资州以为戒备。先趋成都之萧国斌亦适至。端复令其弟端锦检查信电，断绝兵士外界交通。未几朱庆澜所部有梁瀛洲者，奔走革命有年，至此通报曾广大及同志杨毓林等。广大遂召集全体将士于十月初六日在资州中学堂会议，谓端方拟将军队北出西安，扩编成军，已向自流井盐场商借银三万两以为开拔费及饷糈，令各准备。第一营督队官陈镇藩率先反对，且于散会后断然剪去发辫，以示决心。陈旋约集该标代表李绍白、王龙彪、鲁伯超、余鹤翔、田智谅、杨毓林、陶守瑚、罗乘骥、赵振民、胡浩然、黄以南、陈国干、胡开进、邱锦文、浦天祥、王占林等二十余人，密赴郊外会议，一致决议先杀端方，立即宣布反正。但统带曾广大以诡言为端方开脱，说端方虽系满人，然其历官各省尚少劣迹，且据端方自称旧为汉籍，先世投旗，原姓陶，籍隶浙江，别号陶斋可证；并以陶方名刺散之各营，主张贷其一死，系归湖北，听军政府发落。众不谓然，曾亦无如之何。是夜杨毓林为端之守卫长，愿为内应，于是由王龙彪、王志强、任永森、胡浩然、卢保汉、姚鸿圣、孙世栋、贾智刚、王国栋（蒲圻）、余鹤翔、孙斌、赵振民、刘承儒、鲁伯超、郭长富、王兆林、洪维发、浦天祥、丁洪本、王国威、刘定一、江启发、叶青山、查瑜、唐金城、陈道行、任伯雄、陶守瑚、戴昌盛、马名扬、胡开进等数十余人，逮端方于天后宫杀之。其弟端锦随侍，亦就戮。曾广大以下官长相率走避，留者仅一营队官黄应遴、三营书记胡赞。遂公举陈镇藩为统领，而大汉民国之军旗飘扬于资州城矣。

陈镇藩颇为军中同志信赖，时川巡防军一哨自愿归顺，于是编制队伍为步队四营，将成都带来之管退炮二尊编为炮队一队，所有官长，悉由各营队自行推选。

十月初八日，由资州拔队回鄂，王桂荣、李绍白、余鹤翔三人，将端方首级函以木匣，沿途于军行之前昭示民众，川民夹道欢呼。即晚抵内江，原驻防营引避，因与地方绅民商洽反正，当即令成立内江军政分署，举吴永珊为署长，留交资州防营所缴枪弹，以资防卫。翌日达荣昌，有匪扰乱地方，捕诛之。

十月十九日抵重庆，都督张培爵、副都督夏之时热烈欢迎，以银三万两慰劳之。越四日行抵万县，副都督刘发遂欢迎于郊。适接宜昌唐牺支司令电，谓武汉告急，令速率队回鄂应援。陈镇藩以万县曾收没官盐款百数十万两，现武汉军需浩繁，特商请万县军政府协助鄂军军饷，刘发遂以银盐各半计二十万两兑交，陈纳之。

十一月初八日抵宜昌，接武昌黎都督令，饬率队回省候调。元年一月十九日抵省，呈缴协饷，都督慰勉有加，令改编为鄂军教导团，仍委陈镇藩为团长。黎都督以该团戡乱川东，班师应援，筹集巨款，协助军饷，乃颁给奖牌以示鼓励。

鄂州血史（之二）

蔡寄鸥

第八章　首义前夕之暴风骤雨

共进会与文学社合作　因为刘仲文拿出五千元的现款，武昌的革命运动才加倍的活跃，才能够多设机关，制备爆炸物；才推派杨玉如和居觉生前往上海，带钱去购买手枪，并邀请黄兴、谭人凤、宋教仁等同来商议大计。杨、居二人临行之前日，刘复基、蒋翊武、陈孝芬在文学社机关部聚谈，孝芬说："共进会和文学社总像有些隔阂，我认为对付敌人，力量不能分散，必须同力合作，革命才容易成功。"蒋翊武说："也没曾吵架，谁不合作呢？"话不投机，彼此不欢而散。尧澂出来向孝芬道："你的话，我很赞成。你虽然是共进会的人，两边都有关系，这个工作，只有你做才好。不过你一个人还怕不能代表共进会，顶好约李春萱（作栋字）一路到龚侠初家里商量。"说春萱，春萱就来了，当即约同一路到长湖堤龚宅。恰值蒋翊武和杨王鹏都在那里。孝芬说："翊武，我同你说两句话。"翊武说："甚么话要秘密的谈？"孝芬说："还不是刚才说的吗。"翊武说："铁侯，我们都是丘八，他们都是穿西装的洋老爷，穿长袍套马褂的秀才老爷，计谋又高，派头又大，他们也瞧不起我们，我们也缠不赢他们，你当心，莫上他们的当咧。”说到这里，刘复基也拢来了，说：“翊武，话不是这样说，我们器量要放大一点。黄花冈的七十二烈士，留学生也有，军人也有，工人也有，举人、秀才也有，他们一路拼死，并没分甚么界限。我们这时候还闹意气，怎么对得起以身殉国的烈士们？我们同广州是一气的。他们的血，一块儿流在广州；我们的血，也要一块儿流在湖北。成功自然顶好，就是失败，也不失为光荣。杨玉如和居觉生马上就要走，专候这一件事办妥了，他们才能放心去。假若办不妥，传到上海，再传到香港，不是一场笑话吗？”说到这里，复基几乎要哭。李作栋拢来，接着说道：“尧澂的话，太够沉痛了。刚才居觉生说，要把共进会和文学社的关系弄好，他们到上海才好讲话。翊武，你不要太固执了。”翊武才表示点头。翊武答应，杨王鹏就不成问题了。当即由共进会、文学社两个团体召集干部联席会议，商定合作办法，并决定于次日在黄土坡的怒春酒楼替居觉生和杨玉如饯行。这座怒春楼，就是从刘仲文捐出的那一笔钱中抽出几百元开设的，也就是党人们集合的所在。堂上有一副对联，嵌着“怒春”二字：“酒后文章，怒骂嬉笑；壶中日月，春夏秋冬。”下书“铁侯题”。觉生说：“不错，当丘八的人，有这好的写作，果然不愧为文学社的社员。”孝芬将觉生的袖角扯了一下，使一个会心的眼色，暗示他不要乱讲，怕翊武和王鹏听着，又误会是讽刺文学社的。酒席散了，杨玉如说：“谭石屏去后，人也不来，信也不来，怪极了。我们此去上海，一定要求得结果。万一上海没有办法，我们到香港去一趟，也说不定。”觉生说：“广州失败，黄克强岂肯罢休，我估计他一定要到上海另辟码头。他一天也闲不得，不怕困难，不怕失败，真具有金钢百炼百折不回的精神。”翊武说：“你们早去早回，把克强先生邀来，或是把钝初和石屏两先生邀来都好。现在钱的问题还小，人的问题太大。没有人，恐怕仓卒发难，群龙无首，那就糟糕。”这天晚上，居、杨两人一同搭招商局的船，到上海去了。共进会与文学社的结合，总算是拉拢成功了。

河南仁义会被破获 辛亥七月初旬（8月末），正是湖北党人跃跃欲试的时候，河南开封城内破获了一个革命秘密机关——名曰“革命仁义会”，是革命党和会党混合的组织，还有北方共和会的人参加。因为武昌准备起义，就不能不在河南设立机关，策动响应。倘若得手，就可以堵截铁路，使北军不易南下，这是顶要紧的一着。谁知事机不密，被河南军警探明情形，在城内小货店街德丰盐号捕获同盟会员周德培一名及仁义会首领余化龙一名，抄出炸弹一箱、名册一本。除了将二人枭首示众外，并按名严讯，捉了不少的嫌疑犯。此机关破获后，影响及于武昌官厅，防范愈严，形势愈逼愈紧。箭在弓弦，势在必发，再不能延宕下去了。

瑞澂之调兵遣将 端方入川时所带的军队，是从三十一标抽调第三营，三十二标抽调第二、第三两营。这是鄂军很精锐的部队，服装整齐，军火充实，一路浩浩荡荡，到达夔门，军容是极其威武的。但得到四川的情况，险恶万分，他就观望不前，因电告瑞澂，谓川事越闹越凶，势非用兵不可；所带军队，恐不敷用，请速加派劲旅来川援助。瑞澂无法拒绝，又派三十一标一、二两营前往。更为加强湖北的边防起见，下令四十一标一营准备开宜昌，四十一标三营左队准备开岳州，二十九标三营准备开郧阳，马队八标三营准备开襄阳；统限七月二十日以前，准备完毕，待令出发。这个时候，正是文学社与共进会协议合作筹备大举的时候，忽然有这多的军队干部调走，关系自然重要。蒋翊武临行时与刘复基商议补救方法，仓卒之间，来不及召开代表会议，出发之后，即由复基主持开会，讨论这个问题。所有军队中的代表都列席了，复基报告道：“队伍纷纷调出，我们的联络打乱了。四十一标三营尽先调往岳州，翊武临行之时，向我叮嘱说，他是四十一标三营的人，要保持三营的联络，不能不随军前往。可是武昌的事，请我向大家转告，还是照原定计划，加紧进行。军队尽管调散了，我们干部的精神，依然是一贯的。到了发动时期，望各处驻扎的同志们，立即策动响应。开往宜昌的四十一标一营，请唐牺支同志设法，与已经出防四川的三十标曹子青、胡冠六两同志及三十二标叶正中同志妥为布置，以便占领宜昌。马队八标三营[①]是开往襄阳的，责成黄维汉、章裕昆两同志与开往郧阳的二十九标三营密切联络，届时一致响应。”在座的唐牺支、黄维汉、章裕昆等均起立致答，愿负责任。复基又道：“翊武走了，对本社所负的任务应如何处理?”章裕昆说：“章程上有明文规定，社长有故他往时，副社长得代行社长职权。目前事势急迫，请副社长王宪章同志与刘尧澂同志共同处理社务。”众赞成。议毕，散会。

起义日期与总动员的协商　文学社开会后，刘复基更与孙武接洽，于八月初三日（9 月 24 日）在胭脂巷机关部，即胡祖舜住宅，召集共进会与文学社的联合大会，商决首义日期及动员计划。是日军中代表到会的，计有八队炮队第八标徐万年、蒋汉卿，八镇工程队第八营熊秉坤、马荣，混成协辎重队李鹏昇、李树芬、罗一安，混成协炮队蔡鹏来，混成协工程队张斌、黄士杰，八镇步队二十九、三十标蔡济民、杜武库、方维，三十一标赵士龙，三十二标孙昌复、单道康，混成协四十一标阙龙、李忠义，混成协四十二标林翼支、胡玉珍，马队八标祁国钧，宪兵队彭楚藩，陆军测绘学堂方兴，陆军第三中学雷洪、席正铭；文学社干部则有刘复基、张廷辅、蔡大辅、王宪章、张喆夫、李济臣等；共进会干部则有邓玉麟、黄元吉、马骥云、杨宏胜、阎鸿

---

① 曹亚伯《武昌革命真史》正编（第 26 页）、张难先《湖北革命知之录》（第 243 页）均作“二营”。

飞、钱芸生、胡祖舜、李国栋、潘善伯、查光佛等，总计六十余人。其时蒋翊武在岳州，由孙武主席，报告两团体合作的必要。次讨论起义日期，蔡济民说："元朝末年杀鞑子，也是我们湖北人。陈友谅在沔阳起义的时候，用中秋月饼传递消息，约定八月十五日一齐动手。现在正是八月初了，我们也决定中秋（10月6日）起事吧。"孙武说："因为有了八月十五杀鞑子的故事，满人很犯忌讳，每到八月中秋，照例是要戒备的。今年川省路潮，如此激烈，革命运动又到处流行，恐怕中秋戒严，要比往年百倍的加紧。这个日期，怕不大妥吧。"查光佛笑道："提起日期，就用一个'期'字为号也行。"刘复基说："这是甚么意思？"光佛说："把'期'字拆开，不是八月二十三吗？"蔡大辅说："那，那要不得。不见得同志们都会拆字。"查光佛笑说："期，期，期，……期期以为不可。"因为蔡大辅有些口吃，舌头又是夹的，说起话令人发笑，加以查光佛说"期期以为不可"，正是嘲笑汉朝周昌口吃的故事，引得大家更笑，大辅气得脸红。刘复基说："开这样重大的会，放严肃些！"笑声遂止。复基说："八月十五不好，究竟用甚么日期，请大家提出意见。"众道："愈快愈好，至迟不能过八月十五。"结果还是决定于八月十五日起事。继讨论合作办法及起义时任职问题，孙武说："临时总司令一职，我推举蒋翊武同志担任，我愿为参谋长。"有人说："翊武随军到岳州去了，怎办？"孙武说："期限决定了，派人去赶他回来就是。"刘复基说："我主张军事方面由翊武多负点责，政治方面，由尧卿多负点责。"讨论良久，关于军事者，公推蒋翊武为总指挥，即组总指挥部于武昌小朝街八十五号文学社总机关部。政治方面，推刘公为总理，孙武、潘善伯、李春萱为常驻政治筹备员。即指定俄租界宝善里十四号筹备政治、草拟文告、制定旗帜符号，并尽量制造炸弹。再次讨论总动员问题，分配各标营担任职务如下：

一、混成协辎重、工程两队总代表李鹏昇首先纵火为号，以其营房位于草湖门外塘角旧恺字营，地临江岸，南北两岸及城内皆可望见。同营混成协炮队总代表蔡鹏来率队响应，即以一支队由草湖门占领凤凰山炮台，以一支队占领青山，迎击海军，由辎、工两队分别派队掩护之。

二、八镇工程第八营总代表熊秉坤担任占领中和门内楚望台军械所（因其营房位于楚望台附近）。右旗八镇部队第二十九、三十标总代表蔡济民、方维等，测绘学堂总代表方兴等，率队响应，以与工程营会合于楚望台，协同进攻总督衙门。

三、南湖八镇炮队第八标徐万年、蔡汉卿率炮队由中和门进城，攻击总督署，由附近八镇步队第三十二标孙昌复、单道康等率队掩护。

四、八镇步队第三十一标及混成协部队第四十标留守部队，由赵士龙、阙龙等率领，占领蛇山，掩护炮队。因其两部同驻左旗营房，与蛇山相接也。

五、南湖八镇马队第八标及混成协马队第十一营留守部队，由祁国钧等以一部警戒于城外，以一部进城，担任传骑队。

六、汉口驻军混成协步队四十二标之一部，由代表林翼支等率队响应，进占武汉关。

七、汉阳兵工厂驻军混成协步队四十二标之一部，由代表宋锡全等率队响应，占领龟山炮台。①

是日开会，自午前十时起，至午后一时止，各代表皆充分发抒意见，会场的情况，表现得极其和谐。会散后，大家都忙于布置，以迎接有重大历史意义的中秋佳节。

南湖炮队的一哄之举　炮队第八标标统龚光明治军极严，所

① 张难先《湖北革命知之录》（第 247 ~ 248 页）所载起义计划为八条，较此处所录多一条，文字亦有不同。

订营规，莫敢违犯。其时永平举行秋操，他往永平参观去了。临行之时，嘱管带姜明经、杨起凤等以负责约束兵士维持军风纪要紧。姜明经是日本士官毕业生，头脑很新，与共进会孙武相友善。辛亥年端午节，孙在姜的住宅过节，酒后谈革命的事，兴会淋漓，有旁若无人之概。不料姜之二营队官张文鼎突然来了，姜与孙即改谈他事。次日，姜与张在操场谈话，探问张的口气，说："昨日在我家会见的人，就是孙武，你认识不？"张说："久闻其名，未见其人，昨天会见了，他没有大理我，我也不好请教他。要是孙武，他不是革命党吗？外传孙文的兄弟就是他吗？"姜说："那又太扯远了。孙文是广东人，他是本地柏泉人，怎么说是兄弟。不过他的确是革命党。你看他胆子多大，一面之交，就敢于亲自到营盘来运动我革命。你看，……"张说："你怎样答应他？"姜说："你说呢？"张说："我不是革命党，但是我也不反对革命。"姜说："真的吗？我已经替你把名字开去，加入共进会。因为你是我的好朋友，我料定你决不会因此反脸，破坏我们的事情。不过除你而外，我不曾告诉一人，要晓得共进会只联络士兵，官长一概不要，恐怕只有你我二人是例外吧。"张道："要运动革命，也不能那样怕事，莫非当官长的就不能革命吗？有些队官，同我感情很好，我可以联络他们。"姜大喜。自此以后，张就在炮队八标负起联络的责任，所以炮队八标的士兵及官长参加革命的很多。八月初一日，照例发饷。发饷之时，兵士可以请假。这一天请假的，有何天成、汪锡九、梅清福三个兵士。同队的如孟华臣、赵楚屏、霍殿臣、张富国等，相约备办酒菜，于初二日替他们饯行。夜间，饮酒猜拳，正在兴高采烈的时候，三营排长刘步云上前干涉道："标统一去，你们就这样不守营规，上头责问下来，我担当不起。"孟华臣骂道："这个时候，敢摆起排长的架子？有一天老子起事，杀你的头。"这几句话，本是他在刘步云走开以后背地里以酒带兴讲的，不料被刘听着，报告管带杨起凤和队官宁鸿钧。初三日，杨、宁由住宅回到营盘，传集昨天吃酒的人站队，说："他们不守纪律，反抗官长，责令重打军棍，并罚跪。"孟华臣骂道："你少要些官架子吧！谁不知道，你在督练公所充当马夫，花了钱，向张彪的干儿赵子安买来的一个管带。你配打我们吗？要打，老子就先动手。"由此一唱百和，各兵士一齐动手，把营部捣毁一空。孟华臣的手被玻璃划破了，相与一哄而散。杨起凤逃出，打电话报告张彪。张以电话谕令炮队附近之马队标统喻化龙处理其事。喻化龙带着少数卫队，去了一趟，看见肇事的兵队都逃走了，当即电告张彪说："事态并不严重。"张彪为顾全军誉起见，也不愿认真追究，只禀明总督瑞澂，说是少数士兵酗酒滋事，已经按照营规处理完毕，营中安静如常。事后，徐万年、蔡汉卿等，在胭脂巷机关部开会回来，问明情况，说："我们处之镇定吧，我料定张彪一定是不敢追究的。好在霍殿臣和赵楚屏等已经躲避了，上头追究起来，就推在他们身上。万一要认真究办，大家再动手不迟。"其时孟华臣因手臂受伤，面带怒容过江去找孙武，张大其词说："事态闹大了，此时不动手，瑞澂定派大兵到炮队捉人，我们同志岂不束手待毙？"孙武说："动手也好，我派人去找刘尧澂，好作商量。"说时，刘尧澂来了，报告说："炮队的事，已经风平浪静。孟同志如不敢回营，就耐点烦住在这里，横竖离八月十五只有十二天，急甚么？"自此以后，各标各营的代表，成天的像怒马一般的奔走着；各标营的兵，各学堂的学生，相互接见，像抛梭一般的来去着；省城的小酒馆，如开一天、怒春楼、同庆楼、汉江春、杏春园等处，军士和学生，成群结队的出进着。一般奉命密查的警探们，对此自然是极其注目的。八月初四日，湖广总督忽然接得北京外务衙门的密电说："革命首领黄兴派遣党徒，分布于武汉三镇，定于八月十五日起事。届时由三十标步兵响应，占领武昌。应先期严密缉拿，以遏乱萌"等语。这个电报，由幕友传播出来，官场中人，无不谈虎色变。一时谣言四起，风雨满城。瑞澂因传下紧急命令，命统制张彪督率各标各营查收军火，要将所有兵士腰缠和装在枪膛的子弹，一例缴出，不留一颗。至于炸弹和炮弹，更不待言。党人见此情形，晓得八月十五的日期已经被官场知道，军队缴出军火，如赤手空拳一般，这一着是顶厉害的。刘复基特为此到汉口宝善里十四号，去找孙武商量改期。孙武说："黄克强也不来，手枪也没有运到，本来是应该改期的。不过两团体共同议决的日期要改动也不容易，我一人不能作主，等蒋翊武回来再作商量。"复基道："我已经派李擎甫到岳州去敦促翊武早回，教他请假，请得动，也要回；请不动，就是请长假或开小差，也要回。我想中秋内外他是准回的。"孙武说："好，他回来，我们于八月十八的那一天，开一个联合会议，再作决定吧。"

黄克强迟迟不来　八月初十日（旧历），公历为 10 月 1 日，杨玉如由上海回来了，刘复基、李作栋、查光佛、孙武、牟鸿勋、潘善伯等，都去迎接他。一见面就问道："你此去上海，一定是奏凯而归吧？"玉如道："不谈，带回来的是不兑现的空头支票。"刘复基道："我们不是问的钱，问的是他们的人，黄克强究竟来不？"玉如道："我答应你们的话，就是人的问题，你听我慢慢的讲吧。我和觉生于七月底到达上海，径往民立报馆，去会宋钝初、陈英士、谭石屏三人，把湖北情形据实告诉了，他们都很满意。我当时拿出一千元的汇票，托英士代购手枪，英士慨然地应允负责购办。第二天在马霍路的英士寓所，召集上海总机关部会议，山西、陕西、云南、广东、广西、四川各省，都有代表在上海，也联翩列席了。开会时，居觉生把湖北军学界的革命热情和组织内容作详细的报告。各代表均极兴奋，因决由武昌、南京、上海三处同时发难，各省都响应起来。散会之后，我们写一封火急的信，派吕天民携往香港，请克强到湖北来。我们候了几天，寂无消息。你们打电报到上海，催我们早回，我也急于要回，所以把觉生留在上海等英士订购的手枪，我就先回了。”作栋问道：“你回的时候，宋钝初有甚么表示没有？”玉如说：“钝初原来是赞成由湖北发难的，我们初到的时候，他的态度很热烈，可是后来有些冷淡了。”刘复基说：“其中症结，毕竟在那里？”玉如道：“据英士对我讲，这里胡经武（胡瑛之字）在模范监狱里头写了一封信，派岑楼到上海，向钝初要炸弹。信内并极力陈词，说湖北不能发难。我反问道：‘不能发难，他要炸弹做甚么？’英士说：‘你们湖北的情形，我不熟悉，你去问钝初，便知其详。’我听了英士的话，才晓得宋钝初对我们所讲的话有些怀疑，是不为无因的。临走的时候，也曾问过钝初，湖北的事究竟应该怎样，急进呢，缓进呢，还是不进呢？钝初说：‘那有不进之理，不过急进也好，缓进也好，总要内部一致才行。’我听着这话很有文章，正色问道：‘钝初，怎见得我们内部不能一致呢？’钝初说：‘能够一致，当然很好。我所说的，是有则改之，无则加勉的意思，你莫误会。克强前几天有寄冯自由的一封书，自由转寄这里，你可以看看。’我看了，就抄在日记簿上面，此时可以念给你们听听。克强的态度，由信内可以看得出来。”他念道：

鄂代表居正派人来云，新军自广州之役预备起事，其运动之进步甚速。办法以二十人为一排，以五排为一队，中设有排长、队长以管理之。平时以感情团结，互相救助，使其爱若兄弟，非他人所得间隔，成一最有集合力之团体。现人数已得二千左右。此种人数多系官长下士，而兵卒审其程度最高者始收之。以官长下士能发起，兵士未有不从者，不必于平时使其习知；况其中又有最好之兵卒为之操持，似较粤为善。盖以蜀路风潮激烈，各主动人主张采急进办法，现殆有弦满欲发之势。又胡经武亦派有人来，胡虽在狱，以军界关系未断，其部下亦约千余人。弟曾通信胡君，请其组织预备，以资响应。胡已扩张其范围，闻进步亦速。胡君之部下在居君之部下者，亦有之，拟于最近发动期间，两部合而为一。据此则人数已多。际兹路潮鼓涌之时，尤易推广。盖鄂省军界久受压制，以表面观之，似无主动之资格，然其中实蓄有反抗之潜力。而各同志又愤外界之讥评，急欲一伸素志，以逐其久不名誉之耻。似此人心愤发，倚为主动，实确有把握，诚为不可多得之机会。若强为遏抑，听其内部自发，吾人不为之指挥，恐有鱼烂之势，事诚可惜。今有如此之实力，而以武汉为中枢，湘、粤为后劲，宁、皖、陕、蜀亦同时响应以牵制之，大事不难一举而成也。急宜乘此机会，猛勇精进，较之在粤发起者，事半功倍。且于经济问题，尤易解决。总之，此次据居君所云，事在必行，弟故许与效驰驱，不日将赴长江上游，期与会合。故特由尊处转电孙中山先生。弟兴顿。①

念完，尧澂说："黄克强先生这封信，非常夸奖我们呀，一句坏话也没有呀。"玉如说："是的，我也曾向钝初讲，这封信并不曾说我们不合作。钝初不答，只有微笑。想必胡经武近来寄他的信有甚么批评，我也不好追问他。因为我们事实上已经合作，又何必寻根究底、挑是拨非呢。"作栋说："对的，我听了这封信，极其兴奋。黄先生说来，他一定会来的。"玉如道："支票我已经带回来了，且待兑现吧。"大家欢欣而散。

吴静玉自杀救夫之惨剧　杨玉如回省之后，文学社和共进会的同志们，少不得前去访问他。因此宾客迎〔盈〕门，少不得引起警探的注意。经过探员的多方查访，报告说杨玉如新自上海回省，带有大批手枪，并指明刘公有巨款接济革命党徒，图谋起事。官厅得此密报，于八月十三日派军警多人至武昌雄楚楼十号杨、

① 张难先《湖北革命知之录》（第 245 ~ 246 页）收有此信全文。此处所录，前半部与该书所录字句有出入，后半部删节很多。

刘的住宅，捉拿刘公与杨玉如两人。这时候，刘公过江去了，住在法租界长清里他的兄弟刘同家中，只有杨玉如在家，准备要睡午觉，看见军警进门，其势汹汹，晓得事情不妙。正在焦急，其夫人吴静玉说："你莫露面，让我对付他们，你可以趁空从后门逃走。"说着，从案上取了一瓶硝镪水，拿在手中（这是画手巾用的），出了房门。警察向上房直入，她拦着问道："你找谁?"警察说："我找杨玉如。"吴静玉说："他不在家。"警察说："我们要进去搜。"静玉挡住警察，毅然拿着瓶子一饮而尽，立时倒地毙命。警察忙中无智，被她吓住了，顾不得去搜，玉如就乘此纷乱的当儿从后门逃走了。[①] 出了城，连"洋船"也不敢坐，雇一只小划子渡江，在法租界江边起岸。到长清里，看见刘公说："我家出了事，有军警进去捉人，幸亏静玉拦住，我才从后门逃出，不知我走之后闹成甚么样儿。"刘公当即派邢伯谦、潘善伯两人过江，到武昌雄楚楼打听消息。听得街坊讲道："吴静玉服毒自尽，家里人都走空了，只剩下一个不满周岁的女孩，在摇篮里呱呱的哭着。"邢伯谦乃托请街坊出面，把小孩送过江去。再由潘善伯以朋友名义，将吴静玉遗尸装殓，停柩于平湖门外之江神庙中。十六日，瑞澂又接得探报，说江神庙内的杨家灵柩里头装的都是炸弹和手枪，又派军警多人驻庙监守。其戒备之严，可以想见。

宝善里炸药爆发　自从共进会与文学社竭诚合作以后，刘公与孙武常川地驻在汉口总机关部中，督率一切工作。推定李作栋筹设中华银行及印行钞票事件；潘公复（善伯）、陈磊等，分别在汉口总机关部及武昌胭脂巷小朝街两机关部制备炸弹；牟鸿勋、苏成章、邢伯谦等，拟办檄文和布告。并规定每日上午七时至下午六时，整天在部办公，不得违误。牟鸿勋说："这几天，我们两湖总师范正在考毕业，上午起来和下午睡觉的点名是非常

① 据杨玉如《辛亥革命先著记》载：吴静玉自杀当时，杨并未在场。

认真的。因为风声紧急，我们三人又剪了辫子，监学格外注意。”孙武说：“好吧，你们就在江那边做，做好了就送得来。”苏成章说：“别的文告我可以做，起义的檄文，是将来历史上的重要文字，我没有骆宾王那样的文才，是不敢动手的。”刘公说：“梅镜原（宝玑字）是在《大江报》做过文章的，杨玉如的‘古复子’笔名也在报上打响了，他们都可以做。”孙武说：“苏斐然（成章字）说得对。这篇文章，与报上的文章不同，要慷慨，要沉痛，才有号召力。”刘公说：“那就用白话好了。”孙武说：“不然，白语是给大众看的，檄文是给士大夫看的，中国社会上的势力，还是在士大夫手中，要号召他们，感动他们，非有好文章不可。胡石庵同我很好，他也是日知会和兴中会的老同志，文章做得顶好，我去请他做，他一定担承。”这个时候，两湖理化专科的学生费振华来了，拿着一口印，说是刻的鄂军政府大都督的印，问孙武：“看用得不？”孙武看着说：“很行。请你过江去，找赵师梅和赵学诗，教他把十八星旗图案赶快制好，送来。马上就是中秋了，军警各机关的戒备一定紧严，你过去对同志们讲：那天要特别小心，态度要镇静一点，行动放谨慎一点，切不可稍露痕迹，至要，至要。”到了十五日，文昌门内的督部堂果然宣布戒严令，各街巷的警察岗位都加了双岗，个个荷枪实弹，枪上都上了刺刀。巡查兵八人一队，到处梭巡，如临大敌。到了晚上，戒备尤其紧严，街上十点钟，就断绝行人了。所有各军营、各机关、各学校的同志，都沉着忍耐，相戒不许出门。这一天，算是平安渡过了。十八日上午十时，总机关部正在办公，刘公、谢石钦、邢伯谦、梅宝玑、苏成章等在楼上写布告文书；丁立中、李作栋在楼下加盖中华银行钞票的印记；孙武、高楚观在楼上制造炸弹，有一包炸药放在桌子上。刘公之弟刘同来了，手中拿着一根纸烟，正在吃烟。楚观说：“此地吃不得烟，赶快熄灭！”刘同把烟头在墙上擦着，星星之火飞到桌上的炸药里头，炸药立时爆发了。登时霹雳一声，炸伤了孙武的面部。幸亏高楚观把房门关着，没有燃烧到内室的炸弹。不过炸药的响声和冒出楼窗的烟雾，已经瞒不过街邻和巡捕的耳目了。陈达吾（宏诰字）见孙武炸伤了，情急智生，立命厨房大司夫和工人们用行军床将孙武抬出，面上盖着卧单，装着病人，送到法租界河边的同仁医院去了。丁立中、邢伯谦和高楚观在楼上泼水救火，火熄了，想把重要文件和名册拿走，因钥匙被经手的人拿去，打不开锁，仓卒中只有一逃。出门时，遇着李作栋，作栋说："你们赶快过江，报告各机关部，速行集会，作紧急的布置。我要送尧卿到同仁医院。"宝善里十四号的人都走完了，俄国巡捕房的巡捕多人进去搜索，所有旗帜、徽章、印信、文书及新制中华银行的钞票，捆载一担，交到江汉道衙门。江汉道齐耀珊根据名册，到处查搜，在宝善里一号之刘公别寓，将其弟刘同及其新娶夫人刘一（即沔阳监学）和党人王炳楚、谢坤山、陈文山等一并捕去。汉口充满着极度恐怖的景象。

小朝街发出动员令　十八日上午八时，蒋翊武从岳州回到武昌，径往小朝街八十五号总机关部。刘复基高兴的说道："个个都盼望你来，你来得真好。"翊武问："黄克强来了没有？"复基说："杨玉如回来了，克强、石屏、钝初、觉生他们都没有来。据玉如说，觉生在上海等手枪，克强有信，说不久定来的。"翊武说："他们都没来，手枪也不曾达到，你们的信和电报接二连三催我回来，好像十二道金牌一样，干么这样的急？"复基道："官厅逼人太甚，不由我们不急。我已经同尧卿约定今天开会，通知已经发出了，马上就要开的。你休息一会吧。"正在谈武昌近事，忽接得黄兴的信（是上海机关部专人送转的），翊武和复基拆开，共同观看。翊武说："照这信看来，那就用不着急了。"复基道："你和克强哪里晓得这几天武昌的局势，他不急，你不急，恐怕同志们的急切心情谁也不能压住，缓一回开会，你就看得出来。”坐不多时，开会的钟点已到，所有步兵、马兵、炮兵、工程、辎重各营代表，纷纷到齐。蒋翊武主席，说：“各位同志，相别不久，没料到武昌的局势发展得这般的快，足表明同志们的努力，更决定清政府末日的到临，我是很兴奋的。不过这个当儿，黄克强先生来了一封信，我要向各位同志宣读一遍，再作讨论。他的信是这样写的：‘革命迭次失败，损失太多。此次经营武汉，要格外慎重。各省没有打通以前，湖北一省千万不可轻举，必须迟至九月初旬，与原定计划中之十一省同时举义，方可操必胜之券。务望武汉同志暂行忍耐’。”他读到这里，沉默半晌，以待下面群众的反应。陈磊说：“黄先生不在武昌，不知道武昌形势，这一封信我们不愿接受。”翊武说：“克强先生作事，向来是急进的，这回如此谨慎，自有他的见地。他是革命的领导人，领导的话，我们应该尊重，望各位同志三思。”大家听了此话，都不作答，只有交头接耳，表示怒容。翊武说：“迟至九月初旬，也不过十几天的等待，难道就等不得吗？”复基眼看着众人不愿，向翊武正色讲道：“再不要延宕吧。翊武，我对你老实不客气的说，你再延宕下去，就证明你是怕死，你是不革命。”翊武向来是信服刘复基的，见复基意志坚决，声色俱厉，于是转口讲道：“大家既主张急进，我翊武岂肯后人。要动手，就以三天为限，今天十八，一天；明天十九，两天；后日二十，三天，就决定于二十日晚上起义，你们回去准备，听候命令。因为孙尧卿没有来，命令的内容要同他商量，我料定他也不会反对的。此时我可以负责答应你们：三天之内准定动手！”众鼓掌，就此议决散会。各代表回去后，已经是正午十二点钟，张廷辅从营内回来了。因为这一栋房屋是张廷辅住家的地方，他是回来用午饭的，刘复基和蒋翊武也被他留着吃饭。将放碗的时候，忽然邢伯谦来了，口内不住的喘气，报道：“不好了！江那边宝善里已经出了乱子。”翊武惊道：“甚么乱子？”伯谦躺在靠椅，上气不接下气的将宝善里刚才的情形详述一番。接着，邓玉麟也来了，说："英租界正在捉人，我刚才进城，看见军警都整队出动，显得极忙碌的模样。"翊武听着，叹了一声长气，几乎要流下泪来。复基说："你说不急，这也能够不急吗？此时哭也无益，怕也无益，索性不顾一切，于今晚动手。"邓玉麟、邢伯谦都喊好。复基说："翊武，你呢？"翊武说："我不杀贼，贼就杀我，此时不干，还等何时！"复基说："好！要干，就立刻下命令。翊武，你是联合会议公举的总司令，下命令是你的事，写吧！"翊武说："就用总指挥吧。可惜尧卿受伤不在这里，他是参谋长，命令该怎样写法也好商量一商量。"复基进去，拿出共进会和文学社合拟的起义计划一纸，交给翊武道："这是那天开联合大会议定的计划，你作参考。"翊武看了一遍，当即提起笔来，写了一道命令如下：

命　令

八月十八日下午五点钟，发于小朝街八十五号机关部。

总指挥蒋翊武

一、本军于今夜十二时举义，复兴汉族。

二、本军宜恪守纪律，不准扰害同胞及外侨。

三、凡步、马、工、辎等军，闻中和门外炮声，即由各原驻地拔队，依左之命令进攻。

（甲）工程八营以楚望台军械库为目的。

（乙）二十九标二营由保安门向伪督署分前后进攻，一营前队由中和门迎接炮队，左队防守中和门，右队防守通湘门，后队助工程营占领楚望台。（三营因出发襄、郧故不列）

（丙）三十标扑灭敌兵后即向各要地分兵驻守。

（丁）三十一标留守兵分往各城门防守。

（戊）四十一标留守营进攻伪藩署及保守官钱、善后、电报各局。

（己）三十二标留守兵由保安门进城后，援助二十九标攻击伪督署。

（庚）马队八标一营进城后，即分配各处搜索。二营向城外搜索，以四十里为止。（三营及混成协马队十一标因出防襄阳故略）

（辛）塘角工程十一营掩护炮队十一营，由武胜门进城，占领凤凰山。

（壬）塘角辎重十一营于十一时在原驻地放火助威，以寒敌胆。

（癸）卫生队于天明时往各处检查阵亡尸首。气球队于十二点钟在谘议局听遣。（辎重八营现在伪督署守卫，谅不可靠）

四、炮队八标于十一句半钟即拔队由中和门进城，以一营占领楚望台，向伪督署及第八镇司令部猛烈射击。中队留守原驻地。三营占领黄鹤楼及青山一带，防守江中兵舰。（我军占领时均即停射）

五、四十二标二营左队，进攻汉阳城。前右后三队，占领大别山及兵工厂，以后队为援队。

六、四十二标二营占领汉口及大智门硚口一带。

七、四十二标三营右后两队，堵塞武胜关；前左两队，防守花园祁家湾一带。

八、武昌弹药枪枝暂由楚望台军械库接济，阳夏暂由兵工厂接济。

九、各军队于十九日上午七时均至谘议局前集合，但须留少数军队防守已占领地点。（阳夏驻军不在此例）

十、予于十二时前在机关部，十二时后在谘议局。

注意：本军均以白布缠左膀为标识。①

① 此命令与龚霞初（龚侠初后改名“霞初”）《辛亥首义之武昌两日记》（“辛亥首义史迹”第22～23页）所录相同，与张难先《湖北革命知之录》（第250～251页）所载不同。惟第三条之辛壬两项令文，上述二书均与此处所收前后顺序正相颠倒。

命令写就时，龚侠初、牟鸿勋、陈宏诰等都来了。翊武说：“你们来得恰好。今晚动手，命令已经写好了。”龚等都喜极而跃。翊武说：“这时候正要誊写命令，猷宣（鸿勋字）和侠初都会写复写纸，照样誊写二三十分，即刻派人分送。誊写完毕，邓玉麟、陈宏诰、陈磊等都任分送之责。”翊武说：“这会送命令，是要说明改期的原因，尤其是炮队的命令，最为要紧，你们谁负此责？”邓玉麟道：“我去。”翊武朝壁上的自鸣钟一看，说：“不早了，已经四点钟了，你身边有铜板没有？要坐车子去。”玉麟道：“我有铜板，说去就去。”其余陈宏诰等都走了。翊武写了一封信，寄往岳州，教李擎甫邀约那里的几位同志赶紧回来，并叮嘱不来的同志加紧联络，准备响应。信发了，龚侠初、牟鸿勋到对面小馆吃了点心转来，翊武说：“我要到王宪章那里去一趟再到蔡大辅家中去吃晚饭，你们几个人就在这里照料吧。”侠初说：“快去快回，怕晚上戒严咧。”

杨宏胜炸伤被捕　杨宏胜是湖北谷城县人，贫农出身。因为在家种稞田不堪受地主的虐待，愤而出来当兵，所以军中同志很多人同他认识。他性极忠实，做事任劳任怨，同志们都很信任他。因凑集一点本钱，教他在右旗附近开设一爿小杂货店，为革命的联络机关。江那边机关部制造的炸弹，由他设法运到店内存储，转送各机关部，是没有出过岔子的。翊武从小朝街出来，到王宪章住处，碰见宏胜，问道：“你店中不是藏有炸弹吗？今天起事，你快把炸弹运送工程八营。这时候，不过四点多钟，还来得及，你愿意送不？”杨答道：“炸弹，我是送惯了的。革命，死也不怕，哪有不愿之理。”说毕，即去。王宪章说：“炮队的命令是谁送的？这一纸命令，顶关紧要，倘若没有送到，到了十二点钟就没有炮响，各标营便互相观望，不敢动作，那就糟了。”翊武道：“这个命令是邓玉麟送的，而且是自告奋勇，大概不会误事吧。”宪章道：“炮队在城外，路程很远，他几时拿着命令去的呢?”翊武说:“四点钟,城门要六点钟才关,况且我吩咐他坐车子走,难道还来不及吗?”宪章道:“老邓为人,外刚而内柔,胆子非常的小,怕的是城门上盘诘得紧,他又退缩了。”翊武说:“你太过虑,他自告奋勇的事,何至于退缩呢。”说着,别了宪章,到蔡大辅住宅去了。再说杨宏胜怀着炸弹几枚,到工程八营去找总代表熊秉坤,恰遇着门前守卫的是同志杨金龙,喜极了,同他耳语说:“今天夜晚有事,我送来炸弹,要交给熊秉坤。”金龙说:“营盘严得很,待我进去找他。”两人正在密谈时,不料该营值日官黄坤荣巡视营门,看出破绽,命卫兵严加盘诘。宏胜见势不妙,一面逃走,一面抛炸弹。炸弹丢完了,沿路的岗警还是在追。他于是跑到自己店中,又拿出炸弹,装置玻璃管准备抵御。讵料心慌手乱,忽然爆发,自己的面部炸伤了,巡警破门而入,将他拿获。这件事,又惊动官厅,派队探索。小朝街的机关部中人哪里知道呢。

小朝街枷锁钉铛　天色刚黑,约莫有七点钟的光景,蒋翊武在蔡大辅家吃了晚饭,同陈宏诰一路回到小朝街机关部来。只见邢伯谦、龚侠初、牟鸿勋、梅宝玑都在那里。刘复基在楼上喊道:“你们上来坐吧。”上楼,将要坐下,忽听得门首乒乒乓乓的拍了两下。伯谦笑道:“这是我们合字号的人,拍门的暗号不错。”下楼开门一看,原来是王宪章。翊武问道:“你从哪里来的?”宪章说:“我从营里来,老邓回来没有?”翊武说:“没有哇,也许是隔在城外,天晚不能进城吧。”宪章道:“我放心不下,曾经到城边去看,过了六点钟,还没有关城咧。四点坐车子出城,哪有不能打回转的道理,我去寻他。”说罢,不辞而去。翊武闷了半晌,便从房内取出“机器戏”,打开匣子,唱起戏来。他是在极度危险而迫切的当儿,故意表现着闲情逸致的镇静态度,一则是消磨这等待时刻的苦闷,一则是安慰屋内妇女们恐怖的心情。刚才唱了三两个片子,外面又照样的拍起门来,开门看时，原来是彭楚藩。伯谦问：“外面的风声怎样?”楚藩说：“平安得很。陈磊和王守愚呢？他们送命令何以还没回到这里来?”刘复基道：“他们分送的地方太多，送完了，一定到蔡云舫（大辅字）家里，不一定回到这里来。”说着，又择了几个片子，一折一折的接续不断的唱着。但是机器戏尽管高唱入云，听的人都不入耳，大家的视线，只是向那案上的自鸣钟注视着。这一夜的月色分外光明，照见大地河山，点尘不染，好像是在半空中遥祝革命成功的样儿。万家灯火，灿烂中静寂无哗。一般市民，沉沉的陶醉在黑甜乡里。但是坐在机关部内等候钟点的人们，都是极其兴奋的。机器戏的片子都唱完了，翊武说：“唱戏已毕，百事大吉。静听炮声，恭喜恭喜。”这四句采声，更引起大家的振奋，一齐起立，像是整戈待发的样儿。正在高兴时，忽然有一个同志进来，说：“坏了，坏了，杨宏胜出了乱子。他送炸弹到工程营去，被兵士围着盘问，他慌了，把炸弹抛去，自己受了重伤。接着，有好多兵士和警察赶去，恐怕是会被拿住的。我亲眼看见的事，所以急于要回来送信。及至走到工程营背后，忽然又遇着一排人，如飞的向十五协那边奔走，大概那边也有甚么变故了。我因为到处戒严，难以通过，所以弯了好几条巷子，才回到这里来。”楚藩听说，呆了好半天，好像很是着急的。转念他又泰然道：“不要紧，马上就有炮响，我们都动起手来，怕甚么?”自鸣钟的摆还是的答的答的摆动着，你再着急些，望着它，它也是不肯走快的。彭楚藩说：“天王老子，你替我放活动些，开一个跑步走吧，好不?”回顾刘复基道：“尧澂，你这座钟，究竟对不对，我看他走得懒洋洋的，好像是在打瞌睡。哪个有表？拿来对一对，看看。”牟鸿勋从怀内掏出一个挂表来，说：“我这表，准确得很，刚才我从学堂出来，照着正学堂的座钟对得很准的。那一架钟，比人还高些，可以说是武昌城里的标准钟，它响十二下，蛇山上就放午炮。”说着，把自己的表和案上的钟一对，说：“不错，正是十一点零五分。莫急，再过五十五分，就是城外放炮，我们动手的时候。”楚藩说：“翊武，你快把赵学诗同志所画的武昌攻守地图和调查的册子拿出来，趁这空儿，自己细心温习一遍，以便过一会实地指挥的时候成竹在胸。”又望着牟鸿勋说道：“猷宣，请你主笔，把我们的姓名履历简单写出来，如果我们战死，将来在革命史上也落得个名儿。”蒋、牟二人都依照他的话，各做各的。楚藩从身旁搜出几十块钱，分给大家道：“缓一会打仗，打到天亮，各人好买油条吃。万一不幸失败，冲散了，也少不得钱。”分下来，每人有七块钱。一切处理完毕，只见那一座时钟的针计还差二十分。楚藩说：“混了这半天，为甚么还没有到十二点钟呢？”伯谦道：“钟是惯开玩笑的，我们每逢下堂休息的时候，想多玩一会，或者是限钟点交卷，想多挨一会，希望它慢，它越是跑得快；上堂听讲，巴不得早摇下堂铃，你越是希望它快，它越是走得慢。顶好，是不理它。”正在等得不耐烦的当儿，忽听得本宅门首一阵哗喇喇的声音。翊武在楼上窗门口向外面问道：“你们这些人是为甚么事来的？”外面说：“是来会你们老爷的。”翊武听着音头，晓得不妙，就向众人道：“坏了，这一定是来捉我们的。事已至此，我们要沉着应敌，不要慌！”说时，顺手在墙的角落地方拿出两颗炸弹，准备作战。刘复基道：“让我奋勇当先，你们一齐打接应，能够打死了他们几个，我们就好突围。”说着，也拿了两个炸弹，三步两步的飞跑下楼。外面的军警已经把门撞开，汹涌而入。复基将手中炸弹向他们猛力丢去，那些人见是炸弹，退后几步。但是炸弹丢了两颗，一颗也没有音响。楼上人接着丢了几颗，还是寂然无声。为甚么这些炸弹都不发生作用呢？因为宝善里炸弹失事，同志们为谨慎起见，临时运来炸弹，没有按上闩钉，这时候急于使用，仓卒间忘记了这一个重要的手续，所以失效。那些戈什和警察看见炸弹无用，就大胆蜂拥而入，首先将尧瀓捉住，用五花大绑捆绑起来。楼上的同志们，手无寸铁，没有甚么方法可以应战。这个时候，梅宝玑已经上屋，并且用手向他们一招。翊武无可奈何，也随着上屋，准备越瓦逃到别家的屋上，以图躲避。一到屋上，看见旁边有一条巷子，俯着头向下观望，只见深巷内黑沉沉的，静悄悄的。几个一齐溜下，不料溜到巷中，却站着一个警察，把警笛一吹，喊道："快来，快来，这里有人。"彭楚藩情急智生，厉声喝住警察道："胡闹喊甚么？我们是来办案的，你不瞧我穿的制服么？我是宪兵。"那位警察把"探照灯"照了一照，说："不错，果然是宪兵。"也就不过于追究。他们索性大模大样的往街上走，不料又来了一队警兵。这些警兵多半都是祝书元从北方带来的，其中有一人同陈宏诰认识，并且是宏诰同乡。宏诰说："你们快到那条街上去，那里也有案子。"那几个北方人偏不放松，拦住盘问。宏诰说："我是警察厅办公人员，你们不认识吗？"宏诰的同乡警察代为作证道："不错，他的老太爷在我们厅里当课长。"北方人向他望了半晌，才没有话说。宏诰趁此机会，大摇大摆的走过去了。邢伯谦身材矮小，人也很机警，也随着宏诰一溜烟的走了。接着，又有两个警察（是从小朝街赶来的）拉着楚藩不放，正在盘问，梅宝玑乘机溜开了。楚藩说："我是宪兵，你拉着我做甚？"警察说："戒严期间，你黑夜出来，做甚？"楚藩说："出来办案的。"警察说："你没有负着办案的任务。既是宪兵，我把你带到宪兵营再说。"另一个警兵抓住蒋翊武，翊武说："我是街邻，听说街上捉人，才出来看热闹的。"本来这个时候，街上人挤得很多，警兵看见蒋衣服褴褛呆头呆脑的样儿，不像一个革命党，把他放走，他才一溜烟跑到蔡大辅家中去了。其时王守愚、陈磊由各营送命令回来，累极了，也来在这里，都躺在榻上静听起义的钟点和炮声。看见翊武来了，惊问道："你怎么会来的？钟点过了，为甚么还没有响动？"翊武以手拭泪道："尧澂已经捉去了，还谈甚么。"

守愚说："到底是怎么一回事？"翊武把小朝街失事的情况告给他三人。大家都捶胸蹬脚，又痛又急。过了半晌，守愚道："此时候，只望赶快炮响。"翊武说："时刻过去许久，还有甚么望头，一定是邓玉麟送的命令没有送到。"守愚道："今晚不能发动，我们于天明以后再传命令，明天还是可以发动的。这件事，决难放下。要是放下，就苦了那一般被捕的同志们。我们抚心自问，对得起朋友吗？"翊武说："话虽如此，但是那些如狼似虎的警察正在到处捉人，没得辫子的，他们更加注目。机关部的名册，恐怕他们已经搜去了。你们又是没有辫子的，在这特别戒严的当儿，怎好在外面活动。岂但不能活动，我看你们这里马上就有人来抄。"大家听着这话，深以为然。大辅说："我们退开一步再说。照黄克强来信，九月初旬是有大计划的。"主意打定，于是打开箱子，把所有藏着的章程、会议录及一切有关的东西，尽行焚毁。处理完毕，陈磊避在城外，其余三人各自化装，装成卖小菜和叫化子的样儿，于次日清晨，由武胜门出城，一同逃到京山，住在刘英家里。

三烈士慷慨就义　十八日夜晚，在小朝街八十五号机关部被捕的，是刘复基、牟鸿勋、龚侠初、彭楚藩四人。接着又派人去捉张廷辅。因为廷辅在营盘歇夜，准备一听炮响，好指挥起义，所以没回到小朝街住宅。廷辅没有捉着，就将廷辅的夫人贺氏捉去。一群罪犯，都是用一根绳子，一串锁链，捆绑得紧紧的，解到督部堂衙门。同时在小朝街九十二号学舍，又捕去高等警察学校学生张均、顾庆云、陈沛霖、朱孔阳、周祖濂、陶德伟、陈文轩等十余人，解到巡警总局。在汉口被捕的一干人，也解到督部堂衙门去了。半夜以后四点钟的时光，上面喊人提审。瑞澂派定问官三人，一个是铁忠，一个是双寿，一个是陈树屏。审讯地点就在督署内面的会议厅。瑞澂的口头命令是说："只要证明为革命党，便就地正法。"正在准备审讯时，听得下面报告，又提来一个重要的罪犯，是在营盘门首丢炸弹的，名叫杨宏胜。铁忠微微的点头，命戈什先将彭楚藩带上。楚藩昂然挺立，不肯下跪。铁忠见他穿着宪兵服装，心想宪兵营长果清阿与己有戚谊，倘若将他部下的宪兵问成革命党，果清阿就有失察之咎，因此想成全他，问道："你是彭楚藩么?"答："是。"问："你明明是宪兵，宪兵是捕拿革命党的，为甚么被人拿获，想必是拿错了吧!"楚藩道："一点也没有错，我的确是革命党。"问："你既是革命党，为甚么要当宪兵?"楚藩道："我惟其要掩护革命，所以要当宪兵。"问："你为甚么原因定要革命?"答："因为满人卖国，奴隶我们人民，所以要革命。"铁忠怒道："还不跪下。"楚藩说："革命党宁可杀头，决不低头。"铁忠说："斩了，拖下去。"标旗丢下，于是彭烈士慷慨就义。其次审问的，就是张廷辅的夫人贺氏。铁忠问："你姓甚么?"贺氏道："我娘家姓贺，是张廷辅的妻子。"铁忠问："你的家里是开的栈房吗?"贺氏道："不是的。我的丈夫在三十标当排长。"铁忠问："不是开栈房，为何有许多革命党住在你家里?"贺氏道："他们是在我家分租的房子。我的丈夫天天在营盘里，营规又非常的紧，即或有时回家，也不过为的家事，多则两三点钟，少则一点钟，料理完了，就走了。他们虽说是同屋，同我的丈夫见面的机会很少，各住各的屋，河水不犯井水。武昌分租房屋的，多半是这样。老爷可派人打听，并不只我们一家是这样的。"铁忠骂道："你一张油嘴，南说南转，北说北转，好一个刁泼的妇人，押下去，等他的丈夫提来再问。"又次审问刘复基，可怜的刘尧澂，此时已经瞎了一只眼睛，因为拒捕的时候被巡警的刺刀戳伤了。他厉声叱道："你们要杀，就杀，何必多问！我是革命党人刘复基，要驱逐满奴，光复汉族，推倒皇帝，建造共和国家。就此够了，多问也问不出甚么!"铁忠向陈树屏道："此人直供革命不讳，当然是要办的。"一面说着，一面写旗牌，由戈什提出辕门处斩。刘复基高声呼道：“汉族的同胞听着，凉血人不要听，军政府万岁！我为革命而死，得其所哉！得其所哉！”于是乎刘烈士也从容就义。再次又提审杨宏胜。这个时候，宏胜已炸得不像样了，因为他白天抛掷炸弹，受伤过重，面色焦黑，遍身血肉淋漓，望着是令人恐怖的。铁忠皱着眉头道：“此人是放炸弹的，证据确凿，用不着审问。”宏胜道：“好，杀，……杀，……杀！你们一般狗奴也有那一天！”铁忠在标旗上写道：“斩决施放炸弹的革命党一名杨宏胜。”命戈什拖出，于是杨烈士也慷慨就义。三烈士就义后，快要天亮了。铁忠杀得高兴，精神百倍，还在喊提龚侠初。铁忠问：“你是龚侠初吗？”答：“是。”问：“你是革命党吗？”答：“不是，我是教书匠。不过为着同乡的关系，才认识刘复基。”铁忠说：“你不供出实情吗？用刑！”侠初哭道：“老爷呀，我是读书人，受不起刑，请老爷开恩。”双寿说：“他不招，缓一会再问吧。要是真正的革命党，都自称好汉，决不会这样哀求。”铁忠道：“押下去。提牟鸿勋。”鸿勋上去，脸上还微微的笑着。他年纪本来很轻，不过二十岁，身体瘦小，面貌清秀，只看得十五六岁的样儿。双寿叹道：“这个小孩，也做革命党吗？”问道：“你叫甚么名字？”答：“牟鸿勋。”问：“你是哪里人？”答：“湖北施南利川县人。”问：“你也是营盘里头的兵士吗？”答：“不是，我是两湖总师范仁字斋的学生。”问：“两湖总师范的学生都是进过学的秀才，你也是秀才吗？”答：“是的，我十四岁进的学，就来住两湖总师范。”问：“你读些甚么书？”答：“读的《红楼梦》和《扬州梦》。”问官陈树屏是两湖总师范的提调，因为师生的关系，很想设法成全这一位青年，问道：“听说两湖总师范这几天正在考毕业，你不好好的在学堂温习功课，出来胡闹些甚么？”答：“我出来准备到扬州去会会史可法先生。”树屏对双寿和铁忠讲道：“甚么扬州梦，甚么会会史可法，这小孩所答的，都是些疯疯癫癫的话，大概是有点精神病吧，说他是革命党，恐怕说不上。这个时候已经大天四亮了，我们也应该休息休息，今天晚上再慢慢的审讯他们。”铁忠说：“捉了这【么】多革命党，审了一夜晚，只处决了三个人，假使大帅的意思有些不耐烦，咱们怎过得去?”树屏说：“横竖押在监牢，他们也跑不了的。这时节街上的人民来看热闹的，一定很多，假若办太多了人，恐怕人心皇皇，于治安有碍。”铁忠说：“好吧，把他们押下去吧。退庭。”这一干人犯，都解到对面的模范监狱去了。三烈士的尸首，都是血淋淋地横卧在督部堂照壁面前，露了半天，自有善堂收殓。陈宏诰和陈云五兄弟两人与善堂商议，由善堂请了一家照相馆，将三烈士的头颅拍照下来，制成铜版，登载在起义后的《大汉报》上。胡石庵并题诗一绝，以志哀悼。诗曰：“孝孺舌断血成碧，子胥头悬眼尚睁；革命未成遗恨在，江流呜咽作悲鸣。”

第九章　革命军占领武昌城

武昌城网罗密布　三烈士就义后，陈尸于文昌门内督部堂门前，城内居民前往观看的，挤得人山人海，个个都谈论道：“这三个人，都是没有辫子的。听说上季广东督部堂门前，杀了七十二个，也都是没有辫子的。眼见得没有辫子的，都有点靠不住。”由此辗转传播，说没有辫子的都是革命党，马上张彪就派遣军队，捉拿没有辫子的人。有了这种传言，人心都摇动了。因为头年腊月，闹过剪辫子的风潮，腊月初八的那一天，一唱百和，剪了的不知多少。尤其是两湖总师范、文普通、方言等学堂以及各兵营，差不多剪了三分之一。因此各学校的管理员和各兵营的官长，都约束没有辫子的人，不准出门一步。这种约束，寓有两个用意：一则是防着出去，惹起军警注目被捕入狱；一则是恐怕军警机关按着所获的党人名册前来查问，就可以马上交人。牟鸿勋被捕以后，两湖总师范的管理员当然着慌，由监学带领斋夫（校工）在鸿勋的房间严加搜检，倾囊倒箧，并没有查出甚么。教务长郭肇明特为此到陈树屏的公馆询问消息。树屏说："昨晚审过的，供词答应得奇怪，于他有利。这个学生，我是要设法保全的。"郭肇明回校，向学生安慰一番，大家方才放心。然而别校的学生，都是人人自危。尤其是各营盘的士兵，恐怖得更加厉害。他们在死的恐怖中，当然要研求死里求生的方法。尽管是长官有令，不准出门一步，有的还是翻院墙、跳窗户，出去查探消息，并和同志们接头，心内打算着：总是不免一死，舍命的拼他一拼吧。十九日上午，督部堂也曾开过秘密会议，邀集三司和军警长官讨论弭乱方法。陈树屏建议道："搜获的革命党名册，军界的人很多，若必认真缉拿，诚恐激则生变。不若将名册当众焚毁，以示宽大，既可以安定军心，又可以感动军心。要想弭乱，这倒是釜底抽薪的好办法。"铁忠说："不可，这么一来，政府的威严扫地，革命党的气焰愈高，从今以后，人人都敢造反了。"瑞澂道："对的，杀以止杀，不可姑息，按照大清律，大逆不道，应该灭族，多杀几个人算得甚么。"当即发下命令，着军警根据名册，赶快拿人。一般戈什们，在襄阳学社、蕲州学社、大朝街、斗级营等处，又乱捉了几十个嫌疑犯。同时在右旗军营把张廷辅捉去了。一面调马队八标一部分及水师巡访〔防〕各队，增驻督部堂衙门。瑞澂布置完毕，心内极其安稳，即嘱文案房拟了一篇奏章，向清廷电奏。其文如下：

窃瑞澂于本月初旬，即探闻有革命党匪多人，潜匿武昌、汉口地方，意图起事，当饬军警严为防范。所辖地方，则密派侦探，不敢有一刻疏虞。昨夜七点钟，据报告本夜十二点钟，该匪准定在武昌为变，并探知该匪潜匿地方。正饬防拿，复据江汉关道齐耀珊电称，于汉口俄租界宝善里查获匪巢，并拿获要匪刘耀璋（刘同）一名，获伪印、伪示、伪照会等，及银行支簿、伪用钞票，并查有制造炸弹形迹。当派荆襄水师巡防队往提来署审讯，遂与统制张彪、军事参议官铁忠、巡警道王履康，督队弁勇警兵，前往城内大朝街、小朝街、保安门等处，查明匪窟，先后拿获匪党三十二名，并起获军火炸药多件。内有刘汝夔（复基）一名，开枪拒捕，抛掷炸弹。杨宏胜私藏炸药军械，并演放炸弹受伤。当即派员提讯，内有彭楚藩一名，语尤狂悖，均属法无可贷。当将该三犯讯明正法。其余已获在讯之匪，一俟研鞫得实，应即明正典刑。在逃各匪，仍饬军警严拿，务获究办。此次革匪在鄂创乱，意图大举，沿江各省，皆将伺隙而动，湘省尤为注意。所幸发觉在先，得以即时扑灭。张彪、铁忠、王履康、齐耀珊各员，以及员弁警兵，无不忠诚奋发，迅赴事机，俾得弭患于初萌，定乱于俄顷。此皆仰体朝廷威德所致，瑞澂藉免陨越，惭幸交并。现在武汉地方，一律安谧，堪以上慰宸廑。此案被获尚早，地方并未受害，所有失觉之地方巡警及文武官吏，均经随同协拿出力，应请宽免置议。在事异常出力员弁，容照例择尤请奖，以示鼓励。除善后情形随时续奏外，谨摘要电陈。

瑞澂这篇电奏，说得冠冕堂皇，邀功请奖。可是武昌起义也就在这时爆发了。

同志们计议发难　八月十九日，是清朝官吏最后耀武扬威的一天。各城门关得紧紧的，禁止出入，只有平湖门和武胜门限定一个钟头放人出城挑江水、买小菜。满街军警，每隔数步设一岗位。督署传令各营停止操演和讲课，营门禁止会客，也不许官兵出营，只许值日的目兵限定钟点出去采办日用事物。但是有这点空隙，同志们就还有这一条窄路可以通讯。邓玉麟乘着平湖门开放一点钟的机会，溜出城去，过江到长清里，会见李作栋和刘公，商议办法。他们都主张通知各标营即日起事。邓在机关部检得查抄未获的十八星旗一面缠在腰间，以备起义时的需要。遂偕同李作栋一路，坐划子由鹦鹉洲边过江，至白沙洲。途中遇着陈自龙，陈问道：“你们进城吗？快莫去，城内到处捉党人，我妻已被捕了。我打算逃至乡间，一文无有。”李作栋给以手表一只，银洋五元，自龙走了。作栋与玉麟至南湖炮队营，门卫拒绝见客。等候一会，遇见孟华臣，知道南营门守卫的是王鹤年同志，才混进营房，坐在马房里面，与同志等约定，城内枪声一响，就拖炮攻城。蔡济民、吴醒汉在右旗与熊秉坤、金兆龙、彭纪麟、阙龙、方兴、方维等集议，济民说：“戈什们拿着名册，到处捉人，我等都是册上有名的，捉去的也是一死，不如今晚举义，死里求生。”金兆龙说：“册子搜去了，尤其是我们工程营，名字顶多。”熊载乾（秉坤字）说：“我是队代表，你还是总代表咧，要是照册捉人，我们还逃得脱吗？”济民说：“今晚动手！”秉坤说：“我首先赞成。”接着，大家都喊赞成。济民道：“大家赞成就好。昔日秦始皇无道，把囚犯九百人调往渔阳，因为大雨误期，依法当斩，众大哭，有陈涉、吴广攘臂大呼道：‘弟兄们不要哭，横竖总是一死，不如造反！’立时揭竿而起，打破了秦始皇的铁桶江山。陈涉、吴广都是湖北人，我们也是湖北人，这回起义，定可夺回汉族的天下。”彭纪麟说：“幼襄，前些时开会，你引用陈友谅的故事，这回开会，你又用陈涉、吴广的故事，你的书真读得多，怪不得升排长。蒋翊武被举为总司令，不过因为他多读点书。他现在走了，没有人下命令，你就拟个命令吧。”济民说：“此时性命交关，你还在拿我开玩笑。”纪麟道：“不是开玩笑，规规矩矩的话，今晚到手，少不得人指挥。”济民说：“昨天翊武下的命令都送到了，用不着再下命令。大家各归各营，你传我，我传你的约着，依照前令的布置晚上动手，听枪响，就以枪声为号；听炮响，就以炮声为号；没有枪响，没有炮响，就以点头道自习名摇铃为号，各个人都争取主动，免得观望不前。”大家都说：“好。”主意既定，各归各营。并由方维、谢涌泉、彭纪麟三人越墙而出，飞向各标营设法送信。不上一两点钟，信都传遍了。各标营得讯，都是摩拳擦掌，兴奋的了不得。督部堂的清朝官吏还在梦中，下午八句钟的时候，还是继续的审讯众囚。堂上问官，还是铁忠、双寿、陈树屏三个。先提审由汉口捉来的一群人，他们上去，有几个是商人，有几个东拉西扯的说些文不对题的话。铁忠摸不着头脑，叱令拖在一边。接着就审龚侠初。双寿说："你是教书匠吗?"答："是的。我还在《中西报》上做点文章和小说，每千字五百钱，弄点稿费补助。"问："《大江报》署名'古复子'的，是谁?"答："听说是杨玉如,[①] 我没有会过。"问："你认识孙尧卿么?"答："不认识。"再审牟鸿勋，问："你们学堂正在考毕业，你每天完卷没有?"答："我天天完了卷，只有昨天考理化，是请同学代替的。"树屏说："不错，我曾调阅过，除由昨天的笔迹不符外，其余都很相符。"改讯张廷辅，问："你为何把房屋租给革命党?"廷辅说："我怎么晓得他们是革命党?"铁忠见问了几个人，没有问出一个革命党，他有些不耐烦起来，说："问甚么!把他斩了就是。"正在拿着笔准备写标旗，忽然有一戈什上来，气吁吁的说："上头传下话来，一干囚犯，仍解回模范监狱，此时不必再审。"三问官面面相觑，莫解其故，低声说了几句话，也就宣告退堂。原来这个时候已经听着枪声。张廷辅的头颅，就是在枪声之中保留下来了。这枪声，就是革命军起义的枪声。是晚起义，城内由工程第八营首先放枪，城外由塘角辎重一营首先放枪并放火。接着城内城外，各处都响应起来，同志们一齐呼啸出营，奋勇杀贼。

工程第八营首义　工程八营，距紫阳桥约一里许，与左旗二十九标接近，距左旗四十一标、三十一标亦不远。熊秉坤自右旗

---

① 龚霞初《辛亥首义之武昌两日记》（《辛亥首义史迹》第26页）及杨玉如《辛亥革命先著记》（第59页），均谓龚受审时，并未说出杨玉如之本名。

回营时，已经有五点钟，遇着吕功超，告以今天晚上点头道自习的名就要动手。吕道：“我也料定了，带来了几排子弹。”秉坤喜道：“好，哪里来的？”吕说：“是恺字营留下来的，我的嫂子捡着，现在给我了。还有程正瀛同志，他也有两排，藏在被絮里面。听说章盛恺、于郁文在他的排长方定国那里也偷了五排。共计起来，也够我们分配了。”此时三十标谢涌泉来营送信。秉坤见排长方定国在跟前，向谢使了个眼色，叫他走。临走时，吕用手指头打个暗号，表明九点钟起事，秉坤点头。方定国把秉坤拉着道：“你们的事，我早知道，动手时，可不要把我当做外人。”秉坤说：“你我都是汉人，哪有见外之理。”将上自习的时候，金兆龙就开始准备，把白布在左膀束着，装弹入枪，恰被排长陶启胜看见了，带着护兵姚洪胜、李传福问道：“你不去上自习，手缠白巾，在这里做甚么？想造反吗？”金答道：“你说造反，老子就造反！”拿着枪，与陶格斗。秉坤正要到架上取枪，大呼道：“同志们，此时不动手，更待何时！”程正瀛上好了枪，连忙赶上，向陶放了一枪。陶负伤逃走。代理管带阮荣发出来弹压，用手枪放射一弹，恰打在陶的脑部，陶即倒地而亡，同志章盛恺也被打伤。徐兆斌拦着荣发，一枪打死。熊秉坤立即出院，仰天放了一枪为号。方兴在营外也掷了一个炸弹。右队队官黄坤庸，挽留士兵回房，被吕中秋击毙，弹贯司务长张文涛胸口，亦毙。于是林振邦、饶春棠、陈连魁等举手高呼，一哄涌出，都喊“杀！杀！杀！”左队司书周定原说：“你们此时当尽先占领楚望台，把那里军械库占了，有了枪炮子弹，才好杀贼。”秉坤说：“是。”其时军械所守卫的罗炳顺、马荣正在迎候，秉坤等拥到，很顺利的占领楚望台。

辎重一营首义　塘角混成协炮兵、工程、辎重三营队，驻于塘角旧恺字营，隶属于陆军二十一混成旅黎元洪所部。其中同志，以李鹏昇为总代表。午后六时许，李鹏昇就开始动作，闯入军械库，抢子弹一箱，当场分发，并往马房纵火。工程营（塘角工程营）立即响应。计有管心源、程英烈、黄恢亚、张斌等一同集合，编为两队，以李鹏昇为正队长，督队向炮队进攻。炮队因无械无弹，未能附和，亦无反抗。惟该营有下级官杜瑞镕及守卫司令官王季鹏各执手枪抵御，伤都全福同志。李鹏昇督队冲入排长室，纵火焚烧，一时烟火蔽空，管带张正基率队向青山逃避。李鹏昇退出炮营，集合约得百余人，至武胜门，因城闭不得入，一路急行，经紫金山向大东门进发，至通湘门，闻城内有枪声，城门大开，拟入城到楚望台。李鹏昇说城门与步兵三十标接近，该标多旗人，恐受袭击，力持不可，仍向前进。闻城内枪声甚密，知已发动，因率队由中和门入城，至楚望台军械所。就钟点及路程计算，塘角辎重一营起义，当先于城内工程八营。否则由塘角至中和门，几绕全城三分之二，决不能如期到达楚望台，其理明甚。因为该营离城太远，放枪与纵火，城内耳目不及，所以认定首先发难的是城内工程八营。余谓城内为工程八营先放枪，城外为辎重一营先放枪，两处都是自动的争先，无分乎谁先谁后。这样看法，才是极平允的。当时《大汉报》有诗为证。诗曰：

火狐夜啸篝火明，深山大泽龙蛇生。楚虽三户志易集，能扶祖国摧秦兵。在昔女真族，专制肆淫毒；蹂躏我群黎，无辜受刑戮。驱之未可能，其下愈箝束。厥岁在辛亥，凶残自倾复。皇皇义旗起汉滨，成群铁骑飞黄尘；神师健儿不惜死，铁血磨溅何纷纭。揭竿一麾究谁始，陇西华胄名鹏昇；功高大树退且隐，种瓜自愿悲东陵。吁嗟乎！烽火急兮笳鼓惊，转瞬行见共和成。策勋试数兴兵者，谁肯鸣枪第一声。

右旗十五协响应　二十九标及三十标，均为右旗第十五协。二十九标三营分防襄阳去了，留驻的是一、二两营，其总代表为一营前队正目张喆夫。三十标总代表为三营后队司书生王文锦。

此两标中同志如蔡济民、张廷辅、王宪章、王华国、吴醒汉、杜武库等，均为机关干部。蔡、张为下级官位，因之该协官长，与有默契的甚多。不过三十标的官长多系满人，当然有些障碍。十九日六时，二十九标第二营厕所突然有一颗炸弹爆发，已经震动了右旗各营。正在相约准备时，听得工程营放枪，蔡济民带着自己一排兵出来，呼啸而出。吴百川、方维、谢涌泉、吴醒汉、高尚志、杜武库、蒋兰圃、胡效骞、彭纪麟等一致响应，各夺取军装房子弹，纷向将弁集会所协部及三十一标射击。统带张景良、杨开甲等见势不妙，各自逃避。第一营管带何锡蕃，知为党人起义，未加阻止。其所部士兵，一律出动，随从蔡济民、吴醒汉等闯入三十标军械库，夺取子弹，气势汹汹，旗兵莫敢抵抗。管带郜翔宸见势不能敌，率旗兵百余人向西营门窜逃他处。于是三十标同志及二十九标同志，一齐集合，同往楚望台。

测绘学堂响应　测绘学堂在通湘门内，距楚望台很近，有学生八十名，均系青年。当上自习时，工程营的枪声、炸弹声、呼啸声，一时并起，学生不知何事，颇为恐慌。李翊东举手高呼道："同学们，不要害怕，今晚革命党举事，推倒满清；我就是革命党人，也就是代表同学们参加革命。从我走，就是生路；不从我走，就是死路。"众呼道："愿从你走。"翊东说："既是大家愿意，我们同到操场站队，往楚望台领取枪弹。"其时方维由工程营携来军刀两柄，以一柄授翊东指挥学生说："如有满人反抗，立即斩首。"李翊东说："同学中只有松俊一个人是旗人，他很老实，由他自去吧。"方以为是，遂与翊东及甘绩熙、向讦谟、喻育之等全体员生，一同前往楚望台。

楚望台军械储备的数量　揭竿而起，全军响应，所有同志，均集中于楚望台。因为楚望台是军械储藏的地方，所有军械不少。计存德国新旧毛瑟枪五千余支；从日本购来的，有六米里五枪一万五千支；汉阳造步枪二万六千余支；收缴陆路巡防营之枪三千余支；子弹更不计其数。又存汉阳兵工厂造五生七山炮三十余尊；江陵机器厂造六生的明条炮十二尊；英国造哈其开斯炮十二尊；德国克鲁伯厂造五生的快炮六尊、四生地快炮六尊、七生地陆路炮二尊，又七生五陆路炮一尊；英国造十一生的老式炮一尊；日本三一式七生五野战陆路炮三十六门，山炮十八门。惟子弹太少。这个军械储藏所，平时是由工程第八营守卫的，自谣传八月十五日革命军起义后，张彪即派李克果、马祖全等负责监守，并在四周设防御工程。幸亏十九夜首先发难是工程八营，于楚望台形势既熟，相距又不远。台中监守的人，有一个成炳荣又是同盟会会员，与守地台士兵早有联系，把李克果等赶走，工程八营才不费战斗之力顺利地占领该台。因而各军同志为装备武器计，都集中目标于该台。这一举，已经取得决定性的胜利。

第一次进攻失利　各标营同志齐集楚望台后，各取械弹，全副武装起来。但是群龙无首，议论纷纷，只在楚望台附近布置防务。其时张鹏程、蔡济民大呼道：“同志们，长守楚望台，不是办法，宜攻克督署，把瑞澂赶走。不然，等到天明，他率队来攻，我们都完了。”众呼“好”！遂由工程营派一支队守卫楚望台，蔡济民、张鹏程、阙龙等率所部进攻督署。胡效骞、李鹏昇、罗一安、单道康、孙昌福等亦率队来援。呼啸同声，本有气吞胡虏的威势。但是敌方的兵力，也还不弱，他有教练队一营、机关枪一队、马队一队、武装消防队一队，及陈得龙之巡防队三营、督练队二营、宪兵一队、水机关四挺，以前二十九标统带李襄邻及曾充统带之白寿邻为两路指挥；又第八镇司令部亦有卫兵多人，及驻平湖门之八镇辎重营。合计不下三千人。还有两千多名警察。所以瑞澂和张彪要闭城一战，以作垂死时的最后挣扎。长街为左路防线，严防由武胜门入城与由阅马厂西进的革命军。前线以八镇辎重营为主，头道防线在王府口，分哨直达南楼。保安门正街，为其右路防线，严防城内及南湖方面的革命军。前线以巡防消防各队为主，头道防线在保安门正街。沿北各街巷，都布有伏兵，使革命军不能径达大街，进击督署。此外还有警察二千人，各分布于山后各处及长街以东直达阅马厂、紫阳桥一带。这个阵势，布置得极其周密，因而革命军的进攻就有些困难。进攻时，为夜晚十一时光景，熊秉坤所率部队进至津水闸，即被阻止。张鹏程所带一部分部队，至津水闸，为保守保安门的消防队负险横击，死伤数人，不得前进。吴醒汉所率士兵数十人，行至津水闸，遇敌巡防营连放排枪，被击倒数人。蔡济民则绕道至王府口进攻，与方维、王光国、阮宝山等奋不顾身直冲督署前门，戈什列机关枪扫射，因而稍却。惟机关枪作辍不定，作则后退，辍则前进，相持不下者多时。阙龙、郑继周等从东辕门左侧进攻，龙以身当先，为保安队袭击，一弹洞其颈侧，晕倒于地，抬送医院。王世龙、杨选青火烧门前钟鼓楼，墙太高，火烧不进，世龙于此地阵亡。蔡济民正在焦急间，忽闻中和门外的炮声，因呼道："同志们，暂且退却，快迎接炮队入城，要想战事胜利，非用炮攻不可。"乃使马明熙等赴南湖迎接炮队。

迎接炮队入城　南湖炮队八标，自从八月初三日吃酒闹事之后，引起督练公所之特别注意，从八月十五日起，特派张厚德、马祖全、刘慎五等，前往该标营监视其管带姜明经的行动。每日七时到营，下午八时回衙，步步追随，不离左右。好在这几个人都是姜的士官同学，姜亦处之泰然。十九日那一天，因为风声太大，监视的人也有些观望不前了。上午十时，党人汪性唐来营，会见二营队官张文鼎，说："昨晚之事，你知道不？"张答："事已失败，怎不知道。"汪说："唯其失败，我们要死里求生。刚才同志们在江那边公和里黄宅开紧急会议，决定今晚举事，枪声为号。孙尧卿再三叮嘱，注重炮队。你们听得枪声，就一齐动手，拖炮进城。请拜上姜管带，早为准备。"说毕即去。张向其护兵史宗唐道："管带在营么？"史答："在营。"张问："汉口有人来没有?”史答道:“有两人,坐在三营马房,我认得,一个是邓玉麟,一个是李作栋,都是我们共进会的人。来了好久,这时想必走了。”张于是往见姜,商量此事。姜说:“我们不干,你我都活不成了。幸亏督练公所的人都没有来。你去布置,要吩咐他们临时不要仓皇,团体结紧至要。我不便出面,三营的队官和营长都很注意我的。”说着,从床下拖出一千发手枪子弹,计每队可领三百发。正副头目每人都有手枪,可酌量配给。张即以子弹交正副头目,嘱其分配。处理完毕,三营管带杨起凤来了,在姜明经房中谈话。张知其有秘密事,不愿与闻,推窗而望,看见孟华臣、何天成二人,马枪都驮起来了,手中拿着马刀,到二营来,走了五七步,忽又回头。张回顾护兵史宗唐道:“你的同乡孟华臣,何以来而复返,形色张皇呢?”史说:“他们要杀杨管带。”张说:“我们排满,何必杀自己人?”史说:“那是反对革命的人,留之有害。”张至姜处,与姜秘谈,说三营弟兄对杨恐怕不利,快教他走。姜说:“快去劝阻他们,钟点没到,不可暴动,否则又闹成八月初三日的笑话。”张曰“诺”。当即由史宗唐劝阻,才得平安。未及九点,姜亲自送杨出营,到阳逻去了。九点钟吹头道点名号,闻城内枪响,邓玉麟在南营门放枪,蔡汉卿赤膊奋起,高呼同志集合。队官柳百顺出而阻止,蔡以腿击之,跌地,不能起。三营右队谢增佐、于福堂、陈国祯拖出炮两尊。孟华臣开枪把排长刘步云打死,也拖出炮两尊。蔡汉卿、徐万年、王鹤年拖出炮两尊。三营中队黄得胜、黄志强、龙占奎拖出炮两尊。一营右队队官尚安邦、二营左队队官蔡德懋、右队队官张文鼎各率全队官兵,每队炮六门,共十八门,集合出发。一营右队、二营左右队各组织马枪兵队四十名。一营右队马枪兵,由营代表胡兴胜率领,搜索前进。二营左队马枪兵,由排长帅保华带领,掩护巡司河沿岸前进。二营右队,由排长杨昌林带领,在队尾警戒前进。行至长虹桥北端,遇工程八营一班前来迎接，一同由中和门进城。随同炮队进城的，有李作栋、邓玉麟等。工程八营前队队官李占魁，指挥鼓号兵奏号欢迎。蔡济民、张鹏程之迎接队伍也赶到了。其时攻击督署之步队和工程八营正在津水闸与敌人相持中。济民说："熊秉坤和许多干部同志都在楚望台，我等且到楚望台集合，商讨进攻计划。"

吴兆麟指挥作战　进攻督署失利后，同志们退回楚望台，都认为此次进攻，系各自为战，指挥不能统一，必须有一精通军事学者，出任指挥。汪长林说："我们左队队官吴兆麟现在台中，他的军事学不是很好吗？"熊秉坤说："快请他来。"当即与吴醒汉、蔡济民商量，均极赞成。乃公推吴兆麟为临时指挥官。兆麟说："既举我为总指挥，必须服从命令，如违令者，即以军法从事。"众曰："可。"兆麟即承认就职。见炮兵到，吴曰："攻击督署，全靠用炮，但是炮火宜集中，阵地须疏散放列。"遂召集各队训话，授以口头命令如下：

本军以攻下督署并占领全城为目的。

一、工程第八营及步队第三十标第三营之前后两队，由总代表熊秉坤指挥，经津水闸入大朝街，以一部进萧家巷，经马尾巷，向督署进攻；以一部出大朝街南口，经保安正街，向督署及望山门进攻，但须警戒广里堤南口。

二、二十九标第二营及三十标二营之留守队，由队官胡效骞指挥，经紫阳桥、大朝街，以一部进水陆街，向督署进攻；以一部经王府口、大都司巷，向督署进攻，须与左翼熊指挥取得联络。

三、四十一标第二营及该标第三营之留守队，由队官胡廷佐指挥，经阅马厂、百寿巷、小都司巷向第八镇司令部攻击，以一部警戒善后局附近之西街及芝麻岭等方面，并酌派一部，控制阅马厂，以防在逃之三十标第一营旗兵袭击。

四、炮八标三营炮两尊，由孟华臣指挥，迅即放列于保安门城上，须能射击督署及望山门一带。二营中队炮两尊，三营右队炮两尊，统归王鹤年指挥，迅速占领楚望台，须能射击督署，并掩护步队前进。其第一营右队、二营左右两队，各炮六尊，及三营中队炮二尊，迅至蛇山选占阵地，须能射击督署及第八镇司令部为要。蔡德懋留本部参谋任务。蛇山所有炮队，由张文鼎督率，统一指挥。

五、二十九标第一营以及其他零星队伍为预备队，由督队官姚金镛指挥，在皇殿门首集合。

六、炮队第一、二营之马枪兵，各抽派若干名至军械库取运炮弹补充。

临时总指挥官吴兆麟

命令发布后，各部队均照所指地点，分途出发，奋勇直冲，敌军望风披靡。其时向督署射击的炮，因天色太黑，目标不明，炮弹多未命中。同志们遂主张在王府口一带纵火。蔡济民因亲往商店，说："纵火是作战时不得已的举动，商民所受损失，本军一定赔偿。"商民说："讲甚么赔偿，我们愿受损失。"并提出洋油一桶，助他们焚烧。霎时间，火光烛天，目标极其明显。张文鼎在蛇山指挥放炮，即利用火光，选得督署旗杆为标准点，口令各炮用二千四百米达表尺开始试射。同时各进攻步队亦开始运动。炮队试射取得督署二千二百米达、八镇司令部二千米达为准确距离后，复用排炮向该两处目标反复轰击、督署的钟楼炸毁了，八镇司令部马房亦被炮火烧毁。困守督署的瑞澂，心惊胆落，几乎要哭起来。

瑞澂弃城逃走　当瑞澂慌恐至极时，统领陈得龙在旁劝道："大帅休得惊慌，外面阵线布置得极其坚固，有卑职在此保护，包管乱事可平。"瑞澂说："炮弹太厉害了，设若落一个下来，可不得了。"正说时，果然有一颗炸弹落在花厅，声震屋瓦。接着签押房也落一颗。瑞澂说："这实在挣扎不住了，三十六着，走为上着，但是孤城夜闭，四面楚歌，这个时候，教我往哪里走呢？”得龙说：“只有往城外兵船上去，才得平安。”瑞澂说：“督署大门正在打仗，我是不敢出大门的，恐怕中了流弹，也是要命。”得龙道：“靠城的一面还是我军的防线，但走无妨。”瑞澂立刻命戈什把署侧的围墙打穿一洞，带着他的四姨太，由祝书元、铁忠率领戈什亲兵左右护卫着，出了文昌门，上了楚豫兵舰。临走之时，吩咐陈得龙督率巡防营苦守督署，说：“只要你支持到天明，我定调大批队伍进城，平定乱事。”陈得龙满口答应了。无如巡防营暮气已深，剩下的几个残兵败将怎能够支持危局呢。

熊秉坤挑选敢死队　瑞澂虽然逃走了，署外防守的军队哪里知道，还是在顽强抵抗，保卫这一座空衙。熊秉坤、胡效骞、伍正林等必欲将瑞澂活捉处刑，也好为三烈士报仇雪恨。因挑选敢死队四人，向督署作猛攻。登时应选者，有胡效骞、马明熙、彭纪麟、张鹏程、徐兆儒、陈振武、饶春棠、林振邦、陈连魁、徐兆斌、杨正全、纪鸿钧、张得发、孙松轩、赵道兴、宋厚德、张斗熙、李子新等二十余人为先锋。杜武库、杨选青、夏一青等扼守保安门城上，以保卫后路。冲至东辕门大堂，敌人以机关枪扫射。同志纪鸿钧，有火油一箱，就冲进门房放火，俄而延烧到大堂，敌始溃散。纪鸿钧同志就在此时阵亡。是役阵亡者，计有赵道兴、宋厚德、张斗熙、彭华封、王世龙、李子新等十余人。受伤者，有胡春阳、马开云、王世保、尹正邦、张云卿等二十余人。

蔡济民攻下藩署　督署攻克后，占据黄鹤楼之蔡济民部与胡廷佐所带队伍，会攻南楼对门之藩署。其时藩署尚有消防队及卫兵把守，经孙鸿斌等由正面进攻，一面由马骥云通告蛇山炮队，向该署射击。藩司连甲闻炮声，早已缒城而出，逃到楚豫兵舰。其卫兵及消防队都纷纷逃窜。一时有地痞流氓蜂拥入署，围劫藩库银钱。又有第三十标之旗兵一队，乘机窜入，希图捆载库银以去，被张喆夫、王殿甲等拿获，将该营前队官旗人崇光当场击毙，并驱逐图劫的匪徒。由王殿甲把守库门，张喆夫检查拦截下来的元宝一百三十余只、碎银三十余块，解至谘议局收存。自是以后，各官署、各城门均为我军扼守。其时按察使马吉璋穿着朝衣朝冠，正督率全家，准备在大堂同时“尽节”。革命军进去，向他安慰道：“你放心吧，我们革命，是驱逐胡虏，推翻帝制，光复汉族，建造共和。汉人不杀汉人，你是汉人，也不能替满人尽节。你懂得不?”马吉璋听着，也就掀髯而笑，乐得全家不死了。他恭颂革命军人道：“我没有料到你们是这样的文明。”

谘议局的集合　武昌城完全占领了，天也亮了。除了各重要地方及城门要派兵防守外，所有干部同志都到谘议局集合。蔡济民说：“我们的革命，已经是初步得到胜利了。但是眼前的大敌人瑞澂、连甲和张彪，都带着残兵败将弃城逃走，一定要打电报，搬救兵，举行大反攻。此时各省还未独立，连汉阳、汉口还没有听着响应我们的枪声。我们占住孤城，群龙无首，其何以戡定大局。为今之计，必须推举一德高望重的人，为军政府的大都督，才可以号召天下，安定军心。各位同志以为何如?”李作栋道：“我们不是有了现成的都督吗?军政府职务的分配不是已经有了决定吗?”济民道：“蒋翊武已经出走，黄克强又不肯来，刘仲文早已声明他不肯负此重责，孙尧卿又被炸伤；况且这个时候，敌人定退在汉口，江面上又停有敌人的兵船，仲文和尧卿过江，怕也不大容易。这里又要发檄文，又要出布告，又要对各省打通电，又要向领团送照会，究竟用谁的名义呢?”熊秉坤说：“不错，这都是当前要紧的事，非有人负责不可。我看吴兆麟同志当了一夜的总指挥，布置有方，才能够驱除大敌。他既是做得总指挥，就可以当得大都督。人现在此，何必另有所求。”济民说：“好极了。”兆麟说：“不行，刚才幼襄说过，大都督的人选，必须德高望重才行。我德也不高，望也不重，这个重责如何担当得起。你们要推举我，我就一走了事。不过我心中有一个人，可以说得上德高望重，提出来不知道各位同志是否赞成？”张振武问道：“谁呀？”兆麟说：“二十一混成协协统黎元洪，为人忠厚，兵士们都爱戴他，我认为他能够做协统，也就能够当都督。”李翊东说：“不然，唯其他做了满清的协统，就不能当我革命军的都督。”张振武接着说道：“是的，我们今天为的是甚么？为的是革命。那么，我们拥戴的人，就要他是真正的革命者，才能够领导我们革命。黎元洪是忠厚长者，我是承认的，但是我不相信他能够革命。潘康时是他逼走的，杨子鬯是他赶走的，昨天晚上传达消息的周荣棠同志是他杀掉的。”秉坤说：“怕不确吧。”振武说：“千真万确。还有一个邹玉溪同志，也是我们共进会的人，昨晚要从营内出来，黎元洪亲自动手把他杀掉了。这是四十一标聂国青同志亲眼看见的事，还是假的吗？他明明反对革命，还能够领导我们革命吗？”这一段话，说得满座寂然。过了半晌，还是兆麟解释道：“春山，你所说的，都是他做协统分内的事。彼一时，此一时，他做满清的协统，自然是忠于满清，现在要是做革命军的都督，也自然忠于革命。而况骑上虎背，也不由他不革命，你放心吧。”济民说：“看大家意见如何？”有几个兵士说：“军中不可一日无主，我们赞成黎元洪。”翊东说：“既是大众赞成黎元洪，我等又何必反对。好吧，你们去找他来吧。”张振武说：“他的胆子太小，晓得他躲到哪里去了。”马荣说：“我晓得，刚才我同程正瀛、汤启发各同志在千家街巡查时，见他的马弁驮着两口皮箱，我等拦住盘问，才晓得黎协统和王安澜都躲在黄土坡刘家。让我们去找，包管找得着。”秉坤说：“既然如此，我同你一路去找吧。”兆麟说：“你们去，我在楚望台等候。”

黎元洪做了大都督　四十一标的第三营，驻在大东门内左旗营房。黎元洪的协部，就在那里。起义的晚上，张彪打电话给黎，要他带兵平乱。实则他的部下并无多兵，四十一标第一营管带戴寿山，驻防宜昌；第二营管带谢国超所部，也有一部分调出去了；第三营管带罗鸿升，驻防羊楼洞至岳州一带，剩下的不过几个留守兵。黎因无兵可用，只有将营房严密守住，周荣棠因送信而被杀，邹玉溪因夺门欲出而被杀，都是事实。其时张振武新由竹山来省，对于策动起义联络各营的事，甚为努力，所以各营的动态都瞒不过他，黎元洪那天晚上的确是守在协部镇压革命的。不过枪声一起，他也镇压不住了。三营同志如廖湘芸、阙龙、杨震亚、梁栋、姚钧、柳涤凡等都打开营门，一哄而出。黎见势不对，即偕同参谋刘文吉、执事官王安澜逃匿于黄土坡刘家。及汤启发、马荣等往寻，黎避匿于厨房后之密室内，汤等到处查搜，才将黎搜出。黎说："我自当统领以来，不曾克扣军饷，对待兵士如亲骨肉一般，今日之下，为何定要害我？"启发说："我们不是来谋害统领的，是来迎接统领的。"黎问："接我到哪里去？同何人讲话？"马荣说："特请统领到楚望台总指挥部，同总指挥吴兆麟讲话。"黎冷笑道："他做了总指挥吗？很不错，有他就够了，找我去做甚么？"程正瀛道："这是众人的意思，不去恐怕不行。"黎踌躇了半晌，说："好，我去吧。"王安澜也随着去。到达楚望台时，吴兆麟整队鸣号，表示欢迎。黎下马，对欢迎的人也表示敬礼。进去向吴兆麟正色讲道："你向来谨慎，我没有料到你会做出这样冒险的事来。你也不算一算，这城内就算都被你们占领，共有几个兵？瑞大帅一个电报打到北京，大批援军朝发夕至。一旦水陆进攻，这一座孤城如何抵挡得住？我曾学过海军，像海圻、海筹等军舰的大炮，武昌城只要三个弹就可全毁。你们太不知利害了。"兆麟说："我是统领的学生，自然是爱护统领的，所以先在这里迎候。也劝告统领，统领这一段话，对我可以讲得；到谘议局，见了革命党的同志们，可是万万讲不得，大都督是举定了的。”言毕，熊秉坤、程正瀛、汤启发、马荣等簇拥黎元洪上马，至谘议局。其时候在谘议局的人，有李春萱、陈宏诰、邢伯谦、苏成章、李翊东、张振武、向讦谟、蔡济民、王文锦、吴醒汉、邓玉麟、高尚志、高振霄、查光佛、方定国及议长汤化龙，议员阮毓菘、胡瑞霖等，一同到会议厅开会。公推汤化龙主席。汤演说，无非是歌颂革命之词。次由吴兆麟提议，请公举黎元洪统领为湖北军政府大都督，汤化龙议长为民政部部长。众赞成。黎大呼道：“我不能胜任，休要害我。”王安澜在旁向黎低声道：“统领，万不能就。”李翊东叱道：“你是何人？敢阻挠我们大事。”拔刀欲杀之。黎以身翼蔽，道：“这是我的执事官。他是好意，我实在不能胜任。”李翊东道：“你宁可做满清的奴才，不做革命军的领袖，是何用意？”朱树烈刀砍自己的指头，血溅满座，说：“你再说个不字，我同你拼命。”黎毫不为动。蔡济民恐众怒难犯，说：“将他软禁一室，慢慢劝他，好吧？”李翊东说：“慢着，这有六字的安民布告，请于都督衔下署一黎字。”黎拒绝。翊东说：“你不肯署，我代你署，看你其奈我何。”张振武说：“他既这样的坚决不就，为什么定要勉强他就。好在通电尚未发出，不如将他杀掉，以振军威。”吴兆麟又代为解释，遂决定依照蔡济民的话，将他软禁起来；对外一切文书，仍用大都督黎元洪名义。军政府之创立情形，就是这样。

第十章　首义后一周内之武汉情形

军政府组织谋略处　武昌首义后，所有清政府的军政大员如瑞澂、张彪以及陈得龙、连甲等，都逃出城外。他们手下，还有些残兵败将，江面上又有兵船，势必要卷土重来，作垂死的挣扎。但是在一星期内，清军既不曾向武昌城反攻，城内的民军也不曾出城追剿。这时，军政府要做的事，头绪万端，当然是值得注意的。因为黎元洪态度不明，一切事无人作主，谘议局终日开会，人多口杂，纷乱无章。蔡济民看不过眼，才向大众提议道："都督既不负责，应该一面派人向他劝驾，一面组织谋略处，以为处理机要的机关。"众赞成。当推蔡济民、吴醒汉、张廷辅、邓玉麟、高尚志、徐达明、王宪章、王文锦、陈宏诰、谢石钦等十五人任谋略。下设秘书、参议两厅，以张景良为参谋长，杨开甲、吴兆麟副之。推李翊东为叙赏长，张振武副之。大事皆决于谋略处。登时议定，以谘议局为军政府，称中国为中华民国，称年号为黄帝纪元四千六百零九年；都督暂用黎元洪名义布告地方，并通电全国；军政府暂设参谋、军务、政务、外交四部，并设招贤馆，延纳投效人员。议定，即由蔡济民等往模范监狱释放被监禁的革命同志。胡瑛出狱时，将狱中所有囚犯一律带至谘议局集合，当即编成间谍队，由胡瑛、陈宏诰等率领，负起巡查街道、搜索奸细的任务。

吴兆麟下令守孤城　二十日（10 月 11 日）八时许，军政府正在开会，不料伪三十标一营管带部翔辰带领旗兵残部，突然冲进军政府。在这危险关头，幸得李翊东督率卫兵，奋勇抵御，而防守蛇山的陆军中学学生及测量队，听着枪声，也立即驰往援助。激战数小时，才把敌人消灭，部翔辰逃走无踪。其时黎元洪走避曾公祠墙后，经李翊东寻获迎回。这一夜晚，仍由吴兆麟以总指挥名义下令戒严，命步队二十九标第一、第二两营，附炮六门，归姚金镛指挥，防御宾阳门、通湘门、小东门一带；步队四十一标第三营、第一第二两营留守兵及步队三十标留守兵，附炮六门，归胡廷佐指挥，防御汉阳门、平湖门、文昌门一带；混成二十一协工程辎重二队，附炮二门，归李鹏昇指挥，防御武胜门一带；工程八营，附炮四门，归李占魁指挥，防御望山门、中和门一带及楚望台军械储藏所；炮队八标归程国贞指挥，在蛇山黄鹤楼、楚望台扼要布置；马荣带兵一队，防卫军政府。命令发出后，吴兆麟即偕同蔡济民、徐达明、吴醒汉等到各城门查视防御情形。

楚豫兵舰中的瑞澂　瑞澂的家小，于武昌形势紧张中早已送往天津去了，留在身边的，只有他最宠爱的第四位如夫人，也就是他杀了徐升，从南城公所乐户中夺过来的童爱爱，在惊慌而悲切的当儿，只有她在跟前安慰着。瑞澂上了兵舰，少不得有一封告急的电报打到北京。大意是：

十八夜革匪创乱，拿获各匪，正在提讯核办，革匪余党勾结工程营、辎重营，突于十九夜八点钟响应。工程营则猛扑楚望台军械局，辎重营则就营纵火，斩关而入。瑞澂督同张彪、铁忠、王履康分派军警，随时布置，并亲率警察队抵御。无如匪分路来攻，其党极众，其势极猛，瑞澂退登楚豫兵舰，移往汉口，已电调湘豫巡防队来鄂会剿，并请派大员，多带劲旅，赴鄂剿办。

电报发出后，瑞澂叹道："完了，完了。这本电奏到京，我的前程难保了。"正焦急间，爱爱送上茶来。瑞澂端详许久，破颜为笑道："也罢，有甚不了，充其量也不过丢官吧。羽书莫报樊城急，方得蛾眉正少年。暂且把烦恼撇开，及时行乐再说。"因谓爱爱道："我作的江南四好词，你记得不？快唱给我听，也好替我解闷。"爱爱不敢怠慢，以指击节，唱了起来。正在唱的时候，辎重营的管带萧安国跑上船来。戈什道："你来做甚？"萧说："我有军队，在岸上枕戈待命，特来向大帅请示的。"戈什进去报告，瑞澂道："叫他上来。"萧上船去，战战兢兢的讲道："标下奉职无状，保卫不周，罪该万死。"瑞澂厉声问道："你们的统制呢？"萧答道："到处寻觅，不知去向。"瑞澂道："平时不能治兵，急时不能戡乱，咱要奏明圣上，砍他的头。你的队伍呢？"萧答道："除了一部分保卫督署死亡甚多而外，还有一部分可供调遣。听说城内匪党兵力不多，我们要把打散的队伍收集拢来，还可以同他一战。”瑞澂道：“汉口和汉阳的驻兵情况如何？”萧答道：“平安无事。”瑞澂道：“我派铁驳船一只，给你带着，你趁这时候快到汉阳把兵工厂设法夺过手来，然后占住龟山。要紧，要紧。”萧道：“标下兵少，怕不济事。”瑞澂道：“那里还没有变。我给你一道命令，向他们管带传达一声，那就行了。”当即下了一道命令给萧。萧喏喏连声的应着，下船登岸，到辎重八营去了。

张彪窜至刘家庙　起义之夕，张彪正在文昌门本宅，听着城内的枪声、城外的炮声，又望见塘角火起，心里异常恐慌，即驰往大都司巷八镇司令部，用电话传谕各营从速维持。打了半天电话，都无人答应。吩咐卫兵将机关枪放列门前，谁知枪内撞针失去，屡放无效，晓得被人撒〔撤〕去了。于是连批两颊，自称该死该死。正愤怒间，马弁前来报告说：“城内各标各营都顺了革命党，请统制暂且退避，再想办法。”接着又报道：“消防队两次冲锋，都被革命军打溃了。”其时司令部的屋上中了炮弹，登时起火。张急逃出司令部，回转文昌门住宅。守卫督署的骑兵队长朱明超带着马兵二十骑，逃到张之住宅，向张报告道：“督署不守，瑞大帅已上兵船，请统制赶紧出城，我好保护。”正在准备逃走时，又有平湖门外辎重营督队官安禄华前来报告，谓该营无一革命党，请统制先到辎重营。这个时候，正值萧安国从楚豫兵舰回来。张见了萧，问道：“瑞大帅如何讲法？”萧说：“大帅此时正在盛怒之下，请统制不要去见他。他手下没有一兵，见他有何益处？为今之计，你赶快带着巡防营到汉口刘家庙火车站驻扎，等我到汉阳去调军队，如若得手，还是可以反攻的。”张彪此时如丧家狗一般，没有办法，只有去找陈得龙，收拾残兵，往刘家庙暂驻，以观动静。

汉阳驻军同时反正　二十日午后二时，辎重第八营管带萧安国带着残兵三百余人、马队若干骑，乘铁船到达汉阳，声称，奉有瑞制台的命令，前来保护兵工厂。该厂队官周拓疆前来接待，虚与周旋。萧此时饿极了，向周婉商道："我等都饿得很，请烦你代筹给养何如?"周当即给钱二百串，令其自购食物，并指定龟山南端小校场为其宿营地方。因为武昌城虽然发动，一江隔绝，还是真相不明，故不能不如此应付。过一会，袁金声由武昌打听消息回来，晓得武昌圣城已被革命军占领，萧安国的部队是打败仗逃出来的。于是驻在汉阳之四十二标的总代表胡玉珍立即召集同志开会，商定即晚十时起义。当时分给子弹，举右队队官宋锡全为指挥官，并派人至汉口与第二营赵承武送信，约定同时起事。统带张永汉及管带陈钟麟均闻风逃走。赵承武并率队到汉阳西门外，将萧安国部击溃。邱文彬、戈承元、黄家麟各同志，分别占领兵工厂及龟山、赫山。天色已明，汉阳知府也逃走了。因日知会革命而入狱的李亚东，从牢内出来，由军政府任为汉阳府知事。

军政府之军政布置　二十一日（10月12日）午后六时，各同志在军政府集合，再开会议。因各部人员均未规定，办事殊多紊乱。又兵力太薄，必须增加四协，每协成立后，各招补充兵一团。遂决定将参谋、军务、外交、政务各部人员及协统四员举定，其人选如下：

参谋部：正部长　杨开甲　　副部长　吴兆麟

军务部：正部长　孙　武　　副部长　蒋翊武

政务部：正部长　汤化龙　　副部长　张知本

外交部：正部长　胡　瑛　　副部长　王正廷

步队第一协统　吴兆麟　　第二协统　何锡藩

第三协统　成炳荣　　第四协统　张廷辅

以上人员举定，旋又增设军令部，以杜锡钧为部长，并加任张振武、蔡绍忠为军务部副部长。政务部下设外交、财政、交通各司，由部长选任之。及汤化龙去后，外交、财政、交通各司又改为部，政制又变更了。

招贤馆中之孙发绪　武昌起义之第二日，共和会主干胡鄂公由开封赶到，即往军政府与同志们会见。其时府内已准备组织高等侦探、普通侦探、步探、马探四科。胡到后，即联合成立一总办公处，由胡主持其事，拨步兵三百、马队一百、小火轮二只，供其指挥，并担任卫戍事宜。接事后，探报武昌大朝街官纸印刷局附近有一名奸细，名叫孙发绪，是候补道出身，在安徽巡抚衙门充当参议。这次混进武昌城，是替巡抚朱家宝当侦探的。鄂公得讯，特亲往侦查。只见孙小圆面膛，胡须疏朗，脑后并垂有小辫。问："你就是孙先生吗?"孙有惧容。鄂公说："莫怕，我们设有招贤馆，是要延揽人才的。"孙于是侃侃而谈，所谈的都是文韬武略。鄂公因延入招贤馆，并向黎元洪推荐，说他有幕府才。此时的招贤馆，系由刘度成主持。一时投效的人、延入者不在少数。孙发绪和饶汉祥是其中突出的人物。所有军政府电文布告及来往信件，多发交馆内人员办理。孙、饶两人，都是因办理文稿而提拔起来的。

黎元洪态度之转变　八月二十二日，黎元洪被举为大都督已经是第三天了。他不言、不笑、不进饮食，终日正襟危坐，形同偶像，人皆目为泥菩萨。这一天，蒋翊武自京山来了，张难先也从汉川来了，两人一同见黎，黎没有谈一句话。蒋退，谓张道："都督这种态度，为之奈何?"说罢，放声大哭。张说："我们慢慢劝他，看他回心转意不。"其时陈雨苍在参议厅阅稿，发见一篇电报，是梁鼎芬打来的。文云："探交二十一混成协黎协统宋卿鉴：芬昔与张文襄论湖北将才，首推我公，不料今竟附逆。倘能率队来归，芬愿以全家担保，向朝廷为公洗刷也。"雨苍阅毕，持商秘书厅同人。甘绩熙在旁惊讶地道："假若这电报落在老黎手内，那还了得。幸亏老黎没正式任事，假若他手握实权，而又有这些勾结的电信，更了不得。依我之见不如将他杀却，另外举人。”兆麟说：“千万不可。通电已经发出，全国皆知，一旦再换个人，岂不摇动人心，危害大局。”陈磊说：“就算不杀他，也要他下个决心，表明态度才是。”甘绩熙向黎问道：“宋卿先生，我们同志流了多少的血，断送了多少头颅，才换得今天的成绩。大家都不争权位，抬举你来做大都督，很对得起你吧。你再不下决心，未免太对不起我们同志。”黎说：“我已经答应替你们帮忙，有甚么对不起呢？”甘道：“你的辫子没剪，足证明你还没下决心。是不是等着满军杀进来，你可以借此表明心迹呢？老实对你讲吧，你的辫子没剪，足证明你没下决心；你不下决心，我们就不放你的心。”陈磊也接着说：“不剪辫子，那就对你不起。”黎道：“你们年轻人，再不要如此无礼，要我剪辫子，应该好作商量。我从前在营中曾经下个通知，兵士自愿剪辫者听。明日我剪去就是。”众皆大笑，尤其是甘绩熙，更笑不可仰。二十三日清晨，黎元洪果然把辫子剪掉了。甘语人道：“这几天没有解决的问题，一旦解决了，我心中非常愉快。剪辫子虽是小事，但是在民族历史上，也是一件大事。回忆满清入关的时候，为反抗剃发而死者，该有多少的同胞。黎元洪经过三天的思考，与同志的逼迫，终于把辫子剪掉了。这总算是他一种转变的表示，值得我们欢喜的。听说江那边胡石庵创办一家《大汉报》，明天出版，我少不得打电话去，教他大书特书一下。”翊武喊道：“这个玩笑万开不得，在中外观瞻之下，我们岂不丢人。规规矩矩地说，都督转变了，还要看看他以后的作法何如，这倒是要紧的事。”

李翊东拿获汉奸　二十二日晚，都督府司令官方定国与满人通声气，被李翊东发觉了。原因武昌城内敌人未尽肃清，到了深夜，枪声时起，而方定国所做的事，异常颠倒，李对他极为怀疑，也就特别注目。忽见一个大汉，手提灯笼，递信于方定国的案上后，即驰出。李见其行迹可疑，喊道：“站着！”再回顾方定国，只见他拿着来信，撕成粉碎，丢在口中吞了。卫兵听见李的呼声立将大汉拿获，经过一度审讯，原来是替张彪送信来的。大汉是旗人，审讯时教他喊“六”字，他喊作“溜”，并供出张振标、蔡登高两人，同为张彪侦探。黄元吉挟至楼隅，一律处死。其时方定国身佩军刀，手持短枪，李翊东令卫队道：“快替我将他拿下。”方怒目而视，无人敢近。李上前径夺其枪，将军刀摘下，方低首不敢抵抗。经审讯通敌属实，处以死刑。

张彪拒绝招降　四十二标统带张永汉及辎重八营管带萧安国，因阳、夏同时反正，均逃到刘家庙去找张彪。张彪说：“事已至此，你们有办法没有?”张永汉和萧安国两人都说没有办法。张彪即派永汉到日本租界去把他的军事顾问日本人寺西找来，请代为划策。寺西说：“为张统制着想，此时惟有两策：一、请集合现有兵力，许以重赏，亲自带领，由刘家庙渡江，到青山，绕至洪山，乘夜至宾阳门，诈称响应，革命军必欢迎入城，然后乘其不备，袭取谘议局；胜则奏明皇上，自请处分，皇上必说你有勇有谋，将功抵罪，败则一死了之。其二、改名换姓，潜往日本，一面派人登报，说张彪已尽忠而死。以上两策，看你用哪一策?”张彪想了一想，觉得都不高明。这时候，有人报道，清廷接得电讯，已经派陆军大臣荫昌统率大兵南下。萧安国喜道：“统制不要耽忧，我是荫大臣的门生，等他到湖北来，我们自有办法。”张彪说：“既是如此，我们就在这里等候救兵吧。”二十二日清晨，军政府派蔡德懋率炮队一营及胡廷翼步兵一队，到武胜门外两望占领阵地，向楚豫、楚材、江清各兵轮开炮射击。炮战约两时之久，将楚豫、江清击伤。瑞澂慌忙令该轮急向下游逃走。军政府因瑞澂败窜，急欲招降京汉路之张彪军队，以竟全功。于是开会计议，用黎元洪名义致函张彪及萧安国诸人，劝其归顺。略曰：

虎臣（彪字）仁兄如握。同寅有年，相知以心；今忽相仇，甚为歉然。惟是种族之界，严于君臣。大义之行，可灭亲友。弟秉大义、复世仇，万众一心，军民同愤。满清气尽，昭然人目；近日之战，可概见矣。仁兄素明事体，顺逆之理，胜败之数，谅计之已熟。何事以虎口余生，东逃西窜，辅不足有为之满奴，以残我同胞？仁兄犹是黄帝之子孙，独不欲雪祖宗二百六十余年亡国之耻乎？清夜自思，当能自返。用敢遣贵亲信齐君宝堂邀请仁兄助我同胞救出水火。大业告成，虚位以待。弟赤心待人，决不妄言。黎元洪顿首。

齐宝堂持函渡江，面陈张彪。张彪大怒，复函道："我辈为高级军官，吃皇上俸禄，理应尽忠，岂能造反。不日大兵南下，将武昌革命军扑灭，尔元洪小心小心。"他亲笔写的，就是这样几句。是日，还有革命同志萧国宝、姚斌、熊世藩、李国梁四人到刘家庙辎重营去运动兵士反正，被萧安国查觉了，将四人拿获，问明情由，知为军政府所派，除李国梁尚有发辫当令开释外，其余萧国宝、姚斌、熊世藩三人均押至刘家庙江岸，执行枪决。这两次劝降失败，才知道张彪等负固不服，一定是等待援军反攻。战争就在目前，是可以想见的。

张锡元诈降军政府　当瑞澂逃走之时，急电河南巡抚宝棻，请求派兵援救。宝棻接电，即派陆军第二十九混成协应龙翔率部赴援。旋因应部有黄安人郑某带一部分队伍投入革命军，因疑应为湖北黄陂人，与黎元洪同乡，定有勾结，遂将应扣押，改派张锡元率兵来鄂。张锡元到了刘家庙，听说革命已经扩充四协，瑞澂所坐的兵舰又被击伤，心内恐慌，迟迟不敢前进，于是派人到武昌军政府，表示输诚。军政府极为欢迎，即派李国镛、毕钟等携带现洋三千元到刘家庙犒赏河南军队，并提出条件：一、要他通电全国，与清政府断绝关系；二、要他速至武胜关，防御敌军。这时候，听说荫昌率大兵南下，张锡元又变更态度了，答称须俟准备妥当，再行举动。军政府看出破绽，晓得他是诈降，遂速派军队渡江，作攻守战的准备。

张景良大闹军政府　黎元洪剪了辫子之后，态度确有转变。一切军事上的布置，他也拿出主张来。他的参谋张景良是当过二十九标统带的，见黎态度变更，表示不满。二十四日，有几个同志建议，说张彪在大智门布置军事工作准备反攻，我们此时不如先发制人，赶快出兵将他赶走，以便在戴家山至滠口地方设险防守，方可稳住武昌，以待各省起义派兵来援。黎说："我已经同何协统（锡蕃）商量，就要出发的。"张景良听得此言，以首撞在黎怀，高声痛哭。蔡济民叱道："你在都督面前放赖，是何道理?"李翊东说："大概是因为要打张彪，你不愿意吧。"陈磊说："他的妹妹嫁给满人果清阿，当然不赞成排满的。"吴醒汉说："我看他好像有精神病。"黎顺口代为解释道："他确是有精神病。"李翊东说："靠不住。不杀他，也要把他监禁起来。"蔡济民也以为然。当即饬卫兵将他拖出，严加看守。

军政分府的组织　同盟会会员温楚珩初到汉口时，以同盟会名义，致力于革命的秘密运动，即认识詹大悲、蒋翊武、查光佛等。后因《大江报》封闭，詹押在礼智司监狱中，温避往北京，住在田梓琴、曹亚伯所办的国风报馆。八月中旬，温接得文学社的快信，说武昌不日起事，请他来鄂主持。温接信，于十九日晚上到汉，寓华洋旅馆中。恰值是晚起义，夜晚闻枪炮声。次日早起，街巷间议论纷纷，莫衷一是。温即往日租界，访问一个相熟的日本人道："武昌城昨晚何事?"日本人说："领事府传出消息，革命党已经起义了。"温大喜，即往礼智司监狱去找詹大悲。至则狱吏均逃，门外亦无人看守。温入内，见詹，问道："你们还不出去，在此何为?"詹道："听说江那边已经动了，但这边还没有枪声，出得去吗?"温说："我能随便进来，你们也能随便出去，跟我走吧!"这么一说，詹大悲、何海鸣连同监内一干人，都一同随温出来。温与詹雇了一只划船渡江，由文昌门起岸，见城门未开，又弯到小东门进城，直到谘议局，只见起义的一班同志都在闲谈着。温说："汉口后城马路一带，有多数匪徒，肆行抢劫；南城公所，还有人放火焚烧，沿途听得百姓讲道：'革命军起事了，为何不派兵过江来保护百姓呢？'"蔡济民道："是的，你们来得正好，我马上派一队兵给你们带过江去，维持治安。"说着，出去找兵，找得一连，约计一百多人，由温、詹二人带到汉口四官殿驻扎。詹说："我们用甚么名义才好出布告？"温说："江那边一盘散沙，举出的大都督黎元洪，又是那样的顽固，我们向谁要名义？为办事便利起见，就用军政分府的名义好了。"詹曰善。当即刻了一颗印，出示安民。登时招抚了巡防营的兵，有两三百名，尽够维持秩序。当天夜晚，拿获了抢匪二人，就地正法。二十三日，就将军政分府组织就绪，分为军事、政务、秘书、参谋四处。詹任军事，温任政务，吴崑任秘书，何海鸣任参谋。办公地方，设在旧江汉关衙门。当此之时，汉口秩序尚未恢复，湖北官钱局发行的官票不能流通。詹急约商会会长蔡辅卿、副会长李紫云商议善后办法，由商会召集各帮代表，多设立兑换所，以维持官票信用；并组织商团，协助军队保卫治安，晚上到处巡查，秩序赖以安定。詹并时常与外交部长胡瑛往晤各国驻汉领事，接洽外交上一切事宜。

谭人凤、居正来鄂　二十三日下午十时，谭人凤、居正同到武昌。蒋翊武、蔡济民、蔡大辅、李作栋等邀集同志在农务学校聚会欢迎。居正说："这里起义的那一天，就是我们在上海动身的那一天。因为等手枪，并等候黄克强的回信，所以没先期赶到参加你们起义的盛举，这是很抱歉的，而且很抱恨的。二十日，船到九江，才得到武昌起义的消息，心中的惊喜，非言语可喻。但是军警的戒备甚严，还不能公开的讨论。石屏强欲登陆与九江新军接头，我不许，并说明利害，才把他拦住。舟过武穴，是我的故乡，我是认识很多人的。据地方喧传，武昌革命举黎元洪为都督，但不知黎元洪是甚等之人。有人问我，我也不晓得，只得含糊答道：他是一个有才能的革命党人。”说时，面带微笑。翊武问道：“黄克强先生何以不来?”谭人凤说：“他还在香港啊。我们在上海动身的头一天，接得他的书信。”说着，从怀中掏去〔出〕信来说：“这封信，是他八月十二日在香港写的，我念给各位听吧。”

手札敬悉。列公热心毅力，竟能于沧海横流之日，组织干部，力图进取，钦佩何极。迩者蜀中风云激发，人心益奋，得公等规划一切，长江上下游，自可连贯一气，更能力争武汉。老谋深算，虽诸葛复生，不能及也。光复之基，即肇于此，庆何如之！弟自三月广州失败后，自维才德薄弱，不足以激动众人，以至临事多畏惧退缩，徒损伤英锐之同志，负国负友，百死不赎。自念惟有狙击此次最为敌之虏贼，以酬死事诸君，庶于心始安。故自四月初二去港，即专意于复仇之计划。虽石公极力阻止，弟未稍动。即至七月，未尝与一友通只字。其所以断绝交通如是之孤行者，冀有以解脱一切纠缠，以促其进行之速。弟虽明知背驰，负罪公等，亦所不计。匹夫之谅，君子当能见原也。自蜀事起，回念同志死事之烈，已灰之心复燃，是以有电致公等，求商响应之策。初念云南方面，较他处为有把握，且能速发，于川省亦有犄角之势。及天民兄来，始悉鄂中情况更好，且事在必行。弟敢不从公等之后，以谋进取耶！惟念鄂中款虽有着，恐亦不敷，皖、湘各处需用亦巨，非先向海外筹集多款，势难联络办公。今日与朱执信等商议，电告孙中山先生及南洋各界，请先筹款救济。但各埠皆在元气大伤之后，不知能否协助多寡。惟闻人心尚在奋发，益以公等之血忱，想不至空无所得。弟之行止，尚未预定，以南洋之款或须弟一行，亦未可知。如可分身，能先来港一商，尤盼。弟兴顿。八月十二日。

谭人凤道：“信念完了。后面还附有七言律一首，也值得念一念。”

怀椎不遇运何穷，露布飞传蜀道通；吴楚英豪戈指日，江湖侠气剑如虹。能争汉上为先着，此复神州第一功；愧我年来频败北，马前趋拜敢称雄。

念完，查光佛说：“诗太好了。黄克强于广州失败后，立志要替同志报仇，头一句说，‘怀椎不遇运何穷’，就是说屡次炸李准总没炸死，最后一次，才炸毙一个凤山。他的精神，都用在暗杀方面，实在可惜。假使他早到武昌，今天这里不又是一个局面吗？”翊武说：“还要望他早来。”李作栋道：“照他的信上说的，他此时还在香港，还要到南洋一行，那不是不来吗？”人凤道：“我已经打电报去催，他晓得武昌已经发动了，哪有不来之理。从前他不来，是为的要到南洋筹款，现在可以不必了。你看，不出一星期，准来的。”作栋说：“我们也联名打个急电，请他和宋钝初快来，同志以为何如？”众都赞成。

赤手回澜之《大汉报》 胡石庵原名人杰，湖北天门县人。其父以翰林任江汉书院主讲，早死。家极贫，青年入泮，至经心书院读书，因隶兴中会党籍，参加唐才常自立军之役失败后，系狱两次。出狱后，落拓汉皋，在《公论》、《中兴》两报卖文为活，著有《明珠血》、《偷香狱》及《马上女儿传》，脍炙人口。与詹大悲、何海鸣、孙尧卿等为刎颈交。武汉反正时，他在歆生路上，有现成的印刷公司，想办一家报馆，为革命军致力宣传工作。其时武昌城内，尚是茫无头绪，汉口秩序，也在纷乱中，有两个日本人和一个英国人向石庵问道：“武昌之变，究竟为何等性质？”石庵答道：“革命党起义，光复汉族河山，推翻君主，建立民国。”英人说：“恐怕不然。我们领事馆接得总督瑞澂照会说，武昌是土匪作乱，劫夺钱财，奸掳烧杀，无恶不作，与政治绝无关系，已就近调湘、豫军队前来剿办，不日即可荡平。你还替他们袒护吗？”石庵说：“你莫信瑞澂的话。武昌此次举动，的确是革命军起义。从城内出来的人，都说城内居民，秋毫无犯，军队文明得很，哪里有抢劫的事情。”日人笑道：“你大概也是革命党吧?”石庵笑而不答。英人说：“既是革命党起事，就应该有文明的公告，使中外人士了然，为甚么这两天关着城门，一点也没有表示呢?”石庵说：“你们不要怀疑，一两天内就有革命军的机关报在汉口出现的。”英人、日人听说，就握手告别。石庵回到印刷公司，即召集工人，商量出报的事。这时候，他赤手空拳，一钱莫名，由工人凑集一点钱，当天就买了几令油光纸，由石庵自作自写，自编自校，出了一张报，名曰《大汉报》。开宗明义就是一篇檄文，还有些他自己闭户造车的新闻。印的时候，同志郑江灏来了，看了檄文，惊问：“这是江那边军政府送来的吗?”石庵说：“不是，是本店自造的。”郑道：“你好大胆，敢擅用军政府的名义。”石庵道：“孙尧卿托我做的，共进会开会通过的，我怎么登不得?”郑又看了新闻，笑道：“哪有此事，完全是一片谎言。”石庵道：“把声势说夸张些，既可以安军心，又可以丧敌胆，这个谎非扯不可。”郑说：“是的。”因朗诵檄文道：

维黄帝纪元四千六百零九年八月二十日，中华民国军政府布告国人曰：春秋大九世之仇，小雅重宗邦之义。况以神明华胄，匍伏于犬羊之下，盗憎主人，横逆交逼，此诚不可一朝居也。惟我皇汉遗裔，奕叶久昌，祖德宗功，光被四表。降及明季，遭蒙不造，蕞尔满夷，因缘祸乱，盗我神器、奴我人民者，二百六十余年。凶德相仍，累世暴殄。庙堂豕突，四野狼奔。群兽嘻嘻，毫无远虑；开门揖盗，裂弃边疆。宁自甘为附庸，冀苟延其残喘。是非特逆胡之大罪，亦即我汉族之奇羞也。军政府同人洞明大义，志在救亡，秣马厉兵，久欲讨贼。徒以大势未集，忍辱至今；尝胆卧薪，匪伊朝夕。天夺其魄，牝鸡司晨；群小弄权，渎乱朝野。竞聚金璧，以官为市。强敌见而生心，小民闻而蹙额。

犹复高筑债台，饱其私橐。巧假名义，欺骗人民。于是乎有伪收铁道之举，丧权辱国，劫夺商股。愤毒之气，郁为云雷。由鄂而湘、而川、而粤，扶摇大风，卷地俱起。土崩之势已成，横流之决可俟。逆胡授首，在指顾间。军政府恭行大罚，义无返顾。谨申大义，以告国人。维我伯叔兄弟诸姑姊妹，既明此义，宜及时奋起，云集响应。无小无大，尽去其害；执讯厥丑，以奏肤功。维我伯叔兄弟诸姑姊妹，既审此义，宜矢其决心，合其大群，坚忍其德，发奋为雄，进战退守，与猛士俱。维尔失节士夫，被迫军人，尔有生身，尔亦汉种，既审此义，宜有悔悟，宜速迁善；宜不忘根本，追思远祖；宜倒尔戈矛，毋抗义师。维尔胡人，尔在汉土，尔食尔禄，民之膏脂，饮水思源，岂能以怨报德。今为败虏，吾民亦不尔仇。既审斯义，自宜返尔部落，安分守己，化为齐民，尔则无罪，尔则获赦宥。军政府又与四方俊杰为兹要约曰：自州县以下，其各驱逐负固不服之虏吏，易以民选，保境安良，励精图治。又各州县应兴师一旅，矢志同仇，以从征伐，期于肃清奸宄，实现共和。军政府则统率大军，犁庭扫穴。与军中将士约曰：凡属汉胡，苟被逼胁而勇于去逆效顺，皆大赦，勿有所问；其有挟众称戈，与革命军为敌者，杀无赦；为间谍者，杀无赦；故违军法者，杀无赦；抢夺民财、奸淫妇女者，杀无赦；临阵脱逃者，杀无赦；危及外侨生命财产者，杀无赦。以此布告天下，俾众周知。如律令。

檄文之后，并载有大字标题的新闻和专电：一、黄州巡防营独立。二、荆沙宜昌的驻军，昨晚有电报告军政府，已经宣告独立；并称所有队伍，即向武汉赴援。三、湖南革命军起义，占领长沙；援鄂的部队，即日可到。四、九江独立，下游的军舰上驶，都被截获。这些电报，当然都是捏造的，不过看报的人，都认为真实。因而二十四日出版，一纸风行，销过两三万份。因为印刷机赶印不及，也就无法再加了。次日，有一位同志投稿，假托大总统孙文名义，发布一篇告同胞书。这时候，孙中山尚在伦敦，未经民选，也不会自称大总统，布告书当然是假的。可是登在报上，就同真的一样。当时报纸传至伦敦，英国人士就认为这篇布告定是孙先生预作的；大总统的名义，也是人民预选的。所以读了这篇布告都去恭贺孙先生。自从出版以后，石庵亲自出马采访新闻，就是在阳夏战争的时候，他还是亲自上火线，采访战事新闻。奔走与写作，日无暇晷。此为辛亥革命后之第一家首先出版的报。武汉人一致讲道："中华民国，是胡石庵吹起来的。"黎元洪送赠该报"赤手回澜"四字匾额。这些话虽不算正确，但是它的功劳，毕竟不小。

《中华民国公报》出版　《中华民国公报》是军政府的机关报，于八月二十五日（10 月 16 日）出版，比《大汉报》迟一天。每月津贴，由军政府发给，定为法价洋五千元（每元一千二百文）。任张芸天为社长，严山谦、张祝南、高攀桂、朱峙三、蔡寄鸥、任岱青、韩玉辰、蔡良村、聂守经、欧阳日茂、张世禄、毛凤池、龙云从等分任编辑、经理及撰述。馆址在大朝街官纸印刷局内。出版之日，门首有一对联云："与民公好恶，为国报平安。"把"民国"二字，不着痕迹地嵌在其中，可谓天衣无缝。其中任事的人，除严山谦、韩玉辰而外，都为两湖总师范学生。后来张芸天辞职，由牟鸿勋继任为社长。牟去后，以高攀桂为社长。

财政之清理与规划　武昌首义之次日，同志等在谘议局会议，认为当前之重要问题，军事第一。惟其要注重军事，必须充实军备，那末就要着重于财政问题。当即由李作栋、蔡济民、徐达明等分往藩库，官钱局，造币厂，铜元、银元各局，查点存储数目。计藩库存银一百二十余万两。因为当时清廷预备废两改元，命湖北设立造币厂铸造银元及铜元，因而所有税款俱未北解；并饬湖南、广西等省，将现银解鄂，代铸银元，因而藩库所有，颇为丰富。造币厂原分银元、铜元两局，计存银八十万两，银洋七十万元，当十铜元四十万封，每封百枚，即为数四十万串。官钱局存铜元二百万封，台票八百万张，未盖印的官票二千万张，银元票二百四十万张，库银二十万两，银元三十万元。以上总计，湖北财政存款约四千万元。一面点清，一面令胡廷佐担任保护藩库责任；令刘绳武统率学生军，负保卫官钱局责任；令夏维善担任铜元、银元两局责任。二十四日，军政府发出布告，豁免赋税。关于田赋者，所有本年下忙及以前积欠丁漕，概行豁免。关于税捐者，除海关及盐、烟、酒、糖、土膏各税捐外，所有统捐局卡及内地税捐，一律裁撤。至各属杂捐，除地方所用者外，余均蠲免。因为要与民更始，才不能不有此措施。但是大局未定，战事就在眼前，而建设事宜，百废待举，光靠库存的有限数目，难以善后。军政府对此问题，开会讨论，决定从节省开支着手。关于财政上之支出领款，在两万以上者，规定须经都督批准，始能照发。无论何人，不能滥支。至于薪饷一项，规定由都督以至各机关录事，每月一律支法价洋二十元，计为钱二十四串。军队士兵，月饷则增为兵传伕十元，副目十一元，正目十二元。下级军官，则视清制酌减。中上级军官，则所减更多，第不少于二十元而已。总计每月支出的薪饷及办公费等项，约需台票三百万串。而赋税已免，款何从出？当时管理财政的李作栋建议，惟有维持固定之官票信用，可以勉渡难关。因为湖北官钱局的官票，向来是有信用的。不独湖北全省可以通用，即上而湘蜀，下而赣皖，以及河南各市镇，亦通行无阻。只要按照票面，有铜元应兑，不折不扣，其信用自可维持。因为有繁华之汉口市场，为万商云集之所，只要汉口不贬抑官票，则凡与汉口通商之各地，自然是信任官票了。其时造币厂每日可铸铜元五万串，即交官钱局，以之收回台票五万张。三镇的市面，每日有五万新铜元上市，绝不虞其匮乏，人民持台票一张，无论购买何物，皆可找回铜元。若持有巨款官票，而需用现银或银元及银元票等，有库存作准备，亦可以照数兑换。如此维持，信用当然稳定了。或谓造币厂存铜有限，若天天鼓铸，哪有许多的铜？其实，这又不成问题。查湖北善后局存有长江水师所遗的废铜炮甚多，其质虽不及红铜，但亦可用。照每日五万封计算，此项废炮的铜，可供一年多铸造铜元之用。到那个时候，赋税蠲免的期限已过，那么财政的难关，也当然渡过了。这个建议，大家甚以为然。后来李作栋做财政部长时，即依照这个计划做去。起义后之财政问题，算是顺利解决了。

李亚东坐轿受责罚　起义以后，人人都讲平等，所有起义的同志，都能够以身作则，不许喊老爷，不许喊大人，不许坐轿，尤其是不准坐四人大轿。如有人摆起官架子，就要受严厉的讥评。日知会老同志李亚东，从汉阳监狱出来，任汉阳府知事；张难先也在府署，替他帮忙。李每逢出衙，必乘坐四人抬的绿呢大轿一顶，鸣金开道，还有旗伞执事，前呼后拥，俨然是前清的“府太尊”一样威风。张难先道：“你是革命党出身，还摆这些臭架子，不怕同志们耻笑吗？”李正色道：“有威可畏，有仪可象，才好管教百姓。这并不是摆架子。”他渡江乘轿到都督府，守卫兵拦着不准前进。李道：“我进去见都督，你为何拦住我？”卫兵道：“这是中华民国的都督府，不是满清的制台衙门。你莫走错了路吧。”李亚东还是要进去，卫兵喊道：“官僚派，……满清的怪物，打！”李见势不对，才怏然退走了。自此以后，再不敢坐绿呢大轿。不独他一人为然，武昌城内，就绝对没有轿子了。

胡经武之部长派头　武昌炮声一响，胡瑛从牢内出来，进了都督府就一跃而为外交部长。有人说：“你不懂外国话，办外交岂不困难？”胡答道：“做长官的人只要掌握原则，处理大事。至于同外国人讲话，自有翻译员任之，有什么要紧。”任事不久，覃振前去会他。他和覃振、宋教仁都是湖南桃源人，又是同乡，又是同志。他为革命而系狱于武昌，覃亦为革命而系狱于长沙，又是同生死共患难的朋友，因而有“桃源三杰”之称。覃、胡相见之下，应该是很亲热的。但是相对寒暄，不过寥寥数语，胡即操着官腔，向覃问道：“理鸣，可惜你太来迟了，本部组织就绪，现无好缺，只剩下鹦鹉州驿站，有马两匹，尚不曾委人看管，事也清闲，你愿意屈就不？”覃道：“要我看马吗？”一笑而去。自此以后，胡任烟台都督，以至依附袁世凯，为筹安会“六君子”之一，覃与之断绝往来。其实覃的作风，与胡并无区别，他后来做了伪司法院的副院长。有一个武昌首义同志名叫梅宝玑的前去见他，他稔知宝玑太穷，在大街上排着卦棚，卖卜为活。因叱道：“教他去卖卜好了，会我何来？”看马固然难堪，这样还不是令人难堪吗？

第十一章　湖北各属起义

黄州反正　黄冈人吴贡三，因日知会案判处徒刑，递解至黄冈县监狱收押。经地方绅耆迭次具保，迄未照准。及武昌首义消息传至黄冈，伪知县潘诵捷徇当地士绅之请，迎其出狱；并由当地士绅公共推举，主持地方军政事宜。惟知府琦璋（系满洲人）与驻军黄防营标统张禹臣秘商，谋联络江面海军，进攻武汉。鄂军政府得此情报，即于八月二十六日（10 月 17 日）特派黄楚楠、彭汉遗、李长庚（即李犹龙）、熊海春、涂诰、方孝纯、刘子通、黄巨川等乘坐保生轮船，驰往黄州招抚。迨轮船到达黄州时，见岸上寂然无声，风景依稀，不似光复气象，遂停船于黄州对岸之樊口。迨上岸打听消息，始知黄州绅界虽迎接吴贡三出狱，但军界尚无动静。李长庚与黄巨川乃乘一划子渡江，至距城五里之黄州关上，派人进城，邀约黄防营同志徐得贵、姚得胜、夏星午、黄厚钦等至关上唐姓住宅开会，议定于即日夜晚，由黄防营同志发动，以放火为号。当晚，即举火焚烧河东书院，全城官吏如知府琦璋、知县潘诵捷及标统张禹臣等，均逃走一空。二十七日晨，黄楚楠、彭汉遗、李长庚等，即由樊口乘轮，驰往黄州招抚。全城各界及民众齐集江干欢迎者，约数千人。比即宣布革命宗旨，欢声雷动，即时成立鄂东军政支部，并急电鄂军政府，报告招抚及反正情形。九月初二日（10月23日），军政府急电，谓下游蕲州田家镇一带关系长江交通，恐为汉奸分子及伪政府官吏所把持，于军事上影响甚大，应即派队前往，相机剿抚。李长庚即率领黄防第二营驰赴下游，进行剿抚事宜。先后将鄂城县、下巴河、水师营、蕲水县、大冶县、黄石港、蕲州、阳新县、广济县顺利收复，并将田家镇炮台及武穴商埠一并收复。由此影响及于九江，也闻风响应起来。九江及田家镇炮台，均为革命军所占领。所有停留在上游的海军都断了接济，水涸又不能开到下游。在此情势之下，形成了釜底游鱼，非向革命军投降不可。九月二十二日（11月12日）李长庚完成任务，回转黄州，以后继续宣抚军民，地方安谧。黄州为武汉门户，首先独立，其关系至为重大。后来准备北伐时，右翼总司令李烈钧，即驻节于此。

京山刘英起义　京山南乡永滩河一带，为钟祥、京山、天门、潜江会党啸集的地方。刘英，京山人，其家富有资财，与会党素相结纳。共进会在日本东京成立时，刘英加入为会员。当时之革命计划，拟由会党发难，以刘英名义出而号召，即以刘为湖北副都督，刘慨然承允。八月中秋武昌首义的预定计划，刘英早有所闻，所有兵马、刀矛、军火、旗帜、文书、印信，一切都筹备妥了。及接武昌十九夜首义消息，即号召乡勇千余人，揭竿而起，进驻天门，用鄂军副都督刘英名义，发出布告。其时杨玉如因宝善里机关破获，逃至其处，故举兵宣言，杨亦列名。孙武闻讯，往军政府报告黎元洪，谓刘英在京山起义，声势浩大，其地居武汉上游，极关重要，应即发给饷械，前往接济，并派员协助。黎此时已经视事，问道："他用副都督名义，是何来由?"孙答："他是有来由的。共进会在东京成立时，公举刘公为大都督，刘英为副都督。"黎曰："诺。"即派张鹏程、李济臣等，运快枪三百支、子弹二十万发前往。刘英委李济臣为参谋长，鹏程为参谋。依军制编乡勇为两标，英自兼第一标统带，其弟刘铁为第二标统带。派李济臣等守天门，编练队伍，而自率所部，与鹏程进攻潜江，击败了由襄阳东下的刘韫玉巡防营。进攻监利，又击走分防的荆州队伍。潜、监两县因之完全收复。惟英之举兵故里刘家榨，则为巡防营队伍所蹂躏，住宅财产，均被焚毁无遗。湖北人之因革命而破家，当以刘英为最。

汉川梁钟汉起义　汉川人梁钟汉，字瑞堂，与其弟耀汉、恢汉同为日知会人。萍醴之役，日知会受其影响，清吏大兴党狱，耀汉走免，钟汉被逮，判徒刑，递解至汉川县监狱押禁多年，其家亦被抄六次，受祸极惨。首义后三日，其弟恢汉偕宋振东、高景亚等，在系马口起兵，有众数百人。王守愚因武昌机关部破获，逃至其处，相率入城，迎钟汉出狱，即推为司令，王守愚为参谋长。守愚返武昌，向军政府请领械弹，军政府核发步枪三百支，子弹二十万发，由守愚运回汉川，以为编练队伍之用。张卿云在汉川方面招募的义勇队，亦与梁部合并。其时刘韫玉所率之巡防营残部，沿襄河南下，梁钟汉率队截击，缴获其船只、枪械甚多，势力更加扩展了。

刘化欧截击清军　刘化欧，河南信阳人。为文学社社员，在四十二标之铁路三营充当营代表，被调至信阳车站青云栈营部，担任下士学兵教习。于是利用机会，召集同志在城内鲍氏街本宅开一次扩大会议，议决吸收官佐，联合帮会及铁路工人，并储备炸弹、炸药等，备一旦起事，可作为破坏铁路之用。当场推举信阳易小康为学界代表，刘克仁为学兵代表，应山王春华为帮会代表，孝感余大猷为铁路工人代表。旨在体认时会，联络群众，劝募捐款，以备购买弹火及炸药。计捐洋四百余元，不足，又由刘化欧自卖财产，得一千余元，由日本人井上一雄偕同至汉口日租界栖鹤旅社，购买日式手枪三十支，子弹两千发，强性炸药十二包，小型炸弹十二枚，运至易小康家储存。原与武汉总机关部约定，武汉一经发难，即用电信或专人通信至信阳，铁路驻军就同时响应起来。不料十八日事已失败，未及通知。十九日仓卒举义，未及通知。延至二十三日，信阳与武昌完全失了联络。二十三日，河南陆军二十九混成旅进驻信阳，将武胜关以北铁路三营所驻的地方，用多数部队严密监视，尤其将青云栈营部包围得水泄不通。刘化欧见此情形，料定武、阳、夏三镇必有事故，于是各代表秘密会议。刘道："这几天武汉消息完全断绝，想必已发动了。他们不派人通知，令人莫解其故。现在我们军队在层层监视之下，要想动作，万不可能。为今之计，只有由我们现有的力量，做秘密和游击的工作。"众赞成。于是分途准备，集合农民四百余人，各携带抬枪刀矛，到武胜关与帮会弟兄五百余人会合；并传令各队代表，定二十五日夜半举义。刘化欧率队向北进攻，与河南军之步兵一营遭遇于李家寨，战至拂晓，河南军败退。二十八日（10 月 19 日），荫昌率北洋大军到达信阳。于是多数帮会集议，率帮会及铁路工友六百余人，潜伏于黄土关、平靖关内外，相机而动。九月初二日，刘化欧到驻马店、漯河等处，探视敌军粮秣弹药储藏量及地址，而代表王春华派队长游长乐、郭杰儿，分队长郝安邦、汪大嘴率领弟兄及铁路工友二百四十人，埋伏于武胜关左右侧。翌日清晨，竟与段芝贵部的骑兵步兵混合队遇于周家坳，激战二小时，以众寡悬殊，被其击溃。我部众死伤共三十余人。化欧因通令各代表，继续破坏交通及焚炸敌人粮台工作。十一日（11 月 1 日）午时，钟鉴珩因谋炸漯河大桥不成，就义于郾城车站。十七日（11 月 7 日），余大猷在东篁店北首炸毁敌军兵车三辆，被敌人拿获，死于皮鞭铁棍之下。李明志炸东方转运公司之粮食库，刘克仁焚花园源成转运公司之弹药库，彭学俊炸毁路轨，使祁家湾兵车颠覆，死伤惨重，何奇炸燃萧家港子弹车，均与敌人以莫大的打击，使之胆寒。这一举，有工人与农民的组织，有灵活而勇敢的游击战术，在辛亥革命战斗史上，是有重大意义的。可惜得很，事前有联络有计划的铁路三营，因消息不通，失去了即期响应武昌的机会，致受敌军的监视与包围，不能配合工农群众的力量，发挥更大的功用。刘化欧每提及此事，不胜喟然。

唐牺支光复荆宜　在川省争路风潮紧急声中，瑞澂派三十二标二营两队及四十一标一营，驻防宜昌。由宜昌至归州三百里，有川路工人聚集，有五六万人之众，时欲举行暴动，以颠覆清廷。自接武昌首义消息，军界邓金标、黄汉卿、胡云龙等，警界严午桥、张举武等，学界唐伯庄、何大嘉等，开秘密会议于东山寺，决定响应武昌。唐牺支赴巡防营，与三十二标排长沈岳嵩等联络起事。八月二十七日（10 月 18 日）晨，唐牺支密遣四十一标左队配置于荆宜道行台侧，后队一排配置于知府衙门附近，更于各城门要塞，分派哨兵。三十二标沈岳嵩率队巡梭城外，彭邦栋带兵守盐局，杜锡贞带队守银行。支配就绪，即派代表赴川路弹压局，联合关克威直向其管带杨正坤索取弹药。杨乘间逃走。岳嵩又探知四川转运主事黎迈有多数枪械弹药，向上游运送，急遣部队，分水陆两路急追，获得弹药甚多。即于是晚宣布反正，光复宜昌。川人在会党有革命组织的，纷纷归附。公推唐牺支为总司令。并派多人，分赴各州县劝令反正。对于川鄂间铁路工人，年老者发给川资，遣散回籍；年壮而志愿参军者，补给士兵。其后攻克荆州的决死团，即为此次挑选的工人所组织，在战役上出力不少。攻克荆州之役，革命军伤死不过数十人，敌人则伤亡六百余人。其时湖南都督谭延闿亦派王正雅部加入荆州攻城之战役。进城时，商民照常开市，秩序井然。驻防旗人的公田公产，一律没收，所有贫苦旗人的生活问题，都有妥善的照顾。

襄阳反正　襄阳位于武汉西北，控制豫、陕，自古与荆州对峙，称为重镇。其时驻军实力，计巡防营统领刘韫玉所部三营，约一千余人；城守营约百余人；襄阳道署卫队约百余人；马队八营之来襄部队，驻城内者亦仅百余人。八月二十二日，忽发生纸币风潮，始悉武昌首义。有马队士兵张国荃，商之同队李秀昂、许志清，结纳洪门弟兄，并与巡防营通声气，于九月二十六日（11 月 16 日），杀巡防管带，收编其队伍。即晚下樊城，攻襄阳。秀昂极勇，率壮士数十人，逾城垣而入，杀守城哨兵，开城门，迎接队伍入城。其时刘韫玉之巡防营大部分已沿襄河东下，故所留残部，未能抵抗，因与道台喜源、管带孙长龄乘夜逃走。张国荃遂为总司令，李秀昂为协统，并以光化县知县黄仁荄组军政分府，兼署襄阳道，襄阳遂告光复。同时二十九标抵钟祥，马队八标三营排长白星垣，率骑兵一排，亦抵钟祥。两相联合，亦于二十七日在钟祥宣告独立。推张楚材为总裁，白星垣为副总裁，集兵共千余人。钟祥独立时，安陆知府桂荫与其妻富察氏同缢于府学宫之崇圣祠。

施鹤反正　施南僻处鄂西，万山丛杂，居民多系苗族。清初始改土归流，世袭土司，以牟姓、覃姓、向姓为最大。来凤向炳焜，即为土司后裔。八月初，共进会谋举义武昌，炳焜亦会员之一，自愿潜赴原籍，联络会党，以起义于施、鹤各属，响应武昌。会中同志，如牟鸿勋、谢石钦等，均表赞成。鸿勋为利川人，亦土司后裔。炳焜于八月初二日（9 月 23 日）由武昌动身，二十二日到达施南，即假康锦家为机关，召集会党议事，并设法联络军队。其时施南驻军，计有三部：（一）宜防营，管带为陈金瑞；（二）施防营，管带为王泽吾；（三）陆军第三十二标第三营，管带为李汝魁。三处联络，颇称顺利。宜昌反正时，李汝魁接得唐牺支求援之电，因与陈金瑞、王泽吾、向炳焜集议，正式宣布反正。公举李汝魁为驻施分司令部部长，向炳焜为参谋，出示安民。

麻城屈子厚遇害　麻城县屈子厚，因唐才常案及黄州闹考案，被巡抚于荫霖派兵缉捕，逃匿深山中有年；等到于抚卸任，才回到麻城，专以办乡团、兴学校为务。武昌起义时，他在县议会充任议长，与武昌的革命党人时通消息，准备邀集士绅，响应武昌。他办有团练，一声号召也有好几千人，早已不把城内县官和巡防营看在眼里。事为知县张锦云所闻，与巡防营管带刘金堂密商对付方法。金堂说："我是老粗，想不出好办法，快把洪师爷请来。"所说的洪师爷，名叫洪席珍，是县城包揽词讼的讼棍，金堂很信任他。他来了，金堂说："洪师爷，听说屈议长召集绅士，图谋造反，你说该怎样对付？"席珍说："那就了不得。起兵之日，就要祭旗，祭旗之时，少不了要斫几个人头。你说这县城内，从哪个开刀呢？"知县张锦云和管带刘金堂听说，吓得面如土色，问道："既是如此，你赶快想个妙计才是。"席珍道："你有现成的兵，打人不如先下手。屈子厚此时，正同一般议员在县议会吃酒，你派一队兵去，将他一刀杀了，不就完事吗？"金堂听洪师爷说干得，他就认为干得。当即带着一队兵，去到县议会，将前后门团团围住。然后派一个排长进去，问道："谁是屈议长？"子厚正吃完了饭在阶沿漱口，答道："我就是屈议长。"话犹未了，后面有一兵，连放两枪示威。吓得一般议员魂飞胆落，无路可逃。排长抽出指挥刀，将子厚抓出，刀起头落，尸身躺在阶下。一时人声鼎沸，秩序大乱。县官张锦云带领警察维持治安，并与刘金堂会衔发出布告，谓屈子厚图谋作乱，业经拿获正法，以安地方。这件事传到武昌，即由军务部派管带李擎甫带领部队前往麻城，将张锦云、刘金堂、洪席珍一齐拿获。除将洪席珍就地正法悬首示众外，并将刘、张二人解省讯办。麻城由此光复。

杀端方资州光复　端方带鄂军入川，于九月二十八日（11月18日）到资州。其时武昌首义消息，军中尚无所闻，惟端方早已知道，秘而不宣，日与曾广大相接纳，并约为兄弟。会梁耀汉由成都密函曾广大，告以武昌首义情形。端于曾口气中，探得消息已通，无可再秘，乃以别名陶斋为证，更姓陶，自称为汉军旗，并以“陶方”名刺遍散军营。一面召集长官会议，谓将以该标移往陕西，扩编成军，已向自流井盐商借银三万，作为开拔费，令即准备启行。会议席上，众皆默然无语。散会后，陈镇藩首先反对，约黄以南、杨毓林、胡茂之、刘承儒、赵振民、李绍白等二十余人，密赴郊外会议。杨毓林说：“梁瀛州（耀汉字）自成都来信，武昌已经起义了。端方想联络我们，不可入其彀中。不如趁此机会，举兵反正。”众皆赞成。至十月初四日（11月24日），一齐拥入端方行辕天后宫，将端方及其弟端锦同时杀死，并将端方首级装置于木匣内，沿途于军前陈列示众，川人皆夹道欢呼。及十月十五日（12月5日），回抵重庆，正都督张培爵、副都督夏之时郊迎十里，并馈送饷银五万元。十一月初三日（12月23日），抵达武汉，时已经停战议和，改编为教导团，以陈镇藩为团长。

第十二章　汉口的血战

黎元洪登坛誓师　黎元洪初任都督时，态度不明，自从剪了辫子以后，好像有了决心的模样，同志都很欢喜。胡鄂公建议道：“黎都督既有转变，我们就要信任他，并尊崇他。我主张在准备开战之前一日，举行隆重的誓师典礼，要他当着大众，明白宣誓，一则表示负责，一则表示立威。”众赞成此议，黎亦允诺。

二十六日黎明，阅马厂帅台高耸，剑旗分列，军队肃立，气象极其森严。黎元洪身着军服，由军政府人员簇拥登台。台上悬轩辕黄帝之灵位。黎行礼后，由谭人凤代表同盟会授旗授剑毕，黎恭读誓词如下：

维黄帝纪元四千六百零九年八月二十六日，鄂军都督黎元洪，谨以牺牛醇酒昭告皇天后土而誓于师曰：我祖黄帝建邦于中土，世世先哲明王，缵衍厥绪。爰迄有明，不康于政，遂丧厥宗主。虺彼满清，辱我二百六十余年。先祖先宗，礼乐文教，靡有遗存。钦尔有众，克振义军。应扬我大汉之先声，光复土宇。予小子实有惭德，辱在推戴，敢用玄牡，昭告于皇天后土，与尔军士庶民，戮力同心，殄此寇仇，建立共和政体。尔惟克奋英烈，实乃无疆之休。予亦报于汝功。其或不达而有后至，予亦汝罚。嗟尔有众，尚钦念哉。决不食言。

誓毕，礼成。黎返军政府，即召集各机关人员举行会议，计划战事。调吴兆麟为参谋长，以宋锡全继吴任第一协统领，以熊秉坤任第五协统领。

正式战争开始　二十六日，进至车站附近的民军，与张彪驻在刘家庙之部队发生斥候战。民军攻势极为猛烈，敌军受创，即行退却，民军亦未进追。二十七日，两军正式开战。自上午三时起，民军即开始行动，有步兵二营由后城马路向歆生路后面开去。其后，有炮兵一队，携五生的炮四尊、野炮一尊，此为第二协标统姚金镛所带的部队。林翼支亦带有一标出发，在左翼姚部的西北布防。其正面，以炮四门、步兵一千三百余名，向敌根据地江岸火车站出动，此为谢元恺所率的第四标及炮兵一队。其炮队掩护步队，排列于跑马场，沿德日租界后面铁路线向刘家庙方面挺进。上午八时，肉搏至车站附近。其时敌马队一部与张彪残余部队及河南军共约二千人，分为左右两队，作攻势防御战，由江中敌舰开炮掩护。战斗约一小时，至上午九时止，我军稍为退却，退至大智门附近。炮队一部，则退至汉口市街地方。

赵承武奋战阵亡　二十七日上午十时许，我军林标之三营管带赵承武，见我军退却，极表愤慨，率壮士数十人，自右侧冒死进攻，冲锋陷阵，锐不可当。敌受创甚巨，急往后退却，避入火车内，疾驶而逃。赵尾后追击，敌车忽停，由车窗放枪迎战，弹注如雨，赵中弹阵亡。敌复有支队由左侧进攻，我军因猛将阵亡，难以抵御，陆续退至大智门一带。毕钟立于大智门车站，高声呼道："同胞何处去，何处是同胞的去路?"林翼支也在跑马场劝阻。军政分府詹大悲也驰马赶来，涕泣劝阻。于是兵士感动，复集合前进。是役，敌死亡二十余人，我军死伤相等。

胡鄂公炮击敌兵舰　楚豫兵舰因为避免炮击，早已逃往下游了。但是两军开战时，海军又前来帮助敌人，掩护步队作战，使民军不易进展。军政府乃开军事会议，讨论对付海军问题。胡鄂公说："我刚才坐着飞燕号汽艇在江面巡查过，远望见楚豫兵舰，有许多戈什哈，憧憧往来，我想逃督瑞澂一定在楚豫兵舰上指挥作战。除了楚豫，还有楚材、楚有、楚安、楚谦、楚同。你想敌军有这多兵舰掩护步队，我军还能够进攻吗？瑞澂一日不去，武汉一日不安。我主张架起大炮，向楚豫轰击，不论击沉也好，击走也好。"大家一致道好。于是下了状字[①]第一号的委任状，委任鄂公为指挥，带着大炮八尊，步队及炮兵两队，陆海军顾问各一员，集中于刘家庙对岸的青山，对敌舰举行攻击。正在把炮位布置好了，忽有飞马递来都督命令，说："炮队只许轰击对岸，不得伤其兵舰。因为各舰造价甚巨，皆为国家所有。倘若击沉，岂不可惜。"[②] 鄂公说："岂有此理。这个命令，我可不能理他。

① 胡鄂公《辛亥革命北方实录》（第51页）作"委"字。

② 据胡鄂公《辛亥革命北方实录》（第54页）记载，黎元洪给胡鄂公的命令是：炮击楚豫诸舰时，"切勿中其要害，致令全舰沉没毁坏"。

当前问题，乃革命军生死存亡问题，还对敌人讲慈悲吗？我看他，态度虽然变好了，心里还在摇动。不管他，我们开炮吧。”乃下令瞄准射击。第一炮打到对岸，第二炮落在江中，第三炮才击中楚豫尾部。那时各舰拔锚图遁，江面一片哗啦哗啦啦之声。楚豫虽然受伤，还能够旋转自如，匆匆向左岸回了几炮，堤岸震动，可想见炮火的猛烈。它一面还击，一面拨转船头，向下游而去。余五舰，则升起一片白旗，向上游租界方面慢慢移动。不过它要泊在租界江面，是不敢开炮掩护敌军作战的。因为在租界跟前开炮，外国人是不容许的。

铁路工人助战　二十七日正午，总指挥何锡蕃接得探报，敌左翼增加援兵。于是派敢死队两大队，分在第四标、第三标后面展开，督同前进。午后一时许，前线逐次前进。双方射击甚为猛烈。战至下午四时，敌有火车一列，载步兵一标、炮兵一队，向刘家庙前来。民军在稻田内面埋伏，有一百多名，并有铁路工人数百人，不避炮火，起而拆毁铁路，顷刻之间拆毁十余丈。敌军火车将驶至刘家庙，民军的炮兵连放两炮，未中；火车行近毁路处，民军炮队瞄准敌人的火车，各炮齐放，火车中了一炮，轰然一声，车头脱轨，列车尽倒于轨外。敌兵死伤不可数计，其余纷纷逃出。民军见此情况，群起奋击，齐呼“杀！杀！杀!”沿途农民及伏在稻田的铁路工人，亦奔赴杀敌。有的拿锄头，有的拿铁锤，有的拿刀矛，一声呼喊，如暴风骤雨雷轰电闪一般，蜂拥而往。一时炮声、枪声、驰骤声、叫喊声、啼哭声、欢呼声，混为一片。敌人除死亡而外，都抱头鼠窜，形成瓦解土崩的景象。是役，敌陈尸路旁有五百多人，伤的更不计其数。所丢下的列车，内载有武器、粮食、火药，约够一标人以上的军需，尽为民军所获有。其正面阵营，也望风崩溃，狼狈地向滠口退却。当是之时，敌舰发炮援敌，也被我民军的大炮击伤，向下游逃走。这个敌舰，就是瑞澂乘坐的楚豫兵舰。这个大炮，就是上述胡鄂公所放的炮。

民众送饭到战场　《大汉报》胡石庵于开战以后，时常亲往前线，查访双方作战的实地情形。二十七日的胜利，他兴奋的了不得。中途遇着詹大悲乘马而来，向他问道："前敌情况如何?"石庵道："我军大胜!"詹喜极，几乎坠下马来。石庵说："天色不早，兵士打了整天的仗，一定饿极了。现在敌已溃退，也该让他们休息用饭才是。"詹道："是的，已经备办妥了。你看那一群百姓，不是送饭来了吗?"石庵抬头遥望，果然有好多百姓，挑着担子，提着篮子，成群结队而来。就近一看，馒头也有，烧饼也有，饭菜鱼肉也有，送饭的男女老少都有。石庵说："这都是公家办的吗?"詹说："有些是商会李紫云办的，有些是老百姓自己办、自己送的。"石庵欢呼道："好！军民一体，应该打胜仗的。大悲，你注意，战地吃饭不是容易的事，要时时警惕，防止那敌人乘隙偷袭。偏劳了，再见，我要回去发号外。"

民军迭获胜利　二十八日（10月19日）晨，民军以步兵二千八百人，炮兵、工兵、马兵各队合计三千余人，进攻刘家庙之敌军防御地。敌在丹水池一带，分左右两翼迎战，更别出支队，包抄民军的后方。民军侦悉，乃出别动队埋伏中途，截断其包抄队伍，而以两翼分攻其左右，炮队猛攻其中坚。敌不支，纷纷窜入棚户里面，凿孔开枪，击伤民军四十余人。炮队管带某大愤，亲率壮士百余人，绕道前往纵火。一时火焰飞舞，棚户俱付焚如，敌军乃大溃乱。下午二时许，民军前锋抵江岸车站，敌方河南军望风溃逃，弃甲曳兵，退到二道桥，遗弃军需货车约十余辆，向刘家庙车站北约七千米达之沙口溃退。其主力则退至滠口车站。河南军马队亦惨败，弃马百余匹，投降者百数十人。这一役，敌军全败了，民军留步兵半数，助马队追击敌军，其余半数，则护送战利品，奏凯旋之歌回去。林翼支标又以兵绕出姑嫂树旁，向滠口方面之敌进攻。敌兵死伤，不计其数。当民军护送战利品时，当地农民不召而至，自愿运送，争先恐后。送至歆生路余庆里，给以加倍力钱都不肯受。他们说：“大家都是汉人，你们打仗，连命也舍得拼，我们送点东西，还好意思要钱吗?”汉口商民，看见我军战胜，家家都互相庆贺。商会备办酒肉，到前线犒军，并送红彩。汉阳、武昌都悬灯结彩，庆祝胜利。《大汉报》和《中华民国公报》都遍发号外，满街满巷的儿童和妇女，都喊出我军打了胜仗的热烈呼声。

瑞澂急电呼援　在刘家庙惨败的清军，为津军马继贞的一标，几乎全军覆没了。这一标军队，是冯国璋带下来的。那时候清廷用兵，还不曾打算起用袁世凯，只任命陆军大臣荫昌督师南下。袁世凯住在彰德听此消息，暗中发一阵冷笑。冯国璋是袁的旧部，路过彰德，少不得拜谒老上司，向他请训，袁简单的答应六字道：“慢慢走，等等看。”冯领会其意，致使南下督师的荫昌，感觉到尾大不掉的苦闷，因而迟迟的不敢前进，逗留在信阳。冯国璋也同样地留在信阳。到前方打仗的津军，自然是兵不听将，将不听帅的，如此情形，焉得不败。荫昌和冯国璋在信阳听着战报，大惊失色，当即电京求援。同时瑞澂在楚豫兵舰上，亦电请军谘府援助，并乞代奏。其文如下：

二十七日，革军攻扑车站，官兵迎击获胜，津兵不肯援应，致刘家庙得而复失情形，业经电奏在案。闻武昌城中，以谘议局为机关，资报纸为煽惑，各处响应。瑞澂自二十日、二十一日率兵舰进攻武汉，不克。遂与张彪督饬张锡元所带陆军二营，湘省王鼎华、夏占魁所带巡防两队，及萧安国辎重八营，张永汉步队两营，崇欢巡防队一营，朱名超马队三十余人，特别警察队一百余人，驻守刘家庙车站。再三开导抚慰，并发给各弁目记升奖札，许以先支薪水，苦守七日，以待津兵之至。不期津兵既到，叛众来攻，反向滠口退去。当时津兵果协力助剿，汉口必可夺回。失此机会，良可惋惜。现在豫、鄂、湘战后余兵，为数不过二千。虽经瑞澂督同张彪勉励将士死守刘家庙，昼夜不懈，而力竭精疲，子弹垂罄。荫昌至今未到，津兵不遵瑞澂命令。若由汉口进兵，形势利便。敌多炮队，我尽步骑。强弱悬殊，断难支持。张彪等虽存必死之心，刘家庙断无保全之理。现在各处电报，久已不通。所有电奏，先犹可托铁路南局译发，前日又复断绝，故改送九江电局译发。瑞澂孤身率同幕僚数人，在舰游弋接应，切望大兵迅集，恢复城池。不料津军迟迟不到，到者只有马步而无炮兵，且不遵瑞澂命令。无兵无饷，呼应不灵，智力俱穷，徒深焦愤。萨镇冰所统兵舰、雷艇，弹药无多，米煤垂尽。瑞澂所乘之楚豫兵舰，机器油已用罄，煤亦只敷半日。武汉皆无可购办。前派委员四处采办米粮，或因路途阻隔，或竟消息全无。如此情形，将至坐以待毙。瑞澂死不足惜，特念兵舰为水师利器，若为匪得，为害滋深。不得已，与萨镇冰商明，拟将楚豫兵舰开赴九江，赶紧购办煤米等物，运往接济。惟黄州、武昌县、大冶、田家镇处处有匪，上下隔绝，转运甚难。仰恳天恩饬下提督张勋，迅将浦口巡防队派拨一半，迅往武穴等处节节扫荡，以通运道而分匪势。并恳荫昌、袁世凯迅速南下，督兵进援。俾刘家庙驻守之湘豫各军，不致覆没，得以规取汉口、汉阳，恢复武昌省城。瑞澂得以交卸督札，稍轻担负。不胜迫切待命之至。谨乞代奏。

清廷接阅电文，极其恐慌，晓得荫昌督师，不足以号令将士，要想镇压民军，再无适当的人。奕劻就趁此时机，推荐彰德养病的袁世凯。摄政王本不愿意，到此危急的时候，也只有把成见丢开了。由此任袁世凯为湖广总督，随同荫昌南下督师；并下诏罪己，宣布实行立宪，以谢天下。

劝告海军的一封书　武昌首义第三日，清廷命海军提督萨镇冰统率海军，协助荫昌所率之陆军进攻夏口。其时楚豫兵舰已在武昌江面，由瑞澂乘坐，指挥张彪等所带的残兵。二十四日，萨镇冰乘楚豫兵舰抵汉。计有海容、海琛、海筹三战舰，建威、建安、江元、江贞、江利、楚同、楚泰、楚谦、飞鹰各炮舰，湖隼、湖鹰、湖鹗及辰字、宿字各雷艇，亦陆续驶汉。有这样多的兵船掩护部队作战，其力量当然很大。汉口初次开战，因为海军开炮，我军就不能前进了。二十七日的胜利，就由于楚豫受伤，向下游逃走，其他各舰都向租界附近停泊，敌兵失去海军的掩护，所以不能支持。因而胜利声中，我军停止追击，就是有这一层顾虑。二十七日夜晚，军政府开军事会议时，参谋部提出研究事项如下：一、满清在汉败退后，固守三道桥北端，陆续向祁家湾、滠口等处增加队伍，欲图恢复，此为必然之势。但海军现停泊阳逻，如不响应我军，必为大害。三道桥隘口，我既进攻不易，敌人向我进攻亦难。在此等情势之下，我军或攻或守，此应研究者一。二、清军兵力集中之后，联合海军，向我进攻，此意中事。但是彼之目标，或攻武昌，或攻汉口，均未可知，此应研究者二。三、如清军向汉口进攻，用海军掩护，由何处渡江？我军应如何防止？此应研究者三。正在研究时，有一海军水兵，从兵舰上逃出，亲到军政府投效，由李作栋接待谈话。作栋问："你从兵舰上来，海军内容如何？"水兵说："不怕，停不多时的。大型的兵船，要吃两丈多深的水，这时候，水正在退，停久了，不会搁浅吗？现在船上的煤也快完了，米也吃不多时。因为想就地采办，看汉口情形，采办也很困难。到九江去采办，听说黄州和武穴一带都宣告独立了，怕九江也靠不住。沿江上都安有炮位，来去也有危险。他们能久于停留吗？再则各船上的旗人很多，对于萨镇冰和他的参谋，根本就不信任。因为萨镇冰是福建人，同这里黎都督有师生的关系；汤芗铭是湖北人，他的老兄汤化龙又是这里的民政长。这两天，他们内部正闹得一团糟。"李作栋说："既是这样，我去请黎都督写一封劝降的信，你替我送去何如？"水兵说："那是不可以的。我既开小差出来了，回去如何行得。而且写信去，也没有用，萨镇冰是不能作主的。顶好，你们写一封信，在报上登出来，使他们内部互相猜忌，越是闹得厉害。这倒是个好办法。”作栋道：“他们船上有报吗？”水兵道：“有的。江那边的《大汉报》不是出版了吗？他们船上，都是看的《大汉报》。”作栋听说，立即去见黎元洪，说明海军可以招降，请他写一封信给萨镇冰，一定有效。因为不这样说，黎元洪定不肯写的。作栋说毕，黎元洪果然答应。这封信由孙发绪拟稿，写的时候，胡鄂公来了，问道：“孙先生，你怎么做起录事来了？”孙说：“他们叫我写，我不能不写。”写成，正合黎元洪的胃口，因为开首一段，是可以替自己表明心迹的原故。

这封信写成后，派特别侦探过江，至大汉报馆去找胡石庵登在报上。石庵说：“为着海军的事，我正在发急。听说萨镇冰所带的兵舰，其中所布置的都是要塞大炮。弹的直径，都一尺有余，内藏‘葡萄’六百余粒，外套炸片无数，设若向武昌射击，虽屠城也很容易。海军不降，武昌万难守住。这封信我即刻刊出，你放心。”次日，果然登在第一版了。萨镇冰看了此报，在旗人监视之下，当然还不会有甚么表示，不过旗人对他又加上一层猜疑。别的作用，都谈不上，在军略上却发生了“间”的作用，这是肯定的。

徐兆斌勇进阵亡　民军初次大捷时，战士们都主张乘胜急追，以驱逐敌人于武胜关外，则汉口可于武胜关以至戴家山一带扼要布防，但总指挥何锡蕃力持不可。其时敢死队队长徐兆斌自告奋勇，愿率部进击退在滠口之敌，何许之。当即挑选敢死队两大队，步队一营，炮队一营，以谢元恺为司令，徐兆斌为前卫司令，带队前进，如风驰电掣一般。行至第二道桥以北，即开始射击。滠口清军，寂无音响，徐以身当先，奋勇进至第三道桥。清军用机关枪堵截隘口，向敢死队猛烈扫射，徐兆斌在此阵亡。

张景良任指挥官　徐兆斌死于战役，同志无不哀悼。佥谓何锡蕃胆子太小，当我军大胜利时，敌人胆寒，我军气盛，应对敌为长驱直入的扫荡战，不应逗留不进，致使徐兆斌孤军深入，造成可痛的牺牲。贻误戎机，应免除其指挥职任。何锡蕃亦自行引咎辞职。其时，张景良自告奋勇，谓何锡蕃为彼部下，愿到汉口杀敌，以赎其愆。黎元洪允准了。李翊东说："张景良有许多嫌疑，靠得住吗？"蔡济民说："须彼以家小作担保。"陈磊说："假若彼靠不住，就是杀他全家，有何益处。"吴兆麟说："他既自告奋勇，何至怀有贰心，由他去吧。"二十八日，张景良奉命为汉口指挥官，即到汉组织司令部于刘家庙车站，以萧国宝为参谋。对敌作战时，张景良临战竟无命令，汉口军政分府詹大悲派其参议吕丹书、叶达三、黄之根等在刘家庙设第一粮台，在大智门设第二粮台，罗锡炎奉军府命为运输子弹队长，皆极力布置，而指挥部迄无报告。军政府因景良任事不力，遂派蔡济民、徐达明等往汉查询。见景良状甚惊惶，不知所措。济民请杨玺章代下作战命令如下：

一、在汉口败退之满军，其步兵约两标，已占领滠口附近一带，但黄陂、孝感、祁家湾等处满军陆续增加防御。海军计兵轮五艘，在阳逻停泊，似有与满军协攻我军之势。

二、我军拟于明日进攻滠口之敌。

三、步兵第二协何统领（锡蕃）率该协于明日拂晓，先派一部步队潜进，占领三道桥以北，掩护其余队伍陆续前进，向敌之正面攻击。

四、步兵第四协张统领，率领该协于明日拂晓出发，由藤子冈前进，向滠口敌之右翼攻击。

五、炮兵第一标蔡统带（德懋），率该标于明日拂晓占领第一道桥堤防，布置放列以能射击三道桥以北援助我军前进为要。但须派一部于第二道桥堤防占领阵地，亦向三道桥附近射击。

六、其余步队第七标及敢死队，为预备队，在造纸厂西端集合待命。

二十九日拂晓，民军谢元恺标潜行由三道桥向滠口方面前进，刺杀敌步哨数人。及至三道桥北端，敌用机关枪扫射，谢标死伤不少，于是退回二道桥。四协由藤子冈附近用船渡往滠口右岸，准备进攻，见后面谢标败退，而敌军又防范严密，未便深入，亦仍退回原防。九月初一、初二（10月22、23日）两天，民军与清军各自维持原有阵地。初三日，两军在朱家河开战，互有胜负。初四日，交战于七里河，也没有显著的变化。初五日，清军进攻江岸车站，前线已达到一道桥，但被民军打败。至六日以后，敌军大举增援，又与海军配合作战，情势就为之一变。

敌海军炮击我阵地　初六日（10月27日）晨，驻屯于滠口的清军，进至一道桥与民军激战，发炮多命中。战了几十分钟，民军退却，清军又进一道桥，民军不支，再退却。清军即占领戴家山一带的丘陵，布炮多门，向车站的民军轰击。其时驻在阳逻的海军，有海筹、建威、江元、楚同、楚有、楚泰、楚豫及水雷艇三艘，编成舰队，由萨镇冰坐舰海容，沈司令坐舰海琛，统率溯江而上。而民军驻在青山之炮队，为统领成炳荣指挥，竟因饮酒太多，疏于瞭望，遂任其安全通过，到达造纸厂江面，向民军防御阵地进行侧面的攻击，将民军散兵壕内的兵士，击死五百余人。民军遂沿铁道线退却。正在慌乱退却时，遥望见后方的大智门粮台突然火起，更为焦急，因之纷乱失措，如溃堤一般的败下阵来。这一役，清军利用海军的掩护，得以通过三道桥。第一步，即占领造纸厂南端，以掩护其炮队过桥，至造纸厂西端附近布置放列，即向民军攻击。一面掩护其部队前进，直至占领刘家庙为止。民军愤极，在南岸布列大炮多门，齐向停泊江岸车站附近的敌舰开炮轰击。敌舰是早已预料有此一举的，于前一日下午三时，由萨镇冰向英国东洋舰队司令官通告，称次日下午三时以后，将炮击武昌、汉阳二处，难免不危及租界，请原谅等语。英国韦提督命各国船舶暂时投锚下游。日海军司令川岛通告日侨妇孺，乘船避险，地点为阳逻下游，信号在旗舰樯顶挂 B 旗。当 B 旗尚未升起时，萨即命令海军开始击南岸我炮兵阵地。对轰约一小时，敌舰发弹三百枚，因殿舰海筹中炮弹四枚受伤，遂相率遁去。

刘家庙之争夺战　刘家庙被敌军占领了，大智门粮台亦付之一炬了。民军退至大智门附近，占领阵地，整顿队伍。计此次死伤之数，步队第二协谢元恺标死一百余人，伤七十余人；步队第四协死一百四十余人，伤九十人；炮队蔡德懋标死五十余人，伤七十余人。其余敢死队、工程队、输送队死一百余人，伤五十余人。共计伤亡一千余人。民军将士，均极愤慨，誓志奋勇反攻，夺回刘家庙。但不知指挥张景良究在何处。据报，大智门的粮台，就是张景良派人纵火焚烧的。谢元恺说："这样的指挥官又不中用，又靠不住，要他做甚。我愿打前锋，夺回刘家庙。同志们，都跟我来！"六日正午一时，开始进攻。谢元恺打前锋，步队第二协在右，第三协在左，齐向刘家庙进攻，士气极奋，锐不可当。清军在刘家庙用机关枪及步炮队顽强抵抗，弹如雨注。民军仍节节猛进，将近刘家庙五百米达，各部队均上刺刀，由谢元恺带头冲杀，一声吆喝，清军莫不丧胆。双方在刘家庙阵地作肉搏战，清军溃败，民军收复刘家庙。是晚，在该地以战斗队形彻夜戒备。七日拂晓，清军乘民军未前进时，一由造纸厂，一由姑嫂树，分两路向民军攻击。两军相持至五小时之久，不分胜负。清军又由滠口陆续向南增加兵力一镇以上，民军所占的阵地，又极其低下，伤亡惨重；步队第四协统领张廷辅受伤。战至天晚，火力渐息，民军各部队陆续向大智门新停车场附近退却，占领该地宿营。清军即前进，占领刘家庙一带。

民军四勇将阵亡　初八日（10 月 29 日）晨六时，敌发动攻势，置大炮八九门于距离大智门车站不远地方，轰击民军在跑马场附近及右侧铁路沿线之炮兵阵地。我军奋勇迎击，敌稍退却。嗣因敌炮猛轰不已，仍退回原防。其时进攻之敌，有北洋第二、第四两镇的兵力，由王占元、鲍贵卿、陈光远等在后督率，只准向前不准退后，一鼓作气，攻到歆生路，将步兵五千及马队一营，分两方面前进：其一，攻我军守华商跑马场之队伍，另一部分，攻我军守歆生路后方二百公尺铁路沿线之队伍，攻势均极猛烈。谢元恺愤极，因与炮兵统带蔡德懋商量道："敌军已攻入市场，我等再退不得，只有拼着一死，反守为攻。"蔡亦以为然。遂令敢死队持大令督战，退者斩。元恺冒敌之十字火网，奋勇前进，各部队亦追随前进。蔡德懋亦更换炮兵阵地前进。冲锋陷阵，所向披靡，虽敌方陆续以预备队加入，亦不能阻止。敌遂狼狈地退至歆生路，而以机关枪与重炮为掩护。不料德懋更换阵地时，目标太显，敌炮齐注其地，弹如雨下，我炮兵多有死伤，德懋亦中弹阵亡。元恺攻至距敌最近之地，亦被敌之机关枪扫射而死。众见两勇将阵亡，士气大为沮丧。何协统锡蕃，亦同时受伤。敢死队队长马荣、工程队队长李忠孝，皆以苦战阵亡。其在市街后方村落中交绥者，一进一退，战况亦烈。是时汉市商场，呈极度纷乱而悲惨的景象，伤兵收容于红十字病院及医院的共数百人，死亡而横卧于战场者无算。

张景良被捕正法　军政府得到甘绩熙的报告，痛悉四将士阵亡及我军惨败情形，在愤怒而悲哀之下问张景良在哪里，甘绩熙说："打了这多天的仗，几曾见他到过战场呢?"黎元洪说："事已至此，快找他出来，维持秩序吧。"派人出找，到处找不着他的踪迹。汉口军政分府派人在后城马路，将张景良寻着了。恰遇着张彪的正参谋刘锡麒也同他在一块，即将刘、张两人一并拘至军政分府，由詹大悲亲自审问。詹先向刘锡麒问道："你从哪里来?"刘答道："由湖南来。"詹又问："往湖南做甚么?"刘答道："往湖南办公事。"詹问道："你既到武汉来为何不往军政府投到?"刘道："我是满清的官，干么要到军政府投到?"詹问："你不向军政府投到，干么住在这里，是想投降呀？还是想当间谍呢?”刘道:“我不当间谍，但是也不投降。”詹怒道:“你不投降，就是汉奸。”刘说:“你说我是汉奸，我说你们都是一伙的土匪。”詹冷笑说:“瞧不起当汉奸，也充好汉。绑了!”次向张景良道:“你既做了指挥官，为何不照料队伍?”张道:“各部队都不听指挥，我也无法照料。假使要听我指挥的话，那我就切实的干，早已攻过武胜关了。”詹说:“既如此说，你不是故意使坏吗?”张不语。詹又问:“粮台是谁烧的?你同敌人的正参谋住在一块，做些甚么?”张不语。詹道:“汉奸是实，铁案如山。绑了!”左右将刘、张两人绑着，押在监牢。詹将两人的供词报告黎元洪，请示办法。黎谕将二人解至军政府审问。詹怒道:“这两个汉奸，若是解过江去，一定是从宽赦免，而且会重用的。”当即将两犯提出监牢，枭首示众。

炮队管带孟华臣阵亡　敌军既攻入歆生路，即成为巷战之局面。歆生路一带，屋多树密，敌派侦察队搜索，我军伏民房后者，俟敌近，即开枪袭击，时有俘获。故敌不得猝进，乃以猛烈火力向各房屋树林射击，逐渐前进。进至堤防前面，我军步炮齐击，其地无掩蔽，敌乃后退。退时，射弹如雨，我炮队管带孟华臣即中弹而亡。

刘玉棠监斩汉奸　八月初九日，南京有学生队八十余人，寓于武汉陆路稽察长刘玉棠所开的新大方栈。随船来者，有南京张勋派来的侦探四名，为学生队所怀疑，告于刘玉棠，同时有同盟会员吴小韩与相熟识，认明此四人确为密探。当即派队捕获，由刘玉棠讯明情由，就地正法。

第十三章　袁世凯出山之姿态与策略

向清廷提出六条件　戊戌政变，袁世凯是入京告密的人，害得光绪帝（载湉）幽禁瀛台，暗无天日。载湉临死的时候，泣向隆裕密嘱道:“袁世凯的仇，切不可忘。”所以溥仪即位，载沣为摄政王，隆裕就向他要求将袁世凯处死，以谢先帝。经庆王奕劻代为缓颊，算是以革职了事。世凯回到原籍，本来是永不录用的，可是他住在彰德洹上村的养寿堂中，也和“老马伏枥，志在千里”一样，功名富贵，岂肯忘怀。他有一首诗，载在《圭堂唱和集》中，读之可以想见其野心不小了。诗曰：“楼小能容膝，檐高老树齐；开轩平北斗，翻觉太行低。”简直是皇帝的口气。他有两个门客，尝往来于北京、彰德之间。一个是做过尚书的徐世昌，一个是多才善辩高唱“铁路国有”的杨度。京里头，又有庆王奕劻与段祺瑞、冯国璋一般宿将与相呼应。自从武昌起义以后，张锡元师出无功，荫昌又逗留不进，清廷要派遣大将，想不出适当的人。奕劻入宫奏道：“国家多难，需才孔殷。非请袁世凯出山，不足以维持大局。”隆裕说：“大不可也。一来，他是先帝的仇人，要起用他，对不起先帝。二来，他是反复无常的小人，万难靠住。”奕劻说：“北洋六镇，是他一手练成的，只有他才能够调遣。不用他，恐怕不行。”载沣道：“只要他忠于朝廷，以往的事，倒可不作计较。你能担保他愿意出山吗?”奕劻说：“我可以托徐菊人（世昌字）前往彰德，劝他出山。”载沣说：“既是如此，就放他为湖广总督便了。”奕劻听说，即由内阁发出字寄，由徐世昌送交袁世凯，命其由彰德起程，径到湖北，以总督名义“相机剿抚”。世凯说：“我近来足疾发了，实在不敢奉诏。”经世昌再三劝说，他才提出了六个条件，须清廷件件答应，才肯出山：（一）明年即开国会，实行立宪；（二）组织责任内阁；（三）宽容于此次事变的人；（四）开放党禁；（五）须与以指挥水陆各军及关于军队编制的全权；（六）须与以十分充实的军费。徐世昌就将他所要的条件电奏。清廷觉得太苛了，因为依照他的条件，奕劻的内阁总理也做不成，载沣也不能摄政。而且未战以前，就对南方的革命党又表示好感，晓得他是何居心？因此把这事延搁下来。后来见荫昌所带的军队调度不灵，而湖南、西安和江西又接二连三宣告独立，各方告急的电报，有如雪片飞来，清政府惶恐异常，不得已才电谕徐世昌，说袁世凯所求各项条件，全部允许。世凯说："既是如此，那我就马上起程了。"徐世昌说："你带谁的军队去？"世凯说："我想带谁的兵，就带谁的兵。你想这北洋军队，哪一镇不听我调动呢？你看，我就近调第六镇，令发即行。"世昌说："第六镇吴禄贞不是湖北人吗？湖北人去打湖北人行吗？"世凯说："我调他的协统李纯，要甚么紧？我早已晓得，吴禄贞是靠不住的。"世昌说："你莫大意，吴绶卿可不是好惹的。"袁笑道："你放心，我有办法。请你回京静养，听我的捷报好了。"两人分手时，又说些秘密的话。他即日动身南下，直到孝感县驻扎，指挥作战事宜。

冯国璋火烧汉口　袁世凯于九月初八日到孝感。正是民军惨败的一天，也就是黄克强、宋教仁到达汉口的一天。[①] 北方的将领，于战胜声中，听说袁世凯到了，都道："我们刚打胜仗，宫保来了，他老也喜欢，我们也有面子。这回他老出山，我们是应该给他捧场的。"民军当惨败之时，忽听说黄兴到了，犹如大旱三年，甘霖下降一样，军心大振，欢喜若狂。一般同志，都到汉阳门江岸欢迎，武昌城内的人民，均鸣放鞭炮为礼，表示额手致敬。黄兴进军政府与黎元洪相见，寒暄数语，即谈汉口日来战争情形。黎请黄到汉口主持，黄亦毅然负责，席犹未暖，即偕吴兆麟、杨玺章、蔡济民、徐达明同赴汉口，视察战线情形。抵汉时，见清军与民军在歆生路附近以炮火战斗，各在原占阵地相持中。视察完毕，即返武昌。众同志向黎元洪建议道："黄兴勇敢善战，且为革命党声望极高之人，请军政府任以全军总司令名

① 黄兴到武汉日期，据张难先《湖北革命知之录》（第312页）的考证，为九月初七日。

义，督率作战。”黎满口赞成。即由大众开会，公推黄为总司令。黄当晚渡江，在汉口满春茶园设总司令部办公处。即日检查军队，计步队第二协兵额约两千人，步队第四协兵额约一千人，步队第五协兵额约两千人，第一协林翼支一标马队一营，炮队一营，工程队一营，敢死队两大队，季雨霖团防兵一千人。黄兴叹道：“兵队如此薄弱，而又缺额太多，对抗北洋大兵，还曾打过胜仗，还能够支持这多时日，总算不错。”当即布置了防守地点，以战斗姿态守备彻夜。十日（10 月 31 日）晨，黄兴即往前线察看情形。清军已于晨六时由王家墩向民军攻击，炮火机关枪，均极猛烈。民军利用堤防固守，清军节节逼近，火力愈猛，民军亦令预备队向第一线增加。黄兴率敢死队督阵，有后退者，即用刀斩决；民军亦奋不顾身，无后退者。敢死队俟敌进至一百米达时，骤起冲锋，敌人被杀倒无数。冯国璋见民军猛勇异常，而市街又处处设防，为其掩护，欲求进展，万分困难，即据状以电报向袁世凯请示。袁回电：“速用火攻。”是日晚，敌遂在英租界背面及中国街市后方村落数处，举行纵火。歆生路一带房屋，皆化为灰烬，使民军失其掩护。又乱放大炮，以击民军。于是民军右翼，不得不节节退却。至十一日午后二时，人数大减。黄总司令遂下令，退玉带门一带。五时许，民军皆集于玉带门。敌节节放火，烧一段，则前进一段。正午，火势愈烈，汉市中心地区满春戏园一带，化为焦土。入夜，火更加大，居民仓皇逃走，四面都是火海，无路可逃，儿啼妇哭的哀声，惨绝人寰。敌军更趁火打劫，到处抢掠、屠杀，不死于火窟的人民，也死于敌人的刀下。其时军政分府驻在的地方，也快被火烧到了，詹大悲坐在办公厅的沙发上，正在痛哭，正在愤怒，李文辅进去，急道：“詹先生，你还不快走，敌人杀到了，火也烧到跟前来了。”詹说：“你看汉口烧得这样，我们不杀敌报仇，一走了之，怎么对得起百姓。”文辅道：“詹先生，我今日才认识你，你真是革命者。”

当即将詹驮在背上，冒着弹火出走。同行者，有温楚珩、黄季刚、陈冕亚诸人。上了船，到下游九江去了。果然前脚出门，火势就延烧到江汉关。沿河一直到四官殿，也都化为灰烬。军政分府，已经成为火窟了。歆生路之敌，更加紧压迫。徽州会馆以下之敌，亦出没于怡心茶楼附近，有时隔岸向汉阳放枪。其时江岸已无船只，昨日赴援之辎重营，拦得驳船二只，先将械弹马匹运回。至五时许，武昌开一小轮渡来，汉口与汉阳的交通，才未隔断。十二日（11 月 2 日），总司令命各队仍守后堤至玉带门一带。又派查光佛通知甘绩熙、杨传连、伍正林各队，防御张美之巷附近。午前七时，敌在歆生路刘家花园一带，以炮轰击，并向兵工厂及都督府发炮，扬言分攻武昌、汉阳，以扰乱我方人心。一面仍在街市节节纵火，随风所煽，愈焚愈烈，延烧至马王庙江边一带，打扣巷、龙王庙、沈家庙等处，火光亦大。敌自十日纵火起，至本日更盛，教堂被焚者亦多。汉口繁华市场，化为丘墟，人民损失的生命财产，难以计算。所余者，上仅硚口至遇字巷一带，下仅张美之巷至花楼一带而已。当火烧歆生路时，胡石庵的大汉报馆亦化为灰烬。石庵带着家小，逃到襄河边一个茅棚里头。火烧到茅棚跟前，才唤来一个小划船，渡江往武昌。船至江心，风浪大作，流弹又来去如蜂，船上打死几人。其他的渡船，中炮弹而沉没的不少。这一天，汉口陷落的景象，真是天地变色，非笔墨可以形容。袁世凯带着军队，来屠杀湖北人，这笔血债，湖北人怎能够忘却呢?

袁世凯遥制京畿　袁世凯一到孝感，即将汉口攻下。一封捷电传到京都，清政府当然喜欢。但是一声霹雳，同时又转喜为忧。九月初八日，驻滦州第二十镇张绍曾及混成协协统蓝天蔚等有电到京，建议清廷立宪，削去皇族特权。并声言“进驻京畿，以资保卫”等语。其时山西已经独立，假若此事实现，一座北京城，就在东西两面夹击中。因而清政府大起恐慌，有逃往热河之议。这个消息，由电信传到孝感，袁世凯也大吃一惊。心里想道："假若张、蓝动手，与山西联络起来，又加上一个第六镇吴禄贞，相与呼应，不独北京危险，连自己所带的兵，也在南北夹攻之中，腹背受敌了。"这一着棋，倒使袁世凯有些棘手。他想了一会，即以密电迅达内阁，请其代奏。略谓："张、蓝所请，尽可照准，以缓和当前局势。西狩之说，万不可行。盖根本动摇，则人心瓦解，其危险实不可测。此间已攻下汉口，军心奋发，胜算可操。凯正召集诸将，面授机宜。一俟进攻军事布置就绪，即当北上拱卫。务请坚持镇静，以安大局。唯吴镇心怀叵测，亟应严防。请以此意代奏。"这封电奏到京，清政府果然照办。九月初九日下诏，对张绍曾传令嘉奖，赏给侍郎衔，授为宣抚大臣，派往长江宣抚，并命资政院起草宪法。初十日，释放汪兆铭、黄复生等于狱。十二日，任袁为内阁总理大臣。十三日，公布宪法信条十九款。同时将京奉列车，调集北京车站，以防止二十镇人马直捣幽燕。果然，这么一来，把风潮缓和下去。自此以后，北京与孝感之间，时常取得密切的联络。专车来去，冠盖如云。第六镇的卸任统领周符麟，就是其中最关重要的一个。

石家庄吴禄贞被刺　吴禄贞，字绶卿，湖北云梦人。留学日本士官学校时，昌言革命。庚子唐才常之役，他曾参加；失败后，又逃到日本留学。刘敬庵组织日知会，他多所帮助。失败后，又参加秘密会社为首领，别名梦泽雄。其后为铁良所赏识，派他调查边务。他著了延吉厅报告书三本，又为张之洞所赏识，保他署吉林副都统，旋授以延吉边务大臣。他从前在奉天，日以醇酒、妇人为乐。其时徐世昌为东三省总督，说他有玷官箴，曾当面斥责过。及往延吉开府，再过奉天，世昌特往拜谒，他不理，请他赴宴，他也不到，因此他同徐世昌有些嫌隙。武昌首义后，他本想带兵南下，援助革命军，因为他是湖北人，所以清廷对他很不信任。山西独立，因命他巡抚山西。袁世凯为湖广总督，南下督师作战，从他所部的第六镇调出李纯一协来，就是釜底抽薪之计，减少他的兵力，防他在近畿捣乱，响应武昌。他和张绍曾、蓝天蔚、阎锡山，本来是有接洽的，所以兵驻石家庄，有两种计划：一、联合晋军及张、蓝所部，三路进攻北京；二、截断京汉路交通，以制袁世凯的死命。有一天由北京运往湖北的军火，被他扣留了。袁世凯如何容得，因打定主意，非杀吴禄贞不可。但是他拥有兵权，明杀不大容易，只有利用他部下已经革职的协统周符麟，行使暗杀的手段。因为周符麟革职之后，誓不甘心，故袁认为尽可利用了。其时湖北人蒋作宾在陆军部充任司长，得着消息，告诉孔庚道："你和吴绶卿同学，快去送信给他。听说周符麟由京南下，去见袁世凯，已经商定计划，要杀吴绶卿。你去教绶卿好生防备，至为紧要。"孔庚说："这个消息，从哪里来的？"作宾说："是军谘府传出来的，千真万确。"孔庚听说，连忙搭车前往石家庄。上车时，正遇见周符麟坐着花车，听说是奉着重要命令到石家庄去。孔庚惊道："果然不错，周符麟此去，定有阴谋。"九月十八日（11月8日）午后一时，孔庚在石家庄下车，径往吴禄贞的司令部。禄贞很欢喜的迎着说："雯掀（孔庚字），你来得很好，我这里正缺人办事。"孔庚说："你还想到山西走马上任吗？"禄贞说："这是甚么话！满清的巡抚，我还高兴做吗？阎锡山那里已经商量好了；张绍曾那里，也派代表去接洽了。马上张绍曾从京奉路发动，我们从京汉路发动。听说湖南、江西，都有大批援鄂的军队，我们同他们呼应，向京汉南段夹攻，看袁世凯带的几个兵，跑到哪里。"孔庚说："好固然好。可是目下有一件要紧的事，周符麟坐着花车，到这里来了。听说他是到孝感去，同袁世凯商量好了的。此次前来，阴谋不利于你。这个消息，是蒋雨岩（作宾字）对我讲的。因为你扣留军火一事，清廷容不得你，袁世凯尤其容不得你。我搭车来的时候，亲眼看见周符麟上车，你千万防备，不可大意。"

禄贞沉默了半晌道："这也是意中之事，并不希奇。不过今天晚上十二点钟，山西的兵准到。我调他们来守卫好了。这个地方太窄，明天把司令部迁至英美烟公司大楼，那地方宽，你可以同我一块住。还有好多要商量的事。"孔庚临去的时候，还叮咛几句，教他加意提防。这天晚上，孔庚寄住在晋阳旅社，睡不到半小时，就听到司令部的枪声，想去看，沿路有军队戒严。直等到天明去看时，只见吴禄贞的尸体，躺在司令部的后门地上，头已经没有了。他的秘书长麻城周干丞也死了。房子里，凌乱不堪。他的副官长张华飞头上砍了一刀，也死在车站月台上。是日山西军队开到，又调回娘子关。曹锟率领第三镇军队到石家庄接防，可见刺杀吴禄贞，是早就布置好了的。事后，打听受周符麟运动刺杀吴禄贞的人，叫做马蕙田，安徽人，速成学堂毕业，到六镇充任见习官。禄贞很赏识他，由见习官升排长，升连长，以至营长，每月亏债积累至几百元以及千余元，都由禄贞替他填还，可说是受恩深重了。哪晓得周符麟买人行刺，正要选择为禄贞所亲信的人，给与他两万块钱，就买得禄贞的一条性命。行刺的那一晚，禄贞和周干丞正在一处办公，马蕙田递进名片，说他从防地回来，因为统制高升了，特地前来道喜。禄贞见是自己亲信的部属，当然让他进来。谁知马蕙田双腿打躬下去，一面就摸手枪。禄贞见来势不佳，便靠着桌子走避，想由后门跑出去，哪晓得后门早有多人拦住，拿起刀就将他斫死。用钱买通凶手，作无耻的暗杀勾当，这是袁世凯一贯的作风。禄贞既死，继之而死者，不知多少。这一笔血债，我想湖北人，尤其是革命的同志们，永远不会忘却吧。

刘承恩来信讲和　袁世凯火烧汉口，以为这个下马威定可把民军吓住了。于是派人前来，向军政府斡旋和平。这是他所说的"剿抚兼施"，满以民军于战败之余，定可就范。派的是谁？是湖北襄阳人、在清朝做过镇台的刘承恩。他同黎元洪本来很熟，但是在敌对的情势下，不便冒昧前来，因先向黎寄一封信，以观动静。其信谓：

宋卿仁兄大鉴：顷奉项城宫保谕开，刻下朝廷有旨：一、下罪己诏，二、实行立宪，三、开放党禁，四、皇室不问国政等因。似此，则国事尚可有挽回振兴之期也。遵即转达台端，务望趁此时机，和平了结。且看政府行为如何。可则竭力整顿，否则另行设法以谋之，未为不可。果以弟见为是，或另有要求之处，弟即行转达项城宫保，再上达办理。至诸公皆大才榱檠，不独不咎既往，尚可重用，相助办理朝政也。项城为人诚信，阁下必素所深知。此次决不至失信于诸公。弟情关桑梓，又素承不弃，用敢不揣冒昧，进言请教。务乞示复，即交原人携下为祷。乡愚弟刘承恩再拜。

黎元洪接得此信，尚不敢一人作主，特召集会议，征询大众意见。众一致骂道："袁世凯是什么东西，他打了个胜仗，就劝我们投降吗？"信置不复。过了两天，袁又密派蔡廷幹与刘承恩为代表，由英领事介绍，渡江谒黎。为了敷衍英领事的面子起见，军政府才允许接见。其时，孙武、吴兆麟、张振武等均在座。见所开条件，中有君主立宪一条，大众都表示反对。府中职员朱树烈、陈磊、甘绩熙、范义侠等都抽出指挥刀，喝道："谁主和，谁吃刀！"刘、蔡这一回试探又失败了。事为黄总司令所闻，为了防止苦战已久的前敌士兵一闻媾和之说，心理动摇，特发出警告同胞书如下：

自鄂军起义以来，不旬日间，响应者已六七省，足见民军必胜，满虏必亡。乃虏廷不揣时务，不顺民心，出其狴犴之卒，敌我仁义之师，是实妄干天诛，于我何损。汉口之战，我军屡捷。近虽小挫，亦军家之常，不必介意。现鄂军大整，湘军赴援，恢复之功，当在旦夕。顷据保定侦探何式徵来报，虏廷已命袁世凯为内阁总理大臣，仍统海陆军队。袁世凯甘心事虏，根据九日罪己诏，倡拥戴皇帝之邪说，先运动资政院，遍电各省谘议局，有云政府十分退让，吾人只求政治革命，不为已甚云云。现袁已派心腹多人，分途驰往各省，发布传单，演说谕众，冀离间我同胞之心，涣散我已成之势。设心之诡，用计之毒，诚堪痛恨。我同胞光复旧宇，义正词严。既为九仞之山，何惜一篑之覆，自不致为所动摇。然恐妖情善蛊，致荧众听。故此密谕同胞，速饬密探查拿前项演说之人，销灭传单，俾鼠窃之技，无由而施。大局幸甚。

袁世凯回京组阁　吴禄贞被刺后，张绍曾势成孤立。轩然大波的北京危局，就登时安定下来。御用的资政院于九月十八日，根据其所制的伪宪法，通过袁世凯为内阁总理大臣。袁世凯即于二十三日得意回京。二十六日，组织其所谓责任内阁，其名单如下：

内阁总理大臣　袁世凯　　外务部大臣　梁敦彦
民政部大臣　赵秉钧　　度支部大臣　严　修
学务部大臣　唐景崇　　陆军部大臣　王士珍
海军部大臣　萨镇冰　　司法部大臣　沈家本
农工商部大臣　张　謇　　邮传部大臣　杨士琦
理藩部大臣达寿

内阁组成了，他的作法如何呢？一面电令前方将领，速将汉阳攻下，以卖弄其战无不胜攻无不克的威风，使民军易于就范；一面又利用怀柔政策，以见好于民党。例如他回京之后，对于由监狱开释出来的刺杀载沣的汪精卫特别地待以上宾，命其子克定与之换兰谱，拜弟兄，并嘱杨度与之联络，费洋伍十万元，组织一个国事共济会。他对于清廷如何呢？一面把海陆军权抓到手里表示其忠诚负责，替皇帝保江山；一面又把少年亲贵一脚踢开，做一个挟天子以令诸侯的曹操。阵势摆完了，他才好操纵南北，为所欲为。

第十四章　汉口失守中之湘局

首先响应武昌的焦达峰　湖南和湖北，是血肉相连的。历次的革命战役，湖南人和湖北人总是团结一致的。此次武昌首义，湖南人参加的很多，出力也就很大，所以首义之后，最先响应的就是湖南。要是湖南不响应，或者是迟些时响应的话，那武昌就势成孤立，各省也观望不动了。因此湖南革命势力的消长，关系着武昌局势的安危。写阳夏战争，这一点应该注意。湖南都督焦达峰，人家说他是会党出身。他是会党吗？不过是走的黄克强路线，利用会党而已。他是湖南浏阳人，性情豪迈，年十八，入长沙高等中学的游学预备科，与日知会禹之谟烈士相结纳。丙午（1906 年）年夏季，禹之谟以革命被捕遇害。焦潜逃至日本，与余简斋、许纬等谋举义于萍醴。焦自任刺杀端方，不成，萍醴也失败了，又往日本留学。一九〇七年五月，入中国同盟会，又与彭邦栋、杨任回湘，密谋起事，分三路布置，也不成功。一九〇八年十月，同盟会议大举，各省同志分途猛进，焦以两湖起义为己任，遂于十二月至汉口，就商于咸宁人刘玉堂，结纳会党，并设两湖革命联合会，以通声气。一九〇九年，复设干部于汉口。其时武昌同志日多，资无从出，焦劝说湖南布商周海文、刘肯堂入会，以接济经费。七月，回湖南广结浏阳、醴陵、萍乡会党，与余昭常、杨任、周果一、谢伯圭等在湖南设立干部，分派人到衡、郴、桂、岳州、宝庆等处运动。一九一〇年三月，焦更至萍乡、醴陵编组党员，得敢死之士千余人。一九一一年二月，与曾杰、洪荣昕、文经纬、易宗羲、陈作新、龙璋、谭人凤、吴超群等百余人，密议于龙璋住宅，磋商响应广州起义方法。及广州失败，与陈作新联合新军及巡防营，并来往于武昌、汉口间，与湖北同志商定湖北起义及湖南响应的通盘计划。八月十九晚，武昌起义。二十八日，李金山等举火城外，谋以炮队攻打长沙城。清抚余诚格及防军统领黄忠浩力持镇静，防卫紧严。黄忠浩且派省外防营王鼎华、夏占魁两队，赴汉援助张彪。焦大怒，誓于众曰：“武昌首义多日，我们湖南岂可袖手旁观。中国存亡，在此一举。再不动手，更待何时。”遂毅然决然于九月一日举义，由焦与陈作新以身当先，攻破长沙城，将统领黄忠浩杀死。商民闻变，纷纷逃走，焦率两骑巡行街市，大呼道：“我们推倒满清，是为人民造福利的，何必逃走。”市民皆欢呼万岁，安静如常。焦为正都督，陈作新为副都督，是凭着革命的功勋得来的。后来谘议局反对他，说他是会党出身，不够资格。他是会党吗？他不是住过学堂、留学日本、历经革命艰险、一个很勇敢的青年吗？

湘谘议局与督署的暗潮　湖南自太平天国之役，造成了曾、左、彭、胡四大姓的巨阀，门生故吏，遍于全省，所以绅权极重，封建的积习太深，谘议局的势力自然高于一切。焦达峰以二十多岁的青年一跃而为都督，谘议局的大人老爷们，还瞧得起吗？其时谭人凤在鄂，得到长沙光复的电讯，即向都督黎元洪商请接济械款，使湖南派兵赴援。黎允许了，当即发枪三千只，款若干，派卫兵队营长刘佐龙率兵护送①，谭人凤也同往长沙。见谘议局的绅士们把持军政，一切事无大小，须经谘议局议决，始能施行。因此关于调兵赴援与征募新兵等事，诸多掣肘。焦都督徒拥虚号，没有一点实权。人凤道：“这是军政时期，一切应集权于督署。谘议局的人，多半是宪政会分子，事事阻挠，恐非湖南之福；不如采取断然的手段，以解决这个议事机关。”焦说：“这是做不得的。他们谘议局的人，不是翰林进士，就是举人秀才，在社会上的潜势力非常的大。就是拿军队来说，独立之后，标统还是标统，管带还是管带，同他们谘议局，当然呼吸相关。这里不比湖北。湖北起义的，都是军队中的同志，兵权在自己手里，可以为所欲为。我呢？同陈作新两个人，孤掌难鸣，他们开口闭口，说我们是会党，叫我们有什么办法？”人凤叹道：“天

① 据谭人凤《石叟牌词叙录》记载，运往湖南之枪支为两千支，系由任震运送。

下老鸦一般黑，湖北还不是一样，革命不彻底，总是没有办法的。为今之计，你要赶紧练兵，把革命的势力巩固起来，再作道理。”焦说：“练兵要械，购械要钱，练兵要兵，养兵要钱，谘议局通得过吗？”人凤说：“等我同克强、钝初商量办法。这里的事，你好生应付便了。”人凤在长沙并无停搁，即回转汉口①。

王隆中逗留不进　焦达峰得到湖北接济的饷械，即将巡防营残部及新兵一标扩充为两个协，命王隆中率一协，先发；余一协，驻岳州，作为预备队。其时湖南新军早被清抚余诚格调遣在外，长沙城只有少数军警维持治安。谘议局的议员们，因向焦督问道：“你把兵队调往湖北，这省城的防务，未免太单薄了。”焦说：“汉口地方，此时正在血战，请兵呼援的电报，纷至沓来，救兵如救火一样，岂能延误。到必要的时候，我还要亲自出马，带领五十标前往增援咧。保卫湖北，即是保卫湖南。这时候长沙城内极其平安，怕什么。”可是王隆中奉命之后，还是把军队逗留岳州。湖北屡次派人去迎接，他按兵不动。向海潜、阎鸿飞去请过他，他也是屹然不动。

梅馨叛变杀都督　长沙独立之次日，焦都督令驻在益阳之梅馨一标回省。梅馨一到，即令其率众由株萍铁道直逼江西，谓：“南昌尚未独立，必须有此一举，才可以逼他独立，也好响应武昌。否则江西出兵，与清军夹攻湖北，很危险的。”梅馨道：“军行劳顿，必须休息半月，才可出发。”焦说：“军事紧急，如同星火一般，如何迟得。我令出维行，违者，军法从事。”梅馨勉强答应着。及回到营盘，召集标下军官会议，说：“武汉正在打仗，谁胜谁负，尚未可知。焦达峰以会党出身，做了都督，就作威作福起来。我们从益阳来到长沙，喘息未定，就要我去打江

① 据谭人凤《石叟牌词叙录》记载，谭系九月初五日到长沙，十月初二日离开长沙。

西，迟一天也不容许，还要拿军法从事的话来压迫我们。你们想想，我如何容忍得！他一定要逼我，我就……”说到这里，看看大众的颜色，大众都不作表示，他又翻悔了，怕的是部下离心，不肯附和。他当即啮舌而说道：“我病了。”卫兵将他扶了进去，将士们也退走了。事为焦都督所闻，立即将梅馨撤职。谘议局利用机会，从中煽动，并掀起纸币挤兑风潮。梅馨的部下，有一个杨子玉，对梅讲道：“你前两天讲的话，为什么吞而不吐的。大丈夫说干就干，怕甚么。”梅说：“怕的是大家不附和，我一人干不起来。”杨道：“大家不说话，是听统带的命令。统带不下决心，所以无人敢说。”梅说：“干得吗？”杨说：“他是土匪头子，谘议局都反对他，说他滥发纸币，扩充军队，勾结会党，压榨人民。有这多罪名，怎么干不得。”梅起立道：“既是如此，这时就干。你带你的队伍到和丰公司门外挑衅、挤兑。我带兵到都督府去，好杀焦达峰。”主意打定，杨子玉即率众往和丰公司，肆行掠夺，市民大哗。陈作新亲自前往弹压，子玉就指挥所部士兵，将陈作新杀死。焦都督闻报，立即乘马出来，梅馨正到府门，遇着，即挥众斫断其首。在署之阎鸿飞、曾杰、陈树人等均逃。于是众议举梅馨为都督。梅馨是事先早有布置的，说：“我资望太浅，必须举一资望最高的人为都督。”登时在谘议局投票选举，举定议长谭延闿为都督。①

---

① 焦达峰被害经过，章太炎《焦达峰传》（《太炎文录续编》卷四）说：“初，衡湘间多贵族子，达峰以寒微起为帅，参佐大抵椎少文，搢绅间独龙璋与善，佗多嫉之。知达峰誉闻狭，可动，则以术挠其庆赏，而扬言‘武昌济饷数十万，达峰持不下’，又‘新军有功不迁官，将尽黜’，用激怒其众。标统梅馨忿，九日，密谋于求忠学堂。明日，市中小骚，作新（陈作新）单骑行视，即马上击杀之，断其头。遂引兵攻督府。达峰困，请拜军旗而死，许之。拜起，杀焉。乃推故谘议局议长谭延闿为督……诸述达峰事者，率承变乱时所录，后起势盛，故人多雷同，其语绝谩。”《邹永成回忆录》亦有较详实的记载，可参考。

宋锡全死非其罪　焦都督遇害，是九月十日，正汉口危急，黄兴督战之时。宋锡全的军队，驻守汉阳，忽接得长沙的急电，说形势险恶，但是还没有说焦都督已被人杀死。胡瑛、王宪章、宋锡全等均在汉阳，为湖南问题开秘密会议（因为他们都是湖南人）。会议的内容，局外人是无从知道的。十日晚上，在前方炮火的激烈声中，宋锡全忽向水师统带陈孝芬道："赫山已被敌人占领了，我们非退不可。"陈孝芬说："赫山失守，汉阳何至于这样平静，不确吧？"宋道："确得很。请把你的炮船，替我运辎重，向武昌撤退。"孝芬问："有命令没有？"宋答："有的，黄总司令的命令。"孝芬说："你是汉阳负责的人，又有总司令的命令，我当然带着炮船送你过江。"开到鹦鹉洲，孝芬说："就在这里过江吧。"宋道："不，这里过江，避不开敌人的炮火，再往上开。"开到金口，孝芬问："可以开过江吧？"宋说："不，还是要往上开。"孝芬正色道："老宋，行军大事，不可儿戏。再往上开，不是开到你们湖南吗？"宋道："朋友，不瞒你说，就是要开到湖南。"孝芬道："战事如此紧急，就算汉阳不守，也要退保武昌。回到湖南，是何用意？"宋道："军事机密，不可泄漏。开吧！"孝芬道："你奉有命令，我没有看见命令。你是湖南人，就算可以回湖南；我是湖北人，当然不能去的。一则军法不能容我，再则湖北人也不能容我。"宋道："铁侯（孝芬字），你舍得吗？"孝芬道："朋友是私交，公事要公办，有什么舍不得。"宋此时也不能勉强，两下把军队和辎重划开。宋坐着拖军队的小轮，与孝芬告别了。孝芬带领所部，将船开回。船到文昌门停着，单身进城，到军务部去见正部长孙武。孙问道："据襄河水师统带陈士华报告，你同文学社的一般湖南人很要好的。不是偕同宋锡全到湖南去了吗？如何会转来呢？"孝芬正色道："奇极了，我到湖南去干么？"孙冷笑道："我晓得你干么？你去见都督吧。"陈退出，到都督府去，遇着副官卢云卿。这位卢副官，原任马队营的队官，正是孝芬的旧上司，黎元洪很信任他。他见了孝芬，问道："你是来见都督的吗?"孝芬道："正是。"他又道："你从襄阳回来，为何不先进城会会孙部长。你本是共进会的人，他已经疑你进了文学社咧。你应该知道，这几天，共进会和文学社又闹起意见来了。刚才孙部长在黎胡子面前谈及你的事，说你同宋锡全偷逃到湖南去了。声音很低，听不清说些什么，只见黎胡子面上很有些发怒的样儿。你进去，对答之间，措词要放慎重一点。"孝芬道："我心里坦然，理直气壮，他问一句，我答一声，怕什么。"孝芬见了黎元洪，黎问道："据报告，你到湖南去了。战事紧急，你们临阵脱逃，还了得吗?"孝芬道："我又没上火线，逃什么?因为宋锡全说奉着黄总司令的命令，促我开船到武昌，我不能不听命令。开到金口，才晓得他们回湖南，我是从金口转来的。"黎不语，悻悻然冷笑一声，拿起笔准备下手谕。卢云卿站在旁边，见不是好意，一定是交军法处，那就完了。连忙上前，向黎下了一跪，道："都督，他所答是实，要是同宋锡全约着去，他就不会转回来的。"元洪听了此言，把笔放下道："好吧，你下去，我同孙部长商量。"孝芬退下，遇见蔡济民，把会见都督的情形，向蔡告诉。蔡说："江那边的战事，那样的紧急。敌人的炮，瞄准着我们猛攻。我们此时，不能精诚团结对付敌人，还自己闹意气，是什么话呢。莫怕，黎胡子那边，我负责替你分辨。不过老宋此去很危险的，听说黎胡子有电报去了，要将他拿获正法。你不晓得湖南此时已经换了都督吗?幸亏你中途打回转。不然，你就死得不明白。"果然宋锡全路过岳州，岸上设有炮位，军队拦着放枪，不准船走。这时候，与宋同行的有王宪章、林翼支二人，宋说："我等上去说明情由，免得他们误会。本来我也要上岸去见王隆中的。"于是留林翼支守船，王宪章和宋锡全一同上岸。王隆中见面时，问道："你来做甚么?"宋道："汉口战事紧急，我来搬兵。"王隆中说："你来搬兵，为甚么你的兵开到湖南呢？"宋道："这是黄总司令的命令。"王隆中说："你奉有命令，我也奉有命令。"宋说："甚么命令？"王隆中说："我奉着黎大都督的命令，说你'临阵脱逃，应即拿获'。"当即叱令卫兵将宋锡全、王宪章拿下，由王隆中押着，解到湖南长沙。这时候谭延闿已经接事了，审讯时，宋问："焦都督在哪里？"问官笑道："你要见焦都督吗？很容易的，马上就可以会见的。"可见宋离开汉阳时，还不知焦都督已经被杀害。当宋被捕的时候，黎元洪接得电报，即命钱维骥赶到长沙，一则搬请救兵，一则要催解宋锡全的首级。谭延闿都答应了。钱维骥回到武昌，带着宋锡全的人头，奉都督的命令，挂在城门之上，示众三日。平情而论，宋之退回湖南，是决定于胡瑛、王宪章等之秘密会议，是有计划的。临行之时，奉有黄总司令的命令，这也不会是假的。就军法来讲，战事那样的紧急，他突然抽出一协的兵，这是不可容许的事。但是他是有会议的根据，有命令的许可，竟不由分说，给与以私自潜逃的罪名，也不能不说是冤枉的事了。

汉阳秘密会议中的胡瑛　焦达峰被人杀害，汉阳之秘密会议，宋锡全之被杀，这是汉口作战时的三件大事。当时因军事关系，讳莫如深；报纸亦形格势禁，不能作详尽的纪载，所以成为一笔糊涂账。事过景迁以后，关于当时湘事的叙述，如居正所著的《梅川日记》，只书盗杀焦都督，而不书其人。他难道不知道凶手是梅馨吗？难道不知道梅馨就是谭延闿都督任内的师长吗？因为他作《梅川日记》，是他当伪司法院长的时候，也就是谭延闿当伪行政院长的时候。书盗不书名，为人讳也。李廉方的《辛亥武昌首义纪》，谓宋锡全离开汉阳，并无总司令的命令。其理由，谓黄兴于十三日就职，后于宋离汉阳两天，不应有命令。不知黄到汉之日，即被公推为总司令。可见李所持理由，并不充分。章裕昆所著《文学社武昌首义纪实》，有"冤哉宋锡全"一段，只为宋锡全呼冤，也不曾说出冤的所以然。这些事，直到于今，还是一笔糊涂账。其实要尊重历史，抱定实事求是不偏不倚的精神来写它，还是不会糊涂的。据当时第二镇参谋长钟琦、军务部人事科长杨王鹏、写武昌两日记的龚侠初等人所述（他们都是文学社的湖南人，所述也比较详明真确），兹志之于此。当时之斗争情形，是很复杂的。其一，为谘议局与党人的斗争。湖北谘议局议长汤化龙与湖南谘议局议长谭延闿，同是清朝进士，同是国会请愿代表。起义之后，同以议长资格，主持民政事宜。不过湖北的党人势力较湖南为强，而湖南的绅权又较湖北为重，这是一点差别。汤化龙虽不得志于湖北，究为黎元洪所尊重；黎之对于谭延闿，也是同样的尊重。其间有密切联系，自在意中。焦达峰之被杀，是湖南内部的事，诚然与湖北无涉，但是谭延闿之继任都督，毕竟得到湖北的支持。例如焦、宋两人被杀后，到湖南去搬兵的，也是钱维骥；把宋的首级解到湖北来的，也是钱维骥。这位姓钱的，就是谭延闿的参谋长。蛛丝马迹，不是很显然的吗？其二，为文学社与共进会的斗争。在起义期间，文学社与共进会的合作，是极其融洽的。但是孙尧卿做了军务部长以后，就感觉极不愉快。汉阳的事被宋锡全之第一协所控制，汉口的事被詹大悲之军政分府所把持，对于军务部的职权，难免不发生矛盾。矛盾愈加多，则斗争亦愈尖锐。这是势所必然的。其三，为湖南人与湖北人的斗争。汉阳的秘密会议，是胡瑛所发起的。其间所持理由，有的说，焦达峰手无兵权，受了谘议局的钳制，军队既不听调度，城内又时起风潮，所以要宋锡全回去，帮助他扩充军队，巩固政权，并可以严命王隆中早点前来助战。这个计划，谭人凤、宋教仁都以为然。有的说，湖北军队太少，缺额又多，对北洋久经训练之兵，万难取胜，如若汉口不守，汉阳决难存在，汉阳不守，也难保守武昌。不如把湖南军队扩充起来，备武汉危急时，有一条退路，留作将来反攻的地步。这个计划，黄克强也以为然。可是胡瑛的主张，却有他个人的打算，他是富于领袖欲的，从前坐在模范监狱里头，对于革命同志，就自居于领袖地位。黄克强致冯自由信有云："胡经武派有人来，彼虽在狱，与军界关系未断。其部下亦有千余人。"所谓部下，即指文学社而言。所以他出了监狱，虽一跃而为外交部长，并不曾认为满意。他的意思，是要取得独当一面的军政权，干脆的说，就是要当都督。湖北都督，被黎元洪抢先了，那么退一步想，就注目于湖南的都督。宋锡全之退往湖南，是他的主张，同时并由他交给五百支枪，为宋扩军之用。他在会场中愤慨地讲道："大敌当前，内部还闹意见。眼看着武汉三镇未必守得住。即令守住了，我们在此，也未必站得住。不如保存实力，回到我们湖南，把湖南稳住了，还不是一样革命吗？"这一段理由，大家也都以为然。不料宋锡全依照计划，由汉起程的时候，正是湖南焦达峰被人杀害的时候。现成的都督，被人夺去了。湖南督署与湖北督署之电信往来，比宋锡全之水上行军，要快捷得多了。两下把头一接，不但宋锡全之死，蒙不白之冤，就是宋教仁、谭人凤和黄克强，也都是哑子吃黄连，有苦也说不出。胡经武假公济私的大计划，就完全失败了。汉口失守之日，他毅然决然敝屣外交部长的尊荣，而与詹大悲同船东下了。大计划虽未成功，领袖欲毕竟还在。他到了南京以后，终于得到孙中山先生的任命，取得山东都督的头衔。又不料好事多磨，凭空又来了一个张广建，与之对抗。这一出双包案，相争不下，还是以黎元洪的一纸电报了之。其文如下：

胡都督贤劳国事，奔走拘囚。海内同志，久深景仰。自武汉起义，赞助外交，东南半壁，倚为长城。元洪饮水思源，尤所深感。乃因蕲求统一，竟请取消重任，归隐故园，视富贵若浮云，爱共和若性命。此等人格，直当铸金事之。倘必欲强仙鹤于牢笼，投神龙于涸辙，明德为累，令闻不彰。揆诸君子爱人以德之心，岂忍出此。

这一条电报，表面上极其恭维，实际上是赶他走路。他当时进退维谷，也乐得藉此下台，一生的革命事业，就由此宣告结束了。写到这里，应该郑重声明：胡瑛因同乡的关系，与文学社同志情感甚深，这是事实。但是他自居于领袖地位，未免近于夸张，他个人的荣枯，是不能代表文学社的。文学社的失败，固然有些地方是受了他的影响。文学社同志的革命精神，自有其永久存在之价值，绝不曾受他的影响。

湖南易督问题的讨论　九月十一日，军政府开军事会议，黄兴、宋教仁、黎元洪及军政府干部人员，均出席。黎元洪说，顷接湖南来电，有"都督另举谭延闿，援军即发"等语。黎只念了这两句，并未谈焦达峰与陈作新正、副两都督被杀情事。黄兴怒道："焦达峰是日知会老同志，热心救国，自是好人。而况湖南独立，是他拼命打出来的。就职没有几天，何以突然更换呢?"宋教仁说："谭延闿乃是文人，焦达峰是光复湖南建功立业的人。这样的更换，我反对。"钱维骥起立言道："湖南人素讲门第，必须德高望重者，才可以收服人心。焦达峰资望又浅，年纪又轻，他虽然是同志，恐怕大众不服。现在清军猖獗，汉口急盼援军，湖南人另举都督，有'援军即发'一语，军政府设若反对，岂不是拒绝湖南的援军吗?"黎说："你这话说得很对，我们只贺新都督，不问旧都督，催援兵速出，如何?"众多赞成。黄兴和宋教亡都悻悻然退席了。钱维骥立即起草，写成贺电。略谓"闻公被举为新督，万众皆喜。特此敬贺，并祈援军速发"等语。谭延闿得电，即复电云："已令王隆中率四十九标先至，余并集中即发。"钱维骥又问黎元洪道："谭延闿既有此表示，我可以往湖南一行。请都督即下手谕，所有公私小火轮，除预备济江而外，其余统往湖南运兵及粮食。湖南地方，多的是米粮，缺的是饷械。以后湖南出兵及米粮，以助湖北；湖北则输送军火及饷款，以助湖南。如此交换，湖南人一定愿意。”黎向吴兆麟问道：“你道应该如何？”吴道：“如湖南出救兵，其饷械服装，都由湖北供给。至于湖南所有的军械，留着他镇压盗匪，也就是了。”办法商定，钱往湖北。果然在谭延闿命令之下，逗留不进的王隆中，竟毅然前进了。湘局之内幕如何，由此可以想见。

第十五章　汉阳的血战

黄克强登台拜将　汉口失守，黄兴即回武昌，与黎元洪及同志们筹商汉阳的攻守方略。九月十二日，宋教仁、田桐、居正、胡瑛等，邀请一般同志开会。由居正提议，拟公推黄兴为两湖大都督，谓：“可以兼领湖北、湖南两省，节制各军。一俟湘省的援军到来，有了统一的指挥，必可以挽回战局。”凡属在座的同盟会分子，均极赞成。惟有吴兆麟一人提出异议，他说：“黄廑午抵鄂时，已由大众公推为总司令，由黎都督以命令发表。是黄的位置，已在黎下。兹忽以大都督名义，节制黎都督，在黎原无可如何，如有人代鸣不平，岂不立起内争。若黎因此之故，愤而辞职，各省及外国人群来质问，我辈如何答复？因此，我反对。这个提议，望各同志三思。”杨王鹏慷慨发言道：“武昌起义，本质是甚么？当然是堂堂正正的革命。只有满奴瑞澂、汉奸袁世凯，才说我们是‘土匪’起事，不承认是革命。革命是有来历的。既有革命，就有领导革命的党，既有党的领导，就应该拥戴着党的领袖。黄先生领导革命，十好几年，全国的革命党人，哪一个不信仰他？黎都督为人忠厚，甚得军心，我也很爱戴他。不过他的资望，只能号召一部分军人，何若黄先生的声望，足以号召全国。居觉生同志提议举他为两湖大都督，在座的同志多数赞成，只有吴先生表示反对，未免对于革命的体认有点不够吧。再者吴先生说，黎都督若因此辞职，假若各省和外人提出质问，其奈之何。我认为这是过虑的。江西革命军，始以吴介璋为都督，继而换了马毓宝，没听说有人反对，有人质问我们。湖南焦达峰，以真正的革命者为都督，忽而换了谭延闿，也没听说有人质问，这里军政府且去电庆贺。况且我们公举黄先生为大都督，于黎之位置，并无妨碍，黎又何必辞职。吴先生不是黎元洪，为甚么要代替他声明辞职呢?”吴兆麟听了这一段的批驳，有些愤怒了，昂然起立，准备作更尖锐的答辩。宋教仁摇首起立道：“你们不要争吧。江那边的火，烧得那样的大，炮放得那样的凶。恐怕论议未定，兵已渡河，岂不为敌人所笑。黄廑午此来，是为奋勇杀贼而来，不是来争权位的。同志们要他为大都督，是要他指挥统一，好迅速的消灭敌人，也不是替他争权位的。我们初到湖北来，于湖北的军队情形不大熟悉。既是有利害的冲突，就作为罢论好了。”于是大家复议，推黄兴为战时总司令，所有各省军队，均归其节制调遣。请黎都督用聘请方式，聘黄兴为总司令，再举行隆重的登坛拜将典礼。众一致赞成。九月十三日（11 月 3 日）午前八时，都督府面前之阅马厂，建一将坛。黎元洪传知各机关人员及武昌军事长官，并派军队一标，准于正午齐集军政府，请黄兴登坛拜将。于坛之四角，树立军旗，中立一“战时总司令黄”六字大旗。军乐齐鸣，文武毕集。黎登坛，先致词道：“本都督代表中华民国四万万同胞及全国军界同胞，特拜黄君兴为战时总司令，于本日此时就职，率我军队，推倒满清恶劣专制政府，光复汉族，建立良善的真正共和，共谋人民福利。我军将士，皆须诚心悦服，听其指挥，群策群力，驱逐鞑虏，以卫国家。中华民国幸甚！同胞幸甚!”说毕，即请黄兴登坛受职。并由黎将关防、聘状、令箭等物亲交黄总司令。黄即在将坛之上向大众演说云：“此次革命，是光复汉族，建立共和政府。斯时清廷尚未悔祸，派兵来鄂，与民军为敌。我辈宜先驱逐在汉的清军，然后举行北伐，收复燕京，以完成革命任务。今日既承黎都督与各位同志举兄弟为战时总司令，为国尽瘁，自属义不容辞。但是军人打仗，第一，要服从命令；第二，要同心协力。自今而后，对于作战倘有不服从命令及临阵怯敌者，即以军法从事。尚望大众都努力前途为要。”说毕，众鼓掌。齐呼“中华民国万岁！”散会。黄总司令即往汉阳组织总司令部于昭忠祠。其组织分为参谋、副官、秘书三处。以李书城为参谋长，杨玺章为副；王孝真为副官处长；曾可楼为军需处长；王安澜为兵站司令；胡鄂公为大别山要塞监督。是时，清军冯国璋火烧汉口，外人纷纷抗议。袁世凯又派刘承恩、蔡廷幹向民军运动和平，其实际，正在调集军队，布置防务，为进攻汉阳作准备。十二日到二十五日均无剧烈战事，民军在休息整编中。湘军第一协统领王隆中率所部赴援，开往汉阳，驻十里铺附近。湘军第四协统领甘兴典亦率部来援，黄总司令命驻汉阳西门外听命。并新编炮兵团，以曾继梧为司令，指挥全军炮队。程潜随援军来鄂，任前线参谋。

海军在九江投降　天门人沈鸿烈，毕业于日本海军学校，起义后，军政府任为长江舰队宣抚官，奔走于长江上下游，鼓动各处海军反正。其时海琛舰员有张怿伯者，与驾驶二副杨庆贞、三副高幼钦、见习士官阳明、水手头目李春清、一等水手刘文才、号手王春山、海容正电官金琢章、海筹正电官何渭生、枪炮二副沙训龄、教练佘振兴等，同谋响应革命。以舰禁往来，意志难以达到，因临时编订密电码十二种，借通消息，由是取得联络。同时又因为九江独立后，海军的米煤等项断绝了采办和运输，而江水降落，行驶也不便利。九月二十一日（11 月 11 日），海琛、海筹、海容及江贞、飞鹰、楚豫等舰，皆自动离开阳逻东下。中途，海琛士官阳明把龙旗抛掷江中，代以白旗悬于舰尾。其舰长黄钟英，事前已有默许，不作追究。其余的兵舰，也继续的照样而行。舰上的满人，见势不佳，一个个避匿舱中，不敢出面，飞鹰帮带满人吉升投水而死。各舰行至九江，向岸上扬起白旗，表示归顺。当即由军政分府马毓宝都督出来招降。其时林森任九江军政府政务处长，以乡谊关系，开欢迎会，请各舰长官上岸联欢。惟海容舰长系旗人，投江死。马都督派兵赴各舰，卸下炮闩，各舰遂降。马毓宝即将招降情形，电告鄂军政府，其文如下：

本日（九月二十一日）午刻，有海琛、海筹、海容三舰到浔。据各船主云，因水涸，奉萨统制谕，命驶东下。该船通竖白旗，并向浔军政分府请领国旗。惟窥其意，尚欲下驶。现在南京尚未克复，该舰仍想东下，不可不防。现已由浔将三舰扣留，暂时不准下驶。究应如何处置，及该舰所用米煤等，可否由浔供给？敬乞迅电遵行。

鄂军政府复电，嘱"优待萨镇冰。满籍人员，可遣送往沪。至军舰如何处置，即派员前来接洽"等语。去电后，立派李作栋携汤化龙私函赴九江，与汤芗铭、杜锡珪、李烈钧、马毓宝等会商，请其派舰西上赴援。其时萨镇冰已经化装商人，坐渔船到上海去了。浔军司令部即电黎元洪报告，已派定第二舰队海容、江贞、湖鹗三舰，并附步队两队，归汤芗铭指挥，于二十七日（11月17日）午前十时，由浔来鄂助战。旋又加派海筹、海琛援鄂。二十九日由汤芗铭、杜锡珪率领到达青山。

杨选青是否该杀　汉口失守后，双方都忙于布置攻守事宜，十多天没有正式作战。因为湘军有两协来援，而黄克强又登坛拜将，军威大振，敌人亦觉胆寒。清军之在汉口者，其主力移置蔡甸方面，刘家庙预备队，不过二千人。黄总司令得报，即拟乘虚袭击，以遮断清军之后方联络。二十六日，黄总司令令步兵第一协掩护工程队，以所征发船只，就琴断口地方，架设浮桥三座，限即晚八时以前竣事；令第十一标统带杨选青率所部，于本队渡河时，由南岸嘴抢渡龙王庙，以为助攻；别遣一支队，由武昌青山潜渡刘家庙下游，击袭清军后路，以为牵制。其他部队，率依命令实施。是晚十时三十分，民军已接续渡河。时值连日阴雨，路又太湿，气候又太寒，清军的守兵，大都伏处民房，燃火取暖。民军潜渡，进入清军的防线，清军仓皇逃避，秩序大乱。民军乘胜进攻，其前线已达居仁门以至歆生路一带。但清军各地防兵，渐渐增援，作顽强的抵抗。民军因道路泥泞，前进阻碍，所有部队，渐渐失了联络。右翼的湘军王隆中所部，几至不能支持。预备队先后增加，而左翼湘军第二协，先行溃退。清军乘势包围，以至牵动全局。黄总司令以时机已失，无可为力，遂令退回汉阳。次日军政府得到报告，以统带杨选青临敌不前，贻误戎机，在阅马厂处斩。杨为文学社人，在首义秘密工作中，为极出力之同志。首义后，屡次战役，无不奋勇当先。此次误阵，实由于请假结婚所致。临讯时，他说："有十多天没有战事，我结婚，是向黎都督请准了假的。结婚之时，因客多吃醉了酒，相隔一江，命令于晚间送到，我已不省人事。而况命令交给的任务，我部下的管带和督队官已经代我执行了。兵到龙王庙，因清军据险扼守，未能如时登峰，这也是无可奈何的事。"经军事会议讨论，蒋翊武、蔡济民等均谓情有可原，暂且记大过一次，命其戴罪立功；孙武和黎元洪均主张按照军法从事。临斩之时，同志无不流涕，都道杀了宋锡全，又杀杨选青，从此以后，同志们人人自危了。孙、黎之结怨于同志，就从此始。

渡河反攻大失败　二十六日夜晚，民军渡河，向汉口敌军反攻。我大别山及武昌凤凰山炮队，向汉口之敌军阵地轰击。午后十一时，我步兵第四协由南岸嘴至高公桥一带向对岸猛烈射击，遂将清军火力压倒。即派教练官马得胜及第七标第一营管带李国栋率该营由南岸嘴渡河。我军行将登岸，清军用机关枪射击，我军死伤百数十人，仍退回南岸嘴。清军见我军步炮射击猛烈，甚为恐慌，将火车准备齐全，似将向北退却。总司令黄兴到达汉口，至阵地视察，见我军步队悉达彼岸，逐次向玉带门推进，心中愉快异常。二十七日午前三时，玉带门之敌已被我军击退，我们占领玉带门一带。黄总司令用电话通知各部队，希望步队第四协张廷辅所部与第六协杨载雄所部，必须奋勇渡河，向玉带门协攻，以收夹击之效。第四协统领张廷辅即派第七标统带胡廷佐率该标由南岸嘴至高公桥附近渡河。讵知强渡数次，都被清军机关枪击回，死伤甚重。第六协统领杨载雄见四协不能登岸，也不敢渡。两协统即将危险情形，报告黄总司令。午前九时，湘军一、二两协第一线已进攻占领居仁门之线，我第五协之第九标，并敢死队两队，占领王家墩之线，两军相距千余米达。清军用排炮向我军射击，我军虽死伤甚多，均沉着应战，清军火力渐衰。正午，清军渐次向北退却。午后二时，我军因战斗一昼夜，极为疲劳，遂休息用饭。所有士兵，因饿极，群往争食，秩序遂呈紊乱状态。湘军第一协见部队动摇，忽向后退。清军即乘此空隙，向前进攻。我军慌乱失措，纷纷后退。总司令下令制止无效，乃自率学生军及同志等向前堵截，并手刃士兵数人，亦难制止。清军乘胜追击，复占玉带门一带，向我军行射击追袭，我军死伤甚众。黄总司令下令退却，而自行殿后，士兵争渡琴断口，堕水死者无算。总司令返昭忠祠司令部，开军事会议，决斩违令溃奔之湘军一协统领甘兴典，以徇于军。甘畏罪，潜逃归湖南，不久为湘督谭延闿捕获枪决。渡河反攻之战既已失败，黄总司令派参谋长李书城将反攻失败情形报告军政府。当派蒋翊武前往慰勉，并安慰各部队长官。晚后十二时，得各部队战后报告，知此次战斗军官死伤五十七员、兵士死伤共七百九十二名，失去山炮十八尊、步枪六百余支、子弹约二千三百余箱（每箱千粒）。嗣敢死队队长方兴报告，该队二十六日晚到汉口，由日本人导引前进，向大智门袭击。敌用机关枪猛烈扫射，我队死伤二十余人，日本人大元等亦阵亡，其余兵士，现退回汉阳。

祁国钧负伤苦战　十月初一日（11 月 21 日）午前七时，接湘军第二协报告，谓清军兵力约一混成协，已由蔡甸渡河，向汉阳攻入。当渡河时，我军派往蔡甸方面部队，努力防止。惟敌人炮队威力甚大，不能抵御，是以退回三眼桥。总司令据报告，即令十里铺至三眼桥之部队，严行防御。查此次渡河攻汉阳之敌军，系敌将李纯所率，为北洋精锐之师，不可忽视，并以此信报告军政府。军政府并立即下令海陆军同时并进，由青山附近渡江。但所派之第三协统领成炳荣，手脚慌战，似有精神病。当海军掩获〔护〕其部队在青山下游渡江时，炳荣惧极投江，被船夫救起，官兵大哗，因而延至天黑未动。汉阳方面，午后二时由蔡甸北进之清军，达三眼桥南约三千米达之地。总司令命管带祁国钧赴三眼桥增援，与湘军第二协协同防御，炮火交集，未尝稍息。是日天气昏暗，其地又异常狭隘，我军防守严密，敌屡攻未曾得手，即移主力于琴断口方面，猛攻美娘山。祁国钧所率部队，为马队三标之第二营，不过七十余人，冒险冲锋，导引各军齐进，夺敌军之标旗一面、机关枪两尊，杀毙其指挥官一员。祁国钧两腿受十一伤，亦忍痛不退。湘军第四十九标二营管带杨万桂率所部不过二十四人，奋勇登上赴援，将美娘山夺回。同时在汉口之硚口一带的清军，复于龙灯堤至赫山对岸，用民船十余只强行渡河，亦被我炮兵击退。

甘绩熙病夺扁担山　十月初四日（11 月 24 日），清军进攻益力。各方前线，危险万状。黄总司令调湘军第一协第一标赴三眼桥方面增援。而该标士兵，谓从战七昼夜，疲困过甚，且谓上次渡河之战，湘军死伤太多，拒不听调，于初五日纷纷回湘。同时民军中有人为清军做间谍，将各地地雷火线截断，并悬挂敌旗，炮目王某且停炮不放。其时湘军统领刘玉堂（与汉口稽察处长刘玉堂同名）正率部来援，初上火线，见此情形可疑，与总司令部督战员张鹏飞商，立捕其人，检查其身边，得清军饷单一纸，认为通敌有据，立予枪决。并捕其管带张振臣，解往军政府处斩。有了这两件间谍案的破获，我军人心愈动摇，而清军愈益得势，一鼓作气相继占领美娘山、汤家山、扁担山、仙女山、锅底山、磨子山各要点。我民军退守十里铺。是日午前六时，总司令命沿襄河防御部队，各抽四分之一，到十里铺增援。正午，各队到达，利用战壕与敌相持，敌未得猝进。但民军勇敢之士，死伤殆尽，因而士气消沉，军无斗志，汉阳危在旦夕。军政府各机关军事人员，如参谋部长杨玺章，稽查部长蔡汉卿，军务部副长张振武，参议夏道南，科长胡干城、胡捷三、李华模等数百人皆渡江督战。其时《大汉报》在武昌贡院新街出版，主笔胡石庵亦亲到阵地观战。军政府参谋甘绩熙正在害病，闻汉阳危急，顿足忿呼曰："事急矣，与其病卧绳床而死，何如战场杀贼以死。"言已，勉自挣扎，与蔡济民、高尚志一同渡江。至十里铺，见总司令，问曰："仙女等山失去，为之奈何?"总司令说："只有死守十里铺，守得一天是一天。"绩熙道："敌置炮于磨子、扁担二山，向十里铺轰击，十里铺怎守得住？我要挑选敢死队一二百人，乘夜夺回此山。"总司令叹道："势已至此，谁个敢死。"绩熙道："我去找敢死的人！"当即邀朱树烈同去挑选。辎重管带孙宏斌首告奋勇，并担任拼〔挑〕出六十人；又往工程营挑选，其管带韩某应命，又挑选三四十人；其他下级军官及陆军中学学生多人均愿同往，共约一百余人。是晚，由甘、朱、孙、韩四人率领前进，预约首袭磨子山，其山上小庙火起，总司令即派队前往。于是与尖兵数人摸索而上，敌军时有枪声，甘等不理，再上。将及山顶，见敌哨十余人蜷伏而卧，绩熙大呼曰："敌人!"当即开枪击之，毙敌八人，余亦旋被歼灭。时山上庙内尚有多数敌人，见甘等冲锋而进，猝不及备。而我方敢死队接踵而至，齐呼"杀！杀！杀!"声振山崖，敌军遂大溃乱。我军更纵火焚庙，追歼敌军。至此扁担山之敌，已有戒备，机关枪弹发如雨。琴断口的敌人，亦用探照灯四照。孙宏斌率队赶到，身中流弹，以队伍交绩熙指挥。有顷，湘军协统刘玉堂赴援，周秉武亦率其所部一营来会，并力抢夺扁担山，一齐冲锋而上。敌以来势勇猛，相率弃械逃往美娘山。我军又进占扁担山。绩熙时当病后，倾跌数次，乃扶枪而行。当抢磨子山时，后脑已经受伤，在扁担山冲锋，又伤了左手食指，精神困惫至极，难以支持。刘协统向他安慰道："你太劳苦了，快回后方就医吧。"胡石庵目睹其景，因他外号甘侯，在报上作《甘侯行》一章，[①] 以纪其事。

湖南刘协统阵亡　湖南协统刘玉堂，率步兵一标援鄂，于十月初四日上午抵武昌，去见黎元洪。黎说："汉阳危急，你赶快去谒总司令增援！"午后三时，玉堂率队渡江，赴十里铺见黄总司令。其时总司令往花园，会攻仙女山之敌。玉堂即时率队加入前线，激战良久，进攻数次，敌恃机关枪为保障，屹不为动。玉堂愤甚，身先士卒，冲锋数次，官兵死伤甚众。战至夜七时止，我军乃固守扁担山。次日，汉口敌以大炮猛击我军，伤亡甚众，玉堂与诸军竭力防御，终日保持原有阵地。初六日（11 月 26 日），清军部队愈增愈多，复密布机关枪巨炮，向我军猛击，弹下如雨。我军纷纷退却，总司令严禁无效，遂失扁担、磨子二山。及甘绩熙率敢死队夺回扁担山时，玉堂谓绩熙曰："此山较他山为高，得此，已足与敌军对抗。俟援军及炮兵来时，再夺回仙女、美娘二山，一定不难。但是到军政府请援，非君不能任此事，请君速往！"绩熙道："我实在受伤太重，不能助战，留此无益，就渡江去请援兵吧。惟此山夺回不易，请君尽力苦守，以待援兵。"玉堂说："你放心，我虽死，亦不能离此山一步，山存与存，山亡与亡。"绩熙去后，清军复派大队环攻此山。玉堂以身当先，与敌剧战，终于在弹注如雨的火力下，中弹阵亡。甘绩熙回至昭忠祠见总司令，总司令说："你太劳了，快去休息

---

① 《甘侯行》诗，《湖北革命知之录》第 375～376 页收录。

吧。”绩熙道：“我要过江去，请都督速派援兵来，不然，汉阳危矣。”总司令持远望镜观察阵地，则见扁担山退下之敌，又夺去扁担山。绩熙叹道：“似此情形，刘统领一定不保，汉阳也恐怕难保啊！”

王殿甲、杨玺章阵亡　初六日上午六时，敌大举增援，由花园以北向十里铺绕攻，其火线上密布机关枪，射击我的右翼。加以敌之炮队，发出炮弹，有如飞蝗一般，注集于我军阵地。我军右翼，勉强支持了两小时，终于退却。加以悍敌冯国璋勾结汉奸张振臣，贿买炮队队官谭森林发动内变，使冯部得以偷渡，击杀管带冉超，占领赫山。上午十一时，敌益逼近，火力更猛，我军伤亡甚多，第三标第二营管带王殿甲阵亡，下级军官，亦阵亡多人。敌进至十里铺时，黄总司令亦亲自督战，参谋长杨玺章在侧，有炮弹落在跟前，总司令毫不为动，杨亦不为所动。第二颗炮弹又到，杨中弹阵亡。随从人员强曳总司令以避之。至午后四时，十里铺亦为敌所占领。

汉阳失守，萧钟英阵亡　十里铺失陷后，我军一面退据地形抵御，一面派涂金炳、罗子清等搬运兵工厂枪弹。王安澜则将归元寺储藏的军需物资运往汉阳东门外，用船载至武昌。六日下午五时，敌又越十里铺，进占梅子山、赫山等处，追击我军。而硚口方面的敌军，则用炮轰击我方溃退密集的队伍。少顷，敌以民船运步兵，自硚口附近渡河。我军步六协及步四标，皆不战而退。总司令派三标第一营管带郭炳坤，掩获〔护〕归元寺以北。六时，总司令回昭忠祠，痛哭失声，将以身殉，同志田桐等婉劝而止。至夜十一时，派步兵四标管带黄经猷及辎重营队官黄甲，掩护汉阳城。总司令遂渡江至都督府。七日（11 月 27 日）上午六时，我兵工厂及江岸各部队尚未退毕，敌已由赫山线进发汉阳。至十时，汉阳城为敌占领。其时有留日士官生萧钟英，不忍见汉阳陷于敌手，自动组织死士数十人，赴汉阳作决死战，在铁厂码头登岸，持枪击敌，敌死伤颇多。敌以机关枪扫射，钟英及敢死之士，率皆阵亡。

黄兴离鄂往上海　十月初七日上午十时，战时总司令官黄兴，由都督派员接至武昌。正午，军政府召开紧急会议，到者约六百余人。黄兴此时，悲愤交集，自承放弃汉阳，深以为愧，当往上海与同志集议，从速攻下南京，为武昌声援，此外并无他语。孙武接着呼道："请总司令报告汉阳战事经过情形。"黄不作理会，默然有顷，即退席。因为防御汉阳的任务，业因汉阳失守而失去，留鄂无益，故毅然有上海之行。先是黎元洪号召独立各省，在鄂合组临时政府。当时所谓名流，如张謇、汤寿潜等，集议上海，推庄蕴宽到汉参观战事，并观察革命党人物及其组织如何。蕴宽到了武汉，察知黎元洪不足有为，其军政府办事紊乱，份子亦极其复杂。及往汉阳晤黄总司令，一见倾心，期望其一往上海，主持国是。黄之决然东下，这也是一大原因。黄退席后，会议仍进行讨论。黎谓汉阳失守，敌人在龟山架炮，轰击武昌，人心惶惶，武昌势难保守，应如何应付，以策安全，请大家讨论。李翊东、张振武、甘绩熙等均主张死守。范腾霄以军略见解说明武昌必守的三大理由。振武并以手枪示众曰："如有人主张放弃武昌者，当以此对付之。"全体掌声如雷。孙武令移藩库储金于城外，甘绩熙道："城存与存，城亡与亡。城既守住，储金用不着迁。城如不守，迁他有何用处，反而影响人心，作为不守的准备。我反对！"众更鼓掌。于是保守武昌之议，由此决定。

第十六章　汉阳失守后之武昌情况

军政府重要决议　汉阳失守后，武汉人心异常悲愤。所有车夫舟子，皆相顾涕泣，因此武汉三镇，无一人力车上街；襄河及大江两岸，上自金口，下至阳逻，帆船绝迹。汉口市场，被清军烧成焦土。其余未被燃烧的街市，亦皆关门闭户，寂然无人。稍有知识的清军将领，亦感觉人心若此，不可轻侮。然而他的兵队，还是沿家搜索，奸掳烧杀，无所不为，他们也不制止。至于武昌城内，谣诼繁兴，同志们在悲愤至极中，誓非死守不可。黎元洪发下命令，以万廷献为战时总司令。此人曾在南京陆军中学当过总办，其时，头上发辫还不肯剃。同志们说此人顽固至极，岂能任总司令。万即告辞，杨开甲亦同时辞参谋长职。乃以吴兆麟为参谋长，姚金镛为副。是晚，特别戒严。军务部长孙武、张振武、总监察刘公派员密查，凡形迹可疑者，即治以军法。十月初八日（11 月 28 日）午前十时，军政府召集军事会议，议决事项如下：

一、以蒋翊武护理总司令，设战时总司令部于洪山宝通寺。

二、规定沿江防御区域，以专责成：由青山至大堤口，为第一区；由大堤口至鲇鱼套，为第二区；由鲇鱼套至金口，为第三区。

三、黄州、鄂城两处，为武昌下游重镇，派黄楚楠、张济安率兵一标，据守黄州；张其亚、陈伟率兵一营，驻扎鄂城。

四、设兵站于防御线后方各处。

五、海军须在阳逻附近游弋，掩护武昌。

黎元洪密谋逃葛店　初九日（11 月 29 日），护理总司令官蒋翊武，在洪山宝通寺发布命令，各部队在沿江防御区域，妥为布置，各部队均遵照命令，占领阵地，构筑防御工事。清军在大别山，不断的用大炮向武昌城内轰攻。黎元洪极为惶恐，其左右小人，如孙发绪、杜锡钧等，曾向黎秘密建议，欲将都督府迁至葛店，并将现银搬运六十万两到阳逻兵舰上，设若武昌战事不利，即乘兵舰到上海，黎深以为然。据此，足见放弃武昌之说，是黎元洪，而不是黄兴，彰彰明甚。黎有此计划，即暗派邝杰至葛店准备房屋，并嘱舰队派兵船一只，停舶葛店木鹅港附近，以备不虞。暗嘱左右，必须严守秘密。又暗嘱卫队两连，将枪械子弹准备齐全，以便保护都督出走。是日午前十一时，接侦探报告，谓清军约一营，已向大军山方面前进。又传下游仓司埠亦有清军之便衣侦探发现。黎元洪坐守孤城，大有风声鹤唳草木皆兵的景况。三十六着，走为上着，他的预定计划，是牢不可破的。

捉奸细都督具保　总监察刘公及军务部副部长张振武，连日接得探报，谓清军已派有汉奸多人，混入城内，欲运动军队，以作内应，并谓都督跟前，亦有汉奸多人。张、刘据报，立派稽查队到处调查，拿获有嫌疑的人，就地正法。并在都督府拿获万廷献、龚光明二人，查知是由北京来的，且头上都有辫子，认为可疑，应解至军法处严讯。黎答："他们二人，一个是南京陆军中校的监督，一个是前马队八标统带，因为参观了永平秋操，从北京回来的。他们都是我的朋友，我正想重用他们，怎么说是汉奸呢？"张振武说："都督既深信他不是汉奸，能具下保结不？"黎说："好，我愿具保结。"是晚，参谋部吴兆麟、蔡济民、吴醒汉，军务部孙武、张振武，总监察刘公等，在城内各街道各城门，分途巡视，并嘱第二协统何锡蕃严密防御，无论何人，不得准其在城门自由出入，戒备极其紧严。

黎元洪逃到王家店　十一日（12 月 1 日）午前七时，参谋总长吴兆麟同护理总司令蒋翊武，同往青山、两望，巡视防线。至正午，行抵大堤口，遥见城内火起，甚为惊异。时有百姓由武胜门出城，说："都督府起火。"吴、蒋两人闻言，更加焦急，即策马赶回城内，遥望见都督府正在焚烧，火光烛天，不知黎督安危若何，急往驻在两湖书院之军务部，询问孙武道："都督府起火，都督何在？"孙武道："据报告，都督出宾阳门，到洪山去了。"蒋问道："火是怎样起的？"孙说："有人说是中了炮弹，烧起来的；有人说，是都督命人纵火，好借词逃走的。我看后一说不大合理，但是我也不能保证他没有此事。”吴兆麟说：“他出城，定到洪山，此时必然在总司令部，我们同出看看吧。”吴、蒋两人一同出了宾阳门，看见城内百姓纷纷出城，城门拥挤不开，妇女小孩挤死的和践死的甚多，啼哭之声，惨不忍闻。问其何故出城，大众说：“北兵杀得来了，连都督也跑了。我们不走，不是等死吗？”吴、蒋二人一面令守城门的兵妥为维持出进的秩序，维持不住，即行关城；一面绕道通湘门至洪山。出了通湘门，又见城外有许多兵士纷纷窜走。其时甘绩熙、李作栋、高尚志、蔡济民骑马赶到，大呼道：“同志们听着，九省的援军到了，武昌稳如泰山。都督在洪山总司命部，就回的。同志们，莫听谣言，莫中敌人的鬼计。赶快回防，否则军法从事。”各兵士听说，才各自回到原防。接着，《大汉报》的号外发出了，卖报的儿童，连跑带喊道：“号外，号外，号外，光复南京的号外。九省援军开到的号外。”没有五分钟，十几个卖报儿童所拿的号外都卖完了。“跑反”的人民和兵士都表示安心了。蒋翊武问甘绩熙道：“幸亏你们来得好。《大汉报》的号外，又凑一把劲。不然，城内外秩序大乱，我们也无可奈何。现在平静好多了，我们到司令部去吧，都督定在那里。”到了司令部，遇顾问吴兆鲤，兆鲤说：“都督已经往葛店去了。”翊武说：“何以不阻止他？”兆鲤说：“谁敢阻止，谁又阻止得住。”翊武说：“随从他的是些甚么人？”兆鲤说：“有杜锡钧、龚光明、唐仲寅、萧慕何等。都督坐着轿子，带着两队卫兵，簇拥而去。”翊武写了一封痛哭流涕的信，派参谋甘绩熙、谢鸿涛及顾问吴兆鲤三员乘马速往葛店，请黎速回武昌。甘等赶到王家店，天已黑了。这个地方，离武昌六十里，距葛店还有三十里。正要前进，忽见黎元洪带着一干人，正在该店休息。甘等即向黎说明武昌情形及蒋总司令来信，请都督回到洪山。黎不可。三人苦苦哀求，黎仍不可。甘问：“都督究欲何往？”黎曰：“到葛店。”甘曰：“都督到葛店，不是放弃武昌吗？都督走了，百姓和兵士也随着走了，哪个守武昌呢？”黎厉声喝道：“休要多言，你们小孩子晓得甚么？”甘见他不信人劝，只有留谢洪涛和自己在黎旁监视着，嘱吴兆鲤回洪山，报告蒋总司令。

英人盘恩商请停战　见可而进，知难而止。这是兵家的一句老话，袁世凯是善于体会的。他虽然占领了汉阳，但是默察全国大势，晓得各省独立，武昌定有援军，这个仗再打不得。他暗中要求英国公使朱尔典电谕驻汉英领作有力的调停。因为他们官僚向来是依靠外国人的。英国要维护他在长江的利益，也不愿战事延长下去。十一日下午六时，英人盘恩偕军府顾问孙发绪到洪山司令部，与参谋长吴兆麟接洽。盘恩说：“我们领事见武昌省城成天受炮火的威胁，百姓慌恐万分，故此联合各国领事，与清军商议，暂且停战三日。清军业表同情，因此我特来武昌，面谒黎都督，请他认可，将我带来的公文盖印，然后送至清军盖印，双方即可停战。”吴兆麟说：“阁下要见黎都督，现在因为城内的军政府中炮起火，所以迁到城外刘氏祠办公。刘氏祠距此，还有十几里路。请阁下今夜暂且在此休息，我们派人取印来盖便了。”于是吴兆麟一面嘱咐办饭，款待盘恩；一面电告军务部孙武，请速觅刻字工人，将都督印章照样摹刻一颗。约两时许，就刻好了。盘恩在洪山饭后，吴兆麟即邀同英人盘恩，至军务部盖印毕，盘恩渡江去了。总司令蒋翊武即发下命令，自十二日八时起，一律实行停战。

黎元洪卷土重来　蒋翊武以两军停战，一切事件必须与黎都督接头，非请黎速回武昌不可，即写了一封信，连同停战条文，派吴兆鲤前往王家店促黎即回武昌。吴兆鲤到达王家店时，黎已睡熟，萧慕何进去代为报告。黎喜极，一跃而起，道：“我决定回，明早即动身，到刘氏祠堂再作道理。”十二日午前十时，参谋长吴兆麟，派马队标统王祥发率马队一队，到王家店接黎，转回洪山附近的刘氏祠堂。黎到达后，见同志前往迎候，面上有忸怩不安的状态。同志们窥知其意，都说些门面的寒暄套话，以安慰其心，只有甘绩熙太天真了，他说："都督，现在独立各省公推武昌为中央政府，你的声望加高，威信不可不保。望都督以后不要贪生怕死，不要听小人之言。怕的是举动失慎，为天下所笑。"黎怒道："尔等青年人，屡次说激烈话，实属不成事体。"杨开甲见黎发怒，说："都督不要生气。"并将甘扯出门外，嘱他莫再多言。少顷，吴兆麟请黎仍迁至武昌城内办事，黎允可。遂派人到城内，选定城内昙华林高小学堂旧址为军政府。并由黎发出布告，晓谕人民。

谭人凤被摈去职　黄兴去鄂后，所遗战时总司令一职，由蒋翊武护理。是时黎元洪私逃王家店，武昌城人心动摇，蒋翊武独力支持，尚无陨越。然而黎元洪回转武昌以后，不愿蒋翊武握此重权，而又无词可借，于是变更方法，用迂回的手段，推谭人凤继任。因谭人凤为老革命党，而又是湖南人，翊武是不会反对的。十月十六日（12月6日），在武昌城内大朝街卞宅开会，推举谭人凤为战时司令官。谭说："此时武昌情形，与在汉阳打仗时不同。此时重在防御，将来还要北伐，请将总司令官名义取消，改为武昌防御使兼北伐招讨使。各位同志，以为何如？"众赞成。遂备文请黎任命。黎即委谭人凤为武昌防御使兼北伐招讨使，调蒋翊武为都督府顾问。蒋翊武事前毫无所闻，骤然奉调，心颇不平。经大家劝其顾全大局，始办交代。谭人凤接事后，于十七日午后八时召集各机关人员，齐集卞宅开会。谭当众发言道："凡办事，权限必须划清。自今以后，各部队如有军官遗缺，须由防御使委任，以资统一而便节制，此其一；武昌现在所储械弹，必须报防御使备查，以备计算分配，此其二；防御使署及所属各军队饷项，每月财政部须先筹拨，此其三。以上三项，请大家表决。"孙武说："任命军官，原系军务部权限，防御使只有节制与指挥之权，不能有任命权。第一项，我反对。枪枝弹药，战时可备文领取，防御使无须兼管。第二项，我也反对。”当时谭人凤与孙武反复辩论，不欢而散。十八日，各机关、各部队有多人往军政府，向黎陈述说：“谭人凤不是军人，年又衰老，刚就职就想独揽一切大权。头脑不清，万不能胜此重任。”黎说：“既是大家反对，就另想办法。现在停战展期，将在上海议和，就派他为湖南的议和代表吧。”二十日（12 月 10 日）午后八时，在武昌城内教育总会开全体军事会议，黎元洪登台发言道：“武昌防御使谭人凤，已派为湖南和议代表到上海去了。此间军事，应另举一声望素著深明战略的人负责，请诸君公举。”经刘公、高尚志、孙武面陈，以参谋长吴兆麟为合格，并仍用总司令官名义。黎点头。孙武即登台发表云：“我等与都督会商，公举参谋长吴兆麟为战时总司令官，大家以为何如?”众赞成。散会。

代表人选的变更　湖北代表的人选，原由黎元洪拟定以孙发绪与汤化龙充任之，业经写在粉牌上面。杨时杰说：“此次议和原则必须推翻满清的专制政体，建立共和。孙发绪为满清道员，汤化龙为君宪派重要人物，他们能赞成共和吗？我们选代表，必须选举革命党人。”经大家决议，推定居正、杨时杰、马伯援、时象晋为代表。同时，南京光复，都督程德全有电来鄂，请去电英伦，欢迎孙中山先生回国，此电尚搁置未办。杨时杰说：“孙中山先生回国，全国人盼望甚殷。南京已有电来，何能置之不理。”经蒋翊武向黎催请，黎说：“这两天太忙，所以搁下来了。”蒋即代为拟稿，把复电和欢迎电同时发出。